AF279414

Interpretando Python

Programación en Python 3
para neófitos y no tanto

Javier Abad Ortega
Nicolás Marín Ruiz

Interpretando Python

Programación en Python 3 para neófitos y no tanto

Granada, 2025

©LOS AUTORES
©UNIVERSIDAD DE GRANADA

INTERPRETANDO PYTHON. PROGRAMACIÓN EN PYTHON 3
PARA NEÓFITOS Y NO TANTO

ISBN: 978-84-338-7550-1
Depósito legal: Gr. 1029-2025

Edita: Editorial Universidad de Granada
        Campus Universitario de Cartuja. Granada
        Telfs.: 958243930 - 958246220

Maquetación: Javier Abad Ortega y Nicolás Marín Ruiz
Diseño de cubierta: Javier Abad Ortega y Nicolás Marín Ruiz
Imprime: Comercial Impresores. Motril, Granada

Printed in Spain / Impreso en España

A Alicia, Jorge y Nazaret,
a los que tanto quiero
y de los que estoy tan orgulloso.

A Alicia, a Nicolás y a Eloy;
arte, ternura y pasión.

Y, *sobre todo*, a Carmen.
Sin su sonrisa, nada sería lo mismo.

Agradecimientos

Este libro de texto es fruto de nuestro largo recorrido en el mundo de la enseñanza de la programación y, en los últimos años, en el universo Python. En este camino, hemos tenido la suerte de colaborar con buenos docentes de la Universidad de Granada, en especial, en el seno del departamento de Ciencias de la Computación e Inteligencia Artificial, en la E.T.S. de Ingenierías Informática y de Telecomunicación y en la E.T.S. de Ingeniería de Caminos, Canales y Puertos. Gracias a todas estas personas por haber contribuido en la motivación y conocimiento que hay detrás de este libro.

En particular, queremos dar las gracias al Dr. Daniel Sánchez por su esfuerzo desinteresado en ayudarnos a mejorar la calidad de este libro. El brillo de su intelecto nos ha proporcionado correcciones y sugerencias de gran valor para alcanzar nuestro objetivo. ¡Gracias Dani!

Tenemos la suerte de desarrollar nuestra vocación docente en una universidad que nos brinda cada año la oportunidad de trabajar en la formación de numerosos jóvenes en el mundo de la programación. Nuestros alumnos -pasados, presentes y futuros- son el nacimiento y la desembocadura de este texto. Gracias a todos ellos: su curiosidad es la base de nuestra inspiración.

Javier Abad y Nicolás Marín

Si estás buscando un manual de Python, te has equivocado de libro. Ahora bien, si quieres aprender a programar y deseas hacerlo con un lenguaje que te facilite el proceso de aprendizaje y, al mismo tiempo, te permita incorporar a tu mochila de capacidades la herramienta de programación más popular hoy en día, este es tu libro.

También es tu libro si, sabiendo programar ya, quieres adaptar tus habilidades como programador al estilo de código *pythonic*, la forma de programar propia de Python. Programar en Python requiere no solo aprender su sintaxis o las herramientas que ofrece su biblioteca estándar; para poder considerarte un programador de Python debes asimilar el *zen de Python*.

Python es una buena elección para aprender a programar porque tiene una sintaxis muy clara, bastante cercana al lenguaje natural. Esto hace que escribir y leer código Python sea más sencillo que con otros lenguajes de programación. De hecho, probablemente sea el mejor lenguaje para aprender a programar desde cero. Y, si no empiezas desde cero, aprender Python es también una buena opción porque incorpora una forma innovadora de programar que hace que resulte más natural y sencilla la implementación de distintos elementos de la metodología de la programación.

Pero uno no aprende algo sólo porque sea fácil de aprender o porque nos aporte nuevas formas de hacer lo que ya sabemos. Lo hacemos porque nos va a resultar útil. Y, en ese aspecto, Python también tiene mucho que ofrecer. Es uno de los lenguajes del mundo de la programación con mayor variedad de áreas de aplicación: se usa código Python en el desarrollo de scripts para automatización de tareas de distinto tipo, pero también para el desarrollo de aplicaciones en diversos campos como la Web, los videojuegos, la resolución de problemas de cualquier rama de ciencias e ingeniería, la ciencia de datos o la inteligencia artificial, entre muchos otros. Aprender a programar código Python te va a permitir tanto aumentar tu rendimiento en el trabajo diario como mejorar el valor de tu currículo para hacerlo más atractivo en el mercado laboral. Y esto, sea cual sea tu campo profesional, no necesariamente el mundo de la ingeniería informática.

Esta versatilidad se debe a que Python es un lenguaje multiparadigma y multiplataforma, capaz de interactuar con código desarrollado en otros lenguajes como C/C++ o Java. Y además, lo es desde el prisma de una licencia de software libre, con numerosas y potentes bibliotecas de código abierto, y una comunidad muy activa de desarrolladores y usuarios del lenguaje que lo convierten en un lenguaje muy vivo que mejora y amplía sus capacidades constantemente.

Si lo anterior te convence y has decidido convertirte en aprendiz de Python, este libro te va a llevar de la mano con un enfoque didáctico al alcance de cualquiera, construido desde la amplia experiencia docente de sus dos autores: aprenderás los conceptos de programación con una explicación sencilla apoyada en ejemplos ilustrativos, comenzando desde la base y adquiriendo nociones de programación de manera progresiva, organizando tu mente para resolver problemas. Y todo ello desde una óptica *pythonic*.

Por eso, este libro quiere ser un compañero de viaje para los autodidactas y también un complemento importante para docentes y estudiantes en cursos sobre fundamentos de programación que utilicen Python como lenguaje vehicular, tanto en el mundo de la educación universitaria como en el de los cursos de formación profesional. No pretende ser un manual, ni una guía de referencia del lenguaje.

El aforismo de Goethe que citamos nos ha ayudado a tener claro lo que debíamos evitar. Esperamos haberlo logrado.

Javier Abad y Nicolás Marín

Índice

1

Introducción

Los ordenadores nos rodean en nuestro día a día: llevamos con nosotros al menos uno, nuestro móvil, y puede que otro si nuestro reloj es "inteligente"; otro controla el ascensor que tomamos al salir de casa; recorremos calles cuyo tráfico está regulado por otro ordenador que controla los semáforos; las cámaras de vigilancia de los edificios por los que pasamos están controladas por un ordenador; al llegar al trabajo es probable que para fichar nos identifiquemos ante otro ordenador y que nos sentemos frente a un ordenador para desarrollar nuestra jornada laboral.

Nadie concibe hoy día tomar notas en un cuaderno para componer un libro como este que está usted leyendo; en cambio, todos recurrimos a un sofisticado software de procesamiento de textos que corrige nuestras erratas, mantiene el orden lógico de las secciones del documento y está haciendo copias de seguridad del texto escrito cada pocos segundos para evitar pérdidas de información. Todo esto es posible gracias a los ordenadores, que han transformado el mundo y nuestras vidas. Esta transformación ha sido especialmente notoria en los últimos cincuenta años, desde la aparición de los microprocesadores *Intel* en los años 70, que sirvieron como base a la arquitectura PC desarrollada por *IBM* en los 80, con la que son compatibles gran parte de los ordenadores que se usan en la actualidad y que ha permitido el abaratamiento y la popularización de los ordenadores. Nuestros expedientes académicos, nuestros datos censales, nuestros historiales médicos, todos los registros de nuestras vidas están almacenados en dispositivos electrónicos controlados por ordenadores. La informatización de la información conduce inexorablemente a la necesidad de profesionales capacitados para trabajar en un contexto digital.

Hoy no se puede concebir una formación en la educación superior, ya sea en ciclos formativos o en el nivel universitario, que no capacite al alumno para trabajar en un ámbito informatizado. Hace una década o dos solía asociarse la formación en el ámbito informático (sin contar un manejo de usuario básico) únicamenente a las titulaciones vinculadas a las disciplinas CTIM[1], pero hoy día son cada vez más las áreas de conocimiento que requieren procesar grandes cantidades de datos digitalizados, con un variado rango que puede ir desde la sociología a la biblioteconomía, la documentación, la musicología, la traducción o cualquier tipo de estudios financieros o contables, por mencionar solo algunas.

Cualquier persona que se dedique a una de estas áreas puede ampliar su capacitación profesional adquiriendo conocimientos de programación de ordenadores que le permitan procesar grandes cantidades de información. Aprender a diseñar programas que procesen estos datos le ofrece una gran oportunidad de poder automatizar numerosos procesos que su profesión le requiere y que consumen gran cantidad de tiempo para desarrollar tareas repetitivas, aunque sean relativamente simples. Es algo cotidiano que un sociólogo se enfrente a grandes archivos de *datos crudos* que requieren ciertos procesamientos para poder extraer conclusiones de ellos; que un traductor multimedia trabaje con los archivos correspondientes a los diálogos y subtítulos de todas las temporadas de una serie televisiva o las versiones de un videojuego para poder consolidar la terminología o la jerga empleada y garantizar una consistencia y calidad en la traducción resultante; que un documentalista deba enfrentarse a ingentes depósitos

---

[1]Las siglas CTIM hacen referencia a las disciplinas de ciencias, tecnología, ingeniería y matemáticas (en inglés, *STEM: Science, Technology, Engineering and Mathematics*).

de información en los que localizar las fuentes referentes a una determinada temática; que un ingeniero civil disponga de mediciones de temperatura, humedad, velocidad y orientación del viento en la localización en la que se va a proyectar una construcción, y que esas mediciones se hayan realizado a lo largo de un periodo de tiempo, dando lugar a considerables cantidades de datos que resultan fundamentales para el cálculo de estructuras o la elección de materiales; que un fisioterapeuta digitalice métricas y resultados de sus pacientes para poder monitorizar su evolución. Cada vez más administraciones públicas de diferentes ámbitos apuestan por una política de datos abiertos, comprometiéndose a poner a disposición de ciudadanos particulares y empresas conjuntos de datos (*datasets*) correspondientes a la actividad de esa administración para favorecer su disponibilidad, reusabilidad y redistribución.

No es necesario ser un ingeniero informático para ser capaz de desarrollar un programa que lea un conjunto de datos, realice algún procesamiento con ellos y nos ofrezca resultados de los que poder extraer conclusiones en nuestro ámbito de trabajo. No podemos seguir concibiendo los ordenadores como una herramienta para realizar escritos o consultar datos publicados en Internet. Los ordenadores han evolucionado de forma que cualquier PC de coste medio es capaz de almacenar y procesar grandes cantidades de información que pueden ayudarnos en nuestro trabajo y darnos valor adicional como profesionales. Y cualquier persona, de cualquier ámbito profesional, puede formarse en programación de ordenadores para ser capaz de procesar esos datos que maneja en su día a día de una forma mucho más adaptada a sus necesidades específicas de lo que lo haría un software comercial.

Este libro está particularmente dirigido a estudiantes y profesionales de cualquiera de esas áreas de conocimiento que necesitan adquirir capacidades en el campo de la programación de ordenadores sin necesidad de llegar a convertirse en expertos en el desarrollo de software. Como veremos, el lenguaje de programación Python, por sus características, resulta sumamente adecuado para profesionales no informáticos. Es fácil de aprender, tiene una sintaxis simple, elegante y clara, y proporciona de forma nativa una amplia gama de estructuras de datos flexibles y eficientes. Además, permite el desarrollo rápido de *scripts*[2], dando lugar a una dinámica de programación-ejecución-revisión muy ágil. Su amplia biblioteca estándar permite que el lenguaje sea muy simple pero que, a la vez, nos ahorre tener que programar muchas tareas básicas que ya podemos encontrar desarrolladas, como la búsqueda de un dato en una colección, la ordenación de un conjunto de datos, la gestión de archivos con valores separados por comas (archivos CSV), todo tipo de cálculos matemáticos o estadísticos, o el procesamiento de información de tipo horario o de calendarios, por mencionar solo algunos ejemplos. Además, es posible encontrar paquetes software de código abierto orientados a la solución de problemas en multitud de ámbitos científicos y profesionales[3].

---

[2]Un *script* es un archivo de texto que contiene órdenes en un lenguaje interpretado, de forma que estas se van traduciendo y ejecutando una a una. Esta forma de trabajo es muy flexible porque permite desarrollar pequeños programas para realizar experimentos sencillos u otros de mayor envergadura siguiendo una dinámica de trabajo ágil en la que resulta fácil diseñar, probar, revisar y corregir el código. Los *scripts* se distinguen de los archivos de código fuente escritos en otros lenguajes (compilados) en que el proceso de traducción y ejecución es diferente. En general, un programa compilado suele ser más eficiente (en tiempo y consumo de memoria) que un programa interpretado, aunque el proceso de desarrollo resulta más laborioso y menos ágil.

[3]PyPI (*Python Package Index*) [https://pypi.org] es el repositorio oficial para software de terceros, mantenido por la Python Software Foundation.

Esto no quiere decir que Python no resulte interesante para un profesional de la informática. Los desarrolladores con experiencia en otros lenguajes de programación, orientados a objetos o no, que se acerquen a Python observarán diferencias sustanciales entre Python y esos lenguajes, encontrando en Python funcionalidades avanzadas frente a los lenguajes que han estado dominando el mercado como C/C++, Java o Javascript. Y es que Python se diseñó intentando recoger muchas características interesantes de otros lenguajes de programación, dado lugar a un lenguaje que, en ese sentido, resulta único. Así, podemos encontrar en Python elementos de Modula-3, C, C++, Algol, SmallTalk, Java, Lisp, Haskell, Rust e incluso de la *shell* de Unix. Solamente por su relevancia actual en el mundo del desarrollo de software, conocer Python es un "debe" en la formación de cualquier informático; pero son sus características como lenguaje de programación las que lo hacen un lenguaje interesante de aprender, muy especialmente para cualquier desarrollador que siga el paradigma de la orientación a objetos.

Desde un punto de vista formativo, Python resulta particularmente enriquecedor para programadores que ya conocen otros lenguajes de programación. Varias de sus características básicas ayudan a que el desarrollo de programas en Python sea sustancialmente diferente al de otros lenguajes, porque Python favorece que el programador se concentre en el algoritmo y se olvide de muchos detalles que, al fin y al cabo, forman parte de una mecánica subyacente del lenguaje y no del algoritmo diseñado. Su forma de crear y gestionar los datos, la utilización del sangrado para establecer bloques de código, su amplia oferta de clases colección nativas o el recorrido de los datos de una colección de una forma muy cercana al lenguaje natural son ejemplos de cómo el principal objetivo de Python es que el programador *lo pase bien* y que la programación le resulte una tarea más sencilla.

El objetivo de este libro es ser un texto básico de introducción a Python que no se convierta en un enorme volumen en el que se explique "todo lo que puede usted aprender sobre Python". En cambio, nuestra intención es proporcionar un acercamiento al lenguaje que a la vez resulte completo, metodológico y riguroso, pero planteado con un enfoque didáctico para una persona sin conocimientos de programación de ordenadores. Esto no impide que alguien con conocimientos previos de programación en algún otro lenguaje pueda sacar provecho del libro, aunque su curva de aprendizaje y su ritmo de seguimiento del libro serán claramente diferentes a los del programador novel.

1.1 Lenguajes de programación

Desde un punto de vista general, un **ordenador** es una máquina concebida para recibir un conjunto de datos de entrada, procesarlos y generar como resultado de ese procesamiento otro conjunto de datos de salida. El término **procesamiento** hace referencia a la realización de operaciones aritméticas y lógicas sobre los datos.

El diseño funcional de von Newmann (que data de 1945), también llamado **arquitectura von Newmann**, en el que se basan prácticamente todos los ordenadores, contempló la posibilidad de insertar en la memoria del ordenador, junto con los datos, las instrucciones que especificaran el procesamiento que debía aplicarse a los datos de entrada para obtener los datos de salida, introduciendo así los conceptos de programa almacenado y de ordenador de propósito general[4].

Un **programa** es un conjunto ordenado de instrucciones que indican al ordenador las operaciones necesarias para resolver un problema.

En los primeros años de la informática, los programas de ordenador se desarrollaban en **lenguaje máquina**, escrito con codificación binaria, la única que comprende la Unidad de Procesamiento Central (*CPU: Central Processing Unit*). Además, las órdenes proporcionadas en estos programas debían restringirse a un reducido conjunto de operaciones muy básicas que eran las que la CPU podía realizar. La labor de programación resultaba sumamente penosa para los pioneros de la informática, que para cualquier cálculo matemático medianamente complejo tenían que programar decenas, cientos o incluso miles de operaciones del conjunto de instrucciones de la CPU. Pronto se percibió la necesidad de facilitar esta tarea. Además, el programa diseñado solamente podía ejecutarse en un ordenador concreto, ya que cada diseño de CPU tiene su propio conjunto de instrucciones.

En 1953, John Backus propuso a sus superiores en IBM el desarrollo del primer lenguaje de alto nivel: Fortran. La idea era diseñar un lenguaje que no dependiera específicamente de un diseño de CPU, que no tuviera que escribirse en binario y que estuviera mucho más cerca del lenguaje natural, con operaciones más complejas y potentes que el reducido conjunto de instrucciones aceptado por una CPU de la época. Evidentemente, el mismo concepto de lenguaje de alto nivel implicaba el desarrollo de programas traductores, como el compilador desarrollado en 1957 para convertir programas escritos en Fortran en programas en código máquina que pudiera entender y ejecutar el ordenador IBM 704 en el que trabajaban Backus y su equipo.

Una de las ventajas que implica el desarrollo de programas en lenguajes de alto nivel ha sido determinante en el diseño de los lenguajes de programación desde entonces: la **portabilidad**. Al escribir un programa en un lenguaje de alto nivel posibilitamos ejecutarlo en ordenadores diferentes, para lo que solo necesitamos traducirlo al código máquina del procesador de cada ordenador. Precisamente, una de las características más destacadas de Python es su portabilidad, y no se debe solo al hecho de ser un lenguaje de alto nivel, sino a que es un lenguaje interpretado.

1.1.1 Lenguajes compilados e interpretados

Hay dos enfoques diferentes para abordar la traducción a código máquina y la ejecución de un programa escrito en un lenguaje de alto nivel:

- **Compilación**: el compilador es un programa que recibe un archivo que contiene el **código fuente** (escrito en el lenguaje de alto nivel) y genera un archivo ejecutable, que contiene su traducción a código máquina. Una vez realizada la traducción, el

---

[4]Los primeros ordenadores estaban diseñados para realizar una única tarea; si se quería que hicieran una tarea diferente había que recablear sus componentes, reestructurarlos. La idea de almacenar los programas en la memoria, junto a los datos, posibilitó concebir los ordenadores como máquinas genéricas que ejecutaban el programa que se cargara en memoria.

programa ejecutable se puede ejecutar tantas veces como deseemos. El compilador solamente es necesario en el proceso de traducción.

- **Interpretación**: el intérprete se encarga de ejecutar una a una las instrucciones del programa fuente. Para poder hacerlo, es necesario que realice la traducción de cada una de esas instrucciones a código máquina (típicamente, una instrucción en el lenguaje de alto nivel dará lugar a una serie de instrucciones en código máquina). La clave es que el proceso de traducción y ejecución se realiza sentencia a sentencia. Cada vez que queramos ejecutar el programa necesitaremos disponer del intérprete para que vuelva a realizar el proceso de traducción y ejecución.

Obsérvese que el resultado de la compilación es un archivo ejecutable, mientras que el resultado de la interpretación es la ejecución del programa.

Si consideramos ambos procesos, podremos observar ventajas e inconvenientes de uno frente al otro:

- Distribución del programa: el programa escrito en un lenguaje compilado es más fácil de distribuir, ya que basta con proporcionar el archivo ejecutable, sin ser necesario que la máquina que lo ejecute disponga del compilador. En cambio, el programa en el lenguaje interpretado requiere que la máquina en la que vaya a ejecutarse disponga del intérprete del lenguaje.

- Portabilidad: el programa escrito en el lenguaje interpretado se puede ejecutar en cualquier máquina que tenga un intérprete del lenguaje, lo que facilita su ejecución en máquinas con distintos sistemas operativos y diferente hardware (específicamente, microprocesadores de distintas familias). Ejecutar un programa escrito en un lenguaje compilado requiere que se haya realizado el proceso de compilación en un ordenador con ese sistema operativo y esa familia de microprocesadores.

- Rapidez: los programas compilados suelen ser más eficientes porque el análisis del programa como un conjunto permite introducir optimizaciones en el código máquina resultante que reduzcan los requerimientos de tiempo y memoria del ejecutable. Por el contrario, el hecho de que el intérprete analice, traduzca y ejecute las instrucciones del programa una a una impide este tipo de optimización, pero, a cambio, permite un proceso de desarrollo ágil frente al ciclo clásico de *escritura-compilación-prueba-recompilación* de los lenguajes compilados. Además, realizar pruebas con el intérprete es sumamente intuitivo, ya que nos ofrecerá una consola similar al intérprete de órdenes del sistema operativo (*Símbolo del sistema* de *Windows* o *Terminal* de *Linux* y *MacOS*) en la que podremos realizar cálculos tentativos y comprobar el resultado de la ejecución de una sentencia o de un bloque de código sin necesidad de escribir un programa completo.

Aunque al trabajar en Python el programador percibe un lenguaje y un entorno de desarrollo basados en un intérprete, en realidad Python no se corresponde con ninguno de estos dos modelos clásicos de traducción, sino con otro más moderno que es una combinación de ambos.

1.1.2 El proceso de traducción y ejecución en Python

Cuando ejecutemos código Python[5] se llevará a cabo un proceso de compilación e interpretación. En primer lugar, el código se compila para traducirlo a *bytecode*. El *bytecode* es un lenguaje intermedio que facilita el posterior proceso de interpretación.

El *bytecode* no es código máquina, por lo que las instrucciones en *bytecode* no se pueden ejecutar en el microprocesador del ordenador, sino por un intérprete de *bytecode* al que se suele llamar **máquina virtual**, ya que es el análogo software de un ordenador.

Después de la compilación, el archivo *bytecode* obtenido se envía para su ejecución a la **máquina virtual Python** (*PVM: Python Virtual Machine*), que forma parte del sistema Python e interpreta el *bytecode*, generando el código máquina correspondiente que ejecutará el microprocesador. Obsérvese que el *bytecode* es independiente de la plataforma (sistema operativo y hardware), mientras que la PVM es específica de la plataforma en la que se esté ejecutando.

Este modelo de traducción no es exclusivo de Python. Otros lenguajes como Java, Perl, Ruby o PHP, también interpretados, realizan asimismo la traducción del código a *bytecode* para ejecutar este en una máquina virtual.

Trabajar de esta manera combina algunas de las ventajas de la compilación con las de la interpretación:

- La primera etapa de compilación, que considera el archivo de código fuente como un conjunto, permite optimizar el *bytecode* resultante.

- La posterior etapa de interpretación proporciona independencia de la máquina y del sistema operativo.

Además, podremos trabajar en modo intérprete interactivo, calculando expresiones y ejecutando sentencias Python de forma similar a cuando ejecutamos órdenes del sistema operativo en un terminal.

Debemos darnos cuenta de que el ordenador en el que queramos ejecutar nuestro código deberá disponer del intérprete de Python, que proporciona la máquina virtual necesaria para interpretar el *bytecode*.

El tener que pasar por la máquina virtual para ejecutar el *bytecode*, y no trabajar directamente en el microprocesador del ordenador como se haría con el código ejecutable generado por un proceso de compilación convencional, hace que la ejecución sea, en general, más lenta.

---

[5]En este libro, al hablar de Python nos estaremos refiriendo siempre a CPython, la implementación de referencia de Python (desarrollada en C, de ahí su nombre) y la más ampliamente usada. Esta distribución está desarrollada y mantenida por el equipo de *core developers*, que son los que toman las decisiones sobre el camino que debe tomar el lenguaje.

Existen varias implementaciones alternativas de Python, entre las que están Jython (escrita en Java), PyPy (escrita en RPython, una versión restringida de Python) o IronPython (escrita en C#). Naturalmente, el proceso de traducción y ejecución de estas implementaciones es diferente al descrito aquí.

1.2 Características más destacadas de Python

Como ya hemos mencionado, Python es un lenguaje multiparadigma, que da soporte a los paradigmas estructurado, modular, orientado a objetos y, parcialmente, a la programación funcional.

Ya hemos indicado que muchas de las características de Python no resultan ser novedosas en el ámbito de los lenguajes de programación. Su creador, Guido van Rossum, se inspiró en lenguajes ya existentes, seleccionando los aspectos que le parecían deseables de cada uno de ellos. Probablemente, la virtud más destacada de Python sea haber podido reunir todas esas propiedades interesantes que otros lenguajes poseían de forma individual en un lenguaje de fácil lectura y escritura y con una excelente curva de aprendizaje.

El concepto de variable[6], tal y como se conoce desde los primeros lenguajes de programación (ya Fortran en los años 50 hacía uso de variables) no existe en Python. Como lenguaje orientado a objetos que es desde su concepción, el centro de todo en Python son los datos. Esos datos se albergan en objetos que se crearán y destruirán a lo largo de la ejecución del código de acuerdo a unas reglas muy sencillas y claras. El programador no debe preocuparse, como en otros lenguajes, por destruir los objetos, porque existe un recolector de basura basado en el conteo de referencias que se encarga de ello.

A diferencia de muchos lenguajes, que permiten al programador establecer la mutabilidad o inmutabilidad de cada dato (mediante la declaración de constantes o variables), en Python, la mutabilidad está vinculada a cada tipo de dato. Aunque pueda parecer una característica limitante, en realidad, el hecho de que un tipo sea inmutable no impide realizar operaciones con él, solamente determina la forma en la que podemos hacerlas.

Inspirándose en C, en lugar de implementar toda su funcionalidad en el propio lenguaje, van Rossum eligió diseñar Python como un lenguaje con muy pocos elementos, de forma que su gramática fuera simple y también lo fueran los analizadores sintácticos que habría que diseñar para traducir el código Python. Con este enfoque extensible de C, dotó a Python de una biblioteca que, sin formar parte del lenguaje, fue estandarizada para proporcionarse con cada instalación de Python, aportando una ingente cantidad de funcionalidades, enriqueciendo el lenguaje con nuevas clases. La biblioteca[7] estándar de Python nos permite interactuar con el sistema operativo y su sistema

---

[6]Una variable es un espacio en memoria para albergar un dato al que se asocia un identificador. En la mayoría de lenguajes de programación, en primer lugar se crea la variable y después se aloja un dato en ella.

[7]En Python el término biblioteca se usa en un sentido amplio como "repositorio de módulos de software". En realidad, el concepto de biblioteca hace referencia a un paquete de código estructurado en funciones ya compilado y con una interfaz estandarizada que permite que los programas puedan enlazar con ella y usar las funciones que deseen. Especialmente desde la aparición de lenguajes orientados a objetos, las bibliotecas también pueden aportar nuevos tipos (definición y operativa) para enriquecer el lenguaje de programación.

Sin embargo, el concepto de biblioteca está vinculado a los lenguajes compilados, que en una de las etapas de su traducción a código máquina, la de enlazado, pueden hacer uso de código ubicado en bibliotecas. En Python no existen las bibliotecas como tales, pero se suele usar el término para hablar de colecciones de paquetes disponibles, como la biblioteca estándar [https://docs.python.org/3/library/index.html], mantenida por la Python Software Foundation, o NumPy [https://numpy.org], una biblioteca externa de métodos numéricos usados en ciencias e ingeniería.

de archivos, procesar la línea de órdenes, operar con la redirección de archivos, disponer de una amplia gama de funciones matemáticas, estadísticas y de generación de números aleatorios, acceder a Internet y a protocolos de acceso a la red, manipular datos de tipo hora y fecha, comprimir archivos en los formatos más habituales o realizar mediciones de rendimiento de los programas desarrollados, por mencionar solo algunas de sus funcionalidades. Además, el lenguaje facilita a los programadores desarrollar sus propios paquetes de software para usarlos cómodamente en sus programas y compartirlos con otros desarrolladores. Y, muy importante, resulta muy sencillo para el equipo de desarrolladores de Python ampliar la funcionalidad del lenguaje mediante nuevas incorporaciones de módulos a la biblioteca estándar. La construcción sintáctica que nos permite usar un módulo, ya sea de la biblioteca estándar o perteneciente a otro paquete software no estándar, es la sentencia `import`.

Python utiliza asignación dinámica de tipos, lo que significa que el tipo de un dato se determina en su construcción, no a priori, como ocurre en lenguajes más tradicionales. Esto no impide que sea un lenguaje con un control fuerte de tipos, lo que hace que un dato no pueda cambiar de tipo a lo largo de su vida y que se verifique en todo momento si las operaciones a las que pretendemos someter un dato están permitidas para su tipo.

La sintaxis de Python resulta extremadamente simple en comparación con otros lenguajes. Utiliza menos delimitadores (como las típicas llaves de C/C++ o Java, la pareja `BEGIN/END` de Pascal o los terminadores `END PROGRAM`, `ENDIF`, o `ENDDO` de Fortran), apoyándose en su lugar en el sangrado de código para especificar dónde comienza y acaba un bloque de código, mejorando sustancialmente la legibilidad del código. Lo que en muchos otros lenguajes es una recomendación de estilo de escritura, en Python es una herramienta imprescindible para estructurar el código.

Sin duda, Python es uno de los lenguajes con una mayor oferta de tipos nativos (incorporados en el lenguaje). Además de los tipos simples básicos (entero, real, lógico), la oferta de tipos colección de Python es enorme: listas, tuplas, rangos, diccionarios y conjuntos, además de cadenas de caracteres. Tenemos colecciones secuenciales, asociativas y tipo conjunto, mutables e inmutables.

Otro aspecto en el que la oferta de Python se distingue de otros lenguajes es el relativo a las estructuras de control. Disponemos de una estructura condicional tipo `if`. pero en lugar de ofrecer una estructura tipo `switch`, habitual en muchos lenguajes de alto nivel, Python se inspira en Scala para diseñar una estructura de control que implementa la correspondencia estructural de patrones, con un enfoque mucho más genérico que `switch`. De la misma forma, Python proporciona bucles iteradores, que recorren los valores de una colección, en lugar del clásico bucle contador disponible en los lenguajes tradicionales y que resulta más intuitivo y cercano al lenguaje natural que la construcción `for` de C/C++ o Java, entre otros.

Su carácter de lenguaje interpretado permite trabajar en modo interactivo, además de la escritura clásica de programas mediante un editor de textos, permitiendo así emplearlo como un lenguaje de *scripting* y en el desarrollo de programas convencionales

Siendo conscientes de que por su diseño sería un lenguaje menos eficiente que otros (particularmente, C), se contempló la posibilidad de crear módulos de software escritos en otros lenguajes (originalmente C, pero potencialmente cualquier lenguaje compilado)

e integrarlos en el código Python para desarrollar código en el que la eficiencia resultara un factor crítico.

Desde su origen, Guido van Rossum insistió en que su objetivo era que el programador de Python se divirtiera con él. De hecho, el propio nombre del lenguaje tiene mucho que ver con el sentido del humor de van Rossum[8], que logró que esa buena disposición hacia un humor inteligente permeara en los grupos de discusión de los desarrolladores del lenguaje (los *core developers*), entre los que nunca han prevalecido las jerarquías y cuya relación se basa mucho más en las aportaciones que cada desarrollador hace al desarrollo del lenguaje. Este sentido del humor fue el que llevó a que van Rossum fuera declarado por aclamación BDFL (*Benevolent Dictator For Life*, Benevolente dictador vitalicio), una forma muy *pythonic*[9] de otorgarle la última palabra en las discusiones.

Otro resultado de ese humor inteligente de los *core developers* es el conocido **Zen de Python**. Ante la sugerencia de que Guido van Rossum y Tim Peters escribieran un artículo breve en el que proporcionar una serie de prescripciones para programadores procedentes de otros lenguajes, en los que se estaba detectando una tendencia a escribir con sintaxis Python, pero no al estilo Python (era 1999 y Python iba por su versión 1.5.2), la respuesta de Tim Peters consistió en afirmar que era una tarea que debía hacer Guido solo y, a la vez, enviar 19 de los 20 principios, dejando a Guido la tarea de enunciar el vigésimo. La propuesta de Tim Peters era la siguiente, afirmando que la respuesta a cualquier cuestión de diseño de Python debía resultar obvia tras leer estos aforismos:

- Bonito es mejor que feo.
- Explícito es mejor que implícito.
- Simple es mejor que complejo.
- Complejo es mejor que complicado.
- Plano es mejor que anidado.
- Espaciado es mejor que denso.
- La legibilidad importa.
- Los casos especiales no son tan especiales como para romper las normas.
- Aunque la practicidad vence a la pureza.
- Los errores nunca deberían producirse en silencio.
- A menos que se silencien explícitamente.
- Ante la ambigüedad, rechaza la tentación de adivinar.
- Debería haber una –y preferiblemente solo una– forma obvia de hacerlo.

---

[8]Aunque el logotipo de Python es desde hace años un dibujo de dos serpientes, el nombre del lenguaje no tiene nada que ver con el ofidio, sino con la serie humorística televisiva inglesa *Monty Python's Flying Circus* y el grupo de cómicos que la idearon y que adoptaron su nombre como grupo, *Monty Python*. No son pocas las referencias a sus *sketches* en la documentación del lenguaje, como las frecuentes menciones a "*spam and eggs*" o el hecho de haber llamado originalmente "*CheeseShop*" (quesería) al repositorio oficial de Python, hoy día, PyPI (*Python Package Index*).

[9]*Pythonic* es otro término acuñado en la comunidad Python para hacer referencia al estilo Python de hacer la cosas, más claro y legible que en otros lenguajes de programación.

- Aunque al principio esa forma no resulte obvia, salvo que seas holandés.

- Ahora es mejor que nunca.

- Aunque a menudo nunca es mejor que **ahora mismo**.

- Si la implementación es difícil de explicar, es una mala idea.

- Si la implementación es fácil de explicar, puede que sea una buena idea.

- Los espacios de nombres son una idea puñeteramente buena –¡hagamos más cosas así!

El Zen de Python se oculta como "huevo de Pascua"[10] en el intérprete de Python. Para descubrirlo, debemos importar el módulo `this.py`:

```
>>> import this
The Zen of Python, by Tim Peters

Beautiful is better than ugly.
Explicit is better than implicit.
Simple is better than complex.
Complex is better than complicated.
Flat is better than nested.
Sparse is better than dense.
Readability counts.
Special cases aren't special enough to break the rules.
Although practicality beats purity.
Errors should never pass silently.
Unless explicitly silenced.
In the face of ambiguity, refuse the temptation to guess.
There should be one-- and preferably only one --obvious way to do it.
Although that way may not be obvious at first unless you're Dutch.
Now is better than never.
Although never is often better than *right* now.
If the implementation is hard to explain, it's a bad idea.
If the implementation is easy to explain, it may be a good idea.
Namespaces are one honking great idea -- let's do more of those!
>>>
```

Los autores proponemos al lector una prueba muy sencilla. Le servirá para saber si la lectura de este libro le ha resultado de provecho. Antes de continuar, vuelva a leer el Zen de Python, y no vuelva a revisarlo hasta terminar la lectura del volumen. Si al leerlo de nuevo entiende bien el sentido de buena parte de estos diecinueve principios, si es capaz de pensar en alguna característica del lenguaje o algún fragmento de código Python que ilustre cada uno de esos principios, habremos conseguido nuestro objetivo:

---

[10]Los huevos de Pascua digitales tienen que ver con la costumbre norteamericana de no regalar los huevos a los niños, sino esconderlos para que ellos los encuentren. Algunos programas esconden mensajes o capacidades especiales para que el usuario los descubra. El primer huevo de Pascua se remonta al juego *Adventure* de la consola Atari 2600, de 1979, en el que su creador dejó su firma en una habitación oculta del laberinto del juego. Era una época en la que los videojuegos no mostraban en los créditos la identidad de los programadores y Warren Robinett reclamó reconocimiento de esta forma.

usted habrá comprendido el espíritu de Python, y podrá afirmar que es un programador de Python. El resto solamente es cuestión de práctica.

1.3 Entornos de desarrollo integrados

Lo único que realmente necesitamos para programar en Python es disponer de un intérprete de Python 3[11]. Podemos trabajar con el intérprete en modo interactivo, escribiendo una a una sentencias y expresiones del lenguaje para que el intérprete las evalúe y muestre su resultado. Sin embargo, este modo de trabajo interactivo solamente resulta interesante para realizar cálculos simples o para experimentar con características del lenguaje. Todas las órdenes que escribamos en el intérprete se perderán cuando este se cierre.

Por ello es habitual escribir *scripts*[12]: archivos de texto que contienen sentencias Python. Podemos pedir al intérprete que ejecute un *script*, lo que significará que leerá el contenido del *script*, lo compilará y hará que la máquina virtual interprete una a una las sentencias *bytecode* resultantes. Puesto que las órdenes están almacenadas en un archivo, podemos recuperar el *script* cuando lo deseemos para modificarlo o volver a ejecutarlo.

Para escribir un *script*, que no es más que un archivo de texto, podemos usar cualquier editor de textos (como el *Bloc de Notas* de *Windows* o *TextEdit* de *Linux* o *macOS*) e interactuar directamente con el intérprete de Python para pedirle que lo ejecute. Sin embargo, hay paquetes software que nos proporcionan de forma unificada varias herramientas muy útiles para desarrollar código: los **entornos de desarrollo integrados** (*IDE: Integrated Development Environment*). Un IDE nos proporciona un editor de texto especializado que nos ofrece funciones que facilitarán la escritura de código, como el sangrado inteligente, el resaltado de código o la completación automática. Además, también dispondremos de herramientas de depuración de código, que nos permiten ejecutar nuestros programas paso a paso, pudiendo examinar los valores obtenidos en cada sentencia del programa para detectar posibles errores y facilitar su corrección. En el caso de lenguajes interpretados como Python, el IDE también nos ofrece una *shell* con la que trabajar en modo interactivo. Normalmente, un IDE nos ofrece todas estas herramientas integradas en un sistema de ventanas y/o paneles que resulta particularmente cómodo para el desarrollador.

---

[11]La versión 3 de Python, lanzada a finales de 2008, fue la primera versión de Python deliberadamente incompatible con versiones anteriores del lenguaje. Se introdujeron en el lenguaje cambios sustanciales que no afectaban a la filosofía general de Python, pero sí resultaban imprescindibles para poder seguir evolucionando el lenguaje en la línea decidida por el equipo de desarrolladores.

[12]El concepto de *script* se remonta a los tiempos de los primeros sistemas operativos (años 50 y 60) para hacer referencia a un archivo de texto que contiene una serie de órdenes de un lenguaje. Estos archivos de órdenes resultaban imprescindibles en los primeros *mainframes*, como el IBM 360, que carecían de una *shell* interactiva. Los primeros *scripts* contenían órdenes del sistema operativo y se empleaban para automatizar procesos. Posteriormente se han desarrollado muchos lenguajes de programación interpretados que también recurren a los *scripts* para almacenar órdenes, proporcionando así un recurso equivalente a lo que se denomina programa en los lenguajes compilados.

De hecho, si utilizamos el instalador proporcionado por la web oficial de Python[13] (disponible para *Windows*, *Linux* y *MacOS*), se instalará en nuestro ordenador como parte integrante de la distribución el entorno *IDLE*[14]. No obstante, podemos encontrar multitud de entornos de desarrollo específicamente diseñados para trabajar en Python, y no podemos decir que el entorno *IDLE* sea el más cómodo de ellos, ya que es un entorno funcionalmente correcto pero estéticamente muy básico, casi primitivo. Podemos optar por elegir otro IDE, habiendo una amplia gama disponible, unos gratuitos y otros de pago, desde el enorme y sofisticado *Spyder*, parte de la distribución alternativa *Anaconda*[15], orientada al análisis de datos y al desarrollo en los lenguajes de programación Python, Julia y R, hasta el sencillo *Thonny*[16], desarrollado originalmente en la Universidad de Tartu (Estonia) y especialmente pensado para el ámbito de la enseñanza y el aprendizaje de Python. Los autores de este libro usamos en nuestras clases y recomendamos a nuestros alumnos el entorno *Thonny* porque reúne en una aplicación gratuita con muy pocos requerimientos de espacio en disco y consumo de memoria un compromiso muy interesante entre simplicidad, completitud, fiabilidad y configurabilidad.

---

[13]Disponible en https://www.python.org/downloads/.

[14]Las siglas *IDLE* se corresponden con *Integrated Development and Learning Environment* (Entorno integrado de desarrollo y aprendizaje), haciendo referencia a la posibilidad de editar *scripts* con el editor de textos integrado y de trabajar de forma interactiva con el intérprete para poder experimentar con el lenguaje, como de hecho haremos en el siguiente capítulo.

[15]https://www.spyder-ide.org y https://www.anaconda.com.

[16]https://thonny.org.

2

Tomando contacto

Hemos visto el modelo de traducción que utiliza Python y también hemos señalado que, para facilitar nuestra labor de programación, podemos utilizar entornos de desarrollo. Estos últimos son los encargados de facilitarnos de forma integrada las herramientas necesarias para la escritura, traducción, ejecución y depuración de nuestro código. En este sentido, cualquier entorno de desarrollo de Python que instalemos en nuestro ordenador nos ofrecerá, entre otras herramientas:

- Un intérprete de órdenes, llamado con frecuencia *shell* o **consola**, que nos permitirá trabajar en modo intérprete interactivo.

- Un editor de textos, que nos permitirá escribir *scripts* Python, que podremos ejecutar y depurar una vez almacenados en un archivo con extensión `.py`. Este editor nos facilitará la escritura de código Python a través de funciones como el sangrado inteligente, la completación automática o el resaltado de código.

2.1 Modo intérprete interactivo

El hecho de que Python sea un lenguaje interpretado permite que nuestra primera aproximación pueda ser intuitiva y ágil, porque podremos evitar el típico bucle *escritura-compilación-prueba-recompilación* de los lenguajes compilados y experimentar fácilmente determinadas características de Python, escribir rápidamente segmentos de código de prueba o comprobar el comportamiento de alguna función de biblioteca. Comenzaremos interactuando con el intérprete de órdenes de Python para familiarizarnos con algunos elementos del lenguaje.

Cuando se inicia la *shell*, aparece información sobre la versión de Python y, dependiendo del entorno de desarrollo que estemos usando, puede que también sobre el sistema operativo en el que estemos ejecutándola, así como la sugerencia de algunas órdenes que podemos usar para obtener ayuda o información sobre Python. Por ejemplo, la consola de IDLE muestra un mensaje como el siguiente:

```
Python 3.12.4 (tags/v3.12.4:8e8a4ba, Jun  6 2024, 19:30:16) [MSC v.1940
 ↪  64 bit (AMD64)] on win32
Type "help", "copyright", "credits" or "license()" for more
 ↪  information.
>>>
```

Y la de Thonny:

```
Python 3.12.4
 ↪  (C:\Users\...\AppData\Local\Programs\Python\Python312\python.exe)
>>>
```

Al símbolo `>>>` se le suele llamar *prompt*, e indica que la *shell* está a la espera de una orden, en nuestro caso, cualquier sentencia o expresión de Python. Por ejemplo, podemos escribir una expresión muy sencilla como la siguiente:

```
>>> 3 + 5
8
>>>
```

Cuando pulsamos la tecla *Enter* ⏎ , la *shell* de Python evalúa la expresión, nos proporciona el resultado (en nuestro caso, 8) y vuelve a mostrar el *prompt*, indicando que está preparada para recibir nuevas órdenes.

Dos comentarios sobre este pequeñísimo código Python:

- **3** y **5** son valores literales o, simplemente, literales. Un **literal** es la expresión directa de un valor en código Python. En este ejemplo, Python es capaz de deducir, a partir de su forma, que los dos literales son números enteros.

- El operador **+**, como podemos presuponer, representa la operación de la suma y tiene, como estamos acostumbrados en matemáticas, notación infija: se sitúa entre los dos operandos que involucra.

Es importante que observemos que este pequeño segmento de código trabaja con tres datos: los dos datos literales, 3 y 5, y el valor 8, resultante de la operación realizada.

El funcionamiento del intérprete de Python en el modo interactivo de la *shell* sigue el siguiente ciclo:

1. Lee el código escrito en la consola.

2. Evalúa (interpreta) el código.

3. En su caso, visualiza el resultado obtenido y espera una nueva entrada de código.

En el ámbito de la programación, este ciclo de trabajo recibe el nombre de *REPL* (*Read-Evaluate-Print Loop*, Bucle de Lectura-Evaluación-Impresión en español) y todos los intérpretes de órdenes (como, por ejemplo, la *shell* de *Linux* o el *Símbolo de Sistema de Windows*) basan su funcionamiento en él.

Si, en lugar de calcular la suma, realizamos la división:

```
>>> 3 / 5
0.6
>>>
```

observaremos que el valor resultante es un número real, no un entero. Python opera con distintos tipos de dato numéricos según sea necesario o según su forma (si se trata de literales que aparecen en el código). Si volvemos a calcular la suma, pero expresamos uno de los dos literales de forma diferente:

```
>>> 3 + 5.0
8.0
>>>
```

vemos que, aunque para nosotros pueda ser la misma operación, con el mismo resultado, para Python es diferente. Ahora los operandos de la suma son un valor entero y un
número real, y el resultado es un número real. Obsérvese que se usa el punto decimal
en lugar de la coma.

Podemos seguir trabajando con la *shell* de Python para comprobar que podemos
construir todo tipo de expresiones aritméticas. Algunos de los ejemplos incluyen comentarios. Un **comentario** comienza con el carácter **#** y se extiende hasta el final de la
línea. Los comentarios son ignorados por Python, pero sirven para incluir observaciones sobre el código que no considera el traductor, sino que están dirigidas a un lector
humano.

```
>>> 220 - 8 * 5  # Reglas de precedencia habituales
180
>>> (220 + 6 * 3) / 5  # Uso de paréntesis
47.6
>>> 220 + 6 * 3 / 5
223.6
>>> 7 / 3
2.3333333333333335
>>> 7 // 3  # Cociente de la división entera
2
>>> 7 % 3  # Módulo: resto de la división entera
1
>>> 2 ** 3  # Potencia
8
>>> 64 ** (1 / 2)  # Raíz cuadrada
8.0
>>> 729 ** (1 / 3)  # Raíz cúbica. Pequeño error de precisión
8.999999999999998
>>>
```

Como vemos en estos ejemplos, la sintaxis y los operadores son los habituales de
cualquier lenguaje de programación y muy similares a los empleados habitualmente en
matemáticas, con las reglas de precedencia usuales. Así, usamos el operador * para
representar el producto; el operador / representa la división real (obteniendo decimales),
por lo que su resultado siempre es un valor real; el operador // permite obtener el
cociente de la división entera y % proporciona el módulo (resto de la división entera);
finalmente, el operador ** nos permite calcular potencias o raíces (si el exponente es
un número racional).

No podemos continuar sin cumplir el rito que todo programador de la era moderna suele realizar al iniciar su proceso de aprendizaje: desarrollar un primer código que muestre el mensaje «Hello, world»[1]. En Python resulta particularmente sencillo:

```
>>> print('Hello, world')
Hello, world
>>>
```

Este código invoca la función **print()** con el texto **'Hello, world'** como argumento. Una **función** es un segmento de código reutilizable que realiza una determinada tarea con los datos que se le proporcionan y que puede invocarse a través de un nombre. Los paréntesis le indican a Python que **print()** es una función y que debe invocarla (ejecutar su código), además de servir para encerrar los datos que se proporcionan a **print()** para su funcionamiento. Las comillas indican a Python que «Hello, world» es un dato de tipo textual (a estos valores los llamaremos *strings* o cadenas de caracteres). Como vemos, podemos usar **print()** para mostrar información en pantalla (o, dicho más correctamente, en la consola).

Es interesante observar que el comportamiento de **print()** con las cadenas de caracteres es diferente al de la *shell*. Mientras que **print()** muestra el contenido de la cadena, la *shell* muestra la cadena en sí, con los delimitadores:

```
>>> print('Hello, world')
Hello, world
>>> 'Hello, world'
'Hello, world'
```

Con estos sencillos ejemplos ya podemos ver que Python es capaz de representar valores de diferentes tipos: numéricos (números enteros, reales o complejos), cadenas de caracteres y otros que iremos conociendo más adelante.

Cuando aparece un literal en el código, el intérprete de Python crea un objeto en memoria del tipo adecuado para albergar ese valor. El intérprete es capaz de deducir el tipo de un dato a partir de su formato. Python es un lenguaje de **asignación de tipo dinámica**: en el momento de la creación del dato, durante la ejecución del código, Python determina su tipo. Si ejecutamos:

```
>>> print(21)
21
>>> type(21)
<class 'int'>
```

---

[1] En 1978, B. Kernighan y D. Ritchie publicaron el libro *The C Programming Language*, un libro que marcó un hito en las estrategias de enseñanza de los lenguajes de programación y supuso un modelo a seguir como texto de carácter técnico. El primer programa que aparecía en el libro era el que imprimía el mensaje «Hello, world». Posteriormente, muchos libros y cursos de programación de diferentes lenguajes han comenzado explicando cómo implementar un programa que muestre este mensaje, convirtiéndose en una tradición.

```
>>> print('Hola', type('Hola'))
Hola <class 'str'>
>>> print(3.87, type(3.87))
3.87 <class 'float'>
>>>
```

estaremos haciendo uso de la función **type()** para averiguar el tipo del dato que se le proporciona como argumento. Como vemos en el ejemplo, en Python a esos tipos se les llama clases. El concepto de **clase** no solo determina los valores que puede albergar un objeto, sino también las operaciones que se pueden realizar con él.

Obsérvese también que la función **print()** admite varios argumentos, en cuyo caso los evalúa y los muestra en una misma línea de salida separados por un espacio en blanco.

Tanto **print()** como **type()** son **funciones nativas** de Python, es decir, forman parte del propio lenguaje. Aprenderemos otras funciones nativas y veremos que podemos usar también funciones definidas en bibliotecas.

2.2 Uso del editor: creación de *scripts*

En lugar de trabajar en modo interactivo, podemos almacenar código Python en un archivo de texto y pedir a Python que ejecute el código almacenado en el archivo. A estos archivos de código se les suele llamar *scripts* Python.

Para escribir un *script* Python podemos usar cualquier editor de textos (como el Bloc de Notas de Windows o TextEdit de Linux y macOS), aunque, como hemos dicho anteriormente, los entornos de desarrollo nos proporcionan editores de textos especializados en la escritura de código que incluyen muchas utilidades que nos facilitan la tarea, como el resaltado de código, la completación automática o el sangrado inteligente.

Lo habitual es tener abiertas las dos ventanas: la de la *shell* de Python y la del editor de textos, porque las salidas producidas por la ejecución de nuestros *scripts* se mostrarán en la *shell*. Muchos entornos de desarrollo integrados muestran una única ventana con paneles correspondientes al editor, la *shell* y otras herramientas de desarrollo, como vemos en la figura 2.1, que muestra el entorno Thonny.

Una vez escrito nuestro *script* en el editor, antes de ejecutarlo, será preciso almacenarlo en un archivo con extensión **.py**, indicando así que es un *script* Python. En la imagen de la figura, podemos ver que el código está resaltado usando, por ejemplo, un color específico para el literal *string* **'Hello, world'**. Es habitual que los editores solo resalten el código si el archivo tiene la extensión **.py**.

El comportamiento del intérprete de Python no es exactamente el mismo cuando ejecuta un *script* que cuando trabaja en modo interactivo. Para verlo, consideremos de nuevo algunas de las líneas de código que hemos utilizado en los anteriores ejemplos para construir el siguiente *script*:

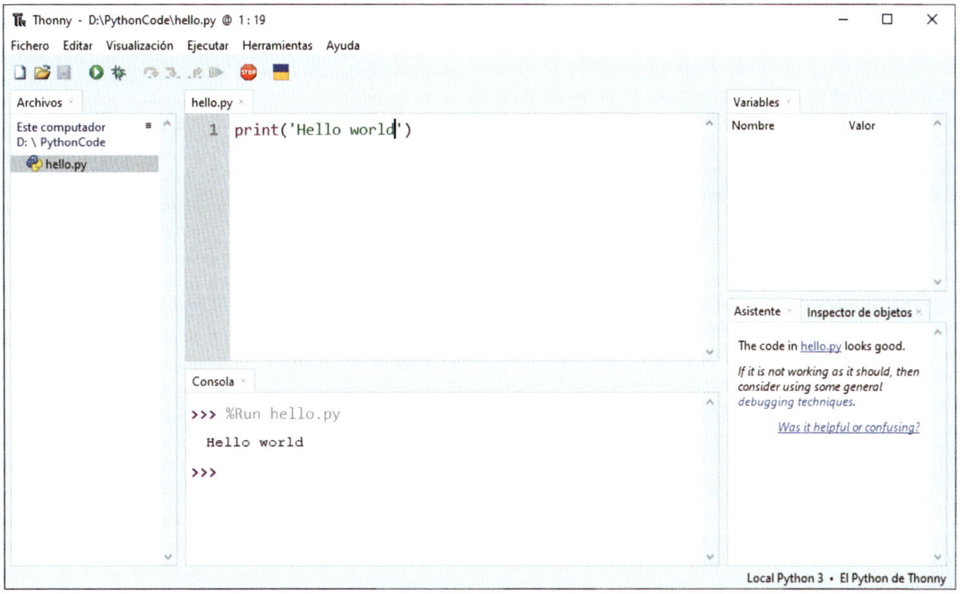

Figura 2.1: Entorno de desarrollo integrado Thonny

```
1  3 + 5
2  print('Hello, world!')
3  print(21)
4  type(21)
5  print('Hola', type('Hola'))
6  print(3.7, type(3.7))
```

Al ejecutarlo, obtenemos la salida:

```
Hello, world!
21
Hola <class 'str'>
3.7 <class 'float'>
```

Puede parecer que las líneas 1 y 4 del *script* no tienen ningún efecto, pero no es así. Las operaciones se llevan a cabo, pero debemos darnos cuenta de que el intérprete de Python ya no ejecuta el ciclo REPL. En el caso de los *scripts*, el intérprete lee cada línea y la ejecuta, pero no imprime el resultado de forma automática. Cuando queramos mostrar resultados en un *script* Python será necesario que invoquemos la función **print()**. Por lo tanto, si queremos obtener las mismas salidas que en el modo interactivo, tendremos que modificar nuestro *script* como sigue:

```python
1  print(3 + 5)
2  print('Hello, world!')
3  print(21)
4  print(type(21))
5  print('Hola', type('Hola'))
6  print(3.7, type(3.7))
```

Y la salida será la siguiente:

```
8
Hello, world!
21
<class 'int'>
Hola <class 'str'>
3.7 <class 'float'>
```

La ventaja de escribir *scripts* en lugar de trabajar en modo interactivo es evidente: al almacenar el código en un archivo, podremos recuperar nuestros programas fácilmente para volver a ejecutarlos, revisarlos o ampliarlos cuando queramos, mientras que todo el código que escribamos en modo interactivo se perderá cuando cerremos o limpiemos la consola.

2.3 Uso de comentarios

Con frecuencia, al revisar un programa que escribimos hace algún tiempo, nos cuesta trabajo entender qué hacía ese código. Es aún más probable que esto se produzca cuando examinemos código escrito por otras personas.

Para evitar este problema, es recomendable incluir comentarios en nuestros *scripts* Python. Su objetivo es mejorar la legibilidad del código mediante indicaciones que el intérprete de Python ignorará pero que resultarán aclaratorias para un lector humano.

Como hemos visto con anterioridad, para incluir un comentario, utilizaremos el carácter **#**. Todo lo que siga a este carácter hasta el final de la línea será ignorado por el intérprete. Como muestran los siguientes ejemplos (el lector no debe preocuparse si no comprende el código que se muestra en estos ejemplos, lo hará en breve; por ahora pretendemos que se concentre en los comentarios), podemos escribir:

- **Comentarios de línea completa** (*block comments*): en este caso, el carácter **#** aparece como primer carácter de la línea y, por tanto, la línea completa será ignorada por el intérprete de Python. Suelen usarse para explicar el conjunto de líneas que aparecen bajo la línea del comentario, como se aprecia en el siguiente ejemplo[2]:

---

[2]Los puntos suspensivos que aparecen en la línea 1 de este *script* no son un símbolo del lenguaje. Los usaremos cuando queramos indicar que el *script* incluye una o varias líneas de código que no resultan de interés para el ejemplo en cuestión.

```
1  ...
2  # Aplicamos el IVA general en España (21%)
3  IVA = 0.21
4  precio_final = precio * IVA
```

- **Comentarios en línea** (*inline comments*): se escriben después de una sentencia, en la misma línea. Se suelen usar para explicar esa línea de código concreta.

```
1  ...
2  IVA = 0.21  # IVA general en España: 21%
3  precio_final = precio * IVA  # Aplicamos el IVA
```

Podemos editar nuestro programa **hello_world.py** para incluir comentarios:

```
1  # Nuestro primer programa
2  # Imprime el mensaje Hello, world
3  mensaje = 'Hello, world'  # Asignación
4  print(mensaje)  # Usamos la función print()
```

Cuando ejecutemos este *script*, el resultado será el mismo que el de la versión sin comentarios. El intérprete los ignora por completo.

Veamos algunos consejos para incluir comentarios útiles en nuestro código, varios de ellos procedentes de la guía de estilo de Python[3]:

- No deben proporcionar información que resulte obvia (en nuestros ejemplos lo hemos hecho solamente con fines ilustrativos).

- Deben ser concisos, pero suficientemente informativos.

- Los comentarios que se contradicen con el código son más dañinos que no incluir comentarios. Si modificamos nuestros programas, debemos revisar también los comentarios que documentan el código.

- Los comentarios deben ser frases completas.

- Se recomienda dejar un espacio en blanco entre el carácter **#** y el texto del comentario.

---

[3]La PEP 8 (*Python Enhancement Proposal 8* [https://peps.python.org/pep-0008/]) es una guía de estilo creada en 2001 a partir de un documento de Guido van Rossum y revisada durante 13 años por el equipo desarrollador de Python. El documento proporciona convenciones de escritura de código para los módulos de la biblioteca estándar de Python pero, con el tiempo, se ha convertido en un manual a seguir para cualquier programador que quiera escribir código Python de forma consistente y clara. Proporciona recomendaciones sobre todos los elementos de un programa Python: el sangrado de código, la longitud de las líneas, el uso de espacios y líneas en blanco, la escritura de comentarios, la creación de nombres, el uso de estructuras de control, la definición de funciones, etc. En cualquier caso, se trata de un conjunto de recomendaciones de estilo, y el propio van Rossum ha reconocido que hay partes de la biblioteca estándar de Python que no respetan esta convención debido a los variados orígenes y fechas de creación del código que la compone.

- Se deben usar los comentarios *inline* con moderación. En caso de usarlos, dejar dos espacios en blanco entre el código y el carácter **#** (y dejar siempre un espacio entre el carácter **#** y el texto del comentario).

Python proporciona otra herramienta que se puede usar para comentarios multilínea: los ***docstrings***. Aunque están ideados para documentar módulos, funciones y clases (que estudiaremos con más detalle en el capítulo 7), los desarrolladores del lenguaje sugieren que se usen también cuando un comentario ocupe varias líneas, evitando así incluir un carácter **#** al principio de cada línea. Un *docstring* se encierra entre dos tripletas de comillas simples o dobles (**'''** o **"""**)[4].

```python
1  """ Nuestro primer programa.
2  Imprime el mensaje «Hello, world».
3  """
4  mensaje = 'Hello, world'  # Asignación
5  print(mensaje)  # Usamos la función print
```

2.4 Datos y tipos de dato: objetos y clases

Como lenguaje orientado a objetos que es desde su concepción, todo el diseño de Python está centrado en los datos, como también lo estarán los *scripts* Python que desarrollemos.

Python gestiona los datos mediante la noción de **objeto**: los datos que usan y calculan nuestros programas se representan mediante objetos que se ubican en la memoria del ordenador y que se relacionan interactuando entre sí. Todo en un programa Python se modeliza como objetos o como relaciones entre objetos.

Un objeto tiene una identidad, un tipo y un valor:

- La **identidad** de un objeto permite distinguirlo de cualquier otro objeto y no cambia nunca una vez que se ha creado[5]. La función nativa **id()** nos proporciona la identidad de cualquier objeto proporcionado como argumento.

- El **tipo** de un objeto determina los valores que es capaz de representar y las operaciones que admite. Estos tipos se llaman **clases** en Python. Por lo tanto, cada valor de nuestro programa se ubicará en un objeto de una determinada clase. Al igual que la identidad, la clase de un objeto no puede cambiar. Como hemos visto antes, la clase de un objeto se puede obtener mediante la función **type()**.

- Como hemos dicho, el tipo de un objeto (su clase) determina los posibles valores que puede albergar. La clase también prescribe si el valor del objeto puede cambiar o no a lo largo de su vida. Hablaremos de objetos **mutables** e **inmutables**.

---

[4]En este libro seguiremos la recomendación de la PEP 257 [https://peps.python.org/pep-0257/] de usar por consistencia **"""triples comillas dobles"""**, respaldada por la PEP 8.

[5]En CPython, la implementación oficial y más usada de Python, la identidad del objeto es la dirección de memoria en la que se aloja.

Python incluye un amplio catálogo de clases nativas. Podemos destacar, por citar las clases más utilizadas, los tipos numéricos: números enteros (clase `int`), reales (clase `float`) y complejos (clase `complex`), además de los valores lógicos (clase `bool`), un subtipo de los números enteros; las secuencias, entre las que se encuentran los *strings* o cadenas de caracteres (clase `str`), las tuplas (clase `tuple`), las listas (clase `list`) y los rangos (clase `range`); o los diccionarios (clase `dict`), que son un tipo de dato asociativo.

Además de las clases nativas de Python, podremos crear objetos de clases definidas en bibliotecas externas cuando hagamos uso de ellas mediante la importación de módulos (usando la sentencia `import`) y también podremos definir nuestras propias clases. Estudiaremos la creación de clases en el capítulo 9.

Consideremos la primera línea de uno de los ejemplos que hemos visto:

```
1  print(3 + 5)
```

Cuando Python analiza la línea y encuentra los literales enteros **3** y **5**, crea dos objetos de la clase `int` en memoria para contener estos valores. El operador **+** está definido para la clase `int`, por lo que recibe estos dos objetos y genera un nuevo objeto `int`, que albergará el resultado de la suma. Después, el intérprete de Python invoca la función `print()`, proporcionándole como argumento el objeto creado, mostrando en la consola el valor 8.

Para cada valor que gestiona —ya sea un literal, un valor calculado como resultado de una expresión o un valor devuelto por una función— Python creará un objeto de la clase adecuada para poder representarlo. En Python, todo, absolutamente todo, son objetos. En posteriores capítulos iremos conociendo diferentes clases de Python, pero siempre debemos tener presente que cualquier información que gestione nuestro programa se guardará en un objeto. Y cada uno de estos objetos ocupa una cantidad de la memoria del ordenador necesaria para albergar los datos en cuestión.

De la misma forma que no tenemos necesidad de encargarnos de crear objetos (es el intérprete de Python el que los crea conforme son necesarios), tampoco tendremos que destruirlos de forma explícita, liberando la memoria que ocupan. Python incorpora un mecanismo —el **recolector de basura**— que, combinado con las reglas de ámbito (que veremos más adelante), se ocupará de destruir los objetos, cuando ya no se pueda acceder a ellos, para reutilizar la memoria que ocupan.

2.5 Nombres y objetos

Es muy habitual que necesitemos hacer referencia a un dato en diferentes ocasiones dentro de nuestro código, ya sea un valor literal o el resultado de un cálculo realizado. Hasta ahora, la única forma que tenemos de hacerlo es volviendo a expresar el literal o repitiendo el cálculo o la llamada a función. Necesitamos, por lo tanto, una forma de hacer referencia a un dato ya existente.

En Python, un **nombre** es un identificador asociado a un dato, es decir, un identificador que hace referencia a un objeto generado por nuestro código. En esta sección aprenderemos a vincular un nombre con un objeto. También veremos cómo hacer uso del nombre para acceder al objeto al que hace referencia, cómo desvincular un nombre de un objeto para que haga referencia a otro, y cómo eliminar un nombre.

Aunque en otros lenguajes se habla de variables y, a primera vista, estas pueden confundirse con los nombres de Python, su significado es conceptualmente diferente[6].

El uso de nombres en nuestros programas resulta fundamental:

- Los nombres hacen que los datos sigan siendo accesibles más allá del momento en el que se generan: si, por ejemplo, obtenemos un resultado tras un complejo y costoso cálculo, nuestro programa podrá acceder al valor obtenido sin necesidad de repetir el cómputo.

- La pervivencia de cada uno de los objetos generados por la ejecución de código viene determinada por su vinculación con un nombre. Mientras haya al menos un nombre que haga referencia al objeto, este seguirá existiendo; tan pronto como un objeto deje de ser referenciado por un nombre, será candidato a que el recolector de basura lo elimine y libere la memoria que ocupa. Esta norma general se verá matizada por las reglas de ámbito, que estudiaremos más adelante.

- Los nombres ayudan a dar significado a los datos: el valor 8 puede representar diferentes cosas. Podría ser la nota de un alumno, el número de portal en una dirección postal o el número de personas que forman un equipo. Usar un nombre como `nota_parcial` ayuda a dejar claro su significado en nuestro programa.

2.5.1 La sentencia de asignación

La forma más común de vincular un nombre con un objeto es mediante una **sentencia de asignación**[7]:

```
<nombre> = <expresión>
```

---

[6]Como hemos indicado antes, en el ámbito de la metodología de la programación, la idea de variable habitualmente se refiere a un espacio en memoria y a un nombre asociado a ese espacio de almacenamiento en memoria. En Python, el concepto de nombre no implica ninguna reserva de espacio. Un nombre solamente es una forma de hacer referencia a un objeto existente en un determinado momento. Por eso, en este texto hemos elegido utilizar el término nombre pese a que también es frecuente encontrar el término variable en textos de Python e incluso en la propia documentación del lenguaje para hacer referencia a este concepto.

[7]En relación con la forma de notar la sintaxis, la documentación de referencia de Python [https://docs.python.org/3/reference/index.html] proporciona una especificación formal de las diferentes construcciones del lenguaje mediante reglas de producción en una notación Backus-Naur modificada (por ejemplo, se puede consultar la especificación de la sentencia de asignación en https://docs.python.org/3/reference/simple_stmts.html#assignment-statements). Nosotros intentaremos describirla de una forma más intuitiva y amigable para un lector no iniciado en gramáticas formales y su especificación. En cualquier caso, sí haremos uso de algunos elementos de la notación Backus-Naur. Así, los nombres situados entre paréntesis angulares, como `<nombre>` y `<expresión>` son símbolos no terminales del lenguaje, que se sustituirán por un carácter o serie de caracteres que cumplan la función indicada. En cambio, el símbolo = es un símbolo terminal, que aparece tal cual en la sentencia. Conforme vayamos usándolos, describiremos otros elementos de la notación.

El intérprete de Python evalúa la expresión que hay a la derecha del símbolo =[8] y vincula el nombre que hay a la izquierda con el objeto generado por la expresión.

Vamos a revisar el programa que mostraba el mensaje «Hello, world» para que haga uso de un nombre mediante una sentencia de asignación:

```
1  mensaje = 'Hello, world'
2  print(mensaje)
```

En la línea 1 creamos un objeto **str** que contiene la cadena **'Hello, world'** y vinculamos a él el nombre **mensaje**. En la línea 2 el intérprete de Python encuentra el nombre **mensaje** y accede al objeto **str** al que está vinculado, proporcionando ese objeto como argumento a la función **print()**.

Es importante observar que, aunque la sentencia de asignación usa el símbolo utilizado habitualmente en matemáticas para representar la igualdad, su significado es muy diferente. Esto genera confusión en quien está comenzando a programar. Recuerde: la sentencia de asignación evalúa la expresión de la derecha y vincula el nombre que hay a la izquierda del símbolo = con el objeto generado por la expresión.

2.5.2 Creación de objetos y referencias

Un nombre no está vinculado indefinidamente a un objeto. Como podemos ver en el siguiente ejemplo, sucesivas asignaciones pueden vincular el nombre a otro objeto, desvinculándolo del anterior.

```
1   # Al hacer una asignación, vinculamos el nombre al objeto
2   valor1 = 4
3   print(valor1, type(valor1), id(valor1))
4   valor2 = 3.141593
5   print(valor2, type(valor2), id(valor2))
6   # Si hacemos otra asignación, desvinculamos el nombre
7   # y lo vinculamos a otro objeto
8   valor1 = 'Hola'
9   print(valor1, type(valor1), id(valor1))
10  valor1 = valor2
11  # Ahora valor1 hace referencia al mismo objeto que valor2
12  print(valor1, type(valor1), id(valor1))
13  valor3 = 3.141593   # valor3 también
14  print(valor3, type(valor3), id(valor3))
15  print(valor1 is valor2)
16  print(valor3 is valor2)
```

---

[8]Aunque es frecuente encontrar en la bibliografía sobre Python (incluso en la documentación oficial) referencias al símbolo = como *operador de asignación*, un término que se ha tomado de otros lenguajes como C/C++, en Python, el símbolo = no es un operador, ya que no genera ningún valor. De hecho, en la sección de análisis léxico de la referencia del lenguaje, el símbolo = se describe como delimitador, no como operador.

```
4 <class 'int'> 140725082389016
3.141593 <class 'float'> 2205236809072
Hola <class 'str'> 2205231555872
3.141593 <class 'float'> 2205236809072
3.141593 <class 'float'> 2205236809072
True
True
```

Los nombres se crean cuando se les asigna un objeto por primera vez en el programa y, como vemos en el ejemplo, para cambiar la vinculación de un nombre también se usa la sentencia de asignación, de forma que el nombre se desvincula de un objeto y se vincula a otro.

Recordemos que dijimos anteriormente que en Python la asignación de tipos es dinámica: el tipo del objeto que alberga un dato se determina durante la ejecución del código. Esto también afecta a los nombres: un nombre se podrá vincular a diferentes objetos de diferentes tipos. En el *script* anterior, el nombre **valor1** se vincula con los valores **4**, **'Hola'** y **3.141593**, que son, respectivamente, un número entero (clase **int**), una cadena (clase **str**) y un número real (clase **float**).

Aunque sea posible en Python, en general no es buena idea reutilizar el mismo nombre para vincularlo en un mismo programa a objetos que contengan valores que representan conceptos diferentes, ya que no estaríamos teniendo en cuenta la semántica del nombre, algo importante de cara a la legibilidad de nuestros programas.

Es interesante observar la línea 10 del *script*. A diferencia de las anteriores asignaciones, en esta aparece un nombre en la parte derecha de la asignación. En este caso, la sentencia no implica la creación de un nuevo objeto. Al evaluarse la parte de la derecha de la asignación (que es lo que siempre se hace en primer lugar), obtenemos como valor de la expresión una referencia a un objeto ya existente. Por lo tanto, el nombre que aparece a la izquierda se vincula también a ese objeto. El resultado es que, tras la ejecución de la sentencia, los dos nombres, **valor1** y **valor2**, hacen referencia al mismo objeto, lo que hemos verificado comprobando la identidad de cada objeto devuelta por la función **id()** y haciendo uso del operador **is**[9].

2.5.3   Asignación múltiple y encadenamiento de asignaciones

Python permite realizar asignaciones múltiples. En una **asignación múltiple**, realizamos la vinculación de dos o más nombres a diferentes objetos:

```
<nombre_1>, <nombre_2>,..., <nombre_n> = <expr_1>, <expr_2>,..., <expr_n>
```

---

[9]El operador **is** devuelve un valor de verdad o falsedad indicando si dos nombres hacen referencia al mismo objeto. Lo veremos con detalle más adelante, en la sección 3.2.2, junto con su negación, el operador **is not**, cuando estudiemos los operadores relacionales.

```python
# Asignación múltiple
a, b = 0, 1
print(a, b)
# Intercambio de valores mediante asignación múltiple
a, b = b, a
print(a, b)
# Rotación de los valores asociados a tres nombres
a, b, c = 1, 2, 3
print(a, b, c)
a, b, c = b, c, a
print(a, b, c)
```

La línea 2 de este ejemplo contiene una asignación múltiple: los nombres **a** y **b** se vinculan con los objetos **int** que contienen los valores **0** y **1**. En las líneas 5 y 10 de este *script* aprovechamos la asignación múltiple para intercambiar los valores referenciados por dos nombres o para rotar los valores a los que están vinculados tres nombres.

A pesar de que inicialmente puede parecer confuso o semánticamente incoherente que los mismos nombres aparezcan a la derecha y a la izquierda de la asignación, si pensamos que la asignación evalúa primero la expresión que hay a su derecha y después realiza la vinculación del nombre o nombres que hay a su izquierda, veremos que no solo tiene sentido, sino que resulta cómodo e intuitivo. La salida producida por este *script* sería:

```
0 1
1 0
1 2 3
2 3 1
```

Aunque tras la asignación múltiple está una clase que aún no conocemos, las tuplas, por ahora basta con que entendamos cómo usarla.

En general, no es conveniente abusar de la asignación múltiple, ya que puede restar legibilidad al código. Pero es cierto que operaciones como el intercambio de valores que hemos visto anteriormente resultan mucho más sencillas que la versión más convencional, que implica usar un tercer nombre para poder intercambiar los valores:

```python
a = 0
b = 1
print(a, b)
# Intercambio de valores "tradicional", sin usar asignación múltiple
auxiliar = a
a = b
b = auxiliar
print(a, b)
```

```
0 1
1 0
```

Python también permite el **encadenamiento de asignaciones**, de forma que podemos vincular varios nombres al mismo objeto en una única línea de código:

```
<nombre_1> = <nombre_2> = ... = <nombre_n> = <expresión>
```

```python
1  # Encadenamiento de asignaciones
2  a = b = c = 25
3  print(a, b, c, id(a), id(b), id(c))
4  print(a is b, b is c, a is c)
5  # ¡Ojo!, una asignación sobre un nombre no afecta a los otros
6  b = 20
7  print(a, b, c, id(a), id(b), id(c))
8  print(a is b, b is c, a is c)
```

```
25 25 25 140725082389688  140725082389688  140725082389688
True True True
25 20 25 140725082389688  140725082389528  140725082389688
False False True
```

2.5.4 Persistencia de los objetos

Un **espacio de nombres** (*namespace*) es un conjunto de nombres que incluye información sobre el objeto al que referencia cada uno de ellos. Podemos pensar en un espacio de nombres como una especie de directorio que relaciona nombres con objetos.

Cuando Python ejecuta nuestros programas, crea espacios de nombres. Hay al menos dos espacios de nombres disponibles al ejecutar un programa: el espacio de nombres nativo y el espacio de nombres global.

El **espacio de nombres nativo**, que se crea cuando se inicia el intérprete de Python, recoge los nombres de todos los objetos nativos de Python. En él podremos encontrar, por ejemplo, los nombres de las clases que ya conocemos (**int**, **float**, **complex**, **str**, o **bool**), así como los nombres de las funciones nativas Python (**print**, **type**, **id**, ...) y de todos los demás elementos nativos de Python, que son, por supuesto, objetos y tendrán asociado un nombre para poder hacer referencia a ellos.

El **espacio de nombres global** se crea cuando el intérprete de Python comienza a ejecutar un *script*. También se crea si iniciamos una sesión en modo interactivo con la *shell*. En cualquier caso, cada vez que nuestro código crea un nombre, este se incorpora al espacio de nombres global, de forma que cuando ese nombre vuelve a aparecer en una sentencia, el intérprete consulta el espacio de nombres para saber a qué objeto estamos haciendo referencia. Así, en el siguiente código:

```
1  mensaje = 'Hello, world'
2  print(mensaje)
```

En la línea 1:

- Hemos creado un objeto `str` para albergar el texto `'Hello, world'`.

- Hemos añadido un nombre, `mensaje`, al espacio de nombres global del *script*.

- Hemos vinculado el nombre `mensaje` con el objeto `str`.

En la línea 2:

- Hemos hecho referencia al nombre `mensaje`, que el intérprete encuentra en el espacio de nombres global, donde consulta la referencia al objeto `str` al que está vinculado.

- Hemos hecho referencia al nombre `print`, que el intérprete encuentra en el espacio de nombres nativo vinculado a una función nativa de Python.

- Invocamos la función referenciada por el nombre `print`, proporcionándole como argumento el objeto referenciado por el nombre `mensaje`.

En los capítulos 7 y 9, cuando hablemos de modularidad y de orientación a objetos, veremos que el intérprete de Python crea diferentes espacios de nombres en diferentes momentos, cada uno de ellos con un periodo de vida distinto. Pero hasta entonces, los dos únicos espacios de nombres que nos preocuparán serán el espacio nativo, que nos viene dado y que nunca modificaremos, y el espacio global, que se irá construyendo conforme se ejecute nuestro código.

No es muy frecuente que necesitemos borrar un nombre del espacio de nombres, pero es bueno saber que, en su caso, la sentencia `del` se encargará de esta tarea. A partir de ese momento, cualquier invocación al nombre supondrá un error de ejecución de nuestro *script*[10]:

```
1  mensaje = 'Hello, world'
2  print(mensaje)
3  # Eliminamos el nombre mensaje
4  del mensaje
5  print(mensaje)
```

```
Hello, world
Traceback (most recent call last):
  File "....py", line 5, in <module>
```

---

[10]Obsérvese que, por claridad, en el mensaje de error mostrado en consola se ha sustituido el nombre del archivo por puntos suspensivos. Recurriremos a esta práctica en lo sucesivo.

```
    print(mensaje)
  NameError: name 'mensaje' is not defined
```

Por sí misma, y conociendo solamente tipos simples del lenguaje como los que hemos manejado hasta el momento, la sentencia **del** no parece muy útil[11]. Además, debemos ser conscientes de que puede tener una consecuencia relevante: si el nombre que eliminamos es la única referencia a un objeto creado en nuestro *script*, ya no podremos acceder a ese objeto y el recolector de basura de Python podrá eliminarlo en cualquier momento.

En todo caso, como ya dijimos antes, cualquier objeto generado por nuestro programa es susceptible de desaparecer tan pronto como deje de haber referencias a él, esto es, a partir del momento en el que no haya ningún nombre que esté vinculado al objeto (por ejemplo, cuando el único nombre vinculado a él se vincula a otro objeto mediante una asignación).

2.5.5 Reglas para la creación de nombres

En Python, los nombres pueden tener cualquier longitud y deben cumplir varias condiciones para ser válidos:

- Estar formados por letras mayúsculas o minúsculas (A-Z, a-z), dígitos (0-9) y/o el guion bajo (_).

- No pueden contener espacios en blanco.

- No pueden comenzar por un dígito.

- No deben coincidir con ninguna de las **palabras reservadas** de Python. Estos nombres ya tienen un significado nativo en el lenguaje:

```
False      await      else      import     pass
None       break      except    in         raise
True       class      finally   is         return
and        continue   for       lambda     try
as         def        from      nonlocal   while
assert     del        global    not        with
async      elif       if        or         yield
```

A partir de la versión 3 de Python, además de las letras del alfabeto inglés, se permite usar caracteres Unicode en los nombres. Unicode es un estándar ideado para poder representar caracteres de la mayoría de alfabetos del mundo. No obstante, se recomienda

---

[11]Cuando estudiemos en los capítulos 4 y 5 los tipos colección en Python, particularmente los tipos mutables (listas, conjuntos y diccionarios), veremos que la sentencia **del** tiene un segundo uso que sí resultará muy relevante y se empleará con frecuencia: nos permitirá la eliminación de un ítem de la colección.

ser conservador en este aspecto, ya que el uso de caracteres de alfabetos locales puede ocasionar problemas de visualización dependiendo del sistema operativo en el que ejecutemos nuestros programas. También podemos tener dificultades si compartimos código con personas de diferentes regiones con distintos alfabetos.

Es importante tener en cuenta que Python es un lenguaje sensible a mayúsculas, esto es, distingue mayúsculas de minúsculas, por lo que considerará distintos los nombres Peso, peso, PESO y el resto de posibles variantes.

Algunos ejemplos de identificadores inválidos son `3valores`, `valor$`, `altura.real`, `altura-real` o `altura real`. Por contra, algunos ejemplos válidos: `valor`, `valor1`, `_valor`, `alturaReal` o `altura_real`[12].

Reglas de estilo para crear buenos identificadores

El hecho de que un nombre sea sintácticamente válido no significa que sea un buen identificador para los datos de nuestro programa. Algunas recomendaciones para elegir buenos nombres:

- Elegir nombres representativos, que describan adecuadamente el valor al que se vincularán. Podemos elegir nombres como `x`, `y`, `z`, `a`, `b`, `c`, `variable1`, `valor2`, pero en la mayoría de los casos no nos dirán nada del dato que referencian. Otros nombres como `velocidad`, `altura`, `peso`, `aprobados` o `media` son mucho más representativos y fáciles de recordar. El código que escribamos usando nombres que sean realmente descriptivos será mucho más legible. En muchas ocasiones, puede ser necesaria más de una palabra para describir el valor al que se hace referencia. Así, por ejemplo, `fotogramas = 24` ¿indica que tenemos que procesar 24 fotogramas o los fotogramas por segundo de un vídeo? En el segundo caso será mejor usar el nombre `fotogramas_por_segundo`.

- Aunque en otros lenguajes orientados a objetos es habitual escribir nombres con mayúsculas mixtas (en inglés, *mixedCase*), como `radioCirculo`, la guía de estilo de Python recomienda usar minúsculas y el guion bajo: `radio_circulo`, `numero_estudiantes` o `precio_por_hora`.

2.6 Inspección de valores en consola

Volvamos temporalmente al modo interactivo de la *shell* de Python. Si escribimos:

```
>>> mensaje = 'Hello, world'
>>> mensaje
'Hello, world'
```

---

[12]En https://peps.python.org/pep-0008/#naming-conventions podemos consultar la sección *Naming Conventions* de la PEP 8, la guía de estilo de Python.

```
>>> print(mensaje)
Hello, world
>>>
```

Podemos ver que al escribir el nombre **mensaje**, el intérprete de Python muestra el literal *string* al que está vinculado **mensaje**. No hemos necesitado hacer uso de la función **print()**. Recuérdese que si hacemos uso de la función **print()** no obtenemos exactamente el mismo resultado, sino que se muestra el literal sin comillas. Esto es así porque la función **print()** muestra una versión más legible del objeto al que está asociado el nombre que se proporciona como argumento. En el caso de las cadenas de caracteres, esto significa mostrar el contenido sin las comillas delimitadoras. El comportamiento de **print()** dependerá de la clase del objeto en cuestión. Por ejemplo, consideremos el siguiente código:

```
>>> valor = 25
>>> valor
25
>>> print(valor)
25
>>>
```

Vemos que para valores enteros no hay diferencia entre el valor mostrado al inspeccionar el nombre y el mostrado por la función **print()**. Como hemos dicho, esta coincidencia o no dependerá de la clase del objeto examinado.

Veamos un último ejemplo en el que podemos comprobar que la inspección de valores en el modo interactivo en ocasiones resulta más informativa que la visualización de estos valores usando la función **print()**:

```
>>> valor1 = 25
>>> valor2 = '25'
>>> valor1
25
>>> valor2
'25'
>>> print(valor1)
25
>>> print(valor2)
25
>>>
```

La clave está en darnos cuenta de que la inspección de valores del modo interactivo muestra una descripción del objeto asociado al nombre, mientras que **print()** muestra una representación legible del mismo objeto.

Recordemos que cuando escribimos *scripts*, el intérprete de Python no ejecuta el ciclo REPL. Cuando interpreta un *script*, Python lee cada línea y la ejecuta, pero no imprime el resultado de forma automática. Cuando queramos mostrar resultados en un *script* Python, será necesario que invoquemos la función **print()**. Si, por algún motivo, nos interesara mostrar el resultado de la inspección del objeto, podemos hacer uso de la función nativa **repr()**[13] como muestra el siguiente ejemplo:

```
1  valor1 = 25
2  valor2 = '25'
3  print(valor1)
4  print(valor2)
5  print(repr(valor1))
6  print(repr(valor2))   # Se mostrarán las comillas
```

```
25
25
25
'25'
```

2.7 Errores

Tanto si trabajamos en modo interactivo con la *shell* como si escribimos *scripts*, nuestros programas pueden generar errores. Es probable que, si ha intentado reproducir los ejemplos del capítulo, haya cometido algunos errores al escribir el código. También hemos visto que en algunos casos, la ejecución del código puede generar un error (como el ejemplo en el que se producía un **NameError** de la sección 2.5.4).

En Python hay dos tipos de errores: los errores sintácticos y las excepciones generadas por errores en tiempo de ejecución.

Los **errores sintácticos** se producen cuando cometemos erratas en la forma del código. Veamos algunos ejemplos típicos en modo intérprete interactivo:

```
>>> print('Hola)
  File "<stdin>", line 1
    print('Hola)
          ^
SyntaxError: unterminated string literal (detected at line 1)
>>> print(a, b c)
  File "<stdin>", line 1
    print(a, b c)
            ^^^
SyntaxError: invalid syntax. Perhaps you forgot a comma?
>>> 'nombre' = 1
  File "<stdin>", line 1
```

---

[13]https://docs.python.org/3/library/functions.html#repr.

```
    'nombre' = 1
    ^^^^^^^^^

SyntaxError: cannot assign to literal here. Maybe you meant '=='
↪   instead of '='?
>>>
```

Cometer estos errores forma parte de nuestro aprendizaje y seguirá formando parte en el futuro de nuestro día a día incluso cuando dominemos Python.

Como podemos ver en los ejemplos, el analizador sintáctico de Python nos muestra el tipo de error (en este caso, **SyntaxError**), junto con un texto explicativo que suele ser de gran ayuda a la hora de localizar el error. Además, la punta de flecha indica el punto de la línea que resulta conflictivo[14].

No obstante, aunque una sentencia sea sintácticamente correcta, puede producir errores durante su ejecución. Cuando se produce un error en tiempo de ejecución, Python utiliza un mecanismo de excepciones: la **excepción** es una señal que, salvo que se procese, provocará la interrupción de la ejecución por parte del intérprete. Considere-remos las siguientes sentencias y expresiones:

```
>>> resultado = 7/0
Traceback (most recent call last):
  File "<stdin>", line 1, in <module>
ZeroDivisionError: division by zero
>>> valor = otro_valor
Traceback (most recent call last):
  File "<stdin>", line 1, in <module>
NameError: name 'otro_valor' is not defined
>>> 2 + '2'
Traceback (most recent call last):
  File "<stdin>", line 1, in <module>
TypeError: unsupported operand type(s) for +: 'int' and 'str'
>>>
```

La última línea del mensaje de error indica el tipo de error producido (en los ejem-plos, **ZeroDivisionError**, **NameError** y **TypeError**). En el capítulo 6 aprenderemos a gestionar las excepciones, evitando, cuando proceda, que nuestros *scripts* terminen de forma abrupta su ejecución.

Cuando escribimos *scripts*, hay una diferencia sustancial entre los errores sintácti-cos y las excepciones. Cuando intentamos ejecutar el *script*, se muestran los errores sintácticos, impidiendo la ejecución del *script*. Así, ante este código:

---

[14]A partir de la versión 3.10 de Python, los mensajes de error correspondientes a errores sintácticos (**SyntaxError**) son mucho más precisos y localizan mejor el punto del código en el que se genera el error. Las versiones posteriores de Python siguen trabajando en esta línea, mostrando mensajes de error más precisos (no solo en errores sintácticos, sino también en errores generados durante la ejecución del código) gracias a la incorporación al intérprete de Python de un nuevo analizador sintáctico.

```
1  print('Hello world')
2  resultado = 7/0
3  print(resultado
```

se producirá la siguiente salida:

```
Traceback (most recent call last):
  File "....py", line 3
    print(resultado
         ^
SyntaxError: '(' was never closed
```

Sin embargo, las excepciones se producen durante la ejecución del *script*, por lo que no impiden la ejecución de las sentencias anteriores a la que causa la excepción. Así, si tratamos de ejecutar el siguiente código:

```
1  print('Hello world')
2  resultado = 7/0
3  print(resultado)
```

se producirá la siguiente salida en la consola:

```
Hello world
Traceback (most recent call last):
  File "....py", line 2, in <module>
    resultado = 7/0
ZeroDivisionError: division by zero
```

Por el contrario, si trabajamos en modo interactivo con la consola, puesto que las sentencias o expresiones se van escribiendo e interpretando una a una, el comportamiento del intérprete no difiere cuando se produce un error sintáctico de cuando se genera una excepción: en cualquier caso, se aborta la ejecución de esa línea de código. La ventaja es que es muy sencillo corregir el error cometido y continuar con la sesión de trabajo interactivo:

```
>>> print('Hello world)
  File "<stdin>", line 1
    print('Hello world)
         ^
SyntaxError: unterminated string literal (detected at line 1)
>>> print('Hello world')
Hello world
>>> resultado = 7/0
Traceback (most recent call last):
  File "<stdin>", line 1, in <module>
```

```
ZeroDivisionError: division by zero
>>> resultado = 7/3
>>> print(resultado)
2.3333333333333335
>>>
```

3

Las clases numéricas y la clase `bool`

Cada lenguaje de programación proporciona un conjunto diferente de tipos de dato. Estos tipos de dato definidos en el lenguaje se llaman **tipos nativos**. En Python se habla de **clases nativas**, haciendo uso de la terminología de los lenguajes orientados a objetos, aunque en este libro utilizaremos los términos tipo y clase de forma indistinta.

Mientras que los primeros lenguajes de programación de alto nivel, creados desde finales de los años cincuenta hasta mediados de los años setenta —como Fortran, CO-BOL, Pascal o C— definían un conjunto reducido de tipos elementales que estaban muy vinculados a las capacidades de los microprocesadores de la época, los lenguajes más modernos proporcionan de forma nativa un abanico mucho mayor de tipos.

Como veremos en los siguientes tres capítulos, Python es un lenguaje particularmente rico en clases incorporadas de forma nativa, que abarcan desde tipos simples como las clases numéricas (enteros, reales y complejos) y la clase lógica hasta tipos colección, que permiten organizar de diferentes formas una serie de valores a los que se accede a través de un único identificador, como son las secuencias (cadenas de caracteres, tuplas, listas y rangos), los conjuntos o los diccionarios.

3.1 Números: las clases `int`, `float` y `complex`

Los programas reciben datos, los procesan y generan información como resultado de este procesamiento. Buena parte de los datos que recibe un programa es de tipo numérico: desde la edad de una persona al precio de un producto o la temperatura atmosférica. Por lo tanto, tendremos que ser capaces de representar estos valores numéricos y realizar cálculos con ellos.

Python proporciona tres tipos numéricos nativos, a saber, números enteros, reales y complejos, y los implementa mediante las clases `int`, `float` y `complex`. Estas tres clases son inmutables, aunque, como veremos, esto no limitará la posibilidad de operar con valores numéricos; solamente determinará la forma en la que lo hacemos.

3.1.1 Números enteros y reales

Un literal entero es un número sin decimales. Así, por ejemplo, **5** es un entero en Python, pero **5.0** no lo es. Podemos ver la clase que proporciona Python para los enteros fácilmente:

```
>>> type(5)
<class 'int'>
>>>
```

Como vimos en el capítulo anterior, podemos vincular un nombre a un objeto entero:

```
>>> numero = 5
>>> type(numero)
<class 'int'>
>>>
```

Siguiendo la dinámica del intérprete de Python, este código creará un objeto entero para albergar el valor 5 y posteriormente vinculará el nombre **numero** a ese objeto. Al invocar **type()** estamos consultando la clase a la que pertenece el objeto al que hace referencia el identificador **numero**.

Si queremos escribir literales correspondientes a valores grandes, podemos desear usar un separador para mejorar la legibilidad. Debemos tener en cuenta que en Python los símbolos coma (**,**) y punto (**.**) ya tienen un significado propio y no pueden ser usados como separadores de miles. En su lugar, podremos usar el guion bajo, que será ignorado por el intérprete:

```
>>> numero = 1_000_000
>>> numero
1000000
>>>
```

Python se distingue de la mayoría de los lenguajes de programación en que no establece ningún límite para el rango de números enteros que puede representar. Por muy grande que sea el número que escribamos, Python es capaz de almacenarlo y operar con él.

Un literal real es un número con un punto decimal. Así, **5.0** (o, simplemente, **5.**) es un literal real, como lo es también **−5.32**. Veamos la clase que proporciona Python para representar valores reales:

```
>>> type(5.0)
<class 'float'>
>>>
```

Y, como antes, podemos asignarle un identificador al objeto creado:

```
>>> numero = 5.32
>>> type(numero)
<class 'float'>
>>>
```

Así pues, la clase que proporciona la funcionalidad necesaria para representar y operar con números reales es la clase **float**[1] .

---

[1] El nombre *float* es habitual en lenguajes de programación para hacer referencia a números reales. El término procede de la notación en coma flotante (*floating point*) que se usa para representar internamente los números reales en cualquier ordenador. Básicamente se trata de notación científica en la que se desplaza la

En Python hay tres formas de representar un valor literal real. Veamos cómo representar el valor un millón:

```
>>> 1000000.0
1000000.0
>>> 1000000.   # Equivalente, pero menos legible
1000000.0
>>> 1_000_000.0
1000000.0
>>> 1e6
1000000.0
>>>
```

Las dos primeras formas son similares a las empleadas para valores enteros, con la diferencia del uso del punto decimal. La tercera es notación exponencial, con la que estará familiarizado cualquiera que haya usado una calculadora científica. En nuestro ejemplo, **1e6** representa 1×10^6. Python puede usar esta notación cuando necesita mostrar un valor real bastante grande:

```
>>> 10000000000000000.0
1e+16
>>>
```

Este ejemplo nos lleva a plantearnos ¿y si el exponente es negativo? Veamos un ejemplo:

```
>>> 3e-4
0.0003
>>>
```

Estaremos multiplicando 3×10^{-4}, que proporciona como resultado 0.0003.

A diferencia de los números enteros, los números reales en Python sí tienen un límite. El rango de valores de un objeto **float** dependerá de la arquitectura de nuestro ordenador, aunque en cualquier caso será más que suficiente para cualquier necesidad. Para que nos hagamos una idea, en un ordenador con macOS y microprocesador Intel Core i5 de 64 bits, Python es capaz de manejar un valor de 2×10^{300} (un dos seguido de ¡300 ceros!). Si excedemos el límite del rango de la clase **float** tendremos:

```
>>> numero = 2e350
>>> numero
inf
```

---

primera cifra significativa del número a la primera posición decimal, dejando a 0 la parte entera del número y simplificando la forma en que se almacena, ya que solo hay que guardar el signo, la mantisa (la parte decimal) y el exponente.

```
>>> type(numero)
<class 'float'>
>>>
```

En el objeto **float** que se crea tendremos un valor especial, **inf**. Python también puede gestionar **-inf**, que se alcanza si calculamos valores negativos muy grandes. Si queremos comprobar los límites de los reales en nuestra máquina, podemos consultar **sys.float_info**[2], donde podremos encontrar los atributos **max** y **min**:

```
>>> import sys
>>> sys.float_info
sys.float_info(max=1.7976931348623157e+308, max_exp=1024,
↪   max_10_exp=308, min=2.2250738585072014e-308, min_exp=-1021,
↪   min_10_exp=-307, dig=15, mant_dig=53,
↪   epsilon=2.220446049250313e-16, radix=2, rounds=1)
>>>
```

Entre otros atributos que especifican cómo se realiza la representación interna de los números reales podemos destacar **epsilon**, que nos indica el nivel de precisión de un real (en el ejemplo, aproximadamente $2x10^{-16}$). Retomaremos la cuestión de la precisión de los reales y los problemas asociados que puede acarrear en la sección 3.1.4.

3.1.2 Operadores aritméticos

Python proporciona los operadores aritméticos habituales en cualquier lenguaje de programación que nos permiten realizar las operaciones numéricas básicas. Los símbolos usados para representar estos operadores en Python se muestran en la tabla 3.1.

Tabla 3.1: Operadores aritméticos	
Operador	Descripción
**	Potenciación
-	Cambio de signo (operador unario)
%	Módulo (resto de la división entera)
//	División entera (sin decimales)
/	División
*	Producto
-	Resta
+	Suma

Veamos algunos ejemplos de su uso:

---

[2]El módulo **sys** de la biblioteca estándar proporciona acceso a distintos atributos que el intérprete consulta y/o modifica durante la ejecución del código.

```
1  print('Potencia:', 2 ** 4, 2.0 ** 4, 8 ** 0.5, 27 ** (1/3), 2 ** -3)
2  valor = 7
3  print('Cambio de signo:', -7, -valor)
4  print('Módulo:', 12 % 5, 10 % 5, 12.5 % 5, -3 % 2)
5  print('División entera:', 12 // 5, 10 // 5, 12.5 // 5, -3 // 2)
6  print('División:', 12 / 5, 10 / 5)
7  print('Resta:', 12 - 5, 12 - 5.0)
8  print('Suma:', 12 + 5, 12 + 5.0)
```

```
Potencia: 16 16.0 2.8284271247461903 3.0 0.125
Cambio de signo: -7 -7
Módulo: 2 0 2.5 1
División entera: 2 2 2.0 -2
División: 2.4 2.0
Resta: 7 7.0
Suma: 17 17.0
```

Algunos comentarios sobre las operaciones realizadas en este ejemplo:

- Python admite aritmética mixta: si un operador tiene operandos del mismo tipo, generará un resultado de este tipo; si el operador tiene operandos de distintos tipos, generaliza el tipo del operando menos general al del más general para generar un resultado de este último tipo. Veremos que esto incluye también a los valores complejos cuando la operación esté definida para la clase **complex**, que estudiaremos más adelante.

  La única excepción a esta regla es el operador de división (**/**), que siempre proporciona un resultado **float**, aunque dividendo y divisor sean objetos **int**.

- Aunque el nombre del operador de división entera (**//**) pueda sugerir que estamos dividiendo "sin obtener decimales", en realidad este operador divide el primer operando entre el segundo y después aplica la función suelo[3] al resultado para obtener un valor entero. Así, por ejemplo, **3 // 2** da como resultado **1** y **23 // 5** da **4**. El comportamiento cuando los operandos tienen distinto signo puede ser diferente a lo que podríamos esperar. Así, **-3 // 2**, daría como resultado **-2**, ya que el operador aplica la función suelo a -1.5. Obsérvese que, aunque la parte decimal del resultado sea siempre 0, esto no quiere decir que su tipo sea **int**, como vemos en el ejemplo.

- El operador módulo (**%**) está estrechamente vinculado al operador de división entera, y se define de la siguiente manera: **a%b = a - (a//b) * b**. Este operador es el resto de la división entera que estamos acostumbrados a utilizar habitualmente con números naturales, aunque también se puede utilizar con números negativos e incluso con números reales, siempre aplicando la anterior ecuación.

---

[3]La función suelo es una función matemática cuya definición es: $\lfloor x \rfloor = \max\{m \in \mathbb{Z} \mid m \leq x\}$. Esto es, la función suelo asigna a cada número real el mayor número entero menor o igual que ese número real.

- El exponente del operador `**` puede ser un **`float`**, lo que nos permite, por ejemplo, calcular fácilmente la raíz cuadrada de un número elevándolo simplemente a 0.5 o a 1/2 (y, en general, cualquier raíz). Obsérvese que si queremos elevar a una fracción tendremos que usar paréntesis para asegurarnos de que la división se calcula antes que la potencia.

  Si el exponente es negativo, el resultado obtenido será coherente: si calculamos `2 ** -3` obtendremos **`0.125`**, que corresponde a calcular 1/8 (obsérvese que el resultado con exponentes negativos es real).

- Cualquiera de los operadores que implican una división (`//`, `/` y `%`) puede generar una excepción provocada por un **`ZeroDivisionError`** si el cociente es 0.

Reglas de precedencia de operadores aritméticos

Python establece unas reglas de precedencia entre los operadores aritméticos semejantes a las empleadas habitualmente en matemáticas. La tabla 3.2 muestra los operadores ordenados de mayor a menor precedencia. Los operadores que aparecen en una misma línea tienen la misma precedencia. Todos los operadores asocian de izquierda a derecha, con la única excepción del operador de potencia (`**`) que asocia de derecha a izquierda[4].

Tabla 3.2: Operadores aritméticos, de mayor a menor precedencia
`**`
`-` (unario)
`*`,`/`,`//`,`%`
`+`,`-`

Los paréntesis, como en matemáticas, nos permiten alterar esta precedencia forzando el orden de evaluación según necesitemos:

```
>>> 2*4 -1  # (2*4) - 1
7
>>> 6/2 + 2*5  # (6/2) + (2*5)
13.0
>>> 6/2 + 2**3  # (6/2) + (2**3)
11.0
>>> 4 * 2**3  # 4 * (2**3)
32
>>> (4*2) ** 3
512
>>> 3 + 5*4/2 + 6  # (3 + ((5*4)/2)) + 6
19.0
```

---

[4]La asociatividad de un operador es una propiedad que determina cómo se aplican operadores con la misma precedencia en ausencia de paréntesis. Así, por ejemplo, el operador `+` asocia de izquierda a derecha, por lo que la expresión `a + b + c` equivale a `(a + b) + c`.

```
>>> (3+5) * 4 / (2+6)  # ((3+5) * 4) / (2+6)
4.0
>>> 2*3*4 + 6/3*7/2 - 3**2  # (((2*3)*4) + (((6/3)*7)/2)) - (3**2)
22.0
>>>
```

Aunque la PEP 8 recomienda de forma general dejar un espacio en blanco a cada lado de un operador aritmético, podemos ver que no hemos seguido esta recomendación en las expresiones de este último ejemplo. Hemos atendido otra recomendación de la guía de estilo que nos indica que, en las expresiones que incluyan operadores con distinta precedencia, consideremos dejar espacios en blanco alrededor de los operadores de menor precedencia. En cualquier caso, la guía deja el espaciado a juicio del programador, recomendando no dejar nunca más de un espacio y ser consistente en la escritura de estas expresiones a lo largo del código.

3.1.3 Asignación aumentada

Todos los operadores aritméticos anteriores pueden combinarse en una única sentencia con una asignación. Estas sentencias se denominan **asignaciones aumentadas**. Podemos considerar que la expresión

```
<nombre> <operador>= <expresión>
```

equivale[5] a

```
<nombre> = <nombre> <operador> <expresión>
```

Veamos algunos ejemplos:

```
1  valor = 10
2  valor += 3   # valor = valor + 3
3  print(valor)
4  valor //= 2  # valor = valor // 2
5  print(valor)
6  valor /= 2   # valor = valor / 2
7  print(valor)
8  valor **= 2  # valor = valor ** 2
9  print(valor)
```

---

[5]Esto no es totalmente cierto; estamos obviando algunas cuestiones avanzadas que no son objeto de un texto de introducción a la programación en Python como este. Se puede encontrar más información en la dirección https://docs.python.org/3/reference/simple_stmts.html#augmented-assignment-statements.

```
13
6
3.0
9.0
```

Como podemos ver, con tipos numéricos, las asignaciones aumentadas no suponen sino una forma concisa de escribir una asignación que ya éramos capaces de construir. En este libro las usaremos con frecuencia.

3.1.4   Errores en la representación interna de números reales

Es normal que se produzcan pequeños errores en la aritmética real. Así, por ejemplo:

```
>>> 0.1 + 0.2
0.30000000000000004
>>> _ - 0.3  # Error de representación interna
5.551115123125783e-17
>>> 0.2 + 0.7
0.8999999999999999
>>> _ - 0.9  # Error de representación interna
-1.1102230246251565e-16
>>>
```

Vemos que estas sencillas sumas producen un mínimo error que resulta más que nada antiestético. Observése que en el modo interactivo podemos hacer referencia al último valor evaluado por la *shell* mediante el nombre _ (guion bajo).

Estos errores son mínimos (ligeramente mayores que una trillonésima, en los ejemplos), aunque habrá casos en los que puedan suponer un problema. Debemos ser conscientes de que no resultan de un fallo en el comportamiento del operador, sino de una minúscula falta de precisión en la representación interna de los números reales que proviene del hecho de que en un ordenador los números se almacenan usando el sistema binario y no el sistema de numeración decimal.

En la mayoría de los casos, este problema se podrá resolver usando funciones de redondeo, truncamiento y conversión de tipo, o estableciendo el formato de las salidas para que los resultados muestren un número de decimales menor.

3.1.5   Funciones numéricas nativas

La biblioteca estándar de Python incluye varias funciones para trabajar con valores numéricos. Entre ellas podemos distinguir:

- Funciones constructoras `int()` y `float()`.

  La función `int()`[6] devuelve un objeto entero construido a partir del argumento proporcionado, que puede ser un objeto numérico o un *string*. En el caso trivial de que el argumento sea un entero, devuelve el mismo objeto. Si el argumento es un número real (un objeto `float`), devuelve el entero resultante de su truncamiento. Si el argumento es un *string*, debe contener la representación de un número válido; si no es así, se generará una excepción provocada por un **ValueError**. Si no se proporciona argumento, el objeto `int` devuelto tendrá valor 0.

  La función `float()`[7] devuelve un objeto `float` construido a partir del argumento proporcionado, que puede ser un objeto numérico o un *string*. En el caso trivial de que el argumento sea un real, devuelve el mismo objeto. Si el argumento es un número entero (un objeto `int`), devuelve el número real equivalente. Si el argumento es un *string*, debe contener la representación de un número válido; si no es así, se generará una excepción provocada por un **ValueError**. Si no se proporciona argumento, el objeto `float` devuelto tendrá valor 0.0.

```
>>> parte_entera = int(42.7)
>>> parte_entera
42
>>> type(parte_entera)
<class 'int'>
>>> numero_real = float(5)
>>> numero_real
5.0
>>> type(numero_real)
<class 'float'>
>>>
```

  En la sección 4.5.3 estudiaremos cómo combinar el uso de estas funciones con la función `input()` para leer valores numéricos proporcionados por el usuario.

- Funciones matemáticas `abs()`, `divmod()`, `pow()` y `round()`.

  La función `abs()`[8] proporciona el valor absoluto del argumento proporcionado:

```
>>> abs(3)
3
>>> abs(-3)
3
>>> abs(-5.8)
5.8
>>>
```

---

[6]https://docs.python.org/3/library/functions.html#int.
[7]https://docs.python.org/3/library/functions.html#float.
[8]https://docs.python.org/3/library/functions.html#abs.

Como vemos, **abs()** devolverá siempre un valor del mismo tipo que el argumento proporcionado.

La función **pow()**[9] proporciona la misma funcionalidad que el operador de potenciación (**):

```
>>> pow(5, 2)
25
>>> pow(3.3, 3)
35.937
>>> pow(5, -2)
0.04
>>>
```

La función **divmod()**[10] devuelve el cociente y el resto de la división entera de los dos valores numéricos proporcionados como argumentos. Resulta muy sencillo asociar dos nombres a cociente y resto usando una asignación múltiple:

```
>>> cociente, resto = divmod(5,3)
>>> cociente
1
>>> resto
2
>>>
```

Obsérvese que obtenemos el mismo resultado que si hubiéramos usado los operadores **//** y **%**, estudiados antes:

```
>>> cociente = 5 // 3
>>> resto = 5 % 3
>>> cociente
1
>>> resto
2
>>>
```

Podemos usar **round()**[11] para redondear un valor numérico al entero más cercano. Como podemos ver en los ejemplos, el valor devuelto es un entero:

```
>>> round(4.2)
4
>>> round(4.8)
5
```

---

[9] https://docs.python.org/3/library/functions.html#pow.
[10] https://docs.python.org/3/library/functions.html#divmod.
[11] https://docs.python.org/3/library/functions.html#round.

```
>>>
```

Podemos redondear a la cantidad de cifras decimales que deseemos pasando un segundo argumento (entero) a **round()**, en cuyo caso el resultado devuelto es un **float**:

```
>>> round(3.141592653589793, 3)
3.142
>>> round(2.718281828459045, 4)
2.7183
>>>
```

Cuando el decimal redondeado es un 5, observaremos un comportamiento peculiar:

```
>>> round(2.5)
2
>>> round(3.5)
4
>>>
```

Python 3 sigue las recomendaciones de la ISO (*International Standards Organization*, o *International Organization for Standardization*), que se pueden resumir en dos reglas:

1. Se escoge el número más cercano que tenga la cantidad de dígitos escogida.

2. Si hay dos números igual de cercanos, se escoge el que tenga como último dígito significativo un número par.

Esto explica que el redondeo de 3.5 sea 4 y no 3, como podríamos haber esperado a partir del ejemplo anterior. Habrá casos particulares que nos hagan pensar que no se siguen estas reglas:

```
>>> round(4.355, 2)
4.36
>>> round(4.255, 2)
4.25
>>>
```

pero no es así. El comportamiento observado se debe a un mínimo error producido por la representación binaria interna de los números reales. Estos problemas de precisión cuando se trabaja con valores reales se plantean en todos los lenguajes de programación (C++, Java, JavaScript, Python) que respetan los estándares de representación interna establecidos por organizaciones como la ISO o la IEEE. Salvo en aplicaciones muy concretas en las que la precisión sea crucial, no serán un gran inconveniente, aunque debemos ser conscientes de ellos.

3.1.6 Números complejos

En las secciones anteriores nos hemos centrado en las clases numéricas `int` y `float`. Aunque el uso de números complejos no sea necesario en muchos problemas, debemos mencionarlos y destacar el hecho de que Python es uno de los pocos lenguajes de programación que proporciona los números complejos como tipo nativo.

Como es bien conocido, un número complejo está compuesto por una parte real y una parte imaginaria (que es un múltiplo de la unidad imaginaria, i, solución de la ecuación cuadrática $x^2 + 1 = 0$). Para expresar en Python un literal complejo escribimos la parte real (que será un valor numérico entero o real), un signo de suma o resta y la parte imaginaria seguida de la letra `j`:

```
>>> complejo = 2 + 3j
>>> complejo
(2+3j)
>>> type(complejo)
<class 'complex'>
>>>
```

Como podemos ver, la representación textual por defecto de un complejo en Python lo encierra entre paréntesis. Un objeto `complex` tiene dos atributos, a los que podremos acceder fácilmente por sus nombres:

```
>>> complejo.real
2.0
>>> complejo.imag
3.0
>>>
```

Obsérvese que, aunque proporcionemos la parte real y la imaginaria como enteros, Python los almacena como valores reales.

La función constructora `complex()`[12] devuelve un objeto complejo construido a partir de los (como máximo, dos) argumentos proporcionados. Si se proporcionan dos argumentos, deben ser dos objetos numéricos que se interpretarán como las partes real e imaginaria, respectivamente, del número complejo a construir. Si el primer argumento es un *string*, no puede haber segundo argumento, y el *string* deberá contener la representación de un número complejo válido (que puede ser un entero, un real o un complejo). Cuando realiza la conversión de un *string*, este no puede contener espacios en blanco. Así, `'1 + 2j'` generará un `ValueError`, mientras que `'1+2j'` se convertirá correctamente.

Una operación frecuente en los números complejos es el conjugado, que consiste en cambiar el signo de la parte imaginaria y que obtenemos invocando el método `.conjugate()`:

---

[12]https://docs.python.org/3/library/functions.html#complex.

```
>>> complejo = 2 + 3j
>>> conjugado = complejo.conjugate()
>>> complejo
(2+3j)
>>> conjugado
(2-3j)
>>>
```

Un método es una función definida en el ámbito de una clase, por lo que solamente podrá ejecutarse sobre un objeto de la clase. Por ello, **`objeto.método()`** es la sintaxis requerida para invocar un método. En el ámbito de la orientación a objetos, enviamos un mensaje al objeto para que realice la operación deseada.

Es importante observar la diferencia entre la manera de acceder a los atributos **`.real`** y **`.imag`**, y de invocar el método **`.conjugate()`**. Este último es un método y, aunque no tenga argumentos, la sintaxis requiere que se invoque con paréntesis. Para acceder a atributos no se deben usar paréntesis.

Con la excepción del operador de división entera (**`//`**), todos los operadores aritméticos que estudiamos en la sección 3.1.2 son capaces de manipular operandos complejos y siguen las reglas de promoción de tipos que estudiamos anteriormente. Veamos algunos ejemplos:

```
1   c1 = 1 + 2j
2   c2 = 3 - 4j
3
4   print(c1 + 5)   # Suma un entero
5   print(c1 + c2)  # Suma dos complejos
6
7   print(c1 * 5)   # Producto por un entero
8   print(c1 * c2)   # Producto de dos complejos
9
10  print(c1 / 5)   # División entre un entero
11  print(c1 / c2)   # División de complejos
12
13  # Producto por el conjugado. Sigue siendo
14  # un complejo aunque la parte imaginaria sea 0
15  print(c1 * c1.conjugate())
16
17  print(c1 ** 2)   # Potencia entera
18  print(c1 ** c2)  # Potencia compleja
```

```
(6+2j)
(4-2j)
(5+10j)
(11+2j)
(0.2+0.4j)
```

```
(-0.2+0.4j)
(5+0j)
(-3+4j)
(932.1391946432212+95.9465336603415j)
```

3.2 Valores lógicos: la clase `bool`

La clase `bool`[13] nos permite manipular valores lógicos, que nos servirán para representar la veracidad o falsedad de una expresión. Los valores lógicos nos permitirán, por ejemplo, decidir entre diferentes caminos en función de los datos a la hora de resolver un problema o repetir una o varias operaciones mientras se cumpla una determinada condición.

Un objeto `bool` solamente puede tener dos valores, que se expresan mediante los literales **True** y **False**, y soporta tres operaciones —**and**, **or** y **not**— que se corresponden con la conjunción, disyunción y negación de la lógica proposicional.

3.2.1 Operadores lógicos

Para entender cómo funcionan los operadores lógicos, podemos analizar sus tablas de verdad, que se muestran en la tabla 3.3.

Tabla 3.3: Operadores lógicos

a	b	a and b	a or b	not a
True	True	True	True	False
True	False	False	True	False
False	True	False	True	True
False	False	False	False	True

Si queremos describirlo con palabras, podemos decir que el operador **and** da como resultado **True** solamente si sus dos operandos son **True**; que el operador **or** da como resultado **False** solamente si sus dos operandos son **False**; y que el operador **not** simplemente invierte el valor de verdad o falsedad de su operando.

Como en otros lenguajes de programación, los operadores **and** y **or** tienen una evaluación McCarthy o de cortocircuito, lo que significa que si el primer operando ya determina el resultado, el segundo operando no se evalúa.

Veamos un ejemplo que trabaja con valores y operadores lógicos:

---

[13]Este nombre hace referencia a George Boole, matemático británico que desarrolló, a mediados del siglo XIX, el álgebra que supone la base teórica de la electrónica digital y que vino a llamarse álgebra de Boole o álgebra booleana.

```python
1  tengo_fiebre = True
2  tengo_tos = True
3
4  estoy_malo = tengo_fiebre or tengo_tos
5  tengo_un_catarro = tengo_tos and not tengo_fiebre
6  tengo_gripe = tengo_tos and tengo_fiebre
7
8  print(estoy_malo)
9  print(tengo_un_catarro)
10 print(tengo_gripe)
11
12 tengo_gripe = estoy_malo and not tengo_un_catarro
13 print(tengo_gripe)
```

```
True
False
True
True
```

3.2.2   Operadores relacionales

Para construir condiciones no solo disponemos de los operadores lógicos. Cualquier lenguaje de programación nos proporciona también operadores relacionales. A diferencia de los operadores lógicos, que trabajan con valores de la clase `bool`, los operadores relacionales permiten comparar valores de otros tipos y generan como resultado un valor lógico.

Python ofrece los operadores relacionales que se describen en la tabla 3.4.

Tabla 3.4: Operadores relacionales	
Operador	Descripción
==	Igual
!=	Distinto
>	Mayor
<	Menor
>=	Mayor o igual
<=	Menor o igual
is	Igualdad de identidad
is not	Desigualdad de identidad

El funcionamiento de los seis primeros operadores relacionales resulta bastante intuitivo, como puede comprobarse en los siguientes ejemplos. Al igual que los operadores aritméticos, los operadores relacionales pueden trabajar con operandos mixtos (`int` y `float`):

```
>>> 4 == 2
False
>>> 4 == 4
True
>>> 4 == 4.0
True
>>> 4 != 2
True
>>> 4 != 4
False
>>> 4 > 2
True
>>> 4 > 2.0
True
>>> 4 > 4
False
>>> 4 >= 2
True
>>> 4 >= 4
True
>>> 4 <= 4
True
>>> 4 <= 2
False
>>>
```

Mención especial merecen el operador `is` y su negación, `is not`. En lugar de servir para comparar el valor de los objetos, `is` nos permite comparar su identidad. Un ejemplo tan simple como el siguiente nos permite entender la diferencia:

```
>>> valor1 = 4.5
>>> valor2 = 6 - 1.5
>>> print(valor1 == valor2)
True
>>> print(valor1 is valor2)
False
>>> print(id(valor1), id(valor2))
2471770740432 2471770739440
>>> print(valor1 is not valor2)
True
>>>
```

Como vemos, lo que el operador `is` nos indica es si los dos nombres que aparecen como operandos hacen referencia al mismo objeto. Este operador será particularmente útil cuando trabajemos a partir del próximo capítulo con datos colección.

3.3 Construcción y evaluación de expresiones

Como hemos visto en múltiples ejemplos, las expresiones en Python se forman mediante una combinación de operadores y operandos. Aunque hay algunos operadores unarios (como el operador − de cambio de signo o el operador lógico `not`) que son prefijos, la mayoría de los operadores son binarios y emplean notación infija, situándose entre sus dos operandos.

Los operandos pueden ser literales, nombres y llamadas a funciones o a métodos (que devuelven un valor). Obsérvese que todos ellos son, al fin y al cabo, referencias a objetos existentes en memoria.

Ahora que conocemos los operadores aritméticos, lógicos y relacionales, podemos construir expresiones más complejas. Estas expresiones podrán ser puramente aritméticas, devolviendo como resultado un valor numérico, o pueden verificar diferentes condiciones, devolviendo en este caso un valor lógico.

En los próximos capítulos conoceremos nuevos tipos de dato, así como operadores, funciones y métodos que operarán con ellos. Algunos de los operadores que ya conocemos también se podrán aplicar a objetos de esas clases, desarrollando nuevas operaciones. También aprenderemos a construir expresiones que generen objetos de esas clases.

3.3.1 Precedencia de operadores

Para entender cómo se evalúan las expresiones, debemos conocer la precedencia relativa de los diferentes operadores y recordar que, en cualquier caso, siempre podemos modificar el orden de evaluación utilizando paréntesis. La tabla 3.5 nos muestra todos los operadores estudiados hasta ahora, ordenados de mayor a menor precedencia.

Tabla 3.5: Precedencia de operadores (de mayor a menor)	
Tipo	**Operador**

Aritméticos	`**`
	 −(unario)
	 `*, /, //, %`
	 `+, −`

Relacionales	`<, <=, >, >=, ==, !=`

Lógicos	`not`
	 `and`
	 `or`

```
>>> valor1 = 2
>>> valor2 = 4
>>> valor1 + 4 > valor2 + 1
```

```
True
>>> valor1 + 4 < valor2 * 2 and valor2 <= 4
True
>>> valor1 + 4 < valor2 * 2 or valor2 > 4
True
>>>
```

3.3.2 Asignación y control del tipo de los datos

Recordemos que en el capítulo anterior ya explicamos que Python es un lenguaje en el que **la asignación de tipo es dinámica**: en el momento de la creación de un dato, durante la ejecución del programa, el intérprete de Python determina su tipo y crea un objeto de la clase adecuada para albergar ese dato.

Debemos darnos cuenta de que esto no solo ocurre cuando incluimos un literal en nuestro programa, sino continuamente, en la evaluación de cada expresión y en la ejecución de cada sentencia del programa. Ya hemos aprendido las reglas que siguen los operadores para devolver valores de un tipo u otro en función de sus operandos y conocemos también métodos y funciones que devuelven un valor de un determinado tipo.

Cuando literales, nombres, funciones, métodos y operadores se combinan en una expresión, el intérprete de Python crea nuevos objetos para albergar esos valores literales o los resultados generados por cada operador, función o método. Entre esos nuevos objetos que se van creando, algunos son efímeros, sirviendo únicamente para albergar de forma temporal resultados intermedios de una expresión más compleja, mientras que otros tienen una vida más prolongada al vincularse a un nombre. Recordemos que mientras haya al menos un nombre vinculado al objeto, ese objeto seguirá existiendo.

Como hemos dicho, la decisión sobre la clase a la que pertenece cada objeto creado se toma de forma dinámica, durante la ejecución del programa, al evaluar cada una de las expresiones que contiene y ejecutar cada una de sus sentencias. Veamos un sencillo ejemplo para ilustrar estos conceptos:

```
1  valor = '23'
2  valor = int(valor)
3  valor = valor / 2
4  print('La mitad es', valor)
```

```
La mitad es 11.5
```

- En la línea 1 del *script*, vinculamos el nombre `valor` con un objeto `str`.

- En la línea 2, invocamos la función `int()`, que, como hemos visto, crea un objeto `int`, en este caso a partir de una cadena de caracteres. El nombre valor se desvincula del objeto `str` y se vincula al nuevo objeto `int` creado. A partir de este momento, el objeto **str** es candidato a ser eliminado por el recolector de basura de Python. En cualquier caso, ya no tenemos modo alguno de volver a acceder a ese objeto **str**.

- En la línea 3, usamos el operador de división (**/**), que tiene dos operandos enteros y devolverá un nuevo objeto **float**. El nombre valor se desvincula del objeto **int** al que hacía referencia y se vincula al objeto **float** creado por el operador **/**. Como antes, el objeto **int** será eliminado por el recolector de basura.

Como podemos ver, el nombre **valor** se ha vinculado en tres líneas de código a tres objetos diferentes, cada uno perteneciente a una clase distinta. En este aspecto, Python se diferencia de otros lenguajes en los que la asignación de tipo es estática: en esos lenguajes, cuando se define un identificador se le asigna un tipo o clase que no cambia durante la ejecución del programa. El identificador solamente puede contener o hacer referencia a datos de ese tipo. En Python, en cambio, un identificador puede vincularse en diferentes momentos de la ejecución del programa con diferentes objetos que podrán pertenecer a distintas clases.

En el ejemplo anterior, se han ido creando y destruyendo objetos conforme se evaluaban las expresiones y se ejecutaban las sentencias del *script*. Debemos ser conscientes de que la destrucción de los objetos no se hace de forma explícita, sino que se producirá cuando un objeto deje de estar referenciado por, al menos, un nombre. A partir de ese momento ya no podremos acceder a él y podremos considerar que se ha destruido (aunque el recolector de basura tiene su política de eliminación de objetos y nunca sabremos con exactitud cuándo se procede a su destrucción).

Este carácter dinámico de Python, en cuanto a asignación de tipos y a creación y destrucción de objetos, debe tenerse presente en todo momento, ya que será determinante en el diseño de algoritmos que resuelvan los problemas que abordemos. La asignación dinámica de tipos es una característica de solo unos pocos lenguajes de programación interpretados como Python, Ruby o MATLAB, que diferencia la programación en estos lenguajes de la desarrollada en otros "más tradicionales" como C/C++ o Java, etc.

Aunque Python es, como acabamos de ver, un lenguaje con asignación dinámica de tipos, también es un lenguaje con **control fuerte de tipos**. Esto significa que un objeto no puede cambiar su tipo durante la ejecución de un programa. Quizás ahora mismo pensemos: "pero sí podemos cambiar el tipo de un objeto, ¡basta con usar una función como **int()**, **float()** o **complex()**!". En realidad, estas funciones no "convierten" el tipo de su argumento, sino que crean un nuevo objeto a partir de la información contenida en ese objeto, que sigue existiendo y teniendo el mismo tipo. Por eso hemos dicho que son funciones constructoras: no convierten el tipo de un objeto; construyen un nuevo objeto del tipo deseado.

El que Python tenga un control fuerte de tipos también implica que el tipo de un objeto determinará las operaciones que podamos realizar con él. Así, por ejemplo, el símbolo **+** representará operaciones totalmente diferentes dependiendo de si estamos trabajando con operandos numéricos o de la clase **str**, y debemos darnos cuenta de que se trata de operadores diferentes, aunque se use el mismo símbolo para notarlos.

El control fuerte de tipos también es el que nos impide realizar, por ejemplo, la suma de un *string* y un entero, generando una excepción provocada por un **TypeError**.

Los métodos de las clases son otro ejemplo que ilustra el control fuerte de tipos de Python. Como veremos, cuando se define un método, básicamente se está creando una función, pero se está restringiendo su uso, ya que solamente se podrá invocar sobre objetos de la clase a la que pertenece el método. Así, el método `.upper()` solamente está definido para objetos de la clase **str**. Si intentamos ejecutar `.upper()` sobre un objeto de cualquier otra clase, se generará una excepción provocada por un **AttributeError**.

Algo similar ocurre con los operadores del lenguaje. En la descripción de cada operador está claramente establecido sobre qué clases está definido, lo que significa que el uso del operador con objetos de otras clases generará un error. Así, aunque en el ámbito de las matemáticas podamos pensar que cualquier complejo con parte imaginaria 0 se puede considerar un número real, Python no nos permitirá realizar algunas operaciones sobre ese objeto **complex** que sí estarán permitidas para las clases **int** o **float**.

4

Secuencias

Al resolver problemas trabajaremos con muchos datos simples: valores individuales que representarán la velocidad de un móvil, el número de elementos de un conjunto, el peso de un objeto, si se ha realizado un pago o no, etc.

Pero hay muchas entidades en el mundo real que pretendemos modelizar con nuestros programas que no se pueden describir con un único valor simple. Por ejemplo, si trabajamos con personas, dispondremos de múltiples datos de cada individuo; si resolvemos problemas en el plano, un sencillo punto tendrá dos coordenadas, x e y; un círculo se puede describir mediante su centro (que a su vez es un punto del plano) y su radio; si queremos registrar las temperaturas de una localización, tendremos que almacenar multitud de medidas tomadas en diferentes momentos del día a lo largo de un periodo de tiempo...

Necesitamos, por tanto, herramientas que nos permitan almacenar un conjunto de valores, puede que de diferente tipo, y gestionarlos como una entidad que podamos asociar como un todo a un nombre. Estas herramientas se denominan en general datos estructurados o **estructuras de datos**, aunque en el ámbito de Python se suele hablar de **contenedores** o **tipos de dato colección**. Cada lenguaje de programación ofrece una gama diferente de tipos nativos para manejar datos estructurados. Como iremos viendo, Python es un lenguaje particularmente rico en este aspecto.

A la hora de caracterizar los tipos de dato colección, tendremos en cuenta las siguientes propiedades:

- Organización y acceso: las clases colección pueden organizar sus ítems[1] mediante diferentes esquemas, lo que nos permitirá distinguir entre **clases secuencia**, **clases tipo conjunto** o **clases asociativas**.

- Homogeneidad: según los ítems de la colección deban ser de un mismo tipo o puedan ser de diferentes tipos, hablaremos de clases colección **homogéneas** o **heterogéneas**.

- Mutabilidad: las **clases mutables** son aquellas que permiten la modificación de sus objetos a lo largo de la ejecución del programa, en contraste con los objetos de las **clases inmutables** (como eran los tipos numéricos y lógicos que hemos estudiado en el capítulo anterior), que no se pueden modificar una vez creados.

En la documentación oficial de Python no se suele hacer una distinción entre tipos de dato simples y estructurados. Se hace mucho más énfasis en las características y organización de un tipo de dato (si es una clase colección) que en su categorización. En este libro seguiremos este enfoque más pragmático y menos taxonómico, y dedicaremos este capítulo a varias clases nativas que tienen una serie de características comunes: las secuencias. Las demás clases colección, no secuenciales, se estudiarán en el capítulo 5.

---

[1]En el ámbito de la informática, la RAE define ítem como "cada uno de los elementos que forman parte de un conjunto de datos".

4.1 Clases secuencia en Python

En la amplia oferta de tipos nativos proporcionados por Python destacan las clases secuencia. Las **secuencias**[2] se caracterizan por organizar sus ítems en una sucesión de posiciones ordenadas a las que se puede acceder mediante un índice. Las secuencias tienen una **longitud**, que se define como el número de ítems que contiene la secuencia.

El hecho de que varias clases colección tengan en común una misma forma de organizar sus ítems hace que compartan operaciones y métodos de acceso a los ítems, como veremos. Por contra, las características que distinguen a unas clases secuencia de otras (su mutabilidad/inmutabilidad, su homogeneidad/heterogeneidad o la clase de sus ítems) pueden determinar operaciones específicas para cada clase que responderán a esas características distintivas.

Las clases secuencia de uso más común en Python son las cadenas de caracteres (clase `str`), las tuplas (clase `tuple`), las listas (clase `list`) y los rangos (clase `range`). Dedicaremos este capítulo a estudiarlas. Para ello, comenzaremos con una breve descripción de cada una de estas clases secuencia, aprendiendo a crear objetos de la clase. A continuación, estudiaremos las operaciones que comparten, implementadas mediante operadores, funciones y métodos. Consideraremos la posibilidad de anidar secuencias, es decir, de crear objetos secuencia cuyos ítems sean, a su vez, secuencias. Analizaremos las importantes consecuencias que tiene la mutabilidad/inmutabilidad en la utilización de las clases secuencia. Y terminaremos este capítulo revisando las características particulares de cada clase, haciendo un énfasis especial en las listas, cuya mutabilidad da lugar a un tratamiento particular y favorece que sean, con diferencia, la secuencia más usada en Python.

4.1.1 Cadenas de caracteres: la clase `str`

Prácticamente todos los programas que desarrollemos trabajarán con información textual. En muchos casos, necesitaremos recibir información del usuario que está ejecutando el programa; en otros, tendremos que leer un archivo que contiene información textual; y, casi siempre, mostraremos los resultados obtenidos. En todas estas situaciones, y muchas otras, usaremos texto.

En Python, se denomina **cadena de caracteres** (*string*)[3] a una secuencia ordenada de valores que representan códigos Unicode[4].

Aunque en muchos lenguajes de programación los elementos componentes de las cadenas de caracteres son objetos de un tipo de dato nativo (el tipo carácter), en Python

---

[2]https://docs.python.org/3/library/stdtypes.html#sequence-types-list-tuple-range.

[3]https://docs.python.org/3/library/stdtypes.html#text-sequence-type-str.

[4]Unicode es un estándar internacional de codificación de caracteres pensado para unificar el tratamiento informático de todos los sistemas de escritura del mundo, modernos y antiguos, incluyendo también signos de puntuación, símbolos técnicos y otros muchos. Para que nos hagamos una idea del carácter universal que subyace tras la codificación Unicode, diremos que la versión 14.0, de 2021, codifica 159 sistemas de escritura que suponen alrededor de 150.000 símbolos. En cualquier caso, el estándar tiene capacidad para codificar más de un millón de símbolos con códigos entre 0 y 10FFFF$_{(16}$.

no existe un tipo de dato simple carácter: una cadena de caracteres con un único carácter es, simplemente, una cadena de longitud 1.

Como vimos en el capítulo 2, en Python los objetos que contienen cadenas de caracteres pertenecen a la clase **str**. Podemos comprobarlo en el modo intérprete interactivo:

```
>>> type('Hello, world')
<class 'str'>
>>> saludo = 'Hello, world'
>>> type(saludo)
<class 'str'>
>>>
```

Hacemos uso de la función nativa **type()** para averiguar la clase a la que pertenece el objeto que se crea para contener el literal **'Hello, world'**, confirmando que es un objeto **str**. Como ya hemos hecho con las clases numéricas, podemos asignar el literal a un nombre y la función **type()** nos dará el mismo resultado al consultar la clase del objeto al que está vinculado el identificador **saludo**.

Podemos resumir las principales características de los *strings*:

- Secuenciales: los caracteres se organizan en una secuencia de posiciones ordenadas. Podremos acceder a estas posiciones a través de un índice.

- Homogéneos: están compuestos exclusivamente por caracteres Unicode, aunque estos caracteres no se gestionan en Python como un tipo de dato simple independiente (un carácter es un objeto **str** de longitud 1).

- Inmutables: una vez creados, los objetos de la clase **str** no se pueden modificar. No obstante, veremos que esta característica no nos impedirá operar con ellos; solamente determinará la forma en que debemos hacerlo.

Literales *string*. *Strings* multilínea

Como vimos en el capítulo 2, para crear un literal **str** en nuestro código, debemos usar comillas como delimitadores. Estas pueden ser simples o dobles, con la única restricción de que debe usarse el mismo delimitador para la apertura y el cierre del literal. En cualquier caso, se recomienda, por consistencia, usar el mismo tipo de comillas para delimitar *strings* a lo largo del programa.

```
1  str = 'Cadena delimitada por comillas simples'
2  print(str)
3  str = "Cadena delimitada por comillas dobles"
4  print(str)
5  cadena_vacia = ''
6  print('Cadena vacía: ', cadena_vacia)
```

```
Cadena delimitada por comillas simples
Cadena delimitada por comillas dobles
Cadena vacía:
```

Aunque el último literal *string* no contenga ningún carácter entre las comillas delimitadoras, sigue siendo una cadena de caracteres. Se le suele llamar *string* **vacío** o **cadena vacía**, y tiene longitud 0. Debemos distinguirlo de cualquier *string* que contenga uno o varios espacios en blanco (`' '` o `'   '`, por ejemplo, con longitudes 1 y 3, respectivamente). El literal correspondiente al *string* vacío se escribe con dos comillas seguidas, sin ningún espacio ni carácter entre ellas.

Nótese que los delimitadores utilizados no forman parte de la cadena. También podemos escribir literales *string* multilínea, usando como delimitadores tres comillas (simples o dobles).

```
1  poema = '''It was many and many a year ago,
2      In a kingdom by the sea,
3  That a maiden there lived whom you may know
4      By the name of Annabel Lee;
5  And this maiden she lived with no other thought
6      Than to love and be loved by me.'''
7  print(poema)
```

```
It was many and many a year ago,
    In a kingdom by the sea,
That a maiden there lived whom you may know
    By the name of Annabel Lee;
And this maiden she lived with no other thought
    Than to love and be loved by me.
```

Como hemos visto en estos ejemplos, las cadenas son objetos y, como tales, podemos asociarlos a un nombre. En el siguiente ejemplo, se crea un objeto para almacenar el literal **'Yo aprendo Python'**, objeto que se asocia al nombre **cadena1** mediante la asignación de la línea 1, al nombre **cadena2** mediante la asignación de la línea 3 y, finalmente, al nombre **cadena3**, mediante la asignación de la línea 6. Nótese que en esta línea 6 no se crea ningún objeto nuevo, pese a que se utilicen unos delimitadores diferentes para expresar el literal; Python reutiliza el objeto **str** ya creado en la primera línea.

```
1  cadena1 = 'Yo aprendo Python'
2  print(cadena1, id(cadena1))
3  cadena2 = cadena1
4  # cadena1 y cadena2 hacen referencia al mismo objeto str
5  print(cadena2, id(cadena2))
6  cadena3 = "Yo aprendo Python"
7  # cadena3 también hace referencia al mismo objeto
```

```
8 print(cadena3, id(cadena3))
```

```
Yo aprendo Python 1711866663280
Yo aprendo Python 1711866663280
Yo aprendo Python 1711866663280
```

La PEP 8 (recuerde, la guía de estilo de Python) recomienda que las líneas de un programa tengan una longitud no superior a 79 caracteres. Se trata de una recomendación, no una obligación, pero muchos programadores la siguen. Incluso aunque establezcamos una longitud de línea superior, es probable que escribamos expresiones de una longitud considerable. El lenguaje nos ofrece un mecanismo, el uso del carácter \, para unir dos o más líneas físicas de forma que el intérprete las considere una única línea lógica:

```
1 ...
2 hora_valida = 0 <= hora < 24 and 0 <= minuto < 60 and \
3                 0 <= segundo < 60
```

Podemos usar también el carácter \ para dividir en líneas físicas una cadena de caracteres, de forma que el intérprete considera que no hay saltos de línea dentro de la cadena:

```
1 # Podemos usar \ para dividir el string
2 texto = 'En un lugar de la Mancha, de cuyo nombre \
3 no quiero acordarme, no ha mucho tiempo que vivía \
4 un hidalgo de los de lanza en astillero, \
5 adarga antigua, rocín flaco y galgo corredor.'
6 print(texto)
```

```
En un lugar de la Mancha, de cuyo nombre no quiero acordarme, no ha
↪    mucho tiempo que vivía un hidalgo de los de lanza en astillero,
↪    adarga antigua, rocín flaco y galgo corredor.
```

Obsérvese que si utilizamos una cadena multilínea, esta contendrá los correspondientes saltos de línea:

```
1 # Si usamos comillas triples, el resultado es diferente
2 # porque se conserva la estructura del string
3 texto = '''En un lugar de la Mancha, de cuyo nombre
4 no quiero acordarme, no ha mucho tiempo que vivía
5 un hidalgo de los de lanza en astillero,
6 adarga antigua, rocín flaco y galgo corredor.'''
7 print(texto)
```

```
En un lugar de la Mancha, de cuyo nombre
no quiero acordarme, no ha mucho tiempo que vivía
un hidalgo de los de lanza en astillero,
adarga antigua, rocín flaco y galgo corredor.
```

Debemos tener en cuenta el comportamiento de cada solución y decidir cuál es la más adecuada según nuestras necesidades.

Si queremos que nuestro literal *string* contenga un carácter de comillas, la opción más simple es usar las otras comillas como delimitador:

```
1  cadena = 'Isaac Asimov, "el buen doctor"'
2  print(cadena)
3  cadena = "¿Conoces la canción Fool's Overture?"
4  print(cadena)
```

```
Isaac Asimov, "el buen doctor"
¿Conoces la canción Fool's Overture?
```

Como veremos más adelante, en la sección 4.5.2, hay una alternativa a esta solución, usando lo que se denominan secuencias de escape.

4.1.2 Tuplas: la clase `tuple`

Una **tupla** es una secuencia inmutable que podemos usar para almacenar colecciones de objetos del mismo o de distinto tipo. Las tuplas son:

- Secuenciales: almacenan sus ítems en una secuencia de posiciones ordenadas, accesibles mediante índices.

- Heterogéneas: un objeto tupla puede albergar al mismo tiempo ítems de diferentes tipos.

- Inmutables: no se pueden modificar una vez creadas.

Creación de tuplas

Podemos construir una tupla de diferentes formas. Normalmente, usaremos paréntesis para delimitar los ítems de una tupla, separándolos entre sí con comas:

```
1  tupla = (1, 2, 3)
2  print('Tupla de enteros:', tupla, type(tupla))
3  print('Tupla de strings:', ('Esto', 'es', 'una', 'tupla'))
4  tupla = (25.3, 12, 'Hola')
```

```
5  print('Tupla mixta:', tupla)
```

```
Tupla de enteros: (1, 2, 3) <class 'tuple'>
Tupla de strings: ('Esto', 'es', 'una', 'tupla')
Tupla mixta: (25.3, 12, 'Hola')
```

En realidad, el constructor de tuplas es la coma. Es habitual utilizar paréntesis porque su uso mejora la legibilidad del código y porque los paréntesis se muestran en la representación textual de las tuplas, pero no son imprescindibles:

```
>>> tupla = 100, 23, 55
>>> tupla
(100, 23, 55)
>>>
```

Podemos crear tuplas vacías o con un único ítem:

```
1  tupla = ()
2  print('Tupla vacía:', tupla)
3  tupla = (25,)
4  print('Tupla con un ítem:', tupla)
5  tupla = 25,
6  print('Tupla con un ítem:', tupla)
```

```
Tupla vacía: ()
Tupla con un ítem: (25,)
Tupla con un ítem: (25,)
```

Nótese que, si queremos crear una tupla con un único ítem, la coma final es imprescindible para que se construya la tupla, incluso aunque usemos paréntesis. Si no fuera así, el intérprete consideraría los paréntesis como parte de una expresión aritmética, en este caso formada únicamente por el literal entero 25:

```
1  tupla = (25)
2  print('Esto no es una tupla:', tupla, type(tupla))
```

```
Esto no es una tupla: 25 <class 'int'>
```

Podemos incluso crear tuplas de tuplas, esto es, tuplas cuyos ítems sean, a su vez, tuplas:

```python
1  tupla = ((1, 2, 3), ('Isaac Asimov', 'H. G. Wells'))
2  print('Tupla de tuplas:', tupla)
```

```
Tupla de tuplas: ((1, 2, 3), ('Isaac Asimov', 'H. G. Wells'))
```

La variabilidad de los ítems de las tuplas (que pueden diferir tanto en tipo como en tamaño) dificultará su procesamiento sistemático. Trataremos esta cuestión en el capítulo 6, cuando estudiemos el uso de las sentencias **for** y **while** para el procesamiento de objetos de clases colección.

Podemos también crear una tupla usando la función constructora **tuple()**[5], que permite crear una tupla a partir de cualquier objeto que sea iterable[6]. Si se invoca **tuple()** sin argumento, se creará una tupla vacía:

```python
1  tupla = tuple()
2  print('Tupla vacía:', tupla)
3  tupla = tuple('Python')
4  print('Tupla creada a partir de un string:', tupla)
5  tupla = tuple(27)
```

```
Tupla vacía: ()
Tupla creada a partir de un string: ('P', 'y', 't', 'h', 'o', 'n')
Traceback (most recent call last):
  File "....py", line 5, in <module>
    tupla = tuple(27)
TypeError: 'int' object is not iterable
```

Obsérvese que **tuple()** genera una excepción provocada por un **TypeError** si intentamos crear una tupla a partir de un único valor de un tipo elemental, ya que no se trata de un objeto iterable.

Tuplas y asignación múltiple

En la sección 2.5.3 estudiamos cómo realizar asignaciones múltiples, en las que se vinculan dos o más nombres con otros tantos objetos. Observamos sus ventajas a la hora de lograr un código más conciso en algunas operaciones (el caso paradigmático es el intercambio de referencias entre dos identificadores).

---

[5] https://docs.python.org/3/library/stdtypes.html#tuple.

[6] Un objeto iterable es un objeto capaz de devolver (a petición) sus ítems de uno en uno. Ejemplos de clases iterables son las secuencias (tuplas, listas, rangos y cadenas) y también otras clases colección no secuenciales, como los diccionarios, los conjuntos o incluso los objetos archivo, que estudiaremos en los próximos capítulos. Los objetos iterables se utilizan típicamente en bucles **for**, pero también pueden ser procesados por muchas funciones y métodos nativos de Python, que aprovechan la capacidad de estos objetos de ser recorridos ítem a ítem. Estudiaremos la iteración en el capítulo 6.

Pero entonces solo pudimos aprender a construir una sentencia de asignación múltiple, sin comprender la lógica que la sustenta. Ahora que conocemos las tuplas podemos entender cómo funciona. Cuando hacemos una asignación múltiple estamos construyendo dos tuplas temporales: la primera, a la derecha del símbolo =, con las referencias a objetos que resultan de evaluar las expresiones en cuestión, y la segunda, a su izquierda, con los nombres a los que se vincularán dichas referencias:

```python
x, y, cadena = 25, 5.2, 'Python'
print(x, y, cadena)
```

```
25 5.2 Python
```

Lo habitual en las asignaciones múltiples es no usar paréntesis ya que, en este caso, no mejoran la legibilidad de la sentencia; pero es perfectamente posible emplearlos:

```python
(x, y, cadena) = (25, 5.2, 'Python')
print(x, y, cadena)
```

```
25 5.2 Python
```

Debemos darnos cuenta de que, en este ejemplo en particular, no estamos ganando nada al hacer la asignación múltiple. De hecho, se puede argumentar que la legibilidad del código es menor al hacer tres asignaciones en una misma línea de código. Una alternativa más legible sería:

```python
x = 25
y = 5.2
cadena = 'Python'
```

No obstante, hay casos, como el ya mencionado del intercambio de valores:

```python
x = 25
y = 5.2
print(x, y)
x, y = y, x
print(x, y)
```

```
25 5.2
5.2 25
```

en los que la asignación múltiple es recomendable, ya que proporciona a la vez concisión y legibilidad al código.

Otro caso en el que la asignación múltiple es útil es en lo que se denomina **desempaquetado de tuplas** (*tuple unpacking*). Se usa para asignar los valores almacenados en una tupla a varios identificadores:

```
>>> punto_2D = (1.5, 3.2)
>>> x, y = punto_2D  # desempaquetamos la tupla
>>> x
1.5
>>> y
3.2
>>>
```

Otro ejemplo, que usa una tupla de tres ítems:

```
>>> dimensiones = (5, 3, 2.5)
>>> ancho, largo, alto = dimensiones
>>> ancho
5
>>> largo
3
>>> alto
2.5
>>>
```

Y otro, bastante frecuente, el de la llamada a algunas funciones y métodos que devuelven más de un valor:

```
>>> cociente, resto = divmod(23, 5)
>>> cociente
4
>>> resto
3
>>>
```

En estos ejemplos, el intérprete ha hecho corresponder de forma automática los ítems de la tupla con los nombres que había a la izquierda de la asignación, ya que unos y otros coincidían en número.

Hay otras situaciones en las que nos puede interesar desempaquetar una tupla y en las que el intérprete no puede deducir, como en los casos anteriores, que queremos hacerlo, por lo que tenemos que usar un operador para explicitarlo. El ejemplo paradigmático es el uso de la función **print()** que, como sabemos, permite un número variable de argumentos. Si anteponemos el operador * a una tupla, conseguiremos desempaquetarla, de forma que la función **print()** no recibirá la tupla, sino cada uno de sus ítems como argumentos independientes entre sí:

```
>>> dimensiones = (5, 3, 2.5)
>>> print(dimensiones)
(5, 3, 2.5)
>>> print(*dimensiones)
5 3 2.5
>>>
```

Podemos ver que el resultado es el mismo que si imprimimos cada uno de los ítems de forma separada, para lo que podemos usar el operador [], que veremos con detalle más adelante:

```
>>> print(dimensiones[0], dimensiones[1], dimensiones[2])
5 3 2.5
>>>
```

Sin embargo, como se ve, usar el operador * para desempaquetar la tupla resulta mucho más cómodo y funciona con tuplas de cualquier longitud (¡pensemos en que la tupla hubiera tenido 200 ítems!).

Como veremos más adelante, el desempaquetado es un proceso que se puede realizar también con objetos de otras clases secuenciales, como las listas, e incluso de clases colección no secuenciales como los conjuntos o los diccionarios.

4.1.3 Listas: la clase `list`

Una **lista** es una secuencia mutable que podemos usar para almacenar objetos del mismo o de distinto tipo. Las listas son:

- Secuenciales: almacenan sus ítems en una secuencia de posiciones ordenadas, accesibles mediante índices.

- Heterogéneas: un objeto lista puede albergar al mismo tiempo ítems de diferentes tipos.

- Mutables: podemos modificarlas a lo largo de la ejecución de nuestros *scripts*.

Se puede observar un gran paralelismo entre listas y tuplas, pero el hecho de que las listas sean mutables hace que se utilicen con gran frecuencia, ya que podremos organizar (al igual que en el caso de las tuplas) una serie de valores en una secuencia fácilmente accesible mediante índices, pero también modificar esa secuencia insertando, eliminando y/o modificando valores (cosa que no se puede hacer con las tuplas). Las listas tienen un manejo fácil e intuitivo, y son sumamente versátiles. Además, dispondremos de un conjunto de operadores y métodos de la biblioteca estándar de Python que nos ayudarán a gestionarlas cómodamente.

Creación de listas

De forma análoga a las tuplas, podemos construir una lista de diferentes maneras. En lugar de usar los paréntesis de las tuplas, para crear una lista usaremos corchetes (`[]`), separando sus ítems con comas. A diferencia de las tuplas, en la creación de listas los corchetes son el símbolo constructor de literales de la clase **list**, por lo que son imprescindibles:

```python
lista_enteros = [1, 2, 3]
print('Lista de enteros:', lista_enteros, type(lista_enteros))
print('Lista de strings:', ['P', 'y', 't', 'h', 'o', 'n'])
lista_mixta = [25.3, 12, 'Hola']
print('Lista mixta:', lista_mixta)

lista_vacia = []
print('Lista vacía:', lista_vacia)
lista = [25]
print('Lista con un ítem:', lista)

lista_de_listas = [[1, 2, 3], ['Isaac Asimov', 'H. G. Wells']]
print('Lista de listas:', lista_de_listas)
```

```
Lista de enteros: [1, 2, 3] <class 'list'>
Lista de strings: ['P', 'y', 't', 'h', 'o', 'n']
Lista mixta: [25.3, 12, 'Hola']
Lista vacía: []
Lista con un ítem: [25]
Lista de listas: [[1, 2, 3], ['Isaac Asimov', 'H. G. Wells']]
```

Podemos también crear listas usando la función constructora **list()**[7], que permite crear una lista a partir de cualquier objeto iterable. Si invocamos la función **list()** sin argumento, se creará una lista vacía:

```python
lista = list()
print('Lista vacía:', lista)
lista = list('Python')
print('Lista creada a partir de un string', lista)
tupla = (1, 2, 3, 4)
lista = list(tupla)
print('Lista creada a partir de una tupla', lista)
lista = list(25)
```

---

[7]https://docs.python.org/3/library/stdtypes.html#list.

```
Lista vacía: []
Lista creada a partir de un string ['P', 'y', 't', 'h', 'o', 'n']
Lista creada a partir de una tupla [1, 2, 3, 4]
Traceback (most recent call last):
  File "....py", line 8, in <module>
    lista = list(25)
TypeError: 'int' object is not iterable
```

Como en el caso de las tuplas, la función constructora **list()** genera una excepción
provocada por un **TypeError** si el objeto proporcionado como argumento no es iterable.

Hay otra forma de crear una lista a partir de una cadena. El método **.split()**[8] de
la clase **str** se usa típicamente para dividir una cadena que contiene una frase en diferentes palabras, obteniendo como resultado una lista de cadenas (usando por defecto
el espacio en blanco como separador de palabras[9]):

```
>>> cadena = 'Me gusta Python'
>>> lista_palabras = cadena.split()
>>> lista_palabras
['Me', 'gusta', 'Python']
>>>
```

Obsérvese que el carácter separador (en nuestro ejemplo, el espacio en blanco) es
descartado y no forma parte de las cadenas obtenidas e incluidas en la lista devuelta. Se
puede proporcionar un argumento al método **.split()** para especificar el separador
que se desea utilizar:

```
>>> fecha = '24/5/1968'
>>> lista = fecha.split('/')
>>> lista
['24', '5', '1968']
>>>
```

Las listas se pueden desempaquetar de la misma forma que hacíamos con las tuplas:

```
1  lista = [1, 2, 3]
2  a, b, c = lista  # Desempaquetamos en tres nombres
3  print(a, b, c)
4  print(lista)
```

---

[8]https://docs.python.org/3/library/stdtypes.html#str.split.

[9]Python hereda parcialmente el concepto "blanco" o "espacio en blanco" (*whitespace*) de C++ como cualquier carácter que separe palabras en una cadena de caracteres. Mientras que en C++ se consideran separadores de palabras los caracteres de espacio (código ASCII 32), tabulador (código ASCII 9) y salto de línea
(código ASCII 10), Python considera blancos también otros caracteres especiales. Para comprobarlo, podemos
consultar **string.whitespace**, que es una cadena que contiene todos los caracteres considerados separadores de palabras en Python.

```
5  print(*lista)  # Invocamos print desempaquetando la lista
```

```
1 2 3
[1, 2, 3]
1 2 3
```

4.1.4 Rangos: la clase range

Un **rango** es una secuencia inmutable de enteros que se construye como una progresión aritmética. Se usan principalmente en la definición de bucles **for** (que veremos más adelante) y en la construcción de objetos de clases secuenciales con ítems numéricos.

A diferencia de tuplas y listas, la única forma de construir un objeto de la clase **range** es invocando la función constructora **range()**[10], que permite tres patrones de llamada:

```
range(stop)
range(start, stop)
range(start, stop, step)
```

Los valores por defecto (si no se especifican en la llamada) de **start** y **step** son 0 y 1, respectivamente. Podemos describir su comportamiento en función del valor de **step**:

- El valor de **start** indica el primer término candidato a formar parte de la secuencia.

- El valor de **step** indica la diferencia entre términos consecutivos de la progresión.

- El valor de **stop** determina el final de la secuencia. Si el valor **step** es positivo, se generan términos mientras estos sean menores que el valor de **stop**. Por el contrario, si el valor de **step** es negativo, se generan términos mientras estos sean mayores que el valor de **stop**. Por tanto, el término **stop** nunca formará parte del rango generado.

- A la vista de lo anterior, dar a **step** un valor 0 no tiene sentido; de hecho generaría una excepción provocada por un **ValueError**.

Curiosamente, los valores de un rango no se pueden mostrar simplemente usando **print()** porque su representación textual no detalla los enteros que forman parte de la secuencia:

---

[10]https://docs.python.org/3/library/stdtypes.html#range.

```
>>> print(range(0,5))
range(0, 5)
>>>
```

Aunque podemos desempaquetar el rango usando el operador *:

```
>>> print(*range(5))  # 5 primeros enteros
0 1 2 3 4
>>>
```

Veamos algunos ejemplos adicionales:

```
>>> print(*range(1, 101, 2))  # Impares menores o iguales que 100
1 3 5 7 9 11 13 15 17 19 21 23 25 27 29 31 33 35 37 39 41 43 45 47 49
↪  51 53 55 57 59 61 63 65 67 69 71 73 75 77 79 81 83 85 87 89 91 93
↪  95 97 99
>>> print(*range(0, -10, -2))  # Paso negativo
0 -2 -4 -6 -8
>>> print(*range(50, 0, -5))
50 45 40 35 30 25 20 15 10 5
>>>
```

En algunos casos, el rango generado puede no contener ningún término, ni siquiera el inicial:

```
>>> print(*range(1,5,-1))

>>>
```

En el ejemplo anterior, dado que el valor de **step** es negativo, los términos generados deben ser mayores que 5 (en este caso, el valor de **stop**); la secuencia se queda vacía, ya que ni siquiera el propio valor de **start** (en este caso, 1) cumple dicha condición.

Podemos construir listas o tuplas numéricas de una forma muy cómoda usando un rango:

```
>>> lista = list(range(1,11))
>>> lista
[1, 2, 3, 4, 5, 6, 7, 8, 9, 10]
>>> lista = [*range(1,11)]  # Desempaquetando el rango y usando []
>>> lista
[1, 2, 3, 4, 5, 6, 7, 8, 9, 10]
>>> tupla = tuple(range(10))
>>> tupla
(0, 1, 2, 3, 4, 5, 6, 7, 8, 9)
```

```
>>> multiplos_5 = list(range(5, 101, 5))
>>> multiplos_5
[5, 10, 15, 20, 25, 30, 35, 40, 45, 50, 55, 60, 65, 70, 75, 80, 85, 90,
↪    95, 100]
>>> impares = list(range(21, 50, 2))  # Impares entre 20 y 50
>>> impares
[21, 23, 25, 27, 29, 31, 33, 35, 37, 39, 41, 43, 45, 47, 49]
>>> # Si el rango es vacío, la lista resultante también lo es
>>> list(range(1,5,-1))
[]
>>>
```

4.2 Operaciones comunes a las clases secuenciales

Como hemos dicho antes, en Python, las secuencias, sean mutables o inmutables, homogéneas o heterogéneas, comparten una serie de operaciones que estudiaremos a continuación. Puesto que ya conocemos cadenas, tuplas, listas y rangos, los ejemplos contendrán código que ilustrará el uso de cada operador, función o método con objetos de cada una de estas clases. La tabla 4.1 recoge todas las operaciones comunes a las clases secuencia nativas de Python.

Tabla 4.1: Operaciones sobre secuencias	
Operación	**Descripción**
`len(s)`	Longitud de **s** (número de ítems).
`x in s`	**True** si algún ítem de **s** es igual a x, **False** en caso contrario.
`x not in s`	**False** si algún ítem de **s** es igual a x, **True** en caso contrario.
`<, >, <=, >=, ==, !=`	Comparación lexicográfica.
`s+t`	Concatenación de s y t.
`s*n` `n*s`	Replicación: el resultado es una secuencia que contiene **n** veces el contenido de la secuencia **s**.
`s[i]`	i-ésimo ítem de **s** (comenzando por 0).
`s[i:j:k]`	Sección de **s** entre los índices **i** y **j** (sin incluir **j**) de **k** en **k**. **i** por defecto vale 0; **j** por defecto es **len(s)**; y **k** por defecto es 1.
`min(s)`	Mínimo valor de **s**.
`max(s)`	Máximo valor de **s**.
`s.index(x[,i[,j]])`	Índice de la primera aparición de **x** en **s** entre los índices **i** y **j**. **i** por defecto es 0 y **j** por defecto es **len(s)**.
`s.count(x[,i[,j]])`	Número de apariciones de **x** en **s** entre los índices **i** y **j**. **i** por defecto es 0 y **j** por defecto es **len(s)**.

4.2.1 Longitud de una secuencia: la función `len()`

Como ya hemos explicado, el número de ítems de una secuencia se denomina longitud de la secuencia. Así, por ejemplo, el *string* `'Python'` tiene una longitud de 6 caracteres y el *string* `'¡Me gusta Python!'` tiene una longitud de 17 (se contabilizan todos los caracteres; no solamente los alfabéticos, sino también espacios en blanco, signos de puntuación, etc.; los delimitadores, las comillas simples o dobles, no forman parte del *string*). La lista `[4, 8, 15, 16, 23, 42]` tiene una longitud de 6.

Python proporciona la función nativa `len()`[11], que podemos invocar para conocer el número de ítems de cualquier secuencia:

```
>>> print(len('Python'))
6
>>> cadena = 'Python'
>>> print(len(cadena))
6
>>> cadena = '¡Me gusta Python!'
>>> print(len(cadena))
17
>>> lista = list(range(1,11))
>>> len(lista)
10
>>> len(tuple('Python'))
6
>>> len(range(1, 101, 2))
50
>>> len([])  # Lista vacía
0
>>> len('')  # Cadena vacía
0
>>>
```

Como podemos ver, podemos proporcionar como argumento a la función `len()` un literal de una clase secuencia o un nombre que esté vinculado a un objeto de la clase.

En el siguiente capítulo comprobaremos que `len()` también admite como argumento un objeto de otras clases colección no secuenciales, como los conjuntos o los diccionarios.

4.2.2 Comprobación de pertenencia: operadores `in` y `not in`

Podemos comprobar fácilmente si un *string* forma parte de otro[12]. La expresión `str1 in str2` es verdadera solamente si `str1` es un *substring* de `str2`:

---

[11]https://docs.python.org/3/library/functions.html#len.
[12]https://docs.python.org/3/reference/expressions.html#membership-test-operations.

```
>>> cadena = 'Aprende Python'
>>> 'Pyth' in cadena
True
>>> cadena in 'Pyth'
False
>>> 'python' in cadena
False
>>>
```

Como vemos en este ejemplo, el funcionamiento de **in** es muy intuitivo, generando un valor lógico (**True** o **False**).

El operador **not in** se define simplemente como el valor opuesto al resultado proporcionado por **in**:

```
>>> cadena = 'Aprende Python'
>>> 'Pyth' not in cadena
False
>>> cadena not in 'Pyth'
True
>>> 'python' not in cadena
True
>>>
```

Como particularidad, la cadena vacía, `''`, se considera siempre un *substring* de cualquier otro *string*:

```
>>> '' in 'Python'
True
```

En el resto de secuencias (tuplas, listas y rangos) solamente se permite consultar la pertenencia de un valor individual:

```
>>> 3 in (1, 2, 3, 4, 5)  # Tupla
True
>>> 6 in (1, 2, 3, 4, 5)  # Tupla
False
>>> 6 not in (1, 2, 3, 4, 5)  # Tupla
True
>>> 21 in [32, 15, 100, 5]  # Lista
False
>>> 15 in [32, 15, 100, 5]  # Lista
True
>>> 15 not in [32, 15, 100, 5]  # Lista
False
>>> 5 in range(10)  # Rango
```

```
True
>>> 6 in range(1, 10, 2)  # Rango
False
>>> 6 not in range(1, 10, 2)  # Rango
True
>>> a = list([1, 2])
>>> lista = [[1, 2], 2]
>>> print(a in lista)
True
>>> 1 in [1, 2, 3]  # Lista
True
>>> [1] in [1, 2, 3]  # Lista
False
>>> [1, 2] in [1, 2, 3]  # Lista
False
>>> 'a' in 'amigo'  # Cadena
True
>>> 'am' in 'amigo'  # Cadena
True
>>>
```

Nótese el detalle de los cinco últimos casos del anterior ejemplo: mientras que el literal **1** sí es un ítem de la lista **[1, 2, 3]**, no ocurre lo mismo si el primer operando es la lista **[1]** (con 1 como único ítem) o la lista **[1, 2]**. El comportamiento del operador en el caso de cadenas, como hemos visto anteriormente, es diferente, aceptando subcadenas de cualquier longitud como primer operando.

4.2.3 Comparación lexicográfica: operadores <, >, <=, >=, == y !=

Los operadores relacionales que estudiamos para las clases numéricas también están definidos para secuencias cuyos ítems sean de tipos comparables entre sí[13].

En el caso de las cadenas de caracteres, los operadores relacionales realizan una comparación lexicográfica basada en los códigos Unicode de sus caracteres. Es interesante observar que los códigos de todas las letras mayúsculas son inferiores a los de todas las minúsculas, una característica que Unicode hereda de las codificaciones ASCII e ISO 8859-1, por lo que se da lugar a resultados que pueden resultar antintuitivos, como que, por ejemplo, el carácter **Z** sea menor que el carácter **b**. Obsérvese también que cualquier vocal y su variante acentuada tienen códigos Unicode diferentes.

```
>>> 'Hoja' < 'Hola'
True
>>> 'Hoja' <= 'Hola'
True
```

---

[13]https://docs.python.org/3/reference/expressions.html#value-comparisons.

```
>>> 'Hoja' == 'Hola'
False
>>> 'Hoja' != 'Hola'
True
>>> 'Esto es una prueba' > 'Esto es otra prueba'
True
>>> 'Esto es una prueba' == 'Esto es otra prueba'
False
>>> 'Hola' < 'Hola a todos'
True
>>> # El orden alfabético se respeta entre mayúsculas o minúsculas
>>> 'Zapato' < 'Avión'
False
>>> 'Zapato' < 'avión'  # Pero no entre combinaciones mixtas
True
>>> 'Saco' == 'Sacó'
False
>>> 'Saco' < 'Sacó'
True
>>> 'Saco' > 'Sacó'
False
>>>
```

Como vemos en el ejemplo, la ordenación lexicográfica es, en esencia, la que se emplea para ordenar los términos de cualquier diccionario o enciclopedia: el resultado viene determinado por la relación que se observa entre la primera pareja de caracteres correspondientes (con el mismo índice) que son diferentes. Así, en el caso de las cadenas **'Hoja'** y **'Hola'** son los caracteres de la tercera posición (índice 2), **'j'** y **'l'** los que determinan el resultado. Puede darse también el caso de que todos los caracteres correspondientes sean iguales, pero una cadena tenga una longitud mayor que la otra (porque incluya más caracteres), en cuyo caso, esa cadena será mayor:

```
>>> 'Hola' < 'Hola a todos'
True
>>> 'Python' < 'Pythonic'
True
>>>
```

Las tuplas y las listas se comparan también lexicográficamente, siguiendo una mecánica similar, ítem a ítem. Naturalmente, el operador relacional debe poder aplicarse a los ítems (lo cual dependerá de sus clases):

```
>>> [1, 2, 3, 4] < [1, 2, 3, 5]
True
>>> [1, 2] < [1, 2, 3, 5]
True
>>> [2.0, 4.0] == [2, 4]
```

```
True
>>> [2, 4] < [2, 'H']
Traceback (most recent call last):
  File "<stdin>", line 1, in <module>
TypeError: '<' not supported between instances of 'int' and 'str'
>>> (1, 2) < [1, 2, 3, 5]
Traceback (most recent call last):
  File "<stdin>", line 1, in <module>
TypeError: '<' not supported between instances of 'tuple' and 'list'
>>> (1, 2) < (1, 2, 3)
True
>>> (1, 2) == [1, 2]
False
>>>
```

Obsérvese que al comparar secuencias en las que los ítems correspondientes (con el mismo índice) son de clases que no admiten la comparación, se genera una excepción provocada por un **TypeError**. En un comportamiento que resulta peculiar, Python permite la comparación de igualdad (**==**) entre clases colección diferentes, pero siempre da como resultado **False** (análogamente, el operador **!=** siempre da resultado **True**).

Los rangos no soportan los operadores de orden (**<, <=, >, >=**), pudiendo compararse solamente su igualdad o desigualdad:

```
>>> rango1 = range(5)
>>> rango2 = range(10)
>>> rango1 < rango2
Traceback (most recent call last):
  File "<stdin>", line 1, in <module>
TypeError: '<' not supported between instances of 'range' and 'range'
>>> rango1 == rango2
False
>>> rango3 = range(5)
>>> rango1 == rango3
True
>>>
```

4.2.4 Concatenación y replicación: operadores + y *

Como hemos visto, un rango solamente puede contener una secuencia de valores enteros que siguen el patrón de una progresión aritmética. Por este motivo, estos dos operadores no están definidos para la clase **range**.

En los otros casos, podemos concatenar dos secuencias usando el operador $+$[14]. El resultado es una nueva secuencia resultante de la concatenación de las dos secuencias que se proporcionan como operandos. En los siguientes ejemplos podemos observar la sintaxis infija del operador:

```
>>> cadena1 = 'Una cadena'
>>> cadena2 = 'Python'
>>> cadena1 + cadena2
'Una cadenaPython'
>>> cadena3 = cadena1 + ' ' + cadena2
>>> cadena3
'Una cadena Python'
```

En la primera ocasión que hemos usado el operador de concatenación se ha creado un nuevo objeto que tendrá una vida muy breve: ya que no hay ningún nombre vinculado al objeto, el recolector de basura lo eliminará (de hecho, no tenemos forma de hacer referencia a él, así que aunque el recolector de basura tarde algún tiempo en eliminar el objeto, no podríamos usarlo después). En el segundo caso hemos utilizado el operador + dos veces: en la primera, hemos concatenado la primera cadena con otra que contiene un espacio en blanco, produciendo la cadena **'Una cadena '** (con un espacio al final), y en la segunda le hemos concatenado al resultado de la operación anterior el contenido de **cadena2**. El objeto resultante de esta segunda concatenación es al que se vincula el nombre **cadena3**. Como la mayoría de operadores, + asocia de izquierda a derecha.

Veamos algunos ejemplos del uso del operador de concatenación en tuplas y listas:

```
>>> tupla = (5, 10, 15)
>>> tupla + (0, 2)
(5, 10, 15, 0, 2)
>>> tupla + (10)  # Cuidado, esto no es una tupla
Traceback (most recent call last):
  File "<stdin>", line 1, in <module>
TypeError: can only concatenate tuple (not "int") to tuple
>>> lista = list(range(5))
>>> lista + (10,)  # Los dos operandos deben ser de la misma clase
Traceback (most recent call last):
  File "<stdin>", line 1, in <module>
TypeError: can only concatenate list (not "tuple") to list
>>>
>>> lista + [10]
[0, 1, 2, 3, 4, 10]
>>> lista + list(range(5, -1, -1))
[0, 1, 2, 3, 4, 5, 4, 3, 2, 1, 0]
>>>
```

---

[14]Podemos encontrar información de referencia sobre los operadores + y * en https://docs.python.org/3/reference/expressions.html?highlight=concatenation#binary-arithmetic-operations. Resulta curioso que se describan como operadores aritméticos aunque sus operandos sean secuencias.

Aquí vemos dos ejemplos del hecho de que Python es un lenguaje con control fuerte de tipos. En los dos casos que hemos intentado concatenar una tupla o una lista con un objeto que no es de la misma clase, se ha generado una excepción provocada por un **TypeError**.

Por otro lado, podemos replicar una secuencia para construir otra más grande mediante el operador * (usamos el mismo símbolo que el del producto de tipos numéricos). Cuando uno de los operandos es una secuencia, el otro debe ser un número entero que indicará cuántas veces queremos repetir el contenido de la secuencia en el nuevo objeto generado:

```
>>> cadena = 'Python'
>>> cadena * 3
'PythonPythonPython'
>>> 3 * cadena
'PythonPythonPython'
>>> lista = list(range(5))
>>> lista * 3
[0, 1, 2, 3, 4, 0, 1, 2, 3, 4, 0, 1, 2, 3, 4]
>>> 3 * lista
[0, 1, 2, 3, 4, 0, 1, 2, 3, 4, 0, 1, 2, 3, 4]
>>> tupla = tuple('Python')
>>> tupla * 2
('P', 'y', 't', 'h', 'o', 'n', 'P', 'y', 't', 'h', 'o', 'n')
>>> range(4) * 2  # No definido para rangos
Traceback (most recent call last):
  File "<stdin>", line 1, in <module>
TypeError: unsupported operand type(s) for *: 'range' and 'int'
>>> cadena + '!' * 3
'Python!!!'
>>> (cadena + '!') * 3
'Python!Python!Python!'
>>>
```

En el ejemplo podemos observar que + y * operan con la misma precedencia que vimos en las expresiones aritméticas: al tener el operador de replicación, *, mayor precedencia que el de concatenación, +, no se sigue el habitual orden de evaluación de izquierda a derecha, por lo que en algunos casos será necesario el uso de paréntesis para asegurar el resultado deseado.

Obsérvese que tanto el operador de concatenación como el de replicación crean un nuevo objeto como resultado, lo cual resulta natural en el caso de secuencias inmutables (cadenas y tuplas) aunque no tanto para las listas, que son mutables. De hecho, más adelante, en la sección 4.6, veremos que hay otros operadores y métodos específicos de la clase **list** que resultan en algunos casos alternativas más eficientes que estos dos operadores, ya que no requieren construir una nueva lista, sino que aprovechan la capacidad de modificación que tienen las listas por ser objetos mutables.

4.2.5 Indexación y secciones: el operador []

Como hemos explicado, los ítems de todas las secuencias se organizan en posiciones ordenadas. A la posición numérica de un ítem la llamamos **índice**.

Podemos acceder a la i-ésima posición de una secuencia usando corchetes[15]. Esta operación se denomina **indexación**:

```
>>> cad = 'Python'
>>> cad[1]
'y'
>>>
```

Si el carácter `'y'` está en la posición 1 del *string*, ¿entonces en qué posición está el carácter `'P'`? En Python, como en otros lenguajes de programación, se indexa a partir de 0, no de 1 como podríamos esperar. Por lo tanto, los seis caracteres del *string* `'Python'` están indexados desde 0 hasta 5. Esto es aplicable a todas las secuencias:

```
>>> print(cad[0], cad[1], cad[2], cad[3], cad[4], cad[5])
P y t h o n
>>> lista = list(range(1, 6))
>>> lista
[1, 2, 3, 4, 5]
>>> print(lista[0], lista[1], lista[2], lista[3], lista[4])
1 2 3 4 5
>>> tupla = tuple(cad)
>>> tupla
('P', 'y', 't', 'h', 'o', 'n')
>>> print(tupla[0], tupla[1], tupla[2], tupla[3], tupla[4], tupla[5])
P y t h o n
>>> rango = range(4)
>>> print (*rango)
0 1 2 3
>>> print(rango[0], rango[1], rango[2], rango[3])
0 1 2 3
>>>
```

Si intentamos acceder a un índice más allá del final de la secuencia, Python genera una excepción provocada por un **IndexError**:

```
>>> cad[6]
Traceback (most recent call last):
  File "<stdin>", line 1, in <module>
IndexError: string index out of range
>>> lista[5]
```

---

[15]https://docs.python.org/3/reference/expressions.html#subscriptions.

```
Traceback (most recent call last):
  File "<stdin>", line 1, in <module>
IndexError: list index out of range
>>>
```

El último ítem de una secuencia se encuentra en la posición anterior a su longitud:

```
>>> cad[len(cad)-1]
'n'
>>> lista[len(lista)-1]
4
>>>
```

Python también admite índices negativos. Aunque a primera vista puedan parecer antintuitivos, hay una lógica bastante sólida tras ellos que facilita el diseño de determinados algoritmos. El último ítem de la secuencia tiene índice -1, el penúltimo, -2 y así sucesivamente.

```
>>> cad = 'Hola'
>>> print(cad[-1], cad[-2], cad[-3], cad[-4])
a l o H
>>> tupla = tuple('Python')
>>> tupla
('P', 'y', 't', 'h', 'o', 'n')
>>> print(tupla[0], tupla[5], tupla[-1], tupla[-3])
P n n h
>>> lista = list(range(10))
>>> lista
[0, 1, 2, 3, 4, 5, 6, 7, 8, 9]
>>> print(lista[0], lista[4], lista[-1], lista[-5])
0 4 9 5
>>>
```

Obsérvese que es mucho más cómodo hacer referencia al último carácter del *string* `cad` escribiendo `cad[-1]` que `cad[len(cad)-1]` o, en general, hacer referencia al último ítem de la secuencia `s` como `s[-1]` en lugar de `s[len(s)-1]`. Habrá muchas situaciones en las que la indexación negativa nos facilite el esfuerzo de programación.

Y, por supuesto, los índices negativos también pueden salirse de rango, generando la correspondiente excepción provocada por un **IndexError**:

```
>>> cad = 'Hola'
>>> cad[-5]
Traceback (most recent call last):
  File "<stdin>", line 1, in <module>
IndexError: string index out of range
```

```
>>> tupla = tuple('Python')
>>> tupla[-7]
Traceback (most recent call last):
  File "<stdin>", line 1, in <module>
IndexError: tuple index out of range
>>>
```

Recordemos que cuando trabajamos con cadenas de caracteres el resultado del operador de indexación es un *string*, aunque tenga longitud 1.

```
>>> cad = 'Hola'
>>> type(cad)
<class 'str'>
>>> type(cad[0])
<class 'str'>
>>>
```

En cambio, cuando indexamos tuplas, listas o rangos, el objeto referenciado pertenece a la clase que corresponda en cada caso:

```
>>> tupla = tuple('Hola')
>>> print(tupla[1], type(tupla[1]))
o <class 'str'>
>>> lista = list(range(10))
>>> print(lista[4], type(lista[4]))
4 <class 'int'>
>>> print(range(10)[5], type(range(10)[5]))
5 <class 'int'>
>>>
```

Como hemos visto, el operador **[]** nos permite obtener ítems de cualquier secuencia; sin embargo, nos queda por descubrir una segunda funcionalidad de este operador: la **obtención de secciones**.

Supongamos que tenemos un *string* que contiene el nombre y apellido de una persona. Con los operadores que conocemos hasta ahora solamente tenemos una solución si queremos extraer el nombre, combinando el operador de indexación con el de concatenación:

```
>>> cad = 'Isaac Asimov'
>>> nombre = cad[0] + cad[1] + cad[2] + cad[3] + cad[4]
>>> nombre
'Isaac'
>>>
```

Algo muy similar nos ocurre si queremos obtener solamente algunos de los ítems de cualquier otra secuencia:

```
>>> lista = list(range(1,11))
>>> lista
[1, 2, 3, 4, 5, 6, 7, 8, 9, 10]
>>> menores_que_5 = [lista[0], lista[1], lista[2], lista[3]]
>>> menores_que_5
[1, 2, 3, 4]
>>>
```

estando obligados a construir en este ejemplo la nueva lista a base de incluir uno a uno
los ítems seleccionados.

Si la subsecuencia que queremos extraer tiene una longitud mayor, esta operación
puede ser tremendamente tediosa. Afortunadamente, Python permite usar el operador
[] para extraer secciones[16] de una secuencia de la longitud que deseemos:

```
>>> nombre = cad[0:5]
>>> nombre
'Isaac'
>>> menores_que_5 = lista[0:4]
>>> menores_que_5
[1, 2, 3, 4]
>>>
```

Es muy importante observar que la expresión **s[a:b]** hace referencia a las posiciones del intervalo [a, b), semiabierto por la derecha, de la secuencia **s**. Esto es, incluye el
índice a, pero no el índice b.

Podemos omitir el primer o el segundo índice cuando estamos obteniendo secciones
de una secuencia, ya que el índice de inicio tiene un valor por defecto de 0 y el índice
de fin tiene como valor por defecto la longitud de la secuencia. Por lo tanto, estaremos
indicando que creamos la sección desde el comienzo o hasta el final de la secuencia:

```
>>> cad = 'Estudia Python'
>>> cad[2:6]  # Del tercero al sexto
'tudi'
>>> cad[:7]  # Primeros 7 caracteres
'Estudia'
>>> cad[8:]  # De la posición 8 al final
'Python'
>>> cad[-6:]  # Últimos 6 caracteres
'Python'
>>> cad[:4]  # Primeros 4 caracteres
'Estu'
>>> cad[-3: -1]  # Dos posiciones delante de la última
'ho'
```

---

[16]https://docs.python.org/3/reference/expressions.html#slicings.

```
>>>
```

Cuando usamos el operador **[]** para obtener una sección de una secuencia nunca se generará un **IndexError**, aunque los índices excedan los límites de la secuencia:

```
>>> cad = 'Aprende Python'
>>> subcadena = cad[:20]
>>> subcadena
'Aprende Python'
>>> subcadena = cad[20:30]
>>> subcadena
''
>>> len(subcadena)
0
>>>
```

Además de esta forma de seccionamiento, Python nos ofrece las **secciones extendidas**, que nos permiten especificar un paso que aplicar al obtener secciones, de forma que **s[a:b:p]** hará referencia a las posiciones del intervalo [a, b) tomadas de p en p. Veamos algunos ejemplos:

```
>>> lista = list(range(1,11))
>>> lista
[1, 2, 3, 4, 5, 6, 7, 8, 9, 10]
>>> lista[2:5]  # Del tercero al quinto
[3, 4, 5]
>>> lista[2:5:2]  # Del tercero al quinto, de 2 en 2
[3, 5]
>>> lista[2:-1]  # Del tercero al penúltimo
[3, 4, 5, 6, 7, 8, 9]
>>> lista[:4]  # Del principio al cuarto
[1, 2, 3, 4]
>>> lista[4:]  # Del quinto al final
[5, 6, 7, 8, 9, 10]
>>> lista[::-1]  # Invierte la lista
[10, 9, 8, 7, 6, 5, 4, 3, 2, 1]
>>> lista[::-2]  # Invierte las posiciones impares
[10, 8, 6, 4, 2]
>>> lista[::2]  # Uno de cada dos ítems
[1, 3, 5, 7, 9]
>>> id(lista)
1613770647744
>>> lista2 = lista[:]  #Crea una copia de la lista
>>> id(lista2)
1613765203008
>>> dias = ('lun', 'mar', 'mie' ,'jue', 'vie', 'sab', 'dom')
>>> dias[1:]  # Del segundo en adelante
```

```python
('mar', 'mie', 'jue', 'vie', 'sab', 'dom')
>>> dias[1:5]  # Del segundo al quinto
('mar', 'mie', 'jue', 'vie')
>>> dias[5:]  # Del sexto en adelante
('sab', 'dom')
>>> dias[:5]  # Hasta el quinto
('lun', 'mar', 'mie', 'jue', 'vie')
>>> dias[:-5]  # No incluir los cinco últimos
('lun', 'mar')
>>> dias[-5:]  # Los cinco últimos
('mie', 'jue', 'vie', 'sab', 'dom')
>>> dias[:]  # Copia de la tupla
('lun', 'mar', 'mie', 'jue', 'vie', 'sab', 'dom')
>>>
```

Aunque los rangos soportan la indexación y el seccionamiento usando el operador
[], prácticamente nunca se usan, ya que resulta mucho más sencillo simplemente definir un nuevo rango con las propiedades deseadas, como, de hecho, hace el propio
intérprete de Python:

```python
>>> mi_rango = range(10)
>>> mi_rango
range(0, 10)
>>> mi_rango[:5]
range(0, 5)
>>> mi_rango[:5:2]
range(0, 5, 2)
>>> mi_rango[::-1]
range(9, -1, -1)
>>> mi_rango = range(1, 101, 3)
>>> print(*mi_rango)
1 4 7 10 13 16 19 22 25 28 31 34 37 40 43 46 49 52 55 58 61 64 67 70 73
↪ 76 79 82 85 88 91 94 97 100
>>> mi_rango[::5]
range(1, 103, 15)
>>>
```

4.2.6 Búsqueda en una secuencia: los métodos `.index()` y `.count()`

Todas las clases secuencia tienen definidos los métodos `.index()` y `.count()`[17],
que nos permiten consultar la existencia de un valor y contar el número de apariciones
de un valor en una secuencia:

---

[17]https://docs.python.org/3/library/stdtypes.html#index-19.

```
>>> lista = list(range(10))
>>> lista
[0, 1, 2, 3, 4, 5, 6, 7, 8, 9]
>>> lista.index(5)
5
>>> lista.index(10)
Traceback (most recent call last):
  File "<stdin>", line 1, in <module>
ValueError: 10 is not in list
>>> lista.count(5)
1
>>> lista.count(10)
0
>>>
```

Obsérvese el comportamiento de `.index()` cuando el valor buscado no está en la secuencia: genera una excepción provocada por un **ValueError**[18].

```
>>> tupla = (1, 7, 3, 2, 5, 2, 7, 2)
>>> posicion = tupla.index(2, 3)
>>> posicion
3
>>> tupla.index(2, posicion+1)
5
>>> tupla.count(2)
3
>>> tupla.index(4)
Traceback (most recent call last):
  File "<stdin>", line 1, in <module>
ValueError: tuple.index(x): x not in tuple
>>> tupla.count(4)
0
>>>
```

De la misma forma que ocurría con los operadores **in** y **not in**, las cadenas de caracteres tienen un mayor grado de libertad en el uso de los métodos `.index()` y `.count()`, ya que permiten consultar la posición o el número de apariciones de una subcadena de cualquier longitud:

---

[18] El comportamiento del método `.index()` es singular. Hasta ahora, las excepciones que han aparecido en nuestros ejemplos se generaban por situaciones que implicaban un error de uso de un operador, una función o un método: un índice fuera de rango, una comparación entre tipos no compatibles, etc. Sin embargo, `.index()` genera una excepción en una situación tan natural y rutinaria como que el valor pasado como argumento no se encuentre en la secuencia. Como ya dijimos, en el capítulo 6 aprenderemos a gestionar las excepciones para evitar que nuestros *scripts* aborten. Cuando usemos `.index()` resultará imprescindible gestionar la posible excepción producida por el método.

```
>>> cadena = 'Esto es una prueba de texto'
>>> cadena.index('una')
8
>>> cadena.count('to')
2
>>> posicion1 = cadena.index('to')
>>> posicion1
2
>>> posicion2 = cadena.index('to', posicion1+1)
>>> posicion2
25
>>>
```

En resumen, podemos consultar si una secuencia contiene un valor de varias formas: usando el operador **in** (que únicamente nos dice si está presente o no), el método `.index()` (que nos devuelve la posición, pero que puede generar una excepción) o el método `.count()` (que nos dice cuántas veces aparece el valor en la secuencia). En la sección 4.5.5 veremos que la clase **str** proporciona métodos adicionales para permitir búsquedas y sustituciones en cadenas de caracteres.

4.2.7 Ordenación de una secuencia: la función `sorted()`

Podemos hacer uso de la función nativa **sorted()**[19] para obtener una lista con los ítems de cualquier secuencia ordenados (la función también admite como argumento un objeto de otras clases iterables). Nótese que **sorted()** devuelve siempre una lista, sea cual sea la clase de la secuencia pasada como argumento:

```
>>> tupla = (1, 7, 3, 2, 5, 2, 7, 2)
>>> sorted(tupla)
[1, 2, 2, 2, 3, 5, 7, 7]
>>> sorted('Python')
['P', 'h', 'n', 'o', 't', 'y']
>>>
```

Por defecto, la ordenación se basa en la comparación directa de los valores mediante el operador relacional < y, por tanto, dependerá de la clase a la que estos pertenezcan. En el ejemplo anterior, hemos visto que al ordenar los ítems de la cadena **'Python'** sitúa la mayúscula en la primera posición, ya que basa la comparación en la codificación Unicode de los caracteres.

De hecho, la función **sorted()** admite dos argumentos opcionales que permiten especificar el criterio de comparación (argumento **key**) y si queremos una ordenación inversa (argumento **reverse**):

---

[19]https://docs.python.org/3/library/functions.html#sorted.

```
>>> sorted(tupla, reverse=True)
[7, 7, 5, 3, 2, 2, 2, 1]
>>> sorted('Python', reverse=True)
['y', 't', 'o', 'n', 'h', 'P']
>>> tupla = ('esto', 'es', 'una', 'prueba')
>>> sorted(tupla)
['es', 'esto', 'prueba', 'una']
>>> sorted(tupla, key=len)
['es', 'una', 'esto', 'prueba']
>>> sorted(tupla, key=len, reverse=True)
['prueba', 'esto', 'una', 'es']
>>>
```

En los dos últimos ejemplos hemos usado como criterio de comparación, no la ordenación lexicográfica con el operador **<** que por defecto se considera cuando se comparan cadenas de caracteres, sino la función nativa **len()**, por lo que obtenemos las cadenas de la tupla ordenadas según su longitud (obsérvese que pasamos como argumento una referencia a la función proporcionando su nombre sin paréntesis). Cuando avancemos en nuestros conocimientos sobre funciones, podremos usar, en general, una función nativa como **len()** o una función definida por nosotros mismos.

4.2.8 Máximo y mínimo de una secuencia: funciones `max()` y `min()`

Python también proporciona dos funciones nativas, **max()**[20] y **min()**[21], que nos permiten obtener el máximo y el mínimo, respectivamente, de cualquier objeto secuencia (en realidad, también se pueden pasar como argumento otros objetos de clases colección, como veremos más adelante).

```
>>> cadena = 'Esto es una prueba de texto'
>>> max(cadena)
'x'
>>> min(cadena)
' '
>>> lista = [4, 8, 15, 16, 23, 42]
>>> max(lista)
42
>>> min(lista)
4
>>>
```

En ambas funciones podemos usar un argumento opcional **key**, como hacíamos en la función **sorted()**:

---

[20]https://docs.python.org/3/library/functions.html#max.
[21]https://docs.python.org/3/library/functions.html#min.

```
>>> tupla = ('aquí', 'tiene', 'una', 'prueba')
>>> max(tupla)
'una'
>>> max(tupla, key=len)
'prueba'
>>> min(tupla)
'aquí'
>>> min(tupla, key=len)
'una'
>>>
```

4.3 Anidamiento en listas y tuplas

Las listas y tuplas pueden contener ítems de cualquier tipo. Esto significa que algunos o todos los ítems de una lista o una tupla pueden ser también objetos de una clase colección. Las llamaremos listas o tuplas anidadas.

Así, la siguiente lista tiene ítems que son, a su vez, listas:

```
>>> lista_de_listas = [[1, 2, 3], [4, 5, 6]]
>>> len(lista_de_listas)  # La lista tiene longitud 2
2
>>> lista_de_listas[0]  # Primer ítem
[1, 2, 3]
>>> lista_de_listas[1]  # Segundo ítem
[4, 5, 6]
>>>
```

Como podemos ver, la lista tiene longitud 2 y sus dos ítems son listas. Puesto que `lista_de_listas[0]` es una lista, para acceder a uno de sus ítems, necesitaremos utilizar de nuevo el operador `[]`:

```
>>> lista_de_listas[0][1]
2
>>>
```

Al evaluar esta expresión, el intérprete primero evalúa `lista_de_listas[0]`, devolviendo la lista `[1, 2, 3]`. Después, el intérprete evalúa `[1, 2, 3][1]`, devolviendo el segundo ítem de la lista, `2`.

Podemos concebir, si lo deseamos y se ajusta a la semántica de los datos que contiene, una lista de listas como una estructura bidimensional (aunque realmente no lo sea). Si interpretamos `lista_de_listas` del ejemplo anterior como una tabla formada por dos filas y tres columnas, veremos las listas `[1, 2, 3]` y `[4, 5, 6]` como filas; las columnas estarán formadas por los correspondientes ítems de cada fila (la primera columna estaría compuesta por los valores **1** y **4**, la segunda por **2** y **5**, y así sucesivamente). Esta analogía no es más que una forma de ver esta lista de listas, pero puede resultar útil dependiendo de la semántica del problema que estemos resolviendo.

4.4 Secuencias inmutables versus secuencias mutables

Si revisamos cada uno de los ejemplos mostrados hasta este punto del capítulo, podemos observar que en ningún momento hemos modificado una secuencia. Lo que han hecho los operadores, funciones y métodos que hemos estudiado ha sido crear un nuevo objeto para contener el resultado correspondiente. El objeto u objetos involucrados como operandos o argumentos no se han visto alterados de ningún modo.

Las cadenas, las tuplas y los rangos son inmutables: una vez creado, un objeto de una de estas clases no puede modificarse de ninguna manera. Como hemos visto ya en algunos ejemplos, es habitual operar con ellos generando nuevos objetos de la clase correspondiente, como ocurre, por ejemplo, con los operadores de concatenación (**+**), replicación (*****) u obtención de secciones (**[]**). Otras de las operaciones estudiadas ni siquiera suscitan conflicto con la inmutabilidad de estas clases, ya que generan resultados derivados del examen del objeto, como la función `len()` y los métodos `.index()` y `.count()`, que devuelven un valor entero, o los operadores de pertenencia, `in` y `not in`, que devuelven un valor lógico.

Intentemos modificar algunas secuencias inmutables usando, por ejemplo, el operador `[]`:

```
>>> cadena = 'Python'
>>> cadena[0] = 'A'
Traceback (most recent call last):
  File "<stdin>", line 1, in <module>
TypeError: 'str' object does not support item assignment
>>> tupla = tuple(range(5))
>>> tupla
(0, 1, 2, 3, 4)
>>> tupla[0] = 5
Traceback (most recent call last):
  File "<stdin>", line 1, in <module>
TypeError: 'tuple' object does not support item assignment
>>>
```

Como vemos, al tratar de hacerlo, el intérprete genera una excepción provocada por un `TypeError`, indicando que no podemos modificar ninguno de los ítems que componen la secuencia. Si queremos alterar una cadena o una tupla, la única opción que tendremos será crear un nuevo objeto. Esto es muy fácil:

```
>>> cadena = 'Python'
>>> cadena = 'A' + cadena[1:]
>>> cadena
'Aython'
>>> tupla = tuple(range(5))
>>> tupla = (5,) + tupla[1:]
>>> tupla
(5, 1, 2, 3, 4)
>>>
```

Lo que hemos hecho ha sido generar un nuevo objeto concatenando un literal de la clase adecuada (*string* o tupla) de un único ítem con la secuencia original (excluyendo el primer ítem) y vincular el identificador al nuevo objeto creado. Obsérvese que hemos perdido la secuencia original (el recolector de basura la destruirá), puesto que la única referencia que teníamos del objeto se ha eliminado al vincular el nombre al nuevo objeto creado. Conservarlo habría sido tan sencillo como vincular el nuevo objeto con otro identificador.

El hecho de que los objetos de una clase sean inmutables no es un fenómeno infrecuente en Python. Como hemos visto, todos los tipos numéricos, la clase `bool` y varias clases secuencia son inmutables. Solamente las listas y otras clases colección que estudiaremos en el próximo capítulo son mutables.

Si la lectura de este libro es nuestra primera aproximación a la programación, simplemente debemos asimilar los conceptos de mutabilidad e inmutabilidad de los tipos de dato. Si ya tenemos experiencia con otros lenguajes de programación, debemos mentalizarnos de que estos conceptos supondrán un cambio en nuestra forma de programar con respecto a lenguajes como C/C++, Java u otros, en los que todos los objetos son, en principio, mutables.

En resumen, la inmutabilidad de muchos de los tipos nativos de Python no supone una limitación, pero sí puede requerir un enfoque diferente al "tradicional" (o, simplemente, al que estamos habituados) a la hora de resolver algunos problemas.

4.4.1 Las listas y las tuplas contienen referencias

Tanto los que se aproximen a Python conociendo otros lenguajes de programación como aquellos para los que Python es su primer lenguaje pueden tener la tentación de concebir las secuencias como contenedores de valores, esto es, como una serie de compartimentos organizados secuencialmente en los que se ubican los valores que queremos almacenar.

Sin embargo, en Python las secuencias almacenan como ítems referencias a objetos:

```
1  # Creamos tres nombres y los vinculamos a tres objetos
2  a = 1
3  b = 2.5
```

```python
4  c = 'Python'
5  # Construimos una tupla con los tres nombres
6  tupla = (a, b, c)
7  # Construimos una lista con los tres nombres
8  lista = [a, b, c]
9  # Mostramos la identidad de los tres objetos
10 print(id(a), id(b), id(c))
11 # Mostramos la identidad de cada uno
12 # de los ítems de ambas secuencias
13 print(id(tupla[0]), id(tupla[1]), id(tupla[2]))
14 print(id(lista[0]), id(lista[1]), id(lista[2]))
```

```
140725082388920  1583101922672  140725081276688
140725082388920  1583101922672  140725081276688
140725082388920  1583101922672  140725081276688
```

En este ejemplo hemos comprobado que los ítems de la lista y de la tupla contienen la misma información que los nombres **a**, **b** y **c**: referencias a los objetos que contienen los datos (observe que la salida en consola variará en cada ejecución del *script*, ya que depende de las posiciones de memoria en las que se ubiquen los objetos creados).

En el ejemplo anterior, cualquier operación que conlleve la modificación de la referencia asociada a cualquiera de los nombres o a alguno de los ítems de la lista (que es el único tipo secuencial que se puede modificar) genera un resultado que resulta "razonable" incluso aunque concibamos las secuencias como "contenedores de valores" y no tengamos presente el hecho de que las secuencias contienen en realidad referencias a los objetos. Recordemos que todos los tipos que hemos estudiado hasta el momento, con la única excepción de las listas, son inmutables: números (enteros, reales y complejos), valores lógicos, cadenas, tuplas y rangos.

Añadamos una asignación al ejemplo anterior:

```python
1  a = 1
2  b = 2.5
3  c = 'Python'
4  tupla = (a, b, c)
5  lista = [a, b, c]
6  a = 7
7  print(a, tupla, lista)
```

```
7 (1, 2.5, 'Python') [1, 2.5, 'Python']
```

Ni la tupla ni la lista se han visto afectadas por el hecho de que hayamos cambiado el valor de **a**. Lo que ha ocurrido es que el nombre **a** se ha desvinculado del objeto entero que contenía el valor **1** y se ha vinculado a un nuevo objeto entero que contiene el valor **7**. Los primeros ítems de la tupla y de la lista, `tupla[0]` y `lista[0]`, siguen conteniendo la referencia al objeto entero original cuyo valor era **1**.

Más adelante, en la sección 4.6, cuando profundicemos en las características y la funcionalidad de las listas como única clase secuencia mutable, volveremos a tratar el hecho de que las listas contienen referencias y las consecuencias que ello supone, en particular, cuando sus ítems referencian objetos mutables.

4.5 Particularidades de las cadenas de caracteres

El hecho de que los *strings* no solo sean homogéneos, sino que únicamente contengan información textual hace que nos planteemos operaciones como el formateo de la cadena o que se hayan desarrollado métodos de la clase **str** específicamente orientados a la manipulación de texto.

Antes de estudiar métodos definidos dentro de la clase **str** para la manipulación de cadenas de caracteres, vamos a estudiar el peculiar comportamiento de los literales *string*, que se pueden concatenar de una manera particularmente cómoda. También presentaremos las secuencias de escape, que nos permitirán incluir en un *string* caracteres especiales.

También estudiaremos un poco más la función nativa **input()**, la única que nos permite leer datos introducidos por el usuario a través de la consola. Veremos que, sea cual sea la información proporcionada por el usuario, nuestros *scripts* siempre la recibirán en forma de cadena de caracteres.

Otra importante funcionalidad de las cadenas de caracteres que debemos aprender es su formateo, que nos permitirá presentar la información al usuario de una forma mucho más agradable y clara. La herramienta recomendada actualmente por los desarrolladores de Python son los *f-strings*, los literales *string* con formato.

4.5.1 Concatenación de literales *string*

Python permite escribir dos o más literales *string* adyacentes (separados únicamente por cero o más espacios), dando lugar a su concatenación, de la misma forma que si hubiéramos utilizado el operador **+**, que hemos estudiado en la sección 4.2.4.

```python
cadena = 'Yo aprendo ' 'Python'   # Concatenación sin usar +
print(cadena)
print('En un lugar de la Mancha, '   # Primera parte del literal
'de cuyo nombre no quiero acordarme')   # Segunda parte
# Alternativa usando +
# Obsérvese que no podemos incluir comentarios inline
print('En un lugar de la Mancha, ' +
'de cuyo nombre no quiero acordarme')
# Alternativa usando \
# Estamos escribiendo un único literal string
print('En un lugar de la Mancha, \
de cuyo nombre no quiero acordarme')
```

```
13  # Los literales no tienen que emplear el mismo delimitador
14  print('Yo aprendo ' "Python")
```

```
Yo aprendo Python
En un lugar de la Mancha, de cuyo nombre no quiero acordarme
En un lugar de la Mancha, de cuyo nombre no quiero acordarme
En un lugar de la Mancha, de cuyo nombre no quiero acordarme
Yo aprendo Python
```

Obsérvese que esta posibilidad de escribir literales adyacentes, concatenándolos sin necesidad de usar el operador +, no constituye una gran aportación. Sin embargo, sí es cierto que puede facilitar la escritura de programas cuando un literal *string* es particularmente largo (evitándonos la necesidad de usar \) o permitiéndonos incluir comentarios inline para explicar las partes del literal. Los literales *string* adyacentes no tienen por qué emplear el mismo delimitador.

4.5.2 Secuencias de escape

Por diferentes razones, puede resultar difícil incluir en un *string* diferentes caracteres Unicode. Unos porque se utilizan como delimitadores (como las comillas simples o dobles), otros porque tienen un efecto de espaciado (como los que representan tabulación o saltos de línea) y otros porque, simplemente, no están disponibles en nuestro teclado (como símbolos de tipo gráfico o matemáticos). En casi todos los lenguajes de programación y en los intérpretes de órdenes de los sistemas operativos se recurre a las secuencias de escape.

Una **secuencia de escape**[22] comienza por un carácter de escape (en Python, la barra inversa, \), que hace que se dé una interpretación alternativa al carácter o caracteres que le siguen. Las secuencias de escape reconocidas por el intérprete de Python de uso más común se muestran en la tabla 4.2.

Tabla 4.2: Caracteres de escape	
Secuencia de escape	Significado
\\	Barra inversa
\'	Comilla simple
\"	Comilla doble
\n	Salto de línea
\t	Salto de tabulación
\a	Carácter Bell ASCII (produce un pitido en el dispositivo)
\b	Carácter backspace (retroceso) ASCII
\ooo	Carácter con código octal ooo
\xhh	Carácter con código hexadecimal hh

[22]https://docs.python.org/3/reference/lexical_analysis.html#escape-sequences.

Como vemos en el siguiente ejemplo, algunas de estas secuencias de escape permiten especificar caracteres Unicode que no tienen una representación gráfica asociada, sino un efecto en el dispositivo en el que se escribe la cadena, como es el caso de \n, \t, \a, o \b. También podemos especificar caracteres usando su código Unicode expresado con tres dígitos octales o dos dígitos hexadecimales.

```python
1  # Uso de comillas dentro de la cadena
2  cadena = "Isaac Asimov, \"el buen doctor\""
3  print(cadena)
4  cadena = '¿Conoces la canción Fool\'s Overture?'
5  print(cadena)
6  # Salto de línea
7  print('Mensaje\nen dos líneas')
8  # Tabulación
9  print('Valor 1\tValor 2\tValor 3\tValor 4')
10 print('10\t20\t30\t40')
11 # Retroceso
12 print('Hello\b, world')
13 # Tres caracteres hexadecimales y tres en octal
14 print('\x50\x79\x74\150\157\156')
```

```
Isaac Asimov, "el buen doctor"
¿Conoces la canción Fool's Overture?
Mensaje
en dos líneas
Valor 1 Valor 2 Valor 3 Valor 4
10      20      30      40
Hell, world
Python
```

4.5.3 Introducción de texto por parte del usuario: la función `input()`

Todos los *scripts* que hemos desarrollado hasta el momento trabajan con literales. Necesitamos avanzar para desarrollar *scripts* que sean genéricos e interactivos, capaces de solicitar datos al usuario que los ejecute. Por lo tanto, es preciso que aprendamos a recibir información escrita por el usuario.

Para esta tarea disponemos de la función nativa **input()**[23], que permite dos patrones de llamada:

```python
input()
input(prompt)
```

<hr>

[23]https://docs.python.org/3/library/functions.html#input.

Cuando llamemos a **input()**, el *script* esperará a que el usuario escriba la información requerida y nos devolverá un objeto *string* que contendrá la línea escrita (todos los caracteres tecleados hasta que pulse la tecla *Enter* ⏎, sin incluir el carácter de salto de línea, \n). Diseñemos una versión personalizada del programa «Hello, world»:

```
1  nombre = input('Escriba su nombre: ')
2  print('Hola,', nombre, '¿cómo estás?')
```

```
Escriba su nombre: R. Daneel
Hola, R. Daneel ¿cómo estás?
```

Al *string* proporcionado como argumento a **input()** se le suele llamar ***prompt***, porque sirve como pie para indicar al usuario qué información se le está solicitando. Su presencia es opcional, aunque es recomendable usarlo en la mayoría de los casos.

Obsérvese que hemos incluido un espacio en blanco al final del *prompt*, ya que la función **input()** lo muestra en pantalla tal cual. De esta forma, mejorará la presentación de nuestro programa.

Cuando se quieren leer valores enteros o reales, se deben usar las funciones **int()** y **float()** que estudiamos en la sección 3.1.5 para convertir el *string* devuelto por **input()** y obtener valores numéricos, como vemos en el siguiente ejemplo:

```
1   # Lectura de un valor entero
2   cadena = input('Introduzca un valor entero: ')
3   entero = int(cadena)   # cadena está vinculada a un objeto string
4   print(entero)
5   # Conversión y lectura en una sentencia
6   entero = int(input('Introduzca un valor entero: '))
7   # Lectura de un valor real
8   real = float(input('Introduzca un valor real: '))
9   print(real)
10  parte_entera = int(real)   #Truncamiento
11  print(parte_entera, 'es la parte entera de', real)
```

```
Introduzca un valor entero: 742
742
Introduzca un valor entero: 742
Introduzca un valor real: 55.83
55.83
55 es la parte entera de 55.83
```

La interacción con el usuario mediante la función **input()** y la correspondiente conversión a valores numéricos mediante **int()** o **float()** supone un factor de fragilidad en nuestros programas. Si el usuario nos proporciona una cadena que no puede ser interpretada como un valor numérico, la función constructora generará una excepción provocada por un **ValueError**. Así, pueden darse distintas situaciones:

- Que el usuario introduzca un valor erróneo.

```
Introduzca un valor entero: hola
Traceback (most recent call last):
  File "....py", line 3, in <module>
    entero = int(cadena)  # cadena está vinculada a un objeto
    ↪  string
ValueError: invalid literal for int() with base 10: 'hola'
```

- Que el usuario simplemente se equivoque al teclear.

```
Introduzca un valor entero: 123c
Traceback (most recent call last):
  File "....py", line 3, in <module>
    entero = int(cadena)  # cadena está vinculada a un objeto
    ↪  string
ValueError: invalid literal for int() with base 10: '123c'
```

- Que el usuario escriba un valor numérico de un tipo inadecuado.

```
Introduzca un valor entero: 12.3
Traceback (most recent call last):
  File "....py", line 3, in <module>
    entero = int(cadena)  # cadena está vinculada a un objeto
    ↪  string
ValueError: invalid literal for int() with base 10: '12.3'
```

En estos casos, como se puede apreciar en las anteriores salidas de consola, el programa abortará su ejecución como resultado de la excepción generada. En el capítulo 6 aprenderemos a diseñar filtros de entrada, un diseño algorítmico que nos permitirá realizar lecturas robustas, que gestionarán las excepciones producidas y volverán a pedir al usuario el dato hasta que este sea válido.

4.5.4 Literales *string* con formato

El formateo de cadenas es una herramienta que permite interpolar expresiones en literales **str**, aportando así una gran flexibilidad para construir las cadenas de caracteres que podamos necesitar en nuestros programas.

A partir de la versión 3.6 de Python (publicada en diciembre de 2016), Python ofrece una alternativa recomendada frente a herramientas previas para dar formato a un *string*, como eran el formateo al estilo *printf* (que empleaba el operador % y se usaba en Python 2) o el método **.format()** (que se introdujo con Python 3). Los *f-strings* son más concisos y legibles, ayudan a cometer menos errores y son más eficientes que sus predecesores.

A diferencia de un literal *string*, que es un valor constante, los *f-strings* son expresiones que se evalúan en el momento de la ejecución, lo que aporta gran flexibilidad a este mecanismo de construcción de *strings* mediante la interpolación de expresiones.

Un **literal *string* con formato** o ***f-string*** es un literal de tipo cadena que está precedido por la letra **f** y que contiene expresiones entre llaves (**{}**). En el *string* resultante, cada expresión se sustituirá por su valor.

Comencemos por revisar el ya conocido programa «Hello, world»:

```
1  nombre = input('Escriba su nombre: ')
2  print(f'Hola, {nombre}, ¿cómo estás?')
```

```
Escriba su nombre: R. Daneel
Hola, R. Daneel, ¿cómo estás?
```

Observe que, para empezar, hemos logrado de forma natural algo que con la versión anterior del *script* no podíamos conseguir: escribir una coma justo tras el nombre proporcionado por el usuario.

Para entender completamente su funcionamiento, debemos darnos cuenta de que un *f-string* es, como hemos dicho antes, una expresión que se evalúa en tiempo de ejecución y que genera un nuevo objeto *string*:

```
1  nombre = input('Escriba su nombre: ')
2  respuesta = f'Hola, {nombre}, ¿cómo estás?'
3  print(respuesta)
4  print(type(respuesta))
```

```
Escriba su nombre: R. Daneel
Hola, R. Daneel, ¿cómo estás?
<class 'str'>
```

En esta versión alternativa del *script* vemos que estamos creando un objeto **str**, vinculándolo al identificador **respuesta**.

Las expresiones que incluyamos en un *f-string* pueden ser de cualquier tipo:

```
1  nombre = 'Isaac'
2  edad = 56
3  hijos = 2
4  hijas = 3
5  salida = f'{nombre.upper()} tiene {edad} años y {hijos+hijas} \
6  hijos en total, {hijos} hijos y {hijas} hijas'
7  print(salida)
8
9  a = 5
```

```
10  b = 10
11  print(f'{a} + {b} = {a+b}')
```

```
ISAAC tiene 56 años y 5 hijos en total, 2 hijos y 3 hijas
5 + 10 = 15
```

En este ejemplo hemos incluido expresiones *string* y enteras, e incluso hemos realizado sin ningún problema una suma y una llamada a un método. De hecho, podremos incluir cualquier expresión, por compleja que sea, que será sustituida por su valor en el *string* resultante.

Podemos, opcionalmente, añadir especificadores de formato al final de cada expresión de un *f-string* usando el símbolo de dos puntos (:). Estos especificadores nos permiten establecer aspectos como, por ejemplo, su base, ancho, alineación, número de decimales (en el caso de valores reales) o si queremos usar notación científica y con qué formato [24]. Veamos algunos ejemplos.

- Ancho y precisión:

```
1   import math
2   # Especificación de ancho y precisión
3   print(f'El valor de pi es', math.pi)  # Sin formato
4   print(f'El valor de pi es {math.pi:6.4f}')
5   print(f'El valor de pi es {math.pi:10.8f}')
6
7   # Especificación de ancho
8   numero = 82
9   print(numero)
10  print(f'{numero:10}')
```

```
El valor de pi es 3.141592653589793
El valor de pi es 3.1416
El valor de pi es 3.14159265
82
        82
```

- Signo:

```
1   import math
2   # Especificación de signo
3   print(math.pi, -math.pi)  # Sin formato
4   print(f'{math.pi:+f} {-math.pi:+f}')
```

---

[24]En https://docs.python.org/3/library/string.html#format-specification-mini-language se pueden encontrar los detalles del minilenguaje de especificación de formato.

```python
 5  print(f'{math.pi: f} {-math.pi: f}')
 6  print(f'{math.pi:f} {-math.pi:f}')
 7  print(f'{math.pi:4.2f} {-math.pi:4.2f}')
 8  numero = 82
 9  print(f'{numero:+}')
10  print(f'{numero:-}')   # Igual que sin formato
11  print(f'{numero: }')
```

```
3.141592653589793 -3.141592653589793
+3.141593 -3.141593
 3.141593 -3.141593
3.141593 -3.141593
3.14 -3.14
+82
82
 82
```

- Alineación

```python
 1  import math
 2  # Especificación de alineación
 3  print(f'{math.pi:<20.4f}')
 4  print(f'{math.pi:>20.4f}')
 5  print(f'{math.pi:^20.4f}')
 6  print(f'Pi = {math.pi:=20.4f}')
 7  print(f'-Pi = {-math.pi:=20.4f}')
 8  print(f'-Pi = {-math.pi:0=20.4f}')
 9  print(f'-Pi = {-math.pi:_=20.4f}')
10
11  # Alineación de texto
12  print(f'|{"Alineado a la izquierda":<40}|')
13  print(f'|{"Alineado a la derecha":>40}|')
14  print(f'|{"Centrado":^40}|')
15  print(f'|{"Centrado y relleno con asteriscos*":*^40}|')
16
17  # Tabla con valores alineados
18  print(f'{"Ciudad":^12} Código Postal')
19  print(f'{"="*12} {"="*13}')
20  ciudad = 'Granada'
21  cp = 18
22  print(f'{ciudad:12} {cp:^13}')
23  ciudad = 'Madrid'
24  cp = 28
25  print(f'{ciudad:12} {cp:^13}')
26  ciudad = 'Cáceres'
27  cp = 10
28  print(f'{ciudad:12} {cp:^13}')
29  ciudad = 'Álava'
```

```
30  cp = 1
31  print(f'{ciudad:12} {cp:^13}')
```

```
    3.1416
                3.1416
          3.1416
    Pi =                  3.1416
    -Pi = -              3.1416
    -Pi = -00000000000003.1416
    -Pi = -______________3.1416
    |Alineado a la izquierda                    |
    |                     Alineado a la derecha|
    |                 Centrado                  |
    |***Centrado y relleno con asteriscos****|
        Ciudad      Código Postal
    ============= =============
    Granada              18
    Madrid               28
    Cáceres              10
    Álava                 1
```

- Tipo y base:

```
 1  entero = 12543
 2  # Especificación de base
 3  print(f'{entero:b} {entero:#b}')
 4  print(f'{entero:d}')
 5  print(f'{entero:o} {entero:#o}')
 6  print(f'{entero:x} {entero:X} {entero:#x} {entero:#X}')
 7
 8  # Especificación de formato float
 9  real =12543.35
10  print(f'{real:e} {real:E} {real:.3e}')
11  print(f'{real:f} {real:.2f}')
12  print(f'{real:g} {real:.2f}')
13  iva = 0.21
14  print(f'IVA = {iva:.2%}')
```

```
11000011111111 0b11000011111111
12543
30377 0o30377
30ff 30FF 0x30ff 0X30FF
1.254335e+04 1.254335E+04 1.254e+04
12543.350000 12543.35
12543.4 12543.35
IVA = 21.00%
```

Las posibilidades de combinar los especificadores son enormes y estos ejemplos solo pretenden ilustrar la gran flexibilidad que ofrecen los *f-strings* para construir cadenas de caracteres que recojan la información que deseemos con el aspecto que nos interese.

4.5.5 Manipulación de *strings* mediante métodos de la clase `str`

Como explicamos en el capítulo anterior, el concepto de clase no solo tiene que ver con el conjunto de valores que los objetos de un tipo de dato pueden representar, sino también con el conjunto de operaciones que podemos realizar con ellos. Estas operaciones se implementan mediante operadores y también mediante métodos de la clase.

Los métodos son el mecanismo empleado con más frecuencia en lenguajes orientados a objetos como Python para realizar operaciones sobre un objeto.

A un aprendiz de programación estructurada y modular, puede parecerle que la única diferencia importante entre una función y un método es su sintaxis, como veremos a continuación, aunque conceptualmente son diferentes. Ambos, funciones y métodos, son segmentos de código reutilizables que se invocan mediante un nombre. Pero, a diferencia de las funciones, los métodos se definen en el ámbito de una clase, por lo que solamente se pueden invocar sobre objetos de esa clase. Esta diferencia, de hecho, implica que la invocación de un método sea sintácticamente diferente a la de una función[25].

La clase `str` proporciona una amplia variedad de métodos que permiten la manipulación de *strings*[26] . Comentaremos algunos de los más empleados.

- Métodos de conversión a mayúsculas o minúsculas:

  Podemos obtener una copia de un *string* convertida a minúsculas usando el método `.lower()` o a mayúsculas usando el método `.upper()`. Otros métodos relacionados son `.capitalize()`, `.title()` y `.swapcase()`, como se muestra en el siguiente *script*:

```python
nombre = 'Isaac Asimov'
# .lower(): convierte a minúsculas
print(nombre.lower())
# .upper(): convierte a mayúsculas
print(nombre.upper())
# .capitalize(): primera mayúscula y resto minúscula
print('esto es una PRUEBA'.capitalize())
# .title(): mayúscula primera letra de cada palabra
print('esto es una PRUEBA'.title())
```

---

[25]Los conceptos de función y de método son sustancialmente diferentes en el ámbito de la metodología de la programación. Profundizaremos en el primero de ellos en el capítulo 7, mientras que el segundo será estudiado con detalle en el capítulo 9.

[26]En https://docs.python.org/3/library/stdtypes.html#string-methods podemos encontrar la lista completa de métodos de la clase `str`.

```
10  # .swapcase(): intercambia mayúsculas por minúsculas
11  print(nombre.swapcase())
```

```
isaac asimov
ISAAC ASIMOV
Esto es una prueba
Esto Es Una Prueba
iSAAC aSIMOV
```

Tres observaciones interesantes sobre estos ejemplos:

- Recordemos que los *strings* son objetos inmutables. Por esto, todos estos métodos devuelven un nuevo objeto *string* que refleja la modificación especificada por el método.

- Como vimos en el capítulo anterior, `objeto.método()` es la sintaxis requerida para invocar un método. En el ámbito de la orientación a objetos, enviamos un mensaje al objeto para que realice la operación deseada. Ninguno de estos métodos necesita argumentos, por lo que los paréntesis, aunque sintácticamente obligatorios, no encierran nada entre ellos. Veremos que otros métodos sí podrán tener argumentos, obligatorios u opcionales.

- En el ejemplo hemos visto que podemos invocar un método sobre un literal *string* o sobre un nombre vinculado a un objeto *string*. Es indiferente un uso u otro, puesto que el objeto nunca se modifica; siempre obtenemos como resultado un nuevo objeto.

■ Métodos de eliminación de caracteres del principio y/o final de un *string*:

Los métodos `.lstrip()`, `.rstrip()` y `.strip()` devuelven una copia del *string* en la que se han purgado caracteres por la izquierda, por la derecha o por ambos extremos, respectivamente. Los tres métodos pueden tener un argumento *string* que permite especificar los caracteres a purgar. Si no se especifica argumento, se purgarán espacios en blanco.

```
>>> cadena = '    Isaac Asimov    '
>>> cadena.rstrip()
'    Isaac Asimov'
>>> cadena.lstrip()
'Isaac Asimov    '
>>> cadena.strip()
'Isaac Asimov'
>>> cadena  # La cadena no se ha modificado
'    Isaac Asimov    '
>>> 'www.python.org'.lstrip('wo.')
'python.org'
>>> 'www.python.org'.rstrip('gro.')
'www.python'
>>> 'www.python.org'.strip('gwro.')
```

```
'python'
>>>
```

- Métodos de búsqueda y sustitución en un *string*:

  En la sección 4.2 ya estudiamos dos métodos asociados a la búsqueda y sustitución en secuencias que, por tanto, son válidos en los *strings*: `.index()` y `.count()`. Adicionalmente, `.find()` nos devuelve un entero correspondiente al índice más a la izquierda en el que encontramos el *substring* que proporcionemos como argumento. Pueden, opcionalmente, añadirse dos argumentos más para especificar el ámbito de la búsqueda. El método `.rfind()` realiza la misma tarea, pero comenzando a buscar por el extremo derecho del *string*, por lo que devuelve el índice más a la derecha. En ambos métodos, si el *substring* no se encuentra, se devolverá el valor -1.

  Los métodos `.index()` y `.rindex()` realizan, respectivamente, la misma tarea que `.find()` y `.rfind()`, con la diferencia de que si la búsqueda falla, generan una excepción provocada por un **ValueError**.

  Por otro lado, `.replace(old, new)` devuelve una copia del *string* en la que se han sustituido todas las apariciones del *substring* **old** por el *substring* **new**. Puede añadirse un tercer argumento opcional que permite especificar cuántas sustituciones realizar como máximo.

  Por último, `.count(sub)` devuelve el número de apariciones del *substring* **sub** en el *string*. Se pueden añadir opcionalmente dos argumentos para especificar el rango de búsqueda.

```
>>> cadena = 'Esto es una prueba de texto'
>>> cadena.find('to')
2
>>> cadena.rfind('to')
25
>>> cadena.find('Python')
-1
>>> cadena.index('to')
2
>>> cadena.rindex('to')
25
>>> cadena.index('Python')
Traceback (most recent call last):
  File "<stdin>", line 1, in <module>
ValueError: substring not found
>>> cadena.replace('una prueba', 'una demostración')
'Esto es una demostración de texto'
>>> cadena.replace('to', 'ta')  # Ojo, sustituye todas
'Esta es una prueba de texta'
>>> cadena.replace('to', 'ta', 1)
'Esta es una prueba de texto'
>>> cadena.replace('unas', 'unos')  # Si no está, no hace nada
```

```
'Esto es una prueba de texto'
>>> cadena.count('to')
2
>>>
```

- Métodos de alineación del *string*:

  Los métodos `.center()`, `ljust()` y `rjust()` permiten construir nuevas cadenas con el ancho especificado en el primer argumento, justificando apropiadamente la cadena receptora del mensaje (en el centro, a la izquierda o a la derecha, respectivamente). Opcionalmente, podemos proporcionar un segundo argumento *string* que especifica el carácter de relleno a usar, que por defecto es el espacio en blanco.

```
>>> 'Python'.center(20)
'       Python       '
>>> 'Python'.center(20, '#')
'#######Python#######'
>>> 'Python'.ljust(20)
'Python              '
>>> 'Python'.ljust(20, '.')
'Python..............'
>>> 'Python'.rjust(20)
'              Python'
>>> 'Python'.rjust(20, '/')
'//////////////Python'
>>>
```

- Métodos de consulta sobre el contenido de un *string*:

  Los métodos `.isalnum()`, `.isalpha()`, `.isascii()`, `.isdecimal()`, `.isdigit()`, `.isidentifier()`, `.islower()`, `.isprintable()`, `.isspace()`, `.istitle()`, `.isupper()`, `.startswith()` y `.endswith()` devuelven un valor lógico (de la clase `bool`), dependiendo de si los caracteres que componen el *string* cumplen la condición consultada o no.

```
>>> 'R. Daneel'.isalnum()
False
>>> 'Giskard'.isalpha()
True
>>> 'Giskard'.isalnum()
True
>>> 'R. Giskard'.isalnum()
False
>>> 'The Gods Themselves'.istitle()
True
>>> '123'.isdecimal()
True
```

```
>>> 'hola'.islower()
True
>>>
```

Como era el caso de los operadores, muchos de los métodos de la clase **str** realizan modificaciones a partir de un *string*. Pero, debido a la inmutabilidad de los *strings*, estos métodos siempre devuelven un nuevo objeto **str** en el que se ha realizado la alteración correspondiente (conversiones de mayúsculas a minúsculas, sustituciones, eliminación de caracteres, etc.)., dejando sin alterar el objeto receptor del mensaje.

Nótese que este comportamiento puede dar lugar a un resultado inesperado en nuestros programas. Así, por ejemplo, podríamos esperar que el siguiente *script* mostrara en consola el nombre convertido a mayúsculas aunque, como vemos, no es así:

```
1  nombre = 'Isaac Asimov'
2  nombre.upper()
3  print(nombre)
```

```
Isaac Asimov
```

El método **.upper()** no modifica el *string* vinculado al identificador **nombre** por la sencilla razón de que es un objeto inmutable. Lo que hace es crear un nuevo objeto *string* con la cadena en mayúsculas al que no podremos acceder más adelante en el código por no haberlo vinculado a ningún identificador (el recolector de basura lo eliminará y no podremos usarlo). Podemos modificar de forma muy sencilla nuestro *script*:

```
1  nombre = 'Isaac Asimov'
2  nombre = nombre.upper()
3  print(nombre)
```

```
ISAAC ASIMOV
```

Ahora hemos perdido la única referencia al *string* original. Si nos interesara conservarla, solo tenemos que usar un nuevo identificador:

```
1  nombre = 'Isaac Asimov'
2  nombre_mayusculas = nombre.upper()
3  print(nombre_mayusculas)
4  print(nombre)
```

```
ISAAC ASIMOV
Isaac Asimov
```

Incluso hay otra posibilidad más si no nos interesa conservar el resultado de la conversión a mayúsculas, sino solo imprimirlo:

```python
nombre = 'Isaac Asimov'
print(nombre.upper())
```

```
ISAAC ASIMOV
```

De esta forma el identificador **nombre** sigue vinculado al *string* original.

4.6 Manipulación de listas

Las listas son la única clase secuencia mutable, lo que supone diferencias muy importantes tanto en lo referente a su utilidad como a los operadores, funciones y métodos que podemos usar con ellas. Precisamente su carácter mutable y su eficiente implementación interna son los que hacen que las listas sean, con diferencia, el tipo de dato más empleado en Python.

Si estamos familiarizados con otros lenguajes de programación como C/C++ o Java, encontraremos similitudes entre las listas de Python y los *arrays* de estos lenguajes: son colecciones de datos organizadas de forma secuencial y accesibles mediante índices. Sin embargo, las listas son sustancialmente más flexibles que los *arrays*, ya que son heterogéneas (pueden contener ítems de diferentes tipos) y dinámicas (pueden modificar su contenido, crecer y decrecer en tiempo de ejecución). En C++ solo la clase **vector** de la STL (*Standard Template Library*) es comparable a las listas en su carácter dinámico, aunque no en heterogeneidad.

Vamos a dedicar esta sección a analizar cómo podemos aprovechar la enorme versatilidad de las listas para sacarles el máximo partido. Estudiaremos a continuación cada una de las operaciones que se pueden realizar con secuencias mutables[27]. Algunas de estas operaciones involucrarán operadores que ya hemos estudiado, pero que usaremos en un contexto diferente, mientras que también conoceremos métodos que son específicos de la clase **list**. La tabla 4.3 detalla cada una de estas operaciones.

Modificación de listas mediante el operador []

Las listas son objetos mutables, lo que significa que podremos modificar su contenido añadiendo nuevos ítems, eliminando los ya existentes o modificando el contenido correspondiente a cualquier posición de la lista.

---

[27]Las listas no son las únicas secuencias mutables nativas de Python. El lenguaje también ofrece los **bytearrays**, que son secuencias mutables de *bytes* que se emplean para el procesamiento de datos en binario, y que no son objeto de este libro.

Tabla 4.3: Operaciones sobre listas	
Operación	Descripción
`l[i] = x`	El ítem de la posición **i** de **l** se sustituye por **x**.
`del l[i]`	Elimina de la lista el ítem de la posición **i**.
`l[i:j] = s`	La sección `l[i:j]` se sustituye por el contenido de la secuencia **s**.
`del l[i:j]` `l[i:j] = []`	Elimina de la lista los ítems de la sección `l[i:j]`.
`l[i:j:k] = s`	Los ítems de la sección `l[i:j:k]` se sustituyen por los de la secuencia **s**.
`del l[i:j:k]`	Elimina de la lista los ítems de la sección `l[i:j:k]`.
`l.append(x)`	Añade un nuevo ítem, **x**, al final de la lista **l**.
`l.clear()` `del l[:]`	Elimina todos los ítems de la lista **l**.
`l.copy()`	Crea una nueva lista, copia (superficial) de **l**.
`l.extend(s)` `l += s`	Amplía la lista con el contenido de **s**.
`l *= n`	Actualiza la lista con su contenido repetido **n** veces.
`l.insert(i, x)` `l[i:i] = x`	Inserta **x** en el índice **i** de **l**.
`l.pop([i])`	Elimina el ítem de la posición **i** de **l** y lo devuelve. Por defecto, elimina el último ítem de la lista.
`l.remove(x)`	Elimina la primera aparición de **x** de la lista.
`l.reverse()`	Invierte la secuencia de los ítems de la lista.
`l.sort(key=None, reverse=False)`	Ordena los ítems de la lista *in situ*.

Hasta ahora, al estudiar los tipos secuenciales solo hemos usado el operador `[]` para consultar la secuencia. En ninguno de los ejemplos vistos hasta el momento nos hemos planteado la posibilidad de modificar una secuencia.

El hecho de que las listas sean una clase mutable supone una diferencia sustancial con respecto a las demás clases secuencia. Podemos usar el operador de indexación para modificar los ítems de la lista al situarlo en la parte izquierda de una asignación:

```
>>> lista = ['a', 'e', 'i', 'o', 'u']
>>> lista[1] = 'b'
>>> lista
['a', 'b', 'i', 'o', 'u']
>>> lista[-1] = 'U'
>>> lista
['a', 'b', 'i', 'o', 'U']
>>>
```

Sin embargo, como ya vimos en la sección 4.4, si intentamos modificar cualquier secuencia inmutable se genera una excepción provocada por un **TypeError**:

```
>>> tupla = tuple('Python')
>>> tupla[0] = 'a'
Traceback (most recent call last):
  File "<stdin>", line 1, in <module>
TypeError: 'tuple' object does not support item assignment
>>>
```

Los siguientes ejemplos exploran diferentes posibilidades cuando trabajamos con listas. Comenzaremos modificando o eliminando un único ítem de la lista:

```
>>> lista = list(range(1,11))
>>> lista
[1, 2, 3, 4, 5, 6, 7, 8, 9, 10]
>>> lista[2] = 0  # Modificamos un ítem
>>> lista
[1, 2, 0, 4, 5, 6, 7, 8, 9, 10]
>>> len(lista)
10
>>> del lista[5]  # Borramos un ítem
>>> lista
[1, 2, 0, 4, 5, 7, 8, 9, 10]
>>> len(lista)  # Ahora la lista tiene menor longitud
9
>>>
```

Si podemos usar el operador [] para modificar o borrar un ítem de la lista, podremos también hacerlo sobre una sección de la lista:

```
>>> lista = list(range(1,11))
>>> lista[2:5] = [11, 12, 13, 14, 15]
>>> lista
[1, 2, 11, 12, 13, 14, 15, 6, 7, 8, 9, 10]
>>> lista[2:7] = [3]
>>> lista
[1, 2, 3, 6, 7, 8, 9, 10]
>>> del lista[3:5]  # Borrado de ítems
>>> lista
[1, 2, 3, 8, 9, 10]
>>> lista[2:4] = []  # Otra forma de borrar ítems
>>> lista
[1, 2, 9, 10]
>>>
```

Y podemos trabajar también con secciones extendidas:

```
>>> lista = list(range(1,11))
>>> lista[0::2] = [-1, -3, -5, -7, -9]
>>> lista
[-1, 2, -3, 4, -5, 6, -7, 8, -9, 10]
>>> # La secuencia asignada debe coincidir en tamaño
>>> lista[0:5:2] = [21, 23, 25, 27, 29]
Traceback (most recent call last):
  File "<stdin>", line 1, in <module>
ValueError: attempt to assign sequence of size 5 to extended slice of
↪   size 3
>>> lista[0:5:2] = [21, 23, 25]
>>> lista
[21, 2, 23, 4, 25, 6, -7, 8, -9, 10]
>>> # La secuencia asignada no tiene que ser una lista
>>> lista[::2] = (41, 43, 45, 47, 49)
>>> lista
[41, 2, 43, 4, 45, 6, 47, 8, 49, 10]
>>> del lista[1:6:2]
>>> lista
[41, 43, 45, 47, 8, 49, 10]
>>> # En este caso no podemos borrar
    # asignando la lista vacía
>>> lista[::2] = []
Traceback (most recent call last):
  File "<stdin>", line 1, in <module>
ValueError: attempt to assign sequence of size 0 to extended slice of
↪   size 4
>>>
```

con la restricción de que, en este caso, cuando asignamos una secuencia para sustituir a la sección extendida será preciso que la secuencia tenga el mismo tamaño que la sección reemplazada.

Modificación de listas mediante métodos y operadores de asignación aumentada

Como hemos visto en el caso del operador `[]`, la modificación de una lista puede suponer añadir, cambiar o eliminar ítems. Aprovechando que las listas son objetos mutables, la clase `list` ofrece una serie de métodos que trabajan *in situ*, esto es, no generan una nueva lista, sino que modifican la lista sobre la que se invoca el método, lo que supone un cambio de enfoque radical con respecto a los métodos de la clase `str` que estudiamos en la sección anterior y que siempre generan un nuevo objeto.

La clase `list` nos ofrece tres métodos para añadir nuevos ítems a la lista, haciendo que esta crezca: `.append()`, `.extend()` e `.insert()`. Veremos que cada uno de ellos nos ofrece distintas posibilidades y resultarán más o menos útiles según la situación.

El método `.append()` permite añadir el valor proporcionado como argumento al final de la lista, haciendo que la longitud de esta aumente en 1:

```
>>> lista = []   #Lista vacía
>>> lista.append(5)
>>> lista.append(7)
>>> lista.append(2)
>>> lista
[5, 7, 2]
>>>
```

Si necesitamos añadir varios ítems, el método `.extend()` nos permite incorporar todos los ítems de un objeto iterable al final de nuestra lista:

```
>>> lista = list(range(1,6))
>>> lista
[1, 2, 3, 4, 5]
>>> lista.extend([6, 7, 8])
>>> lista
[1, 2, 3, 4, 5, 6, 7, 8]
>>> tupla = (9, 10)
>>> lista.extend(tupla)
>>> lista
[1, 2, 3, 4, 5, 6, 7, 8, 9, 10]
>>> lista.extend('Python')
>>> lista
[1, 2, 3, 4, 5, 6, 7, 8, 9, 10, 'P', 'y', 't', 'h', 'o', 'n']
>>>
```

Obtendremos el mismo resultado usando una asignación aumentada **+=**:

```
>>> lista = list(range(1,6))
>>> lista
[1, 2, 3, 4, 5]
>>> lista += [6, 7, 8]
>>> lista
[1, 2, 3, 4, 5, 6, 7, 8]
>>> tupla = (9, 10)
>>> lista += tupla
>>> lista
[1, 2, 3, 4, 5, 6, 7, 8, 9, 10]
>>> lista += 'Python'
>>> lista
[1, 2, 3, 4, 5, 6, 7, 8, 9, 10, 'P', 'y', 't', 'h', 'o', 'n']
>>>
```

Podemos así elegir entre la asignación aumentada y el método `.extend()` según creamos que una u otro nos aporta más claridad y legibilidad al código.

El método `.insert()` es la variante más genérica, ya que nos permite insertar nuevos ítems en la posición que deseemos (lo que supondrá que los ítems que ocupaban esa posición y posteriores sean desplazados):

```python
>>> lista = list(range(1, 6))
>>> lista
[1, 2, 3, 4, 5]
>>> lista.insert(1, 6)
>>> lista
[1, 6, 2, 3, 4, 5]
>>> lista.insert(0, 7)
>>> lista
[7, 1, 6, 2, 3, 4, 5]
>>> lista.insert(len(lista), 8)  # Equivale a lista.append(8)
>>> lista
[7, 1, 6, 2, 3, 4, 5, 8]
>>> lista.insert(50, 10)  # Acepta una posición inexistente
>>> lista
[7, 1, 6, 2, 3, 4, 5, 8, 10]
>>>
```

Obsérvese que la inserción en una posición inexistente no genera una excepción, ya que `l.insert(i, x)` equivale a `l[i:i] = x`, y ya vimos que cuando usamos el operador `[]` para obtener una sección nunca se generará un **IndexError**.

La asignación aumentada `*=` actualiza la lista repitiéndola el número de veces que se especifique:

```python
>>> lista = [1, 2, 3]
>>> lista *= 3
>>> lista
[1, 2, 3, 1, 2, 3, 1, 2, 3]
>>>
```

Obsérvese la sustancial diferencia entre el operador de asignación aumentada, `*=`, concebido para operar *in situ* modificando la lista, y el operador de replicación, `*`, que genera una nueva lista como resultado.

Además de la sentencia **del**, que hemos visto en ejemplos de la sección anterior, la clase **list** nos ofrece los métodos `.clear()`, `.pop()` y `.remove()` para eliminar ítems de la lista.

El método `.clear()` permite vaciar el contenido de la lista. Debemos entender que la lista no se elimina, sino que queda vacía:

```python
>>> lista = list(range(5))
>>> lista
[0, 1, 2, 3, 4]
```

```
>>> lista.clear()
>>> lista
[]
>>> len(lista)
0
>>>
```

Podemos vaciar la lista usando la sentencia **del**:

```
>>> lista = list(range(5))
>>> lista
[0, 1, 2, 3, 4]
>>> del lista[:]  # Vacía la lista
>>> lista
[]
>>> del lista  # Elimina el identificador
>>> lista
Traceback (most recent call last):
  File "<stdin>", line 1, in <module>
NameError: name 'lista' is not defined
>>>
```

Obsérvese que el primer uso de la sentencia **del** nos ha permitido eliminar todos los ítems de la lista (el objeto lista sigue existiendo, aunque la lista esté vacía), mientras que el segundo uso, que elimina el identificador, en este caso también supone la eliminación del propio objeto **list**, ya que no queda ningún nombre vinculado a él.

El método **.pop()** nos permite eliminar un ítem de la lista, reduciendo en 1 su longitud. Si no se proporciona argumento, elimina el último ítem de la lista; si se proporciona un argumento entero, elimina el ítem de la posición indicada; y si el índice proporcionado corresponde a una posición inexistente se generará una excepción provocada por un **IndexError**:

```
>>> lista = list(range(1, 11))
>>> lista
[1, 2, 3, 4, 5, 6, 7, 8, 9, 10]
>>> borrado = lista.pop()  # Elimina el último ítem
>>> lista
[1, 2, 3, 4, 5, 6, 7, 8, 9]
>>> borrado
10
>>> lista.pop()  # No guardamos el ítem borrado
9
>>> lista
[1, 2, 3, 4, 5, 6, 7, 8]
>>> lista.pop(2)
3
```

```
>>> lista
[1, 2, 4, 5, 6, 7, 8]
>>> lista.pop(10)
Traceback (most recent call last):
  File "<stdin>", line 1, in <module>
IndexError: pop index out of range
>>>
```

Como vemos, el método `.pop()` devuelve el ítem de la lista que se ha borrado, y podemos vincularlo a un identificador para su posterior uso o ignorar el valor devuelto. Obsérvese que en modo intérprete interactivo el valor devuelto por `.pop()` se muestra en la consola si no se asigna a un nombre, pero en un *script* el valor simplemente se descarta:

```
1  lista = list(range(1, 11))
2  print(lista)
3  borrado = lista.pop()  # Elimina el último ítem
4  print(lista)
5  print(borrado)
6  lista.pop()  # No guardamos el ítem borrado
7  print(lista)
8  lista.pop(2)
9  print(lista)
```

```
[1, 2, 3, 4, 5, 6, 7, 8, 9, 10]
[1, 2, 3, 4, 5, 6, 7, 8, 9]
10
[1, 2, 3, 4, 5, 6, 7, 8]
[1, 2, 4, 5, 6, 7, 8]
```

El método `.remove()` elimina de la lista la primera aparición del valor proporcionado como argumento:

```
>>> lista = [1, 2, 3, 2, 4, 5, 2, 6]
>>> lista.remove(2)
>>> lista
[1, 3, 2, 4, 5, 2, 6]
>>> lista.remove(2)
>>> lista
[1, 3, 4, 5, 2, 6]
>>> lista.remove(10)  # Si el valor no está
Traceback (most recent call last):
  File "<stdin>", line 1, in <module>
ValueError: list.remove(x): x not in list
>>>
```

Obsérvese que `del` y `.pop()` nos permiten eliminar ítems por su posición, mientras que con `.remove()` borramos ítems por su valor.

Además de los métodos que nos permiten añadir nuevos ítems o eliminarlos de la lista, la clase `list` proporciona otros dos métodos que afectan a la posición de los ítems de la lista sin modificar su longitud: `.reverse()` y `.sort()`.

El método `.reverse()` invierte las posiciones de los ítems de la lista:

```
>>> lista = list('Python')
>>> lista.reverse()
>>> lista
['n', 'o', 'h', 't', 'y', 'P']
>>>
```

El método `.sort()` permite ordenar los ítems de la lista. Su funcionamiento es el mismo que el de la función `sorted()` que estudiamos en la sección 4.2.7, con la importante salvedad de que el método hace la ordenación *in situ*, en lugar de generar una nueva lista:

```
>>> lista = [1, 7, 3, 2, 5, 2, 7, 2]
>>> lista.sort()
>>> lista
[1, 2, 2, 2, 3, 5, 7, 7]
>>> lista.sort(reverse=True)
>>> lista
[7, 7, 5, 3, 2, 2, 2, 1]
>>> lista = ['esto', 'es', 'una', 'prueba']
>>> lista.sort()
>>> lista
['es', 'esto', 'prueba', 'una']
>>> lista.sort(key=len)
>>> lista
['es', 'una', 'esto', 'prueba']
>>> lista.sort(key=len, reverse=True)
>>> lista
['prueba', 'esto', 'una', 'es']
>>>
```

Además, recordemos que la función `sorted()` admitía como argumento un objeto de cualquier clase iterable, devolviendo una lista con sus ítems ordenados, mientras que `.sort()` es un método que solamente está definido en la clase `list`.

Más sobre la mutabilidad de las listas

Las listas son secuencias y comparten muchas operaciones con el resto de clases secuencia, como hemos visto en la sección 4.2. Pero también es cierto, como hemos explicado repetidamente en este capítulo, que son la única clase secuencia que es mutable. Además de las posibilidades de modificación de su contenido que acabamos de analizar, también hemos de tener en cuenta otras consecuencias de la mutabilidad de las listas.

Veamos un sencillo ejemplo de asignación con valores numéricos:

```
>>> a = 5
>>> b = a
>>> print(a, b, id(a), id(b))
5 5 140725082389048 140725082389048
>>> a *= 2
>>> print(a, b, id(a), id(b))
10 5 140725082389208 140725082389048
>>>
```

Podemos observar un comportamiento que ya hemos estudiado anteriormente. En la primera asignación, se crea un objeto entero para almacenar el valor **5** y se guarda su referencia en el identificador **a**. La segunda asignación hace que el identificador **b** también guarde la referencia al objeto, como se comprueba a continuación, al mostrar el valor referenciado por **a** y **b** y la identidad de los objetos referenciados por **a** y **b**. Si modificamos **a** usando la asignación aumentada ***=**, este nombre pasa a hacer referencia a un nuevo objeto, mientras que **b** sigue referenciando al objeto original.

Es importante mencionar que podríamos haber trabajado en este ejemplo con cualquiera de los demás tipos Python conocidos hasta el momento (reales, complejos, cadenas, tuplas o rangos), con la única excepción de las listas. ¿Por qué no con listas? Porque son mutables, mientras que los objetos de todas las demás clases mencionadas son inmutables. Veamos un ejemplo para entender la diferencia:

```
>>> a = [1, 2]
>>> b = a
>>> print(a, b, id(a), id(b))
[1, 2] [1, 2] 1583141044288 1583141044288
>>> a *= 2
>>> print(a, b, id(a), id(b))
[1, 2, 1, 2] [1, 2, 1, 2] 1583141044288 1583141044288
>>>
```

Como vemos, el hecho de que la lista sea mutable implica que hay una serie de operaciones (la asignación aumentada ***=** no es más que una de ellas) que modifican la lista y que no suponen la desvinculación del identificador para vincularlo a un nuevo objeto, ya que, de hecho, no se crea ningún objeto nuevo.

Esta diferencia de comportamiento entre las listas y los demás tipos (inmutables) solamente se puede entender si conocemos el carácter mutable de las listas y el hecho de que los nombres no contienen sino referencias a los objetos.

Cuando trabajamos con listas debemos tener presente que estamos trabajando con un tipo mutable. Por ejemplo, si queremos hacer una copia de una lista, podemos pensar en usar el operador de asignación, como hemos hecho hasta ahora con los tipos inmutables. Por ejemplo, con un entero:

```
>>> valor = 2
>>> otro = valor
>>> valor += 3
>>> valor
5
>>> otro
2
>>>
```

Si procedemos de la misma manera con una lista:

```
>>> lista = [1, 2, 3]
>>> otra = lista
>>>
```

debemos ser conscientes de que esta asignación no supone la creación de un nuevo objeto, y que esto tiene consecuencias:

```
>>> lista.append(4)
>>> otra
[1, 2, 3, 4]
>>>
```

Como vemos en el ejemplo, **otra** es una referencia a la lista original, y la modificación de la lista no supondrá la creación de un nuevo objeto **list**. Esto no ocurre con los tipos inmutables, ya que todas las operaciones suponen la creación de un nuevo objeto.

Si queremos obtener una copia independiente de la lista, podemos usar el operador de seccionamiento (**[]**), que devuelve una nueva lista con los valores de la primera:

```
>>> lista = [1, 2, 3]
>>> otra = lista[:]
>>> lista.append(4)
>>> lista
[1, 2, 3, 4]
>>> otra
[1, 2, 3]
```

Esta solución es válida si los ítems de la lista son objetos inmutables. Pero observemos lo que ocurre si son mutables[28]:

---

[28]Hasta el momento, solo conocemos una clase con objetos mutables, la clase **list**. Pero en el siguiente capítulo estudiaremos otras clases mutables como, por ejemplo, los diccionarios (clase **dict**) o los conjuntos (clase **set**).

```
>>> lista = [[1, 2, 3], [4, 5, 6]]
>>> otra = lista[:]
>>> lista
[[1, 2, 3], [4, 5, 6]]
>>> otra
[[1, 2, 3], [4, 5, 6]]
>>> otra[0][1] = 10
>>> otra
[[1, 10, 3], [4, 5, 6]]
>>> lista
[[1, 10, 3], [4, 5, 6]]
>>>
```

Sorprendentemente, hemos modificado la copia y también ha resultado modificada la lista original. Esto ha ocurrido porque las secuencias, como ya hemos explicado, no contienen objetos, sino referencias a objetos. El operador `[:]` ha devuelto una nueva lista que contiene las mismas referencias que la lista original, por lo que **otra[0]** y **otra[1]** hacen referencia a los mismos objetos lista que **lista[0]** y **lista[1]**, respectivamente. En el ámbito de la programación de ordenadores, a esta forma de copia se le llama **copia superficial** (*shallow copy*).

Para hacer una copia completamente independiente de una lista y de todos sus ítems, debemos hacer lo que se denomina una **copia profunda (*deep copy*)**. Para ello, podemos hacer uso de la función **deepcopy()** del módulo **copy** de Python:

```
>>> import copy
>>> lista = [[1, 2, 3], [4, 5, 6]]
>>> otra = copy.deepcopy(lista)
>>> otra[0][1] = 10
>>> otra
[[1, 10, 3], [4, 5, 6]]
>>> lista
[[1, 2, 3], [4, 5, 6]]
>>>
```

El mismo comportamiento tienen las tuplas cuyos ítems son objetos mutables, como podemos ver en el siguiente ejemplo:

```
>>>import copy
>>> tupla = ([1, 2, 3], [4, 5, 6])
>>> otra = tupla
>>> otra[0][2] = 33
>>> otra
([1, 2, 33], [4, 5, 6])
>>> tupla
([1, 2, 33], [4, 5, 6])
>>> tupla = ([1, 2, 3], [4, 5, 6])
```

```
>>> otra = copy.deepcopy(tupla)
>>> otra[0][2] = 33
>>> tupla
([1, 2, 3], [4, 5, 6])
>>> otra
([1, 2, 33], [4, 5, 6])
>>>
```

Esto ocurre porque las tuplas, al igual que las listas, contienen referencias.

En cualquier caso, la clave de la cuestión no es si usamos tuplas o listas, sino si sus ítems son objetos de clases mutables. Obsérvese que tuplas y listas son las únicas clases secuencia a las que afecta esta cuestión, puesto que cadenas de caracteres y rangos son clases homogéneas cuyos ítems, por definición, no pueden ser mutables.

5

Diccionarios y conjuntos

Acabamos de ver cómo, mediante las secuencias, podemos organizar colecciones siguiendo un orden secuencial en el que a cada ítem de la colección se le asocia un índice que indica su posición en ella.

Sin embargo, no todos los datos con los que trabajemos en nuestros programas estarán organizados secuencialmente. Hay muchos ejemplos de información en los que la semántica del problema no implica un procesamiento de los datos basado en un orden secuencial, basado en el uso de índices, sino que se basa en acceder a los datos a través de un valor que los identifique.

Python ofrece dos clases colección nativas no secuenciales que pueden ayudar a resolver este tipo de problemas, facilitando la tarea de programación gracias a sus propiedades: los diccionarios y los conjuntos. Como veremos a continuación, sus nombres resultan muy representativos de la forma que tienen de organizar los datos y del tipo de acceso a los datos que admiten.

La principal ventaja que proporcionan estas dos clases es el acceso a los datos de la colección a través de sus valores, no de sus posiciones, como es necesario en las clases secuencia. Esto permite un diseño más natural de muchos algoritmos porque se basa en los valores de la colección y no en unos índices asignados de manera arbitraria.

5.1 Diccionarios

Un **diccionario** (un objeto de la clase `dict`[1]) es un tipo colección asociativo: los valores que se almacenan en el diccionario no se organizan en posiciones secuenciales ordenadas e indexadas; en su lugar, el acceso a los valores del diccionario se realiza a través de claves únicas: cada valor tiene asociada una clave diferente.

Para hacernos una idea del funcionamiento de un diccionario de Python podemos pensar en cualquier diccionario en línea (como el *Diccionario de la lengua española* de la RAE) o en una enciclopedia (también en línea) como *Wikipedia*: cuando queremos hacer una consulta, introducimos un término (la clave) y el diccionario nos proporciona el artículo correspondiente (el valor asociado a la clave). El funcionamiento de los diccionarios en Python sigue una idea similar.

Podemos ver un diccionario como una colección cuyos ítems son parejas ⟨clave, valor⟩. La clase `dict` tiene las siguientes características:

- Es una clase colección asociativa no secuencial: el acceso a los valores no se basa en su posición, sino en la clave que tienen asociada[2].

- Es una clase mutable, es decir, sus ítems pueden cambiar.

---

[1]https://docs.python.org/3/library/stdtypes.html#mapping-types-dict.

[2]Aunque, según su definición, los ítems de un diccionario no están ordenados, desde la versión 3.7 de Python se decidió, por razones de eficiencia, que los diccionarios mantuvieran el orden de inserción de sus ítems. Podremos comprobarlo en los ejemplos de ejecución.

- Las claves son únicas: no puede haber claves repetidas. Los valores sí pueden repetirse.

- Los valores pueden ser objetos de cualquier clase. Las claves deben ser objetos de una clase inmutable (cualquier clase numérica, cadena o tupla cuyos ítems sean inmutables).

Para entender la utilidad de los diccionarios podemos observar que hay muchas entidades del mundo real que tienen asociada una clave identificadora única. Por ejemplo, las personas tienen un número de DNI que las identifica; los vehículos tienen asociada una matrícula única; cualquier electrodoméstico tiene un número de serie; a los libros que se publican se les asigna un ISBN; los productos de un supermercado tienen un código de barras.

En estos casos y muchos más, sería interesante poder modelizar un conjunto de personas, vehículos, libros o productos mediante un nuevo tipo de clase colección que nos permita acceder a sus ítems mediante su clave identificadora. Esto supone una ventaja frente a la alternativa de almacenarlos en una estructura secuencial, ya que no necesitamos saber en qué posición del diccionario se encuentra el valor buscado (porque es un concepto ajeno a la semántica del problema), sino su clave identificadora. En definitiva, el uso de claves asociadas a valores supone añadir un contexto a los valores almacenados, lo que en algunos problemas puede ayudarnos a obtener un código más legible. Además, el hecho de que los diccionarios permitan consultas por clave no supone ninguna merma de eficiencia. De hecho, hay varias operaciones que resultan más eficientes en un diccionario que en una secuencia, como una tupla o una lista, algo que se aprecia especialmente si la colección de datos tiene un tamaño considerable.

Para que nos hagamos una idea de la diferencia entre guardar un conjunto de valores en una lista o en un diccionario, podemos hacer un símil muy fácil de entender. Una lista de libros se puede ver como una simple estantería en la que están colocados uno detrás de otro, mientras que un diccionario se puede ver como una biblioteca. En la lista/estantería, tendremos que recorrer los estantes hasta encontrar el libro buscado. En el diccionario/biblioteca, una clave asociada a cada libro nos permite conocer directamente su ubicación. Esto no significa que los diccionarios sean siempre la mejor solución para almacenar un conjunto de valores, ya que requieren tener una clave única asociada a cada valor, pero constituyen una alternativa que no podremos ignorar en muchos problemas.

5.1.1 Creación de diccionarios

Podemos construir un diccionario usando llaves (`{}`) como delimitadores, dos puntos para separar cada clave de su valor y comas para separar ítems (parejas ⟨clave, valor⟩) entre sí:

```
>>> prefijos = {'España': 34, 'Francia': 33, 'Italia': 39}
>>> prefijos
{'España': 34, 'Francia': 33, 'Italia': 39}
```

```
>>> type(prefijos)
<class 'dict'>
>>> len(prefijos)
3
>>>
```

En este ejemplo, los nombres de los países actúan como claves y sus prefijos telefónicos son los valores del diccionario. La función nativa **len()** nos proporciona el número de parejas ⟨clave, valor⟩.

También podemos crear un diccionario a partir de un objeto iterable cuyos ítems sean a su vez objetos iterables con (exactamente) dos ítems, como una tupla de tuplas[3], mediante la función constructora nativa **dict()**[4]:

```
>>> parejas = (('España', 34), ('Francia', 33), ('Italia', 39))
>>> prefijos = dict(parejas)
>>> prefijos
{'España': 34, 'Francia': 33, 'Italia': 39}
>>> type(prefijos)
<class 'dict'>
>>>
```

Como hemos visto en los ejemplos anteriores, la representación textual por defecto de un diccionario lo muestra como un literal de la clase **dict** (encerrado entre llaves, con comas separando las parejas ⟨clave, valor⟩), independientemente de cómo haya sido creado.

Si queremos crear un diccionario vacío, podemos hacerlo mediante la especificación de un literal (formado por solo llaves) o usando la función **dict()**:

```
>>> diccionario = {}  # diccionario = dict()
>>> diccionario
{}
>>> len(diccionario)
0
>>>
```

La copia de diccionarios se puede realizar invocando el método **.copy()**, pero debemos ser conscientes de que se trata de una copia superficial (*shallow copy*), como ocurría con las listas: lo que se almacena como valores del diccionario son referencias, por lo que si los valores son mutables, tendrá las consecuencias esperables:

---

[3]En realidad, como hemos dicho, puede ser cualquier objeto iterable. Podríamos por tanto utilizar, no solo una tupla de tuplas, sino una lista de listas, una lista de tuplas, etc. El primer ítem de cada uno de estos objetos se interpretará como la clave y el segundo como el valor.

[4]https://docs.python.org/3/library/functions.html#func-dict.

```
>>> diccionario = {'España': [34, 'Madrid'], 'Francia': [33, 'París'],
↪   'Italia': [39, 'roma']}
>>> diccionario2 = diccionario.copy()
>>> diccionario
{'España': [34, 'Madrid'], 'Francia': [33, 'París'], 'Italia': [39,
↪   'roma']}
>>> diccionario2
{'España': [34, 'Madrid'], 'Francia': [33, 'París'], 'Italia': [39,
↪   'roma']}
>>> diccionario['Italia'][1] = 'Roma'
>>> diccionario
{'España': [34, 'Madrid'], 'Francia': [33, 'París'], 'Italia': [39,
↪   'Roma']}
>>> diccionario2
{'España': [34, 'Madrid'], 'Francia': [33, 'París'], 'Italia': [39,
↪   'Roma']}
>>>
```

Como vemos en el ejemplo anterior, cualquier modificación en un valor del diccionario original, que en este caso es una lista, implica la misma modificación en la copia. Si queremos una copia profunda, que cree una copia totalmente independiente, tendremos que usar la función **deepcopy()** del módulo **copy**.

El operador de unión (|) genera un nuevo diccionario unificando las parejas ⟨clave, valor⟩ de sus operandos[5]. Los valores del segundo operando tienen prioridad si los diccionarios tienen claves comunes:

```
>>> prefijos = {'España': 4, 'Francia': 33, 'Italia': 39}
>>> prefijos2 = {'Alemania': 49, 'España': 34}
>>> prefijos | prefijos2
{'España': 34, 'Francia': 33, 'Italia': 39, 'Alemania': 49}
>>>
```

Como se puede observar, independientemente del orden en el que se proporcionen las parejas ⟨clave, valor⟩, lo importante a la hora de recuperar los valores es que se hace a través de la clave y no a través de un índice basado en su posición. De hecho, cuando se pregunta sobre la igualdad de dos diccionarios construidos con las mismas parejas ⟨clave, valor⟩ proporcionadas en diferente orden, el resultado es positivo:

```
>>> cuadrados = {0:0, 1:1, 2:4, 3:9, 4:16, 5:25}
>>> cuadrados
{0: 0, 1: 1, 2: 4, 3: 9, 4: 16, 5: 25}
>>> cuadrados2 = {5:25, 4:16, 3:9, 2:4, 1:1, 0:0}
>>> cuadrados2
{5: 25, 4: 16, 3: 9, 2: 4, 1: 1, 0: 0}
```

---

[5]Hasta la versión 3.9 de Python no había ningún operador que generara la unión de dos diccionarios.

```
>>> cuadrados == cuadrados2
True
>>> prefijos = {'España': 34, 'Francia': 33, 'Italia': 39}
>>> prefijos2 = {'Italia': 39, 'Francia': 33, 'España': 34}
>>> prefijos == prefijos2
True
>>>
```

5.1.2 Consulta de diccionarios

La forma más cómoda (e intuitiva) de acceder a los valores de un diccionario es usar el operador **[]** con una clave (en lugar de un índice, como hacíamos en las secuencias):

```
>>> prefijos = {'España': 34, 'Francia': 33, 'Italia': 39}
>>> cuadrados = {0:0, 1:1, 2:4, 3:9, 4:16, 5:25}
>>> prefijos['Italia']
39
>>> cuadrados[3]
9
```

Si el diccionario no contiene una pareja cuya clave sea la especificada, la consulta con el operador **[]** generará una excepción provocada por un **KeyError**:

```
>>> prefijos['Portugal']
Traceback (most recent call last):
  File "<stdin>", line 1, in <module>
KeyError: 'Portugal'
>>> cuadrados[10]
Traceback (most recent call last):
  File "<stdin>", line 1, in <module>
KeyError: 10
>>>
```

Las excepciones provocadas por un **KeyError** son las más comunes cuando se trabaja con diccionarios. Si queremos comprobar si una clave está en el diccionario podemos usar los operadores **in** o **not in**:

```
>>> 'España' in prefijos
True
>>> 'Austria' in prefijos
False
>>> 5 in cuadrados
True
>>> 7 not in cuadrados
```

```
True
>>>
```

Obsérvese que al usar los operadores **in** y **not in** estamos consultando sobre las claves, no sobre los valores:

```
>>> 34 in prefijos
False
>>> 9 not in cuadrados
True
>>>
```

5.1.3 Modificación de diccionarios

El operador **[]** puede usarse no solo para consultar el diccionario, sino también para modificarlo (recordemos que los diccionarios son mutables). Como ilustra el siguiente ejemplo, podremos:

- Añadir una nueva pareja ⟨clave, valor⟩.

- Cambiar el valor asociado a una clave.

- Eliminar, en un uso combinado con la sentencia **del**, la pareja a la que pertenece una clave.

```
>>> prefijos = {'España': 34, 'Francia': 33, 'Italia': 39}
>>> prefijos['Alemania'] = 49  # Añadimos otra pareja
>>> prefijos
{'España': 34, 'Francia': 33, 'Italia': 39, 'Alemania': 49}
>>> cuadrados = {0:0, 1:1, 2:4, 3:9, 4:16, 5:25}
>>> cuadrados[11] = 121  #Añadimos otra pareja
>>> cuadrados
{0: 0, 1: 1, 2: 4, 3: 9, 4: 16, 5: 25, 11: 121}
>>> prefijos['Italia'] = 399  # Modificamos una pareja
>>> prefijos
{'España': 34, 'Francia': 33, 'Italia': 399, 'Alemania': 49}
>>> cuadrados[4] = 0  # Modificamos una pareja
>>> cuadrados
{0: 0, 1: 1, 2: 4, 3: 9, 4: 0, 5: 25, 11: 121}
>>> del prefijos['Italia']  #Borramos una pareja
>>> prefijos
{'España': 34, 'Francia': 33, 'Alemania': 49}
>>> del cuadrados[4]  # Borramos una pareja
>>> cuadrados
{0: 0, 1: 1, 2: 4, 3: 9, 5: 25, 11: 121}
>>>
```

Obsérvese que el funcionamiento del operador `[]` combinado con el de asignación (`=`) resulta muy intuitivo. Si asignamos un valor a una clave ya existente, estaremos modificando el valor asociado. Si la asignación se hace sobre una clave que no está en el diccionario, lo que haremos será insertar una nueva pareja ⟨clave, valor⟩.

Todas las operaciones realizadas con el operador `[]` (consulta, inserción, modificación y borrado) tienen un método homólogo: `.get()` para consulta, `.update()` para inserción y modificación y `.pop()` para borrado de parejas del diccionario[6].

Pese a que estos métodos están disponibles, en general, trabajar con el operador `[]` resulta más cómodo e intuitivo, generando un código más legible. No obstante, se puede comprobar en la documentación que los métodos ofrecen mayor flexibilidad para establecer su comportamiento en lo relativo a la generación de excepciones. El método `.update()` permite además proporcionar otro diccionario o un objeto iterable para la actualización.

Python también ofrece una asignación aumentada con el operador de unión (`|`):

```
>>> prefijos = {'España': 4, 'Francia': 33}
>>> prefijos |= {'Italia': 39, 'Alemania': 49, 'España': 34}
>>> prefijos
{'España': 34, 'Francia': 33, 'Italia': 39, 'Alemania': 49}
>>>
```

Si queremos vaciar el contenido del diccionario, podemos usar el método `.clear()`:

```
>>> prefijos.clear()
>>> prefijos
{}
>>>
```

5.1.4 Anidamiento de diccionarios

De la misma forma que podemos anidar tuplas o listas unas dentro de otras, podemos crear diccionarios anidados: diccionarios cuyos valores sean, también, diccionarios. Recordemos que los valores de un diccionario pueden ser objetos de cualquier clase y que solamente hay restricciones sobre el tipo de objeto que puede actuar como clave en cada pareja.

Si retomamos el ejemplo de los prefijos de los países, podemos ampliar el diccionario para que recoja más información sobre cada país:

---

[6]En https://docs.python.org/3/library/stdtypes.html#mapping-types-dict se pueden consultar todos los métodos de la clase `dict`.

```
>>> paises = {
    'España': {
        'capital': 'Madrid',
        'prefijo': 34
        },
    'Francia': {
        'capital': 'París',
        'prefijo': 33
        },
    'Italia': {
        'capital': 'Roma',
        'prefijo': 39
        }
    }
>>> paises
{'España': {'capital': 'Madrid', 'prefijo': 34}, 'Francia': {'capital':
↪ 'París', 'prefijo': 33}, 'Italia': {'capital': 'Roma', 'prefijo':
↪ 39}}
>>>
```

En este ejemplo hemos añadido el nombre de la capital de cada país, pero los diccionarios correspondientes a cada país podrían contener tantos datos como necesitáramos.
Consultar el diccionario resulta muy sencillo e intuitivo:

```
>>> paises['España']
{'capital': 'Madrid', 'prefijo': 34}
>>> paises['España']['capital']
'Madrid'
>>> paises['España']['prefijo']
34
>>>
```

Y realizar modificaciones en el diccionario:

```
>>> paises['Alemania'] = {'capital': 'Berlin', 'prefijo': 49}
>>> paises
{'España': {'capital': 'Madrid', 'prefijo': 34}, 'Francia': {'capital':
↪ 'París', 'prefijo': 33}, 'Italia': {'capital': 'Roma', 'prefijo':
↪ 39}, 'Alemania': {'capital': 'Berlin', 'prefijo': 49}}
>>> # Corregimos la errata: le falta la tilde a Berlín
>>> paises['Alemania']['capital'] = 'Berlín'
>>> del paises['Italia']
>>> paises
{'España': {'capital': 'Madrid', 'prefijo': 34}, 'Francia': {'capital':
↪ 'París', 'prefijo': 33}, 'Alemania': {'capital': 'Berlín',
↪ 'prefijo': 49}}
>>>
```

Los diccionarios anidados resultan útiles en multitud de situaciones, como cuando se trabaja con archivos XML, hojas de cálculo, archivos JSON o bases de datos NoSQL con almacenamiento clave-valor.

5.2 Conjuntos

Los **conjuntos** (objetos de la clase **set**[7]) son otro tipo colección nativo en Python. Un conjunto es una colección no ordenada de objetos inmutables que no permite valores duplicados.

La clase **set** de Python implementa el concepto matemático de conjunto. Los conjuntos en Python permiten las operaciones de comprobación de pertenencia, unión, intersección, diferencia y diferencia simétrica. Veremos, además, que también nos serán útiles para eliminar los elementos duplicados en un grupo de valores, ya que la propia definición de conjunto impide la existencia de elementos duplicados. Además, el mismo concepto de conjunto impide la indexación, la obtención de secciones o cualquier comportamiento secuencial.

Por lo tanto, la clase **set** tiene las siguientes características:

- Es una clase colección no secuencial y no asociativa: el acceso a los contenidos se basa en comprobaciones de pertenencia.

- Es una clase colección no ordenada.

- Es una clase mutable.

- Los ítems del conjunto deben ser objetos *completamente inmutables*: cualquier clase numérica, cadenas o tuplas cuyos ítems sean inmutables.

- Los ítems del conjunto son únicos: no puede haber valores repetidos.

A continuación aprenderemos que hay situaciones en programación en las que resultará útil agrupar valores en un conjunto y veremos que las operaciones que ofrece la clase **set** son diferentes de las que nos proporcionan otras clases colección de Python.

5.2.1 Creación de conjuntos

Podemos construir un conjunto usando llaves (**{}**) como delimitadores para encerrar una serie de ítems separados por comas:

```
>>> vocales = {'a', 'e', 'i', 'o', 'u'}
>>> vocales
{'u', 'i', 'a', 'e', 'o'}
```

---

[7]https://docs.python.org/3/library/stdtypes.html#set-types-set-frozenset.

```
>>> type(vocales)
<class 'set'>
>>> len(vocales)
5
>>> cifras = {1, 2, 3, 4, 5, 6, 7, 8, 9, 0}
>>> cifras
{0, 1, 2, 3, 4, 5, 6, 7, 8, 9}
>>> type(cifras)
<class 'set'>
>>> len(cifras)
10
>>>
```

Obsérvese que, aunque intentemos incluir ítems repetidos al construir el conjunto, estos se descartan de forma automática:

```
>>> vocales = {'a', 'e', 'i', 'o', 'o', 'u', 'a'}
>>> vocales
{'u', 'i', 'a', 'e', 'o'}
>>>
```

Es importante señalar la diferencia entre la construcción mediante un literal de la clase **set** y la función constructora **set()**[8]. Si usamos llaves, los objetos enumerados entre ellas se incluirán intactos, aunque sean objetos iterables. Sin embargo, la función **set()** los procesa, recorriéndolos e insertando sus ítems[9]:

```
>>> conjunto = {'aeiou'}
>>> conjunto
{'aeiou'}
>>> len(conjunto)
1
>>> conjunto = set('aeiou')
>>> conjunto
{'u', 'i', 'o', 'a', 'e'}
>>> len(conjunto)
5
>>>
```

Si queremos crear un conjunto vacío, no podremos usar llaves, ya que se interpretaría como un diccionario vacío. La única forma que tenemos de hacerlo es usando la función constructora **set()** sin proporcionar argumento:

---

[8]https://docs.python.org/3/library/functions.html#func-set.
[9]Ya vimos este mismo comportamiento en funciones constructoras de clases secuenciales como **tuple()** o **list()**.

```
>>> vacio = {}
>>> type(vacio)
<class 'dict'>
>>> vacio = set()
>>> type(vacio)
<class 'set'>
>>> len(vacio)
0
>>>
```

5.2.2 Consulta de pertenencia

La operación más común cuando se trabaja con conjuntos es la consulta de pertenencia, que se realiza con los habituales operadores `in` y `not in`:

```
>>> vocales = set('aeiou')
>>> cifras = set(range(10))
>>> 'e' in vocales
True
>>> 'o' not in vocales
False
>>> 20 in cifras
False
>>> 7 not in cifras
False
>>>
```

5.2.3 Operaciones sobre conjuntos

Como hemos dicho, el propio concepto de conjunto impide que muchas operaciones habituales en otras clases colección tengan sentido cuando trabajamos con la clase `set`. Así, por ejemplo, un conjunto no puede indexarse ni pueden obtenerse secciones, puesto que los ítems no tienen asociada una posición ni un índice. Tampoco tiene sentido la concatenación como tal, ya que los ítems no están dispuestos en posiciones ordenadas, aunque como veremos, sí podremos realizar la unión conjuntista.

Python proporciona una serie de operaciones sobre conjuntos que se corresponden con las operaciones clásicas que las matemáticas definen para ellos y que, como bien es sabido, no consideran un orden entre los elementos del conjunto. Obsérvese que algunas de ellas se implementan mediante operadores, otras mediante métodos de la clase `set` y otras ofrecen ambas alternativas.

Creación de conjuntos mediante operaciones clásicas

La tabla 5.1 muestra varias operaciones conjuntistas básicas. En ellas generamos un nuevo conjunto a partir de dos ya existentes.

Tabla 5.1: Creación de conjuntos	
Operación	**Descripción**
c1 | c2 c1.union(c2)	Unión de dos conjuntos: crea un nuevo objeto de la clase **set** que contiene los ítems que están en **c1**, que están en **c2** o en ambos.
c1 & c2 c1.intersection(c2)	Intersección de dos conjuntos: crea un nuevo objeto de la clase **set** que contiene los ítems que están tanto en **c1** como en **c2**.
c1 - c2 c1.difference(c2)	Diferencia entre dos conjuntos: crea un nuevo objeto de la clase **set** que contiene los ítems de **c1** que no están en **c2**.
c1 ^ c2 c1.symmetric_difference(c2)	Diferencia simétrica entre dos conjuntos: crea un nuevo objeto de la clase **set** que contiene los ítems que están **c1** o en **c2**, pero que no están en ambos.

Veamos un ejemplo de uso de estos operadores:

```python
conjunto1 = {1, 2, 3, 4, 5}
conjunto2 = {6, 2, 4, 8, 10}

print('Unión:', conjunto1 | conjunto2)
print('Intersección:', conjunto1 & conjunto2)
print('Diferencia:',conjunto1 - conjunto2)
print('Diferencia simétrica:', conjunto1 ^ conjunto2)
# La diferencia simétrica es el resultado de
# la unión menos la intersección de los conjuntos
print('Diferencia simétrica:',
      (conjunto1 | conjunto2) - (conjunto1 & conjunto2))

# Alternativa usando métodos
print('Unión:', conjunto1.union(conjunto2))
print('Intersección:', conjunto1.intersection(conjunto2))
print('Diferencia:',conjunto1.difference(conjunto2))
print('Diferencia simétrica:', conjunto1.symmetric_difference(conjunto2))
print('Diferencia simétrica:', conjunto1.union(conjunto2)
      .difference(conjunto1.intersection(conjunto2)))
```

```
Unión: {1, 2, 3, 4, 5, 6, 8, 10}
Intersección: {2, 4}
Diferencia: {1, 3, 5}
Diferencia simétrica: {1, 3, 5, 6, 8, 10}
```

```
Diferencia simétrica: {1, 3, 5, 6, 8, 10}
Unión: {1, 2, 3, 4, 5, 6, 8, 10}
Intersección: {2, 4}
Diferencia: {1, 3, 5}
Diferencia simétrica: {1, 3, 5, 6, 8, 10}
Diferencia simétrica: {1, 3, 5, 6, 8, 10}
```

Como podemos ver, el uso de operadores genera un código más conciso y claro que el de métodos de la clase, aunque la funcionalidad es prácticamente la misma. La única ventaja que aportan los métodos es que su argumento no tiene que ser obligatoriamente un conjunto, sino que puede ser cualquier objeto iterable. En cambio, los operadores requieren que sus dos operandos sean objetos de la clase **set**:

```
>>> conjunto = {1, 2, 3, 4, 5}
>>> conjunto.union([11, 17, 2])
{1, 2, 3, 4, 5, 17, 11}
>>> conjunto | [11, 17, 2]
Traceback (most recent call last):
  File "<stdin>", line 1, in <module>
TypeError: unsupported operand type(s) for |: 'set' and 'list'
>>> conjunto | set([11, 17, 2])
{1, 2, 3, 4, 5, 17, 11}
>>>
```

Comparación de conjuntos

Python incorpora un completo abanico de métodos y operadores para comparar objetos conjunto entre sí. La tabla 5.2 muestra dichos operadores y métodos.

Tabla 5.2: Comparación de conjuntos	
Operación	Descripción
`c1.isdisjoint(c2)`	Devuelve **True** si c1 y c2 son conjuntos disjuntos, es decir, si no tienen ítems comunes.
`c1 <= c2` `c1.issubset(c2)`	Devuelve **True** si c1 es un subconjunto de c2, es decir, si todos los ítems de c1 están en c2.
`c1 < c2`	Devuelve **True** si c1 es un subconjunto propio de c2, es decir, si todos los ítems de c1 están en c2 y c1 y, además, c2 contiene otros ítems que no están en c1.
`c1 >= c2` `c1.issuperset(c2)`	Devuelve **True** si c1 es un superconjunto de c2, es decir, si c1 contiene todos los ítems de c2.
`c1 > c2`	Devuelve **True** si c1 es un superconjunto propio de c2, es decir, si c1 contiene todos los ítems de c2 y, además, contiene otros ítems que no están en c2.

Veamos un ejemplo de uso de estos operadores:

```
>>> conjunto1 = {1, 2, 3, 4, 5}
>>> conjunto2 = {6, 2, 4, 8, 10}
>>> conjunto1.isdisjoint(conjunto2)
False
>>> conjunto1.isdisjoint(range(6,10))
True
>>> # Obsérvese que si son disjuntos, su intersección es vacía
>>> conjunto1.intersection(range(6,10))
set()
>>> conjunto1 <= set(range(10))
True
>>> conjunto1.issubset(conjunto2)
False
>>> conjunto1 <= conjunto1  # Todo conjunto es subconjunto de sí mismo
True
>>> conjunto1 < conjunto1  #pero no es subconjunto propio de sí mismo
False
>>> conjunto1 < set(range(10))
True
>>> conjunto1 < conjunto2
False
>>> conjunto1 >= conjunto2
False
>>> conjunto1.issuperset(range(1,6))
True
>>> conjunto1 > set(range(1,6))
False
>>>
```

Y, por supuesto, los operadores relacionales de comparación de igualdad y desigualdad también están disponibles para conjuntos:

```
>>> conjunto1 == set(range(1,6))
True
>>> conjunto1 == conjunto2
False
>>> conjunto1 != conjunto2
True
>>>
```

Modificación de conjuntos

La tabla 5.3 recoge las operaciones que nos permiten modificar el contenido de un conjunto ya existente.

Tabla 5.3: Modificación de conjuntos	
Operación	Descripción
`c.add(elem)`	Añade **elem** al conjunto **c**.
`c.remove(elem)`	Elimina **elem** del conjunto **c**. Si **elem** no pertenece a **c**, se genera una excepción provocada por un **KeyError**.
`c.discard(elem)`	Elimina **elem** del conjunto **c**. Si **elem** no pertenece a **c**, no hace nada.
`c.pop()`	Elimina un ítem aleatorio de **c** y lo devuelve. Si **c** está vacío, se genera una excepción provocada por un **KeyError**.
`c.clear()`	Vacía el conjunto **c**, eliminando todos sus ítems.
`c1 |= c2` `c1.update(c2)`	Actualiza **c1**, añadiendo los ítems de **c2**.
`c1 &= c2` `c1.intersection_update(c2)`	Actualiza **c1**, manteniendo solo los ítems comunes a **c1** y **c2**.
`c1 -= c2` `c1.difference_update(c2)`	Actualiza **c1**, eliminando los ítems encontrados en **c2**.
`c1^= c2` `c1.symmetric_difference_update(c2)`	Actualiza **c1**, manteniendo los ítems encontrados en **c1** o en **c2**, pero no en ambos.

Veamos un ejemplo de uso de estos operadores:

```
>>> conjunto = set()
>>> conjunto
set()
>>> conjunto.add(1)
>>> conjunto.add(2)
>>> conjunto.add(3)
>>> conjunto.add(4)
>>> conjunto
{1, 2, 3, 4}
>>> conjunto |= {4, 5, 6}  # conjunto.update({4, 5, 6})
>>> conjunto
{1, 2, 3, 4, 5, 6}
>>> conjunto.remove(7)
Traceback (most recent call last):
  File "<stdin>", line 1, in <module>
KeyError: 7
>>> conjunto.discard(7)
>>> conjunto
{1, 2, 3, 4, 5, 6}
>>> conjunto.remove(2)
>>> conjunto
{1, 3, 4, 5, 6}
```

```
>>> conjunto &= {1, 2, 5, 6, 8}  #conjunto.intersection_update({1, 2,
↪  5, 6, 8})
>>> conjunto
{1, 5, 6}
>>> conjunto -= {1, 6}  #conjunto.difference_update({1, 6})
>>> conjunto
{5}
>>> conjunto.clear()
>>> conjunto
set()
>>>
```

5.2.4 Conjuntos inmutables

Python proporciona otra clase conjunto nativa llamada **frozenset**. Un **frozenset** es en todos los aspectos un conjunto, salvo que es inmutable. Una vez creado el **frozenset**, solo podremos realizar operaciones que no lo modifiquen:

```
>>> conjunto = frozenset([1, 2, 3])
>>> conjunto
frozenset({1, 2, 3})
>>> type(conjunto)
<class 'frozenset'>
>>> len(conjunto)
3
>>> conjunto | {3, 5, 7}
frozenset({1, 2, 3, 5, 7})
>>>
```

Obsérvese que cuando operamos con un **frozenset** y un **set**, el resultado es un **frozenset**.

La clase **frozenset** no tiene definidos métodos de modificación:

```
>>> conjunto.add(4)
Traceback (most recent call last):
  File "<stdin>", line 1, in <module>
AttributeError: 'frozenset' object has no attribute 'add'
>>> conjunto.clear()
Traceback (most recent call last):
  File "<stdin>", line 1, in <module>
AttributeError: 'frozenset' object has no attribute 'clear'
>>>
```

Aunque pueda parecer *a priori* contradictorio, sí disponemos de los operadores de asignación aumentada:

```
>>> conjunto |= {3, 5, 7}
>>> conjunto
frozenset({1, 2, 3, 5, 7})
>>>
```

No ocurre lo mismo con sus métodos homólogos:

```
>>> conjunto.update({3, 5, 7})
Traceback (most recent call last):
  File "<stdin>", line 1, in <module>
AttributeError: 'frozenset' object has no attribute 'update'
>>>
```

Por lo tanto, con un **frozenset** podemos usar los operadores de asignación aumentada |=, &=, -=, ^=. ¿Cómo es esto posible? Recordemos el comportamiento que tenían los operadores de asignación aumentada con los objetos numéricos, que son, como los objetos de la clase **frozenset**, inmutables. Si operamos:

```
>>> x = 7
>>> x += 2  # Equivale a x = x + 2
>>> x
9
>>>
```

en realidad, no estamos modificando el objeto entero (es inmutable). En cambio, estamos creando un nuevo objeto entero y haciendo que **x** se desvincule del primer objeto y guarde la referencia del objeto que acabamos de crear.

En el caso de los objetos **frozenset**, los operadores de asignación aumentada tienen el mismo comportamiento: se crea un nuevo objeto **frozenset**, el identificador pierde la referencia del primer objeto y se vincula al nuevo **frozenset** creado.

Los objetos de la clase **frozenset** nos serán útiles en aquellas situaciones en las que necesitemos un objeto **set** pero se requiera que el conjunto sea inmutable. Así, por ejemplo, podemos usar un **frozenset** como clave de un diccionario (no podemos usar un **set** por ser mutable), o podemos crear un conjunto cuyos ítems sean objetos de la clase **frozenset**.

```
>>> notas = {frozenset({1,2,3,4}): 'Suspenso',
          frozenset({5, 6}): 'Aprobado',
          frozenset({7, 8}): 'Notable',
          frozenset({9, 10}): 'Sobresaliente'}
>>> notas
{frozenset({1, 2, 3, 4}): 'Suspenso', frozenset({5, 6}): 'Aprobado',
 ↪ frozenset({8, 7}): 'Notable', frozenset({9, 10}): 'Sobresaliente'}
>>>
```

5.3 Otros datos estructurados en Python

Si Python destaca entre otros lenguajes de programación de alto nivel, además de
por su simplicidad y facilidad de aprendizaje, es por la amplia oferta de estructuras de
datos nativas. En estos dos capítulos hemos conocido los tipos estructurados nativos
más empleados y con un área de aplicación más amplia.

Sin embargo, Python ofrece otros tipos estructurados, tanto nativos como proporcionados por la biblioteca estándar de Python. Así, disponemos de secuencias binarias
como las clases `bytes` y `bytesarray`; de *arrays* homogéneos, proporcionados por el
módulo `array` (muy cercanos a los *arrays* de C/C++), que son secuencias homogéneas
particularmente eficientes tanto en tiempo como en espacio; de todos los tipos contenedores proporcionados por el módulo `collections`, como la clase `namedtuple` (tupla
con nombres, que permite dar significado a cada posición de una tupla para mejorar la
legibilidad del código), la clase `deque`, que es una lista especializada que permite inser-
ciones y borrados en sus dos extremos, o varias subclases de la clase `dict` que proporcionan diccionarios con comportamientos especializados, como las clases `OrderedDict`,
`defaultdict`, `Counter`, además de varias clases *wrapper* (envoltorios) que permiten al
programador crear subclases de `list`, `dict` y `str` adaptadas a necesidades particulares.
Otros módulos de la biblioteca estándar de Python ofrecen también tipos estructurados especializados, como, por ejemplo, el módulo `datetime`, que proporciona tipos para
poder manipular horas y fechas, el módulo `fractions`, que proporciona soporte para
realizar operaciones con números racionales, o el módulo `pathlib`, que proporciona la
clase `Path` para gestionar rutas del sistema de archivos.

Además, existen numerosas bibliotecas externas (no implementadas por el equipo
de desarrollo del lenguaje) que pueden resultar sumamente útiles en muchas áreas de
conocimiento. Así, por citar un ejemplo, `numpy` es una biblioteca de cálculo científico que
tiene aplicación en muchas áreas de ciencias e ingeniería y que proporciona, además de
un amplio repertorio de funciones de cálculo científico, la clase `ndarray` (no debemos
confundirla con la clase `array` nativa de Python proporcionada por el módulo `array`),
que permite modelizar matrices de cualquier dimensionalidad y nos proporciona un
completo conjunto de operadores y métodos para realizar cualquier cálculo matricial.

El estudio de los tipos estructurados proporcionados por estas clases escapa al objetivo de este libro, que pretende ser una introducción a la programación en Python,
sin profundizar en áreas de aplicación concretas, lo que correspondería a un texto más
especializado. En cualquier caso, es bueno que cualquier aprendiz de Python sea cons-
ciente de la existencia de otras clases, además de las que hemos estudiado aquí, y de la
enorme oferta que proporciona el repositorio *PyPI*[10], cuyas bibliotecas no solo ofrecen
funciones para resolver problemas de todas las áreas imaginables, sino también clases
que permiten una modelización adecuada de los datos que involucran estos problemas.

---

[10]*Python Package Index*, el repositorio oficial de software desarrollado por terceros para complementar y
enriquecer Python [https://pypi.org].

El orden en que se ejecutan las sentencias de un determinado programa se denomina **flujo de control** o **flujo de ejecución**. Hasta ahora, la ejecución de los *scripts* que hemos mostrado como ejemplos responde a un flujo de control muy simple: las sentencias se ejecutan una tras otra en el mismo orden en el que están escritas. En el ámbito de la programación estructurada, este flujo básico de ejecución recibe el nombre de **estructura de flujo secuencial** o **estructura de control secuencial**.

Sin embargo, es habitual que, para resolver la tarea que queremos automatizar, tengamos que considerar distintas alternativas de procesamiento en función de los datos de entrada o de los datos que se vayan obteniendo en nuestros algoritmos. También puede interesarnos repetir algunos bloques de nuestro código, un cierto número de veces o mientras se cumpla una condición, para lograr el procesamiento deseado. Estos dos patrones de flujo se corresponden, respectivamente, con la **estructura de control condicional** y la **estructura de control iterativa** en el marco del citado paradigma de programación estructurada. Afortunadamente, estas dos estructuras de control, junto con la básica estructura de control secuencial, son suficientes para construir el flujo de ejecución necesario para implementar cualquier función computable[1].

Los lenguajes de programación que dan soporte al paradigma estructurado ofrecen al programador construcciones sintácticas que permiten implementar las estructuras de control secuencial, condicional e iterativa, cubriendo así las necesidades que acabamos de describir.

Python, como veremos en este capítulo, incorpora un amplio abanico de alternativas en el ámbito de las estructuras de control condicionales e iterativas que facilitan el planteamiento de flujos de control más sofisticados que el puramente secuencial en nuestros programas.

En la siguiente sección veremos cómo se puede plantear en Python un flujo de control que permita recorrer distintos caminos de ejecución en función del cumplimiento de condiciones relativas a los datos de nuestro programa. Para ello, Python nos proporciona la sentencia `if`.

Como hemos indicado, en muchas ocasiones también es necesario poder incorporar al flujo de ejecución de nuestro *script* la repetición de ciertos bloques de código sin tener que reescribirlos. Esto se consigue mediante lo que se conoce en metodología de la programación como estructuras de control iterativas o, más coloquialmente, bucles y que en Python se articulan a través de las sentencias `while` y `for`.

Mientras que la sentencia `while` se ajusta perfectamente al concepto clásico de *bucle controlado por condición* de la metodología de la programación estructurada, la sentencia `for` supone una evolución cualitativa con respecto al concepto de *bucle contador* que puede encontrarse, con distintas construcciones, en los lenguajes de programación

---

[1]La idea de que cualquier función computable puede implementarse combinando solo las estructuras de control secuencial, condicional e iterativa se atribuye a los científicos Corrado Böhm y Giuseppe Jacopini, en base a su artículo "Flow Diagrams, Turing Machines and Languages with Only Two Formation Rules" publicado en Communications of the ACM en 1966 (DOI:10.1145/355592.365646). Este resultado, conocido como *Teorema de Böhm y Jacopini* o *Teorema del programa estructurado*, es uno de los hitos que marcan el inicio del paradigma de la programación estructurada, enfocado al desarrollo de código claro y depurable, que sigue siendo la base de la metodología de la programación hoy día.

estructurada cronológicamente anteriores a Python. De hecho, la sentencia `for` puede usarse para desarrollar bucles contadores, pero está formulada como un *bucle iterador*, una construcción sintáctica que nos permitirá recorrer sucesivamente todos los ítems de una colección, realizando el mismo procesamiento sobre cada uno de ellos. Obsérvese que esta formulación encaja perfectamente con el énfasis que Python ha imprimido al desarrollo de clases colección nativas como tuplas, listas, rangos, cadenas, diccionarios y conjuntos.

Aprovecharemos este capítulo para estudiar otras construcciones muy relacionadas con las estructuras de control condicional e iterativa. Es el caso de las expresiones condicionales, que nos permitirán supeditar el resultado de una expresión a la evaluación de una condición; las comprensiones, que nos permitirán construir listas, conjuntos o diccionarios sin necesidad de proporcionar explícitamente todos sus ítems, sino describiendo cómo se construyen; o las expresiones generadoras, una estructura sintáctica que construye una colección de valores de forma diferida, proporcionando los valores conforme se demanden.

También tendrá cabida en este capítulo una incorporación muy reciente (Python 3.10), la sentencia `match`, ya que proporciona una alternativa a las estructuras condicionales múltiples mediante correspondencia estructural de patrones.

Además, en este capítulo introduciremos el concepto fundamental de excepción, cuyo tratamiento mediante la sentencia `try` puede también producir cambios en el flujo de ejecución para gestionar situaciones generadas por errores producidos en el proceso de ejecución de los programas.

6.1 Estructura de control condicional

Imaginemos que queremos desarrollar un *script* para la resolución de sistemas de dos ecuaciones lineales con dos incógnitas aplicando la conocida *regla de Cramer*. Para ello, consideremos el siguiente sistema con coeficientes genéricos:

$$\left.\begin{array}{l} a_1x + b_1y = c_1 \\ a_2x + b_2y = c_2 \end{array}\right\}$$

Para llevar a cabo la resolución del sistema por el citado método, calculamos x e y mediante las siguientes fórmulas:

$$x = \frac{\Delta_x}{\Delta} \quad y = \frac{\Delta_x}{\Delta}$$

donde

$$\Delta = \begin{vmatrix} a_1 & b_1 \\ a_2 & b_2 \end{vmatrix} = a_1b_2 - b_1a_2$$

$$\Delta_x = \begin{vmatrix} c_1 & b_1 \\ c_2 & b_2 \end{vmatrix} = c_1b_2 - b_1c_2 \qquad \Delta_y = \begin{vmatrix} a_1 & c_1 \\ a_2 & c_2 \end{vmatrix} = a_1c_2 - c_1a_2$$

Por tanto, podríamos resolver nuestro sistema de ecuaciones mediante el siguiente *script*:

```python
1   print('Considere el siguiente sistema de ecuaciones:')
2   print('a1x + b1y = c1')
3   print('a2x + b2y = c2')
4
5   a1 = float(input('Introduzca el valor de a1: '))
6   b1 = float(input('Introduzca el valor de b1: '))
7   c1 = float(input('Introduzca el valor de c1: '))
8   a2 = float(input('Introduzca el valor de a2: '))
9   b2 = float(input('Introduzca el valor de b2: '))
10  c2 = float(input('Introduzca el valor de c2: '))
11
12  delta = a1 * b2 - b1 * a2
13  deltax = c1 * b2 - b1 * c2
14  deltay = a1 * c2 - c1 * a2
15
16  x = deltax / delta
17  y = deltay / delta
18
19  print(f'El valor de x es {x:.2f}')
20  print(f'El valor de y es {y:.2f}')
```

```
Considere el siguiente sistema de ecuaciones:
a1x + b1y = c1
a2x + b2y = c2
Introduzca el valor de a1: 1
Introduzca el valor de b1: 2
Introduzca el valor de c1: 3
Introduzca el valor de a2: 3
Introduzca el valor de b2: 2
Introduzca el valor de c2: 1
El valor de x es -1.00
El valor de y es 2.00
```

Hemos diseñado un sencillo *script* basado en la estructura de control secuencial aparentemente capaz de resolver nuestro sistema de ecuaciones sin más problema que lo que ya comentábamos sobre la precisión de los reales en la sección 3.1.4 y que hemos resuelto usando *f-strings*.

Sin embargo, el *script* anterior no está preparado para realizar el procesamiento adecuado en todos los casos. Si el valor de **delta** es 0, cosa que ocurrirá cuando el sistema de ecuaciones no sea compatible determinado[2], la ejecución de nuestro *script* generará una excepción provocada por un **ZeroDivisionError**.

---

[2]Recuérdese que los sistemas de ecuaciones lineales pueden ser compatibles determinados (cuando tienen una única solución), compatibles indeterminados (cuando tienen infinitas soluciones) e incompatibles (cuando no tienen solución).

```
Considere el siguiente sistema de ecuaciones:
a1x + b1y = c1
a2x + b2y = c2
Introduzca el valor de a1: 1
Introduzca el valor de b1: 2
Introduzca el valor de c1: 3
Introduzca el valor de a2: 2
Introduzca el valor de b2: 4
Introduzca el valor de c2: 6
Traceback (most recent call last):
  File "....py", line 16, in <module>
    x = deltax / delta
ZeroDivisionError: float division by zero
```

Si lo queremos evitar, tendremos que mejorar nuestro código para que considere distintos caminos de ejecución en función del tipo de sistema que plantee el usuario de nuestro *script*.

6.1.1 La sentencia `if`

Python proporciona la sentencia `if` para poder plantear en nuestros algoritmos distintos caminos de ejecución en función del valor de una o varias condiciones. La sintaxis es la siguiente[3]:

```
if <condición_1>: <bloque_1>
(elif <condición_i>: <bloque_i>)*
[else: <bloque_else>]
```

Como puede apreciarse, la sentencia tiene la siguiente forma:

- Una primera cláusula que empieza con la palabra reservada `if` seguida de una condición (habitualmente una expresión lógica, pero más adelante veremos que puede ser de cualquier tipo), dos puntos y un bloque de código.

- La segunda parte de la sentencia es opcional y está formada por una serie de cláusulas similares a la primera, pero que empiezan con la palabra reservada `elif`, en lugar de `if`.

- La última cláusula también es opcional y empieza por la palabra reservada `else`, seguida de dos puntos y un bloque de código.

En todos los casos, si el bloque de código de alguna de las cláusulas `if`, `elif` o `else` está formado por una sola línea, esa línea de código puede aparecer tras el símbolo de

---

[3]En esta notación, los paréntesis no forman parte de la sintaxis de la sentencia `if`, sino que se usan de forma conjunta con el * para indicar que la parte en cuestión aparece cero o más veces. Algo similar sucede con los corchetes, que indican la opcionalidad de lo que encierran.

dos puntos. En cualquier caso, y en favor de la claridad del código, se recomienda incluir ese código en una nueva línea separada, que deberá estar sangrada con respecto a la cláusula[4].

Como hemos indicado, las condiciones usadas en las cláusulas `if` y `elif` habitualmente son expresiones lógicas. Como vimos en las secciones 3.2.1 y 3.2.2, los operadores lógicos y relacionales nos permiten construir expresiones lógicas (expresiones que devuelven un valor lógico o, dicho con más rigor, que devuelven un objeto `bool`). En la sección 6.3 discutiremos qué criterios utiliza Python para interpretar como condiciones las expresiones que no devuelven un valor lógico.

El funcionamiento de la sentencia es el siguiente:

- El intérprete evalúa en orden las condiciones hasta encontrar una que sea verdadera.

- Si `condición_j` es verdadera, se ejecutará el código del `bloque_j`, terminando después la ejecución de la sentencia `if`.

- Si ninguna condición es verdadera y se ha incluido una cláusula `else`, se ejecuta el `bloque_else` correspondiente y termina la ejecución de la sentencia.

Por tanto, el resultado de la ejecución de una sentencia `if` será la ejecución del bloque de código de la cláusula que se active según las indicaciones anteriores. Nótese que, en el caso de que no se incluya una cláusula `else` y las expresiones asociadas al resto de cláusulas sean falsas, no se ejecutará ningún bloque de código.

En los bloques asociados a las distintas cláusulas se pueden incluir otras sentencias `if`. En dicho caso, se dice que las sentencias condicionales están **anidadas**. Esto nos aporta una gran capacidad para plantear alternativas de ejecución en función de los datos o de resultados calculados en el programa.

Mejorando el *script* de ejemplo

Ahora podemos plantearnos revisar el algoritmo para la resolución de sistemas de dos ecuaciones lineales, controlando el caso en el que el determinante `delta` sea cero.

```python
1  print('Considere el siguiente sistema de ecuaciones:')
2  print('a1x + b1y = c1')
3  print('a2x + b2y = c2')
4
5  a1 = float(input('Introduzca el valor de a1: '))
6  b1 = float(input('Introduzca el valor de b1: '))
7  c1 = float(input('Introduzca el valor de c1: '))
8  a2 = float(input('Introduzca el valor de a2: '))
9  b2 = float(input('Introduzca el valor de b2: '))
```

---

[4]La PEP-8 recomienda usar un sangrado de cuatro espacios.

```
10  c2 = float(input('Introduzca el valor de c2: '))
11
12  delta = a1 * b2 - b1 * a2
13  deltax = c1 * b2 - b1 * c2
14  deltay = a1 * c2 - c1 * a2
15
16  if delta != 0:
17      print('Sistema compatible determinado')
18      print(f'x = {deltax/delta:.2f}')
19      print(f'y = {deltay/delta:.2f}')
20  else:
21      print('El sistema no es compatible determinado')
```

Si el sistema es compatible determinado, **delta** será distinto de cero y se ejecutará el bloque de código de la líneas 17 a 19:

```
Considere el siguiente sistema de ecuaciones:
a1x + b1y = c1
a2x + b2y = c2
Introduzca el valor de a1: 1
Introduzca el valor de b1: 2
Introduzca el valor de c1: 3
Introduzca el valor de a2: 3
Introduzca el valor de b2: 2
Introduzca el valor de c2: 1
Sistema compatible determinado
x = -1.00
y = 2.00
```

En caso contrario, **delta** tendrá valor cero y se ejecutará el bloque de código asociado a la cláusula **else**, en este caso formado por una sola línea (la 21):

```
Considere el siguiente sistema de ecuaciones:
a1x + b1y = c1
a2x + b2y = c2
Introduzca el valor de a1: 1
Introduzca el valor de b1: 2
Introduzca el valor de c1: 3
Introduzca el valor de a2: 2
Introduzca el valor de b2: 4
Introduzca el valor de c2: 6
El sistema no es compatible determinado
```

Sin embargo, nuestro algoritmo todavía no distingue entre los dos casos que se pueden dar cuando el sistema no es compatible determinado: que sea compatible indeterminado (con infinitas soluciones), como es el caso de la anterior ejecución; o que sea incompatible y, por tanto, no tenga solución, como se puede observar en la siguiente ejecución del *script*:

```
Considere el siguiente sistema de ecuaciones:
a1x + b1y = c1
a2x + b2y = c2
Introduzca el valor de a1: 1
Introduzca el valor de b1: 2
Introduzca el valor de c1: 3
Introduzca el valor de a2: 2
Introduzca el valor de b2: 4
Introduzca el valor de c2: 8
El sistema no es compatible determinado
```

Esto podemos resolverlo, por ejemplo, anidando dos sentencias condicionales como sigue:

```python
 1  print('Considere el siguiente sistema de ecuaciones:')
 2  print('a1x + b1y = c1')
 3  print('a2x + b2y = c2')
 4
 5  a1 = float(input('Introduzca el valor de a1: '))
 6  b1 = float(input('Introduzca el valor de b1: '))
 7  c1 = float(input('Introduzca el valor de c1: '))
 8  a2 = float(input('Introduzca el valor de a2: '))
 9  b2 = float(input('Introduzca el valor de b2: '))
10  c2 = float(input('Introduzca el valor de c2: '))
11
12  delta = a1 * b2 - b1 * a2
13  deltax = c1 * b2 - b1 * c2
14  deltay = a1 * c2 - c1 * a2
15
16  if delta != 0:
17      print('Sistema compatible determinado')
18      print(f'x = {deltax / delta:.2f}')
19      print(f'y = {deltay / delta:.2f}')
20  else:
21      if deltax == 0 and deltay == 0:
22          print('Sistema compatible indeterminado')
23          print('Tiene infinitas soluciones')
24      else:
25          print('Sistema incompatible')
26          print('No tiene solución')
```

Como puede apreciarse, cuando **delta** es cero, la condición del **if** principal es falsa y se activa la cláusula **else** correspondiente (líneas 20-26). En el bloque de dicha cláusula se plantea anidada una nueva sentencia **if**, que permite distinguir entre las dos situaciones que nos interesan:

- Si los otros dos determinantes (**deltax** y **deltay**) son también cero, entonces indicaremos por pantalla que el sistema es compatible indeterminado, por lo que tiene infinitas soluciones (líneas 22 y 23).

- Si la condición anterior es falsa (**delta** es cero, pero uno de los otros dos determinantes, **deltax** o **deltay**, es distinto de cero), el sistema es incompatible, no tiene solución, y así lo indicaremos (líneas 25 y 26).

```
Considere el siguiente sistema de ecuaciones:
a1x + b1y = c1
a2x + b2y = c2
Introduzca el valor de a1: 1
Introduzca el valor de b1: 2
Introduzca el valor de c1: 3
Introduzca el valor de a2: 3
Introduzca el valor de b2: 2
Introduzca el valor de c2: 1
Sistema compatible determinado
x = -1.00
y = 2.00
```

```
Considere el siguiente sistema de ecuaciones:
a1x + b1y = c1
a2x + b2y = c2
Introduzca el valor de a1: 1
Introduzca el valor de b1: 2
Introduzca el valor de c1: 3
Introduzca el valor de a2: 2
Introduzca el valor de b2: 4
Introduzca el valor de c2: 6
Sistema compatible indeterminado
Tiene infinitas soluciones
```

```
Considere el siguiente sistema de ecuaciones:
a1x + b1y = c1
a2x + b2y = c2
Introduzca el valor de a1: 1
Introduzca el valor de b1: 2
Introduzca el valor de c1: 3
Introduzca el valor de a2: 2
Introduzca el valor de b2: 4
Introduzca el valor de c2: 8
Sistema incompatible
No tiene solución
```

Podemos escribir un *script* equivalente, más conciso, utilizando una única sentencia **if** con una cláusula **elif**, en lugar de las dos sentencias **if** anidadas de la anterior versión:

```python
1  print('Considere el siguiente sistema de ecuaciones:')
2  print('a1x + b1y = c1')
3  print('a2x + b2y = c2')
4
5  a1 = float(input('Introduzca el valor de a1: '))
6  b1 = float(input('Introduzca el valor de b1: '))
7  c1 = float(input('Introduzca el valor de c1: '))
8  a2 = float(input('Introduzca el valor de a2: '))
9  b2 = float(input('Introduzca el valor de b2: '))
10 c2 = float(input('Introduzca el valor de c2: '))
11
12 delta = a1 * b2 - b1 * a2
13 deltax = c1 * b2 - b1 * c2
14 deltay = a1 * c2 - c1 * a2
15
16 if delta != 0:
17     print('Sistema compatible determinado')
18     print(f'x = {deltax / delta:.2f}')
19     print(f'y = {deltay / delta:.2f}')
20 elif deltax == 0 and deltay == 0:
21     print('Sistema compatible indeterminado')
22     print('Tiene infinitas soluciones')
23 else:
24     print('Sistema incompatible')
25     print('No tiene solución')
```

Obsérvese que el uso de la cláusula `elif` supone una forma más cómoda y breve de escribir la estructura condicional cuando estamos analizando múltiples casos que son excluyentes entre sí, aportando mayor legibilidad al código.

6.1.2 Importancia del sangrado y otras cuestiones sintácticas

Como hemos visto, Python ofrece una estructura condicional que podemos configurar de diferentes maneras para conseguir el flujo de control que deseemos en nuestro programa. En su forma más simple, una sentencia condicional puede tener una sola línea de código:

```python
1  valor = int(input('Introduzca un valor entero: '))
2  if valor > 0: print('Se trata de un valor positivo')
```

```
Introduzca un valor entero: 3
Se trata de un valor positivo
```

```
Introduzca un valor entero: -2
```

Cuando tenemos una sola línea de código en el bloque de una cláusula (en este caso, la cláusula **if**), podemos escribirla a continuación de los dos puntos, en la misma línea de la cláusula. Sin embargo, proceder de esta manera no es obligatorio, ni siquiera recomendable si pensamos en la legibilidad de nuestro código. El código anterior podría también haberse escrito de forma equivalente como sigue:

```
1  valor = int(input('Introduzca un valor entero: '))
2  if valor > 0:
3      print('Se trata de un valor positivo')
```

En el caso en que el bloque tenga más de una línea de código, el cambio de línea y el uso de sangrado dejan de ser opcionales y tenemos que aplicarlos de forma obligatoria:

```
1  valor = int(input('Introduzca un valor entero: '))
2  if valor > 0:
3      print(f'Has introducido un {valor}')
4      print('Se trata de un valor positivo')
```

```
Introduzca un valor entero: 3
Has introducido un 3
Se trata de un valor positivo
```

Observar las normas de sangrado es muy importante, porque de lo contrario podemos encontrarnos con un error sintáctico, en particular, un **IndentationError**:

```
1  valor = int(input('Introduzca un valor entero: '))
2  if valor > 0: print(f'Has introducido un {valor}')
3      print('Se trata de un valor positivo')
```

```
Traceback (most recent call last):
  File "....py", line 3
    print('Se trata de un valor positivo')
IndentationError: unexpected indent
```

O, lo que puede ser peor, por un comportamiento no deseado de nuestro algoritmo:

```
1  valor = int(input('Introduzca un valor entero: '))
2  if valor > 0:
3      print(f'Has introducido un {valor}')
4  print('Se trata de un valor positivo')
```

```
Introduzca un valor entero: 5
Has introducido un 5
```

```
Se trata de un valor positivo
```

```
Introduzca un valor entero: -2
Se trata de un valor positivo
```

En el ejemplo anterior, la línea 4 no incorpora sangrado y, por lo tanto, queda fuera del bloque de la sentencia condicional. Es decir, esta línea se ejecutará en todos los casos. Por eso, aunque al ejecutar el *script* se introduzca por teclado un valor negativo, la salida del algoritmo indicará de forma incorrecta que se trata de un valor positivo.

El uso de sangrado también es obligatorio cuando anidamos sentencias condicionales, aunque tengan una sola línea de código:

```
1  valor1 = int(input('Introduzca un valor entero: '))
2  valor2 = int(input('Introduzca otro valor entero: '))
3  if valor1 == 0: if valor2 == 0: print('Has introducido dos ceros')
```

```
Traceback (most recent call last):
  File "....py", line 3
    if valor1 == 0: if valor2 == 0: print('Has introducido dos ceros')

SyntaxError: invalid syntax
```

Una versión sintácticamente correcta del *script* sería la siguiente:

```
1  valor1 = int(input('Introduzca un valor entero: '))
2  valor2 = int(input('Introduzca otro valor entero: '))
3  if valor1 == 0:
4      if valor2 == 0:
5          print('Has introducido dos ceros')
6
```

Podemos observar que, aunque esta alternativa no genera ningún error sintáctico y, de hecho, funciona correctamente, es innecesariamente compleja. Las condiciones incluidas en las dos cláusulas `if` se pueden combinar, utilizando una sola sentencia condicional:

```
1  valor1 = int(input('Introduzca un valor entero: '))
2  valor2 = int(input('Introduzca otro valor entero: '))
3  if valor1 == 0 and valor2 == 0:
4          print('Has introducido dos ceros')
```

6.2 Bucles controlados por condición: la sentencia `while`

Los lenguajes que siguen el paradigma de la programación estructurada proporcionan varios tipos de estructuras iterativas. Una de ellas es conocida como **bucle controlado por condición**, cuyo esquema de iteración está gobernado por la verdad o falsedad de una expresión. En Python, este tipo de estructura de control se implementa mediante la sentencia `while`, cuya sintaxis es la siguiente:

```
while <condición>: <bloque_while>
[else: <bloque_else>]
```

Los elementos de la sintaxis son:

- Una cláusula obligatoria que empieza con la palabra reservada `while`, acompañada de una condición, dos puntos y un bloque de código.

- Una cláusula opcional que empieza con la palabra reservada `else` seguida de dos puntos y un bloque de código.

- En ambos casos, los bloques están sujetos a las indicaciones sobre sangrado que ya hemos visto en la sentencia `if`.

El funcionamiento de la sentencia es el siguiente:

- Se evalúa la condición que acompaña a la cláusula `while`.

- Si la condición es verdadera, se ejecuta `bloque_while`.

- Se vuelve a evaluar la condición y, en su caso, se ejecuta el `bloque_while`. Este proceso se repite mientras la condición sea verdadera.

- En el momento en que la condición sea falsa, termina el proceso de iteración y, si está disponible, se ejecuta el bloque de la cláusula `else`, antes de finalizar la ejecución de la sentencia[5].

Como se ve, este tipo de estructura de control está basada en la evaluación de la condición de la cláusula `while`, que, en algún proceso de evaluación previo a una nueva iteración, debe acabar evaluándose como falsa para garantizar que la sentencia termine. En caso contrario, el bucle iteraría de forma indefinida, problema que se conoce como **bucle infinito**. Para garantizar que esto no ocurra, el procesamiento asociado al bloque de código de la cláusula `while` debe actuar en algún momento sobre los datos involucrados en la condición de la cláusula `while`, de forma que exista la posibilidad de que se produzca el cambio que detenga el proceso de iteración.

---

[5]Como veremos, el uso de sentencias de salto como la sentencia **break**, permite interrumpir la ejecución del bucle de forma abrupta cuando se alcanzan, sin ejecutar tampoco el bloque de la cláusula **else**, aunque estuviera disponible.

```
1  valor = 2
2  while valor > 0:
3      print('*')
```

Como seguro que ha apreciado la persona que lee estas líneas, hemos omitido la salida de consola correspondiente a la ejecución del anterior *script* por una cuestión de ecología.

Pese a lo tosco del anterior ejemplo, los bucles infinitos no son una cuestión baladí: suelen aparecer en nuestro código fruto de un error en el diseño o en la escritura del bloque de código del bucle y, en algunos casos, puede resultar difícil localizar dicho error. Por ese motivo, cuando incorporemos bucles en nuestro código, debemos revisarlos con cuidado para comprobar que empiezan y terminan como y cuando queremos.

Como ejemplo sencillo de uso de un bucle `while`, podemos considerar el siguiente código que solicita una cantidad al usuario y se asegura de que sea positiva, actuando como un **filtro de entrada**[6]:

```
1  cantidad = int(input('Introduzca la cantidad: '))
2  while cantidad <= 0:
3      print('La cantidad debe ser positiva')
4      cantidad = int(input('Introduzca de nuevo la cantidad: '))
```

```
Introduzca la cantidad: -3
La cantidad debe ser positiva
Introduzca de nuevo la cantidad: 0
La cantidad debe ser positiva
Introduzca de nuevo la cantidad: 2
```

Los bucles `while` son particularmente adecuados cuando no se conoce *a priori* el número de iteraciones que realizará el bucle. Un ejemplo de ello es cualquier proceso de búsqueda en una colección de datos:

```
1  numeros = [4, 8, 15, 16, 23, 42]
2  buscado = int(input('Escriba el número a buscar: '))
3
4  posicion = 0
5  encontrado = False
6  while posicion<len(numeros) and not encontrado:
7      if numeros[posicion] == buscado:
8          encontrado = True
9      else:
10          posicion += 1
```

---

[6]El filtro de entrada es una estructura clásica en el diseño de algoritmos en el que se utiliza una estructura iterativa para solicitar al usuario un dato que debe cumplir una o varias condiciones. Mientras el usuario proporcione valores que no las cumplen, el filtro de entrada seguirá solicitando un nuevo valor.

```
11
12  if encontrado:
13      print(f'Se ha encontrado el {buscado} en la posición {posicion}')
14  else:
15      print(f'No se ha encontrado el {buscado}')
```

```
Escriba el número a buscar: 7
No se ha encontrado el 7
```

```
Escriba el número a buscar: 23
Se ha encontrado el 23 en la posición 4
```

Obsérvese que **posicion** controla el avance en cada iteración, indicando la posición de la secuencia que vamos a explorar, tomando valores desde 0 hasta el índice del último ítem de la secuencia. Pero la condición del bucle involucra también al nombre **encontrado**, que inicialmente será **False** y cambiará su valor si encontramos en la secuencia el valor buscado, provocando la finalización del bucle antes de visitar todos los ítems de la secuencia. Decimos que **encontrado** actúa como **acortador del bucle**. Así pues, el bucle puede terminar por dos causas diferentes: que hayamos explorado todos los ítems de la colección (la condición **posicion <len(numeros)** se hace falsa) o que hayamos encontrado el valor buscado (la condición **not encontrado** se hace falsa).

6.2.1 Anidamiento de bucles `while`

De la misma forma que podíamos hacer con las sentencias condicionales, en el cuerpo de un bucle **while** puede aparecer otro. Diremos que los bucles están anidados y debemos darnos cuenta de que el bucle interior se ejecutará tantas veces como se ejecute el cuerpo del bucle exterior. Veamos un ejemplo que muestra la tabla de multiplicar de un número:

```
1   continuar = True
2   while continuar:
3       n = int(input('Escriba un entero positivo (<=0 para acabar): '))
4       if n <= 0:
5           continuar = False
6       else:
7           i = 1
8           while i <= 10:
9               print(f'{n:2} X {i:2} = {n*i:3}')
10              i += 1
```

```
Escriba un entero positivo (<=0 para acabar): 7
 7 X  1 =   7
```

```
   7 X  2 =  14
   7 X  3 =  21
   7 X  4 =  28
   7 X  5 =  35
   7 X  6 =  42
   7 X  7 =  49
   7 X  8 =  56
   7 X  9 =  63
   7 X 10 =  70
Escriba un entero positivo (<=0 para acabar): 3
   3 X  1 =   3
   3 X  2 =   6
   3 X  3 =   9
   3 X  4 =  12
   3 X  5 =  15
   3 X  6 =  18
   3 X  7 =  21
   3 X  8 =  24
   3 X  9 =  27
   3 X 10 =  30
Escriba un entero positivo (<=0 para acabar): 0
```

En este ejemplo, como vemos, el bucle interior, que se encarga de mostrar la tabla de multiplicar, se ejecuta tantas veces como determine el bucle exterior, que iterará mientras el usuario proporcione valores positivos.

Veamos otro ejemplo que ilustra el uso de bucles **while** anidados calculando la tabla de multiplicar completa. Por brevedad, vamos a limitar los bucles para que iteren de 1 a 4 y de 1 a 5, aunque basta con modificar las condiciones de ambos para que se muestre la tabla en su totalidad:

```python
i = 1
while i<= 4:
    j = 1
    while j <= 5:
        print(f'{i:2} X {j:2} = {i*j:3}')
        j += 1
    i += 1
```

```
   1 X  1 =   1
   1 X  2 =   2
   1 X  3 =   3
   1 X  4 =   4
   1 X  5 =   5
   2 X  1 =   2
   2 X  2 =   4
   2 X  3 =   6
   2 X  4 =   8
```

```
2 X  5 =  10
3 X  1 =   3
3 X  2 =   6
3 X  3 =   9
3 X  4 =  12
3 X  5 =  15
4 X  1 =   4
4 X  2 =   8
4 X  3 =  12
4 X  4 =  16
4 X  5 =  20
```

6.3 Condiciones: qué es verdadero y qué es falso

En el marco de las expresiones lógicas y de las estructuras de control, como las sentencias **if** y **while** que acabamos de estudiar, debemos entender qué considera el intérprete Python como verdadero o falso.

Es cierto que ya conocemos la clase **bool**, cuyos objetos solamente pueden tener dos valores, **True** o **False**, y que sabemos que los operadores lógicos y relacionales generan como resultado un valor lógico (hablando con rigor, un objeto **bool**).

Pero debemos considerar la posibilidad, que Python permite, de usar como condición una expresión que no genere un resultado lógico (un objeto de la clase **bool**)[7]. Por lo tanto, debemos preguntarnos qué valores considera Python verdaderos y falsos. La regla que debemos recordar es sencilla: se consideran falsos los valores **False**, **None**, el 0 de todos los tipos numéricos y los objetos vacíos de todas las clases colección nativas (cadenas, tuplas, listas, rangos, diccionarios y conjuntos). Todos los demás valores se consideran verdaderos.

Veamos un primer ejemplo con valores numéricos, los más sencillos de comprender:

```python
1  valor = int(input('Escriba un valor entero: '))
2
3  if valor:   # if valor != 0:
4      print('El valor es distinto de 0')
5  else:
6      print('Ha escrito un 0')
```

---

[7]Esta es una característica de C heredada por Python. En el lenguaje C no existe un tipo lógico, de forma que para trabajar con los conceptos de verdad y falsedad, en C el valor 0 se interpreta como falso y cualquier otro valor es verdadero. En C++, un lenguaje orientado a objetos creado como una extensión de C, se define la clase **bool**, similar a la clase nativa de Python, pero, precisamente por ser una extensión de C, está obligado a respetar el concepto de verdad y falsedad concebido en C. No podemos obviar el hecho de que la implementación oficial de Python, CPython, está desarrollada en C.

```
Escriba un valor entero: 3
El valor es distinto de 0
```

```
Escriba un valor entero: -2
El valor es distinto de 0
```

```
Escriba un valor entero: 0
Ha escrito un 0
```

Como vemos, cualquier valor que sea distinto de 0 es considerado verdadero, mientras que el valor 0 se considera falso en la sentencia condicional.

Veamos ahora un ejemplo con una cadena de caracteres:

```python
1  cadena = input('Escriba su nombre: ')
2  while not cadena:   # while cadena == '':
3      print('Error. Entrada inválida')
4      cadena = input('Escriba su nombre: ')
5
6  print(f'Su nombre es {cadena}')
```

```
Escriba su nombre:
Error. Entrada inválida
Escriba su nombre:
Error. Entrada inválida
Escriba su nombre: R. Daneel
Su nombre es R. Daneel
```

En este caso, un bucle con lectura adelantada que actúa como filtro de entrada, se repite la lectura mientras la cadena proporcionada por el usuario esté vacía (ha pulsado *Enter* ⏎ sin haber escrito nada).

Podemos reescribir el filtro de entrada anterior sin necesidad de hacer una lectura adelantada, mediante el uso de un valor lógico:

```python
1  entrada_valida = False
2  while not entrada_valida:
3      cadena = input('Escriba su nombre: ')
4      if cadena:  # if cadena != '':
5          entrada_valida = True
6      else:
7          print('Error. Entrada inválida')
8
9  print(f'Su nombre es {cadena}')
```

Como podemos ver, esta práctica de usar como condiciones expresiones que no generan un valor lógico no tiene por qué mejorar la legibilidad de nuestro código, más bien al contrario. En cualquier caso, hablaremos de ella más adelante, ya que es habitual que muchos programadores con cierto nivel de experiencia la aprovechen, especialmente en procesos iterativos de lectura o escritura.

6.4 Bucles iteradores: la sentencia `for`

Aunque ya hemos hecho mención al concepto en capítulos anteriores, antes de estudiar la sentencia `for`, es preciso que entendamos qué es un objeto iterable.

6.4.1 Objetos iterables

Un **objeto iterable** es un objeto capaz de devolver (a petición) sus ítems de uno en uno. Ejemplos de clases iterables son secuencias como tuplas, listas, rangos y cadenas, y también otras clases colección no secuenciales, como los diccionarios, los conjuntos o incluso los objetos archivo (lo veremos más adelante).

Los objetos iterables se utilizan típicamente en bucles `for`, pero también pueden ser procesados por muchas funciones y métodos nativos de Python, que aprovechan la capacidad de estos objetos de ser recorridos ítem a ítem. Por ejemplo, ya conocemos funciones nativas como `max()`, `min()`, `sum()`, `sorted()`, además de las funciones constructoras `tuple()`, `list()`, `dict()`, `set()` y `frozenset()`. Todas ellas admiten como argumento un objeto iterable.

En los dos capítulos anteriores hemos visto que las secuencias son diferentes a otras clases colección, como los diccionarios o los conjuntos. Mientras que las clases secuenciales establecen un orden para sus ítems y les asignan posiciones indexadas, en un diccionario o un conjunto no existe un orden definido para sus ítems ni se puede acceder a ellos mediante un índice. Sin embargo, Python ofrece al programador el mismo mecanismo, los iteradores, para recorrer de forma exhaustiva los ítems de cualquier objeto colección. Esto supone proporcionar al programador un nivel de abstracción muy elevado para una tarea tan importante y tan frecuente como el recorrido exhaustivo de una colección de datos: dispondremos de una forma estándar para "visitar" los ítems de la colección sin preocuparnos en absoluto por la forma en la que se organizan.

Para conseguir esta homogeneidad, Python define internamente dos protocolos para recorrer los ítems de un objeto colección: el protocolo secuencial y el protocolo de iteración. El iterador es capaz de acceder a los ítems de un objeto de cualquiera de estas clases eligiendo el protocolo adecuado. Por ello es muy común que al hablar de clases iterables se incluya a todas ellas, independientemente del protocolo que internamente utilice el iterador, y que siempre se hable de iteración sobre el objeto colección.

Incluso otras clases de Python que no son clases colección pueden ser iterables. Un ejemplo es la clase `file`, que se usa para manipular archivos. Al iterar sobre un objeto `file` vinculado a un archivo de texto, iremos obteniendo cada una de las líneas que contiene el archivo, lo que simplificará enormemente su procesamiento.

Un **iterador**, por tanto, es un productor de valores que proporciona de forma sucesiva todos los ítems de un objeto iterable. El iterador nos permite concebir la colección como un flujo de datos que podemos recibir o recorrer de forma sucesiva.

Podemos crear un objeto iterador a partir de un objeto iterable invocando la función constructora nativa `iter()` y usarlo para recorrer los ítems del objeto iterable mediante sucesivas llamadas a la función `next()`. Cuando la colección de datos se agota, se genera una excepción provocada por una señal `StopIteration`:

```
>>> cadena = 'Hola'
>>> iterador = iter(cadena)
>>> next(iterador)
'H'
>>> next(iterador)
'o'
>>> next(iterador)
'l'
>>> next(iterador)
'a'
>>> next(iterador)
Traceback (most recent call last):
  File "<stdin>", line 1, in <module>
StopIteration
>>>
```

Python nos ofrece una metodología mucho más cómoda y genérica para recorrer los ítems de un objeto iterable mediante la sentencia `for`, como veremos a continuación.

6.4.2 La sentencia `for`

La sentencia `for` permite ejecutar repetidamente un bloque de código iterando sobre los ítems de un objeto iterable. La sintaxis es la siguiente:

```
for <nombre> in <expresión>: <bloque_for>
[else: <bloque_else>]
```

Veamos los elementos de esta sintaxis:

- Hay dos cláusulas: una obligatoria –la cláusula `for`– y otra opcional –la cláusula `else`.

- En la cláusula `for`:

  - **expresión** es una expresión que genera o hace referencia a un objeto iterable, es decir, un objeto cuyos valores se puedan recorrer, como hemos descrito anteriormente, mediante el uso de un iterador.

- **nombre** es un identificador que elegimos para referenciar al ítem del objeto iterable protagonista en cada iteración.

- Por último, tanto **bloque_for** como **bloque_else** son conjuntos de líneas de código sujetos a las mismas consideraciones que hemos hecho con anterioridad cuando estudiábamos la sentencia **if** y la sentencia **while**.

La sentencia **for** ejecuta **bloque_for** tantas veces como ítems tenga el objeto sobre el que iteramos. En cada una de esas iteraciones, el identificador **nombre** se vincula con un ítem diferente del objeto iterable. Para ello:

- Antes de comenzar la ejecución del bucle, la sentencia **for** crea un iterador mediante una llamada a la función **iter()**, que recibe como argumento el objeto al que hace referencia **expresión**.

- En cada iteración del bucle, el identificador **nombre** se vincula con la referencia al ítem devuelta por una llamada a **next()** con el iterador creado como argumento. Se ejecuta **bloque_for**. Obsérvese que en cada ejecución de **bloque_for** el identificador **nombre** hace referencia a un ítem distinto.

  Esto ocurre hasta que **next()** genera una excepción provocada por una señal **StopIteration** (porque se han recorrido todos los ítems del objeto iterable). La sentencia **for** gestiona la excepción, evitando que el *script* aborte y haciendo, en su lugar, que finalice el proceso iterativo.

- Si la cláusula **else** está disponible, el código correspondiente al **bloque_else** se ejecuta cuando se ha iterado sobre todos los ítems del objeto iterable, justo antes de finalizar la ejecución de la sentencia[8]. Al ejecutarse **bloque_else**, **nombre** estará vinculado al último ítem del objeto iterable visitado proporcionado por el iterador.

6.4.3 Iteración sobre objetos colección

El uso más natural del bucle **for** es el recorrido de los ítems de un objeto colección:

```python
1  for letra in 'Python':  # Iteramos sobre una cadena
2      print(letra, end=' ')
3  print()
4  # Recuerde, .split() genera una lista
5  lista_palabras = 'Esto es una prueba'.split()
6  for palabra in lista_palabras:
7      print(palabra)
8  # Tenemos los números de la serie "Lost" en una tupla
9  numeros = (4, 8, 15, 16, 23, 42)
```

---

[8]De la misma forma que ocurre con la sentencia **while**, sentencias de salto como la sentencia **break**, permiten interrumpir la ejecución del bucle de forma abrupta sin iterar sobre todos los ítems del objeto iterable y sin ejecutar tampoco el bloque de la cláusula **else**, aunque estuviera disponible.

```python
10  # Bucle acumulador. Suma los ítems de la tupla
11  suma = 0
12  for numero in numeros:
13      suma += numero
14  print(f'Introduzca la serie {numeros} cada {suma} minutos')
15  # Si la coleccción no es una secuencia,
16  # el orden de la iteración no está determinado
17  conjunto = {4, 8, 15, 16, 23, 42}
18  for valor in conjunto:
19      print(valor, end= ' ')
20  print()
21  telefonos = {'Emergencias': '112', 'Policía': '091',
22              'Guardia Civil': '062', 'Bomberos': '080'}
23  for servicio in telefonos:
24      print(f'Teléfono de {servicio}: {telefonos[servicio]}')
```

```
Python
Esto
es
una
prueba
Introduzca la serie (4, 8, 15, 16, 23, 42) cada 108 minutos
16 4 23 8 42 15
Teléfono de Emergencias: 112
Teléfono de Policía: 091
Teléfono de Guardia Civil: 062
Teléfono de Bomberos: 080
```

Como vemos, al iterar sobre una cadena, el iterador nos proporciona cada uno de los caracteres Unicode que la componen[9]. Al hacerlo sobre una lista o una tupla, accedemos a sus ítems en el orden establecido por la indexación de la secuencia. No ocurre lo mismo, como vimos en el capítulo anterior, al trabajar sobre conjuntos.

Los diccionarios tienen la particularidad de que cuando iteramos sobre ellos, como en el ejemplo anterior, iteramos sobre las claves, pudiendo utilizarlas para acceder a los valores asociados a ellas. En ejemplos posteriores, en esta misma sección, veremos que también se puede iterar sobre los valores o las parejas ⟨clave, valor⟩ del diccionario con la ayuda de métodos de la clase **dict**.

Obsérvese que el uso de un identificador que resulte descriptivo mejora mucho la legibilidad de la sentencia **for** y del bloque de sentencias asociado.

Es muy importante que nos demos cuenta de que ninguno de los bucles **for** del ejemplo realiza modificaciones en el objeto iterable que recorre. La iteración está pensada para consultar los ítems del objeto, no para modificarlos. Retomaremos esta cues-

---

[9]Puesto que en Python no existe un tipo carácter al que puedan pertenecer los ítems de una cadena, por consistencia, el iterador devuelve un nuevo objeto **str** de longitud 1 que contiene el carácter correspondiente.

tión más adelante para aprender a realizar la modificación sistemática de los ítems de un objeto colección.

Funciones nativas útiles en la iteración: `enumerate()` y `reversed()`

Python proporciona una función nativa, **`enumerate()`**[10], que puede resultar de utilidad cuando recorremos un objeto iterable, especialmente cuando es una secuencia. La función **`enumerate()`** devuelve un objeto iterable compuesto por tuplas de dos elementos en las que el primer ítem es un contador (que comienza en 0) y el segundo, el ítem de la colección que se obtendría al iterar sobre ella. De esta forma, al iterar sobre una colección, podemos obtener no solo los valores, sino un índice asociado a ellos:

```python
lista = list(range(1,6))
for x in enumerate(lista):
    print(x)
# Lo habitual es usar dos identificadores,
# desempaquetando la tupla devuelta por enumerate()
for indice, valor in enumerate(lista):
    print(f'Ítem {indice}: {valor}')
    # print(f'Ítem {indice}: {lista[indice]}')
```

```
(0, 1)
(1, 2)
(2, 3)
(3, 4)
(4, 5)
Ítem 0: 1
Ítem 1: 2
Ítem 2: 3
Ítem 3: 4
Ítem 4: 5
```

Aunque **`enumerate()`** admite como argumento cualquier objeto iterable, normalmente no se usa con conjuntos ni diccionarios, ya que el orden no es relevante en estas clases colección.

Otra función nativa interesante es **`reversed()`**[11], que nos devuelve un iterador inverso, que nos permite obtener los ítems de la colección en orden contrario al natural:

```python
for letra in reversed('Python'):
    print(letra, end=' ')
print()
lista_palabras = 'Esto es una prueba'.split()
```

---

[10]https://docs.python.org/3/library/functions.html#enumerate.
[11]https://docs.python.org/3/library/functions.html#reversed.

```python
5  for palabra in reversed(lista_palabras):
6      print(palabra)
7  numeros = (4, 8, 15, 16, 23, 42)
8  for numero in reversed(numeros):
9      print(numero, end= ' ')
10 print()
11 for valor in reversed(range(1, 10)):
12     print(valor, end = ' ')
13 print()
14 telefonos = {'Emergencias': '112', 'Policía': '091',
15             'Guardia Civil': '062', 'Bomberos': '080'}
16 for servicio in reversed(telefonos):
17     print(f'Teléfono de {servicio}: {telefonos[servicio]}')
```

```
n o h t y P
prueba
una
es
Esto
42 23 16 15 8 4
9 8 7 6 5 4 3 2 1
Teléfono de Bomberos: 080
Teléfono de Guardia Civil: 062
Teléfono de Policía: 091
Teléfono de Emergencias: 112
```

La propia documentación oficial de Python indica que usar **reversed()** es más legible, consume menos memoria y es más eficiente en tiempo que usar una sección extendida (**secuencia[::-1]**).

La función **reversed()** acepta como argumento un objeto de cualquier clase secuencia o de la clase **dict**. En el caso de los diccionarios, el iterador devuelto iterará sobre las claves en orden inverso al de inserción.

Iteración sobre diccionarios

Como hemos dicho antes, al iterar sobre un diccionario, iteramos sobre sus claves. Naturalmente, disponiendo de la clave, podemos acceder al valor asociado (usando el operador **[]**). Pero la clase **dict** nos ofrece además tres métodos útiles para iterar sobre un diccionario: **.keys()**, **.values()** y **.items()**. Estos métodos tienen la particularidad de que nos proporcionan vistas dinámicas de las claves, los valores y las parejas (clave, valor) del diccionario, respectivamente. Lo que caracteriza a estas vistas como dinámicas es que reflejan los cambios producidos en el diccionario:

```
>>> diccionario = {1:1, 2:4, 3:9, 4:16}
>>> claves = diccionario.keys()
>>> claves
dict_keys([1, 2, 3, 4])
>>> valores = diccionario.values()
>>> valores
dict_values([1, 4, 9, 16])
>>> parejas = diccionario.items()
>>> parejas
dict_items([(1, 1), (2, 4), (3, 9), (4, 16)])
>>> # Si modificamos el diccionario, las vistas reflejan los cambios
>>> diccionario[5] = 25
>>> del diccionario[4]
>>> diccionario
{1: 1, 2: 4, 3: 9, 5: 25}
>>> claves
dict_keys([1, 2, 3, 5])
>>> valores
dict_values([1, 4, 9, 25])
>>> parejas
dict_items([(1, 1), (2, 4), (3, 9), (5, 25)])
>>>
```

Además, las vistas de un diccionario son iterables, por lo que podemos usarlas para recorrerlo de diversas formas:

```python
diccionario = {1:1, 2:4, 3:9, 4:16}
# Accedemos a las claves
for clave in diccionario:  # Iteramos sobre las claves
    print(clave, end = ' ')
print()
# Equivalente al anterior
for clave in diccionario.keys():  # Iteramos sobre las claves
    print(clave, end = ' ')
print()
# Accedemos a los valores
for clave in diccionario:  # Iteramos sobre las claves
    # Accedemos a los valores a través de sus claves
    print(diccionario[clave], end = ' ')
print()
for valor in diccionario.values():  # Iteramos sobre los valores
    print(valor, end = ' ')
print()
# Accedemos a las parejas (clave:valor)
for clave in diccionario:  # Iteramos sobre las claves
    print((clave, diccionario[clave]), end = ' ')
print()
# Cada ítem del diccionario se devuelve como una tupla
for pareja in diccionario.items():  # Iteramos sobre los ítems
```

```
24        print(pareja, end = ' ')
25   print()
26   for pareja in diccionario.items():  # Iteramos sobre los ítems
27        # Accedemos a los dos ítems de cada tupla
28        print(pareja[0], pareja[1])
29   # Lo habitual es desempaquetar las tuplas usando dos identificadores
30   for clave, valor in diccionario.items():  # Iteramos sobre los ítems
31        # Accedemos a los dos ítems de cada tupla
32        print(clave, valor)
```

```
1 2 3 4
1 2 3 4
1 4 9 16
1 4 9 16
(1, 1) (2, 4) (3, 9) (4, 16)
(1, 1) (2, 4) (3, 9) (4, 16)
1 1
2 4
3 9
4 16
1 1
2 4
3 9
4 16
```

Obsérvese que el método `.keys()` solamente es útil para obtener una vista dinámica de las claves del diccionario, resultando innecesario para iterar sobre él. Sin embargo, los métodos `.values()` y `.items()` sí facilitan la iteración sobre los valores o las parejas ⟨clave, valor⟩.

6.4.4 Bucles `for` controlados por contador

Hemos evitado incluir la iteración sobre rangos (clase **range**) en el ejemplo anterior para considerar por separado su uso en la sentencia **for**. Recordemos que presentamos los rangos en la sección 4.1.4 como secuencias inmutables de enteros que pertenecen a una progresión aritmética y que se pueden crear gracias a la función constructora **range()**.

Puede parecernos que el hecho de definir el bucle **for** como una estructura iterativa que recorre los ítems de una colección limita su aplicación, impidiendo desarrollar un concepto de bucle más "tradicional" que nos permita realizar una acción un determinado número de veces, muy frecuente otros lenguajes de programación.

Sin embargo, desarrollar este tipo de bucles es muy sencillo en Python usando rangos. El rango nos permitirá definir cuántas veces queremos que se repita el bloque de código y el valor que tomará en cada iteración el identificador usado en el bucle:

```
>>> for i in range(10):
    print(i)


0
1
2
3
4
5
6
7
8
9
>>> for i in range(2,8,2):
    print(i)


2
4
6
>>> for i in range(5,0,-1):
    print(i)


5
4
3
2
1
>>>
```

Gracias a la función **range()** podemos construir esquemas de iteración siguiendo una progresión aritmética ascendente o descendente, según nuestras necesidades de procesamiento.

Cuando el objeto iterable está vacío, no se produce ninguna iteración:

```
>>> for i in range(5,1):
        print(i)


>>>
```

En este caso, la función devuelve un rango vacío, puesto que **start** (5) es más alto que **end** (1), con **step** 1 (el valor por defecto). Si se hubiera incorporado una cláusula **else**, dicha cláusula se habría ejecutado antes de la finalización del bucle.

```
1  for i in range(5,1):
2      print(i)
3  else:
4      print('Terminando la ejecución de la sentencia for')
```

Al igual que indicábamos al estudiar la estructura de control condicional, el sangrado de las líneas debe cuidarse. No es lo mismo:

```python
1   suma = 0
2   for i in range(1,5):
3       suma += i**2
4       print(f'{i}: {suma}')
```

```
1: 1
2: 5
3: 14
4: 30
```

que

```python
1   suma = 0
2   for i in range(1,5):
3       suma += i**2
4   print(f'{i}: {suma}')
```

```
4: 30
```

Los bucles **for** numéricos son particularmente adecuados cuando se conoce *a priori* el número de iteraciones que debe realizar el bucle. Observemos, por ejemplo, lo sencillo que resulta mostrar la tabla de multiplicar de un número, un problema que ya resolvimos en la sección 6.2.1 usando un bucle **while**:

```python
1   continuar = True
2   while continuar:
3       n = int(input('Escriba un entero positivo (<=0 para acabar): '))
4       if n <= 0:
5           continuar = False
6       else:
7           for i in range(1, 11):
8               print(f'{n:2} X {i:2} = {n*i:3}')
```

```
Escriba un entero positivo (<=0 para acabar): 7
 7 X  1 =   7
 7 X  2 =  14
 7 X  3 =  21
 7 X  4 =  28
```

```
7 X  5 =  35
7 X  6 =  42
7 X  7 =  49
7 X  8 =  56
7 X  9 =  63
7 X 10 =  70
Escriba un entero positivo (<=0 para acabar): 3
3 X  1 =   3
3 X  2 =   6
3 X  3 =   9
3 X  4 =  12
3 X  5 =  15
3 X  6 =  18
3 X  7 =  21
3 X  8 =  24
3 X  9 =  27
3 X 10 =  30
Escriba un entero positivo (<=0 para acabar): 0
```

6.4.5 Anidamiento de bucles `for`

De la misma forma que anidamos bucles `while`, podemos anidar bucles `for`, teniendo en cuenta que el bucle interior se ejecutará tantas veces como iteraciones realice el bucle exterior. Para entenderlo, comencemos con un ejemplo muy simple:

```
1  for i in range(1, 6):   # Bucle for exterior
2      for j in range(1, 11):   #Bucle for interior
3          print(f'{i * j:3}', end=' ')
4      print()
```

```
1   2   3   4   5   6   7   8   9  10
2   4   6   8  10  12  14  16  18  20
3   6   9  12  15  18  21  24  27  30
4   8  12  16  20  24  28  32  36  40
5  10  15  20  25  30  35  40  45  50
```

La llamada a **print()** de la línea 3 se ejecuta 50 veces, lo que se corresponde con 10 iteraciones del bucle **for** interior (línea 2), que a su vez se ejecuta 5 veces, una por cada una de las 5 iteraciones del bucle **for** exterior (línea 1).

Podemos ver cómo el *script* que desarrollamos en la sección 6.2.1 para mostrar la tabla de multiplicar se simplifica sustancialmente usando bucles **for** anidados (de nuevo, hemos acortado los bucles para que iteren de 1 a 4 y de 1 a 5):

```python
for i in range(1, 5):
    for j in range(1, 6):
        print(f'{i:2} X {j:2} = {i*j:3}')
```

```
1 X  1 =   1
1 X  2 =   2
1 X  3 =   3
1 X  4 =   4
1 X  5 =   5
2 X  1 =   2
2 X  2 =   4
2 X  3 =   6
2 X  4 =   8
2 X  5 =  10
3 X  1 =   3
3 X  2 =   6
3 X  3 =   9
3 X  4 =  12
3 X  5 =  15
4 X  1 =   4
4 X  2 =   8
4 X  3 =  12
4 X  4 =  16
4 X  5 =  20
```

La utilidad más frecuente que se le da a los bucles **for** anidados es el recorrido de colecciones multidimensionales. Aunque es cierto que ninguna de las clases colección que hemos estudiado se define siquiera como bidimensional, varias de ellas (tuplas, listas, conjuntos y diccionarios) permiten, por ser heterogéneas, que sus ítems sean, a su vez, colecciones. Así, podemos tener tuplas de tuplas, listas de listas, tuplas de listas, diccionarios en los que los valores son diccionarios, etc. Su procesamiento mediante iteración requerirá anidar bucles **for**. Veamos un ejemplo en el que tenemos una serie de datos organizados en una lista de listas, que podemos conceptualizar como una tabla o una matriz matemática:

```python
tabla = []
for i in range(0, 5):
    fila = list(range(i*10, i*10+5))
    tabla.append(fila)
print('Representación textual por defecto de la lista de listas:')
print(tabla)
print('Lista de listas mostrada como tabla:')
for fila in tabla:
    for valor in fila:
        print(f'{valor:2}', end = ' ')
    print()
```

```
Representación textual por defecto de la lista de listas:
[[0, 1, 2, 3, 4], [10, 11, 12, 13, 14], [20, 21, 22, 23, 24], [30, 31,
 ↪  32, 33, 34], [40, 41, 42, 43, 44]]
Lista de listas mostrada como tabla:
 0  1  2  3  4
10 11 12 13 14
20 21 22 23 24
30 31 32 33 34
40 41 42 43 44
```

Obsérvese que el bucle exterior (línea 8) recorre cada uno de los ítems de la lista, que es a su vez, una lista. El bucle interior (línea 9), a su vez, recorre los ítems de cada una de las listas que componen la lista que hemos asociado con el identificador **tabla**. Al evitar el salto de página de **print()** en el bucle interior e incluir una llamada a **print()** justo después de mostrar los ítems de cada lista componente, conseguimos proporcionar a la salida el aspecto de una tabla bidimensional.

El uso de identificadores adecuados mejora claramente la legibilidad del código. Obsérvese que hemos usado **fila** y **valor**, lo que favorece concebir la lista de listas como una tabla.

En el ejemplo anterior hemos evitado intencionadamente utilizar bucles anidados para la construcción de la "tabla" (lista de listas). La única intención de esta decisión era concentrarnos en los bucles anidados que nos permitían mostrar la colección "bidimensional". Pero si analizamos el código que construye la tabla, vemos que podemos desarrollarlo también mediante bucles anidados:

```python
tabla = []
for i in range(0, 5):
    fila = []
    for j in range(i*10, i*10+5):
        fila.append(j)
    tabla.append(fila)
```

Como se ve, en cada iteración del bucle exterior (línea 2) construimos una lista. El bucle interior (línea 4) es el que se encarga de poblar esa lista con valores usando el método **.append()**. Una vez construida la lista que será una "fila" de nuestra "tabla", solo tenemos que añadirla usando de nuevo **.append()** en el cuerpo del bucle exterior (línea 6). En cualquier caso, el uso de **list()** y **range()** es más cómodo y eficiente.

Los bucles iteradores anidados son extremadamente flexibles, hasta el punto de permitir recorrer una lista de listas irregular (en inglés se les suele llamar *ragged arrays* o *jagged arrays*, *arrays* a jirones o dentados), en la que cada "fila" puede tener un número de ítems diferente:

```python
lista_de_listas = [[1,2], [3,4,5,6], [6,7,8]]
for fila in lista_de_listas:
    for valor in fila:
```

```
4          print(valor, end = ' ')
5      print()
```

```
1 2
3 4 5 6
6 7 8
```

6.4.6 Modificación iterativa de objetos colección mutables

Como indicamos en la sección 6.4.3, hemos dejado pendiente una cuestión importante: el recorrido sistemático de un objeto colección para modificar sus valores. Este
es uno de los aspectos en los que Python difiere en mayor medida de otros lenguajes
de programación, y resolverlo adecuadamente tiene importantes consecuencias en la
eficiencia de nuestros programas.

En muchos otros lenguajes de programación es habitual desarrollar recorridos que
realizan modificaciones *in situ* de algunos o todos los ítems de una colección. Esto se
puede hacer también en Python (naturalmente sobre objetos mutables). En primer lugar,
recordemos que no podemos hacerlo mediante iteración:

```
1 lista = list(range(1, 11))
2 print(lista)
3 for valor in lista:
4     if valor%2 == 0:   # Si es par
5         valor = 0
6 print(lista)
```

```
[1, 2, 3, 4, 5, 6, 7, 8, 9, 10]
[1, 2, 3, 4, 5, 6, 7, 8, 9, 10]
```

Como explicamos antes, los bucles **for** que iteran sobre una colección son adecuados para visitar sus ítems, pero no para modificarlos. Como vemos en el ejemplo
anterior, la asignación sobre el identificador **valor** no tiene efecto sobre la lista, ya que
solo estamos desvinculando el identificador del ítem para vincularlo con un objeto entero que contiene el 0. En la siguiente iteración del bucle, **valor** se desvinculará del
0 y se vinculará a otro ítem de la lista. El mismo efecto se produciría si intentáramos
eliminar el ítem usando **del**.

Si lo que queremos es eliminar los ítems de una lista que cumplan una condición,
podemos intentar usar el método **.remove()**:

```
1 lista = [4, 8, 15, 16, 23, 42]
2 for valor in lista:
```

```
3      if valor%2 == 0:  # Si es par
4          lista.remove(valor)
5  print(lista)
```

```
[8, 15, 23]
```

Como se ve en el ejemplo, el intento de eliminar los valores pares de la lista no ha tenido éxito (el valor 8 no ha sido eliminado). La modificación de valores ya visitados por el iterador que gobierna el bucle `for` provoca que el iterador se salte algunos ítems de la secuencia.

Otro ejemplo que ilustra el problema es cualquier intento de modificar un conjunto (también un diccionario) en un proceso iterativo:

```
1  conjunto = {4, 8, 15, 16, 23, 42}
2  for valor in conjunto:
3      if valor%2 != 0:  # Si es impar
4          conjunto.remove(valor)
```

```
Traceback (most recent call last):
  File "....py", line 2, in <module>
    for valor in conjunto:
RuntimeError: Set changed size during iteration
```

Como vemos, la clase `set` (también `dict`) es aún más drástica: impide cambiar el tamaño del conjunto mientras se itera sobre él.

En realidad, tenemos dos formas (realmente genéricas) de modificar una colección de forma sistemática:

- Recorrer la colección mediante indexación. Esta fórmula solo es aplicable a colecciones indexables (es decir, secuencias), pero no a diccionarios ni conjuntos.

  Esta solución es útil para realizar procesamientos *in situ* como puede ser una ordenación de ítems o la modificación de ítems que cumplan una condición.

- Procesar la colección mediante iteración, creando un nuevo objeto que contendrá las modificaciones deseadas. Este es el enfoque más "estilo Python" (lo que en inglés se suele denominar *pythonic*[12]).

  Este enfoque tiene un inconveniente evidente: un mayor consumo de memoria. A cambio, permite procesar cualquier secuencia, mutable o inmutable, ya que

---

[12]El término *Pythonic* fue acuñado por la comunidad desarrolladora del lenguaje e incluso figura en el glosario de la documentación oficial de Python [https://docs.python.org/3/glossary.html#term-Pythonic], en el que se detallan y explican los términos más importantes del lenguaje. Hace referencia a un estilo de programación que adopta el Zen de Python, la lista que recoge los principios de diseño y la filosofía del lenguaje.

De hecho, en el glosario de Python se pone como ejemplo de expresión idiomática Python el recorrido de una colección mediante iteración, frente a la costumbre de otros lenguajes de hacerlo mediante indexación.

las modificaciones se reflejarán en un nuevo objeto. Además, posibilita que el procesamiento implique el borrado de algunos ítems de la secuencia o la inserción de nuevos ítems, algo que puede ser muy problemático en procesamientos *in situ*.

Veamos estos dos enfoques aplicados a un sencillo problema: revisar una colección de datos numéricos, sustituyendo los valores negativos por sus valores absolutos:

```python
# Recorremos la lista mediante indexación
lista = [4, -8, -15, 16, -23, -42]
# Modificación in situ
for i in range(len(lista)):
    if lista[i] < 0:
        lista[i] = -lista[i]
print(lista)
# Recorremos la lista mediante iteración
lista = [4, -8, -15, 16, -23, -42]
# Creamos una nueva lista
resultado = []
for valor in lista:
    if valor < 0:
        resultado.append(-valor)
    else:
        resultado.append(valor)
print(lista)
print(resultado)
```

```
[4, 8, 15, 16, 23, 42]
[4, -8, -15, 16, -23, -42]
[4, 8, 15, 16, 23, 42]
```

Como vemos, en la primera solución realizamos el procesamiento *in situ*, modificando los valores de la lista. En la segunda alternativa creamos una nueva lista y vamos añadiendo nuevos ítems a ella, quedando la lista original inalterada.

La filosofía de trabajo que hay tras cada solución es radicalmente diferente. La segunda es más *pythonic*, porque aporta más flexibilidad (permite trabajar con secuencias mutables e inmutables, y también con colecciones no secuenciales) y permite la eliminación de ítems. Ni siquiera utilizando indexación conseguiremos que un procesamiento *in situ* funcione correctamente:

```python
lista = [4, -8, -15, 16, -23, -42]
# Purgamos los negativos
for i in range(len(lista)):
    if lista[i] < 0:
        del lista[i]
print(lista)
```

```
Traceback (most recent call last):
  File "....py", line 4, in <module>
    if lista[i] < 0:
IndexError: list index out of range
```

ya que al modificar la longitud de la lista durante la ejecución del bucle provocamos que el índice se salga de rango. La alternativa creando un nuevo objeto colección es muy sencilla:

```python
lista = [4, -8, -15, 16, -23, -42]
# Purgamos los negativos
lista_purgada = []
for item in lista:
    if item >= 0:
        lista_purgada.append(item)
print(lista)
print(lista_purgada)
```

```
[4, -8, -15, 16, -23, -42]
[4, 16]
```

Además, hay otra poderosa razón para decantarnos por la estrategia de crear nuevos objetos que recojan el resultado del procesamiento de un objeto colección. No podemos olvidar que en Python, los nombres no son sino referencias a objetos en memoria. Por lo tanto, si modificamos *in situ* un objeto colección, cualquier otro nombre que haga referencia a la colección también reflejará los cambios como efecto colateral:

```python
>>> lista = [1, 2, 3]
>>> otra = lista  # No es otra, es la misma lista
>>> lista.pop()
3
>>> lista
[1, 2]
>>> otra
[1, 2]
>>>
```

No debemos terminar esta discusión sin aclarar que las soluciones proporcionadas distan de ser óptimas en términos de eficiencia y simplicidad como para ser consideradas *pythonic*. En la siguiente sección veremos, entre otras cosas, alternativas basadas en la iteración de colecciones que son mucho más eficientes y mucho más concisas.

6.5 Otras construcciones relacionadas

Si entendemos el funcionamiento de condicionales y bucles, no nos resultará difícil aprender las construcciones que estudiaremos en esta sección: expresiones condicionales, comprensiones y expresiones generadoras.

Python, con el enfoque pragmático que lo caracteriza desde su concepción, ha intentado adoptar aquellas herramientas y construcciones sintácticas de otros lenguajes que han demostrado su utilidad y han sido bien acogidas por los programadores, revisándolas y modificándolas para que sean legibles, concisas y eficientes.

Obsérvese que ninguna de estas construcciones son sentencias del lenguaje, sino expresiones que generan nuevos objetos a partir de la evaluación de una condición o de un proceso iterativo.

También debemos dejar claro que estas expresiones no hacen nada que no pudiéramos hacer ya con las herramientas que conocemos (condicionales y bucles). Lo que nos permiten, como veremos, es hacerlo de forma más concisa y/o eficiente.

6.5.1 Expresiones condicionales

Consideremos el siguiente *script*:

```python
valor1 = int(input('Introduzca un valor entero: '))
valor2 = int(input('Introduzca otro valor entero: '))
valor3 = int(input('Introduzca otro valor entero: '))

if valor1 > 0:
    valor_elegido = valor2
else:
    valor_elegido = valor3

print('El valor elegido es:', valor_elegido)
```

```
Introduzca un valor entero: 1
Introduzca otro valor entero: 2
Introduzca otro valor entero: 3
El valor elegido es: 2
```

```
Introduzca un valor entero: -2
Introduzca otro valor entero: 2
Introduzca otro valor entero: 3
El valor elegido es: 3
```

Como se observa, se trata de un algoritmo muy simple que solicita tres valores por teclado y asigna al nombre `valor_elegido` el segundo valor o el tercero, en función de si el primer valor es o no es positivo. Esto se hace utilizando una sentencia condicional como las que hemos presentado en la sección 6.1.

Python incorpora un tipo especial de expresiones, que se conocen como **expresiones condicionales**, que permite escribir segmentos de código como este de manera más concisa. La sintaxis de las expresiones condicionales es la siguiente:

```
<expresión_1> if <condición> else <expresión_2>
```

El funcionamiento es tan simple como la sintaxis: primero se evalúa la `condición`; en caso de que sea verdadera, el valor de la expresión condicional se corresponde con el obtenido al evaluar `expresión_1`; en caso contrario, el valor de la expresión condicional es el obtenido al evaluar `expresión_2`.

Gracias a este tipo de expresiones, el *script* anterior puede reescribirse sustituyendo las líneas 5 a 8 por una única línea (la nueva línea 5) de la siguiente manera:

```
1  valor1 = int(input('Introduzca un valor entero: '))
2  valor2 = int(input('Introduzca otro valor entero: '))
3  valor3 = int(input('Introduzca otro valor entero: '))
4
5  valor_elegido = valor2 if valor1 > 0 else valor3
6
7  print(f'El valor elegido es: {valor_elegido}')
```

Como se ve, el uso de una expresión condicional en lugar de una sentencia condicional no aporta ninguna nueva funcionalidad, sino que proporciona una forma concisa de evaluar expresiones cuyo resultado depende de una condición.

Veamos un ejemplo clásico de uso de la expresión condicional: el cálculo del máximo de dos valores (de cualquier clase que incorpore el operador `>`). Podemos usar la función nativa `max()` o, sencillamente, una sentencia condicional; pero también una expresión condicional:

```
1  valor1 = int(input('Escriba un valor: '))
2  valor2 = int(input('Escriba otro valor: '))
3  # Usamos la función nativa max()
4  print(f'El máximo es {max(valor1, valor2)}')
5  # Usamos la sentencia condicional
6  if valor1 > valor2:
7      print(f'El máximo es {valor1}')
8  else:
9      print(f'El máximo es {valor2}')
10 # Usamos la expresión condicional
11 print(f'El máximo es {valor1 if valor1 > valor2 else valor2}')
```

La ventaja de la expresión condicional sobre la sentencia condicional es evidente: su concisión. Pero también será preferible sobre la llamada a la función nativa `max()` cuando se tenga que evaluar el máximo de una gran cantidad de parejas de valores, ya que en cada cálculo estaremos ahorrando el esfuerzo computacional que supone una llamada a función.

Debemos ser conscientes del papel tan diferente que, desde el punto de vista de la sintaxis, juega una expresión condicional con respecto a una sentencia condicional. La expresión condicional, como expresión que es, siempre genera un valor (la referencia a un objeto) y debe emplearse allí donde tenga sentido usar una expresión. En cambio, la sentencia condicional ejecuta bloques alternativos de código en función de la verdad o falsedad de la condición evaluada.

6.5.2 Comprensión de listas, diccionarios y conjuntos

Estrechamente relacionado con el concepto de iteración, Python incorpora un mecanismo que permite construir objetos de varias clases colección mutables de forma muy concisa y eficiente. Se trata del mecanismo de **comprensión** (en inglés, *comprehension*)[13].

Las comprensiones, como las expresiones condicionales recién estudiadas, en realidad no hacen nada nuevo en Python: simplemente proporcionan una sintaxis concisa y eficiente para crear listas, conjuntos y diccionarios a partir de los ítems de un objeto iterable, algo que ya podíamos hacer combinando bucles `for`, condicionales y operaciones de la clase correspondiente.

Comenzaremos estudiando cómo construir una lista mediante una comprensión. Después veremos que extender lo aprendido a la construcción de diccionarios y conjuntos resulta inmediato.

Comprensión de listas

Puesto que hemos dicho que una comprensión no es más que otra forma de escribir el bucle constructor de una lista, vamos a aprender a crearlas mediante ejemplos. Comenzaremos un *script* muy sencillo que crea una lista de cuadrados:

```python
1  lista = [1, 2, 3, 4, 5]
2  cuadrados = []
3  for valor in lista:
4      cuadrados.append(valor**2)
5  print(f'{lista} --> {cuadrados}')
```

```
[1, 2, 3, 4, 5] --> [1, 4, 9, 16, 25]
```

La comprensión equivalente al *script* anterior es:

---

[13]El término *comprensión* hace referencia al conjunto de propiedades que describe los ítems que forman un conjunto, por oposición a *extensión*, que se refiere a la relación exhaustiva de los ítems del conjunto.

```
1  lista = [1, 2, 3, 4, 5]
2  cuadrados = [valor**2 for valor in lista]
3  print(f'{lista} --> {cuadrados}')
```

Obsérvese que, en lugar de crear una lista vacía para ir añadiendo ítems al final (usando `.append()`) en un proceso iterativo, en la comprensión definimos a la vez la lista y sus contenidos. Conociendo el proceso de construcción iterativo, implementar la comprensión equivalente es muy sencillo, ya que solo estamos reordenando las expresiones utilizadas.

Por lo tanto, el esquema de uso de una comprensión simple como la anterior sería el siguiente[14]:

```
<nombre> = "["<expresión> for <ítem> in <iterable>"]"
```

y equivaldría al proceso iterativo:

```
1  nombre = []
2  for item in iterable:
3      nombre.append(expresion)
```

Como hemos visto, al plantear una comprensión, **ítem** es un identificador arbitrario que usaremos en la cláusula **for** para recorrer los ítems del objeto iterable, como hacemos en una sentencia **for**. Lo normal es que la expresión que precede a la cláusula **for** involucre al identificador **ítem**. Si no lo hiciéramos:

```
>>> lista = list(range(1, 6))
>>> x = 5
>>> nueva_lista = [x + 3 for valor in lista]
>>> nueva_lista
[8, 8, 8, 8, 8]
>>>
```

no tendría sentido usar una comprensión. Habría sido mucho más sencillo usa el operador de replicación (*) de listas puesto que los ítems de la nueva lista no se construirían en función de los ítems de la lista original:

```
>>> nueva_lista = [(x+3)] * len(lista)
>>> nueva_lista
[8, 8, 8, 8, 8]
>>>
```

---

[14]Completamos nuestra notación para la sintaxis entrecomillando símbolos que deben aparecer de forma literal. En este caso, los corchetes han de aparecer en la comprensión y no indican opcionalidad.

En el proceso de construcción de la lista podemos filtrar algunos de los ítems del objeto iterable de partida incluyendo un condicional dentro del bucle:

```python
lista = [1, 2, 3, 4, 5]
cuadrados_impares = []
for x in lista:
    if x%2 != 0:  # Seleccionamos los impares
        cuadrados_impares.append(x**2)
print(cuadrados_impares)
```

```
[1, 9, 25]
```

La comprensión también puede incluir una cláusula `if`:

```python
<nombre> = "["<expresión> for <ítem> in <iterable> if <condición>"]"
```

con lo que el *script* anterior se podría simplificar con una comprensión:

```python
lista = [1, 2, 3, 4, 5]
cuadrados_impares = [x**2 for x in lista if x%2 != 0]
print(cuadrados_impares)
```

Es importante observar que la cláusula `if` de la comprensión no permite una cláusula `else`. Aunque, en algunos casos, podemos resolverlo muy fácilmente usando una expresión condicional. Así, si tenemos el *script*:

```python
lista = [1, 2, 3, 4, 5]
nueva_lista = []
for x in lista:
    if x%2 != 0:  # Obtenemos el cuadrado de los impares
        nueva_lista.append(x**2)
    else:  # Y el cubo de los pares
        nueva_lista.append(x**3)
print(nueva_lista)
```

```
[1, 8, 9, 64, 25]
```

podemos desarrollar fácilmente su equivalente mediante una comprensión:

```python
lista = [1, 2, 3, 4, 5]
nueva_lista = [x**2 if x%2 != 0 else x**3 for x in lista]
print(nueva_lista)
```

La construcción de listas mediante comprensión es, como vemos, concisa a la hora de programarla y, además, muy eficiente, porque evita múltiples llamadas a métodos para añadir ítems a la lista.

Así, por ejemplo, ahora que conocemos la construcción de listas mediante una comprensión y el método `.split()` de la clase **str** que vimos en la sección 4.1.3, vamos a aprovecharlos para solicitar de una manera muy compacta varios valores al usuario.

```
1  entrada = input('Introduzca varios valores enteros: ')
2  lista = entrada.split()
3  valores = [int(valor) for valor in lista]
4  print(valores)
```

```
Introduzca varios valores enteros: 4 8 15 16 23 42
[4, 8, 15, 16, 23, 42]
```

Este código nos permite leer un número arbitrario de valores proporcionados por el usuario y construye una lista que contiene esos valores:

- En la línea 1, **entrada** hace referencia a una cadena que contiene el texto proporcionado por el usuario, devuelta por la función **input()**.

- En la línea 2, **lista** es una lista de cadenas obtenidas al dividir la cadena anterior utilizando blancos como separadores mediante el método `.split()`.

- En la línea 3, **valores** es una lista de valores enteros obtenidos mediante la conversión a entero de cada una de las subcadenas obtenidas anteriormente.

Obsérvese que con la construcción de listas mediante comprensión conseguimos establecer una dinámica de lectura de datos diferente. Ahora el usuario puede proporcionar varios valores (de hecho, un número no fijado *a priori*) sin necesidad de pulsar *Enter* ⏎ tras cada valor escrito. Ganamos, por tanto, no solo comodidad, sino también generalidad en nuestros *scripts*.

Podemos ser más concisos si lo deseamos, obteniendo el mismo resultado:

```
1  mensaje = 'Introduzca varios valores enteros: '
2  valores = [int(valor) for valor in input(mensaje).split()]
3  print(valores)
```

De la misma forma que se anidan los bucles, también se pueden anidar las comprensiones. Recordemos el proceso de construcción de una lista de listas que diseñamos en la sección 6.4.5:

```
1  tabla = []
2  for i in range(0, 5):
3      fila = []
```

```python
4        for j in range(i*10, i*10+5):
5            fila.append(j)
6        tabla.append(fila)
```

que se puede implementar mediante comprensiones anidadas:

```python
1    tabla = [[j for j in range(i*10, i*10+5)] for i in range(0, 5)]
```

Como ya vimos anteriormente en el caso de las comprensiones simples, la complejidad de las comprensiones anidadas se diluye si nos damos cuenta de que solo estamos
reubicando las mismas expresiones utilizadas en los bucles **for** anidados: las cláusulas
for interior y exterior se derivan de los bucles correspondientes.

Comprensión de diccionarios y conjuntos

La concisa y simple sintaxis de las comprensiones no solo sirve para construir listas. Si
cambiamos los corchetes que encierran la comprensión por llaves, podemos construir
diccionarios y conjuntos. La diferencia entre unos y otros estriba en si la expresión
genera parejas ⟨clave: valor⟩ o valores individuales.

Por ejemplo, el siguiente *script* genera diferentes variantes de diccionario con la
correspondencia entre los nombres de los meses del año y su cardinal en el conjunto:

```python
1    nombres = ['enero', 'febrero', 'marzo', 'abril', 'mayo',
2               'junio', 'julio', 'agosto','septiembre',
3               'octubre', 'noviembre', 'diciembre']
4    # Cardinal entero y nombre
5    meses = {i+1: nombres[i] for i in range(len(nombres))}
6    print(meses)
7    # Nombre y cardinal en formato cadena con dos dígitos
8    meses = {nombres[i]: f'{i+1:02}' for i in range(len(nombres))}
9    print(meses)
```

```
{1: 'enero', 2: 'febrero', 3: 'marzo', 4: 'abril', 5: 'mayo', 6:
↪    'junio', 7: 'julio', 8: 'agosto', 9: 'septiembre', 10: 'octubre',
↪    11: 'noviembre', 12: 'diciembre'}
{'enero': '01', 'febrero': '02', 'marzo': '03', 'abril': '04', 'mayo':
↪    '05', 'junio': '06', 'julio': '07', 'agosto': '08', 'septiembre':
↪    '09', 'octubre': '10', 'noviembre': '11', 'diciembre': '12'}
```

Si incluimos valores individuales en lugar de parejas ⟨clave: valor⟩ en la comprensión
delimitada por llaves, lo que obtenemos es un conjunto:

```python
impares = {valor for valor in range(1, 100, 2)}
# Equivale a impares = set(range(1, 100, 2))
print(impares)
numeros = [1, 3, 7, 3, 5, 2, 1]
cuadrados = {valor * valor for valor in numeros}
print(cuadrados)
# Purgamos los pares
cuadrados_impares = {valor for valor in cuadrados if valor%2!=0}
print(cuadrados_impares)
```

```
{1, 3, 5, 7, 9, 11, 13, 15, 17, 19, 21, 23, 25, 27, 29, 31, 33, 35, 37,
↪    39, 41, 43, 45, 47, 49, 51, 53, 55, 57, 59, 61, 63, 65, 67, 69, 71,
↪    73, 75, 77, 79, 81, 83, 85, 87, 89, 91, 93, 95, 97, 99}
{1, 4, 9, 49, 25}
{1, 25, 9, 49}
```

Como hemos visto, la comprensión supone un mecanismo de construcción de listas, diccionarios y conjuntos a partir de colecciones iterables que resulta conciso, claro y eficiente, típicamente *pythonic*.

Generación de una colección a partir de la modificación de otra mediante comprensión

Recordemos la discusión que hemos tenido en la sección 6.4.6 sobre la modificación iterativa de valores de una colección. Vimos que en muchos casos, el procesamiento *in situ* era problemático, especialmente si suponía la inserción o eliminación de ítems de la colección.

La solución *pythonic* a este problema pasa por la creación de un nuevo objeto colección que refleje los cambios deseados, dejando inalterada la colección original. Este enfoque aporta generalidad, ya que la colección considerada puede ser indistintamente inmutable o mutable.

Vimos también que la iteración aportaba ventajas frente a la indexación para recorrer la colección, ya que permitía trabajar no solo con secuencias, sino también con diccionarios o conjuntos.

Combinando estas consideraciones dimos solución a varios problemas de modificación iterativa de los ítems de una colección, pero ya avisamos entonces que aquellas soluciones eran mejorables: podíamos diseñar *scripts* más concisos y más eficientes para resolver estos problemas. Ahora que conocemos las expresiones condicionales y la comprensión de listas, conjuntos y diccionarios, podemos revisarlas.

El primer problema que consideramos era la sustitución de los ítems negativos por sus valores absolutos:

```python
lista = [4, -8, -15, 16, -23, -42]
# Creamos una nueva lista
# resultado = []
# for valor in lista:
#     if valor < 0:
#         resultado.append(-valor)
#     else:
#         resultado.append(valor)
resultado = [-valor if valor<0 else valor for valor in lista]
print(lista)
print(resultado)
```

```
[4, -8, -15, 16, -23, -42]
[4, 8, 15, 16, 23, 42]
```

Como vemos, la solución anterior (que aparece en comentario) se ha sustituido por
una comprensión en la que se incluye una expresión condicional.

Otro problema considerado era la purga de valores de una colección:

```python
lista = [4, -8, -15, 16, -23, -42]
# Purgamos los negativos
# lista_purgada = []
# for item in lista:
#     if item >= 0:
#         lista_purgada.append(item)
lista_purgada = [item for item in lista if item >= 0]
print(lista)
print(lista_purgada)
```

```
[4, -8, -15, 16, -23, -42]
[4, 16]
```

Utilizamos otra comprensión, en este caso con cláusula condicional, que permite
insertar en la nueva lista los ítems que cumplan una condición.

Y, por último, resolvemos mediante una comprensión de conjuntos el problema, sin
solución hasta ahora, de eliminar algunos valores de un conjunto:

```python
conjunto = {4, 8, 15, 16, 23, 42}
# Este bucle genera una excepción
# for valor in conjunto:
#     if valor%2 != 0:
#         conjunto.remove(valor)
pares = {valor for valor in conjunto if valor%2== 0}
print(conjunto)
```

```
8  print(pares)
```

```
{16, 4, 23, 8, 42, 15}
{16, 8, 42, 4}
```

6.5.3 Expresiones generadoras

Hemos comprobado en la sección anterior la utilidad y conveniencia de las comprensiones como mecanismo de construcción de listas, conjuntos y diccionarios a partir de los ítems de una colección iterable.

Sin embargo, hay situaciones en las que el objetivo no es la construcción de la colección de valores, sino la realización de algún cálculo a partir de esos valores generados, como puede ser el máximo, el mínimo, la suma o, en general, cualquier función que genere un valor a partir de una colección de valores. En estos casos no es necesario construir y alojar en memoria la colección completa de valores; en cambio, lo que se precisa es simplemente poder iterar sobre los valores de uno en uno, es decir, algún mecanismo que, de forma similar a un iterador, nos proporcione los valores generados a petición.

Python proporciona la clase **generator**, que se utiliza de forma similar a un iterador, pero que no requiere un objeto iterable que recorrer, sino una especificación de los valores que se quieren generar. La **expresión generadora** no construye una colección de valores, sino que proporciona uno a uno, bajo demanda, los valores requeridos[15].

Como veremos, los generadores se asemejan a los iteradores en que se pueden pasar como argumento a la función **next()** para obtener los valores generados. Pero no tienen una función constructora (como **iter()** para los iteradores). En cambio, utilizaremos una sintaxis casi idéntica a las comprensiones para obtenerlos:

```
>>> generador = (valor for valor in range(5))
>>> generador
<generator object <genexpr> at 0x0000017098305300>
>>> type(generador)
<class 'generator'>
>>> next(generador)
0
>>> next(generador)
1
>>> next(generador)
```

---

[15]Esta estrategia de evaluación, llamada **evaluación perezosa** (*lazy evaluation*) es más común en lenguajes que siguen el paradigma de la programación funcional, ya que no resulta fácil combinar esta técnica con otras estructuras de la programación imperativa por la complejidad que tiene determinar el orden de evaluación de las expresiones y ejecución de las sentencias. Python es un lenguaje multiparadigma, dando soporte parcial a la programación funcional, que es un paradigma de programación declarativa.

```
2
>>> next(generador)
3
>>> next(generador)
4
>>> next(generador)
Traceback (most recent call last):
  File "<stdin>", line 1, in <module>
StopIteration
>>>
```

Sintácticamente, la única diferencia entre una comprensión y una expresión generadora es que esta se encierra entre paréntesis. Como hemos visto, en lugar de construir un objeto colección, como hacían las comprensiones, obtenemos como resultado un objeto **generator** que nos proporciona valores bajo demanda.

Consideremos el problema de calcular la suma de una serie de valores. Si utilizamos una comprensión:

```
>>> sum([i for i in range(1, 11)])  # Sumamos del 1 al 10
55
>>>
```

podemos observar que, en primer lugar, se construye una lista con los valores que queremos sumar. Esa lista se proporciona como argumento a la función **sum()**, que acepta un objeto iterable y devuelve la suma de sus ítems. Terminada la ejecución de la función, la lista creada ya no es necesaria (no hay ningún identificador referenciándola), por lo que el recolector de basura eliminará en algún momento el objeto **list**.

La alternativa mediante una expresión generadora ahorra memoria, ya que genera los mismos valores, pero no a la vez, sino conforme son necesarios:

```
>>> sum(i for i in range(1, 11))  # Sumamos del 1 al 10
55
```

sin alojarlos en memoria organizados como una lista, por lo que esta ni se construye ni es necesario liberarla. Obsérvese que cuando la expresión generadora es el único argumento de una función, no es necesario usar dos pares de paréntesis.

Las expresiones generadoras también pueden ser útiles cuando invocamos las funciones constructoras de clases cuyos objetos no se pueden construir mediante comprensión, como es el caso de las tuplas:

```
>>> tupla = tuple(i for i in range(5))
>>> tupla
(0, 1, 2, 3, 4)
```

```
>>>
```

evitando así tener que construir una lista temporal a partir de la que crear la tupla.

En general, cuando tengamos que iterar sobre una serie de valores una sola vez probablemente la mejor solución sea una expresión generadora, particularmente si el número de valores es grande. Si vamos a recorrer en múltiples ocasiones los valores generados podemos considerar usar una comprensión, porque así generaremos los valores una sola vez y los podremos recorrer tantas veces como necesitemos.

Para que nos hagamos una idea del ahorro de memoria y tiempo que puede suponer el uso de expresiones generadoras frente a la alternativa de la comprensión, veamos un ejemplo simple. Haremos uso de los módulos **sys** y **timeit** para medir la memoria ocupada y el tiempo consumido por cada solución. Vamos a calcular la suma de los dos primeros millones de números naturales:

```python
1   import sys
2   import timeit
3
4   # Comprensión de listas
5   lista = [x for x in range(1, 2000001)]
6   print(type(lista))
7   print('Memoria requerida por la lista:', sys.getsizeof(lista))
8
9   # Expresión generadora
10  generador = (x for x in range(1, 2000001))
11  print(type(generador))
12  print('Memoria requerida por el generador:', sys.getsizeof(generador))
13
14  suma_lista = sum([x for x in range(1, 2000001)])
15  print('Suma =', suma_lista)
16  suma_generador = sum((x for x in range(1, 2000001)))
17  print('Suma =', suma_generador)
18
19  # Ejecutamos 1000 veces cada suma para obtener tiempos significativos
20  tiempo_lista = timeit.timeit('sum([x for x in range(1, 2000001)])',
21                               number = 1000)
22  print('Tiempo lista:', tiempo_lista)
23  tiempo_generador = timeit.timeit('sum(x for x in range(1, 2000001))',
24                                   number=1000)
25  print('Tiempo generador:', tiempo_generador)
26
27  # Ejecutamos 1000 veces la suma de la lista, pero
28  # no contabilizamos el tiempo de construcción de la lista
29  tiempo_suma = timeit.timeit(stmt='sum(lista)',
30                              setup='lista = [x for x in range(1,2000001)]',
31                              number = 1000)
32  print('Tiempo suma:', tiempo_suma)
```

```
<class 'list'>
Memoria requerida por la lista: 17128280
<class 'generator'>
Memoria requerida por el generador: 104
Suma = 2000001000000
Suma = 2000001000000
Tiempo lista: 126.0972401490003
Tiempo generador: 118.88647599100022
Tiempo suma: 15.581961933999992
```

Como vemos, el generador ocupa mucho menos espacio que la lista, ya que no estamos alojando en memoria los valores generados, sino el "mecanismo" generador. El espacio de memoria consumido por la lista estará en función de la cantidad de valores que la componen, mientras que el generador siempre consumirá la misma cantidad de memoria, que en comparación resulta insignificante. En cambio, los tiempos son incluso inferiores cuando usamos una expresión generadora frente al uso de comprensión de listas. Si contabilizamos únicamente el tiempo requerido para realizar la suma (línea 29 del *script*) podemos hacernos una idea del porcentaje de tiempo que se dedica al cálculo de los valores, ya sea construyendo la lista o generándolos uno a uno mediante la expresión generadora. Obsérvese la significativa ventaja que puede suponer almacenar los valores en memoria (en una lista) si va a ser necesario visitarlos de forma repetida.

Las expresiones generadoras son una variante simplificada de las funciones generadoras, que realizan la misma tarea (generar una sucesión de valores que se entregan bajo demanda), pero que, al construirse como funciones, permiten una mayor flexibilidad en la generación de valores que las expresiones generadoras. Más adelante, en el capítulo 9, volveremos sobre esta cuestión.

6.6 Alteración del comportamiento de un bucle

Python incorpora dos sentencias cuya sintaxis se ciñe a la propia palabra reservada y que pueden resultar de utilidad cuando se está desarrollando un proceso de iteración:

- La sentencia **break**, que termina la ejecución del bucle en cuyo cuerpo aparece, evitando la ejecución del bloque asociado a la cláusula **else** en caso de existir.

- La sentencia **continue**, que pasa directamente a la siguiente iteración del bucle en cuyo cuerpo aparece.

En todos los casos, si estamos en una situación con bucles anidados, la sentencia afecta solamente al bucle más cercano.

Veamos cómo funcionan con ejemplos ilustrativos muy sencillos:

```
1   for i in range(1,10):
2       if i%2 == 0:
3           break
4       print(i)
```

```
1
```

```
1   for i in range(1,10):
2       if i%2 == 0:
3           continue
4       print(i)
```

```
1
3
5
7
9
```

En el primer ejemplo, la sentencia **break** fuerza la finalización del bucle con el primer número par por lo que el bucle solamente muestra el valor 1 en consola. En el segundo ejemplo, la sentencia **continue** pasa a la siguiente iteración en los números pares y por eso el bucle no los muestra.

El uso de estas cláusulas debe hacerse con cuidado porque puede producir código farragoso no estructurado. De hecho, los ejemplos anteriores podían haberse escrito de manera más simple (generando la misma salida):

```
1   print(1)
```

```
1   for i in range(1,10,2):
2       print(i)
```

Como hemos dicho, la sentencia **break** tiene efecto sobre la cláusula **else** del bucle si esta está presente, evitando la ejecución del bloque de código asociado:

```
1   for i in range(1,10):
2       if i%2 == 0:
3           break
4       print(i)
5   else:
6       print('Termina el bucle')
```

```
1
```

No ocurre lo mismo con **continue**:

```python
for i in range(1,10):
    if i%2 == 0:
        continue
    print(i)
else:
    print('Termina el bucle')
```

```
1
3
5
7
9
Termina el bucle
```

A pesar de que hace casi sesenta años que se formuló el teorema del programa estructurado, todavía hay hoy muchos programadores que usan sentencias que rompen el flujo de ejecución de las estructuras de control condicional e iterativa, y es fácil encontrar libros de texto y tutoriales en Internet en los que abunda esta práctica. En este libro limitaremos siempre que podamos el uso de estas sentencias por una sencilla razón: todo algoritmo no estructurado tiene una alternativa estructurada. Y más de treinta años de experiencia en el área de la programación de ordenadores nos han enseñado que un programa estructurado es normalmente mucho más sencillo de comprender, revisar y mantener que su alternativa no estructurada.

No obstante, en Python, desde un punto de vista práctico, habrá casos (no abundantes, pero sí significativos) en los que se justifica el uso de estas sentencias para lograr que determinados algoritmos sean eficientes. Un ejemplo podría ser el algoritmo de búsqueda de un valor en una colección para el que ya dimos una solución estructurada en la sección 6.2. Veamos una alternativa usando **for**:

```python
numeros = [4, 8, 15, 16, 23, 42]
buscado = int(input('Escriba el número a buscar: '))

for valor in numeros:
    if valor == buscado:
        print(f'Se ha encontrado el {buscado}')
        break
else:
    print(f'No se ha encontrado el {buscado}')
```

```
Escriba el número a buscar: 7
No se ha encontrado el 7
```

```
Escriba el número a buscar: 23
Se ha encontrado el 23
```

Como vemos, el bucle **for** simplifica sustancialmente el recorrido del objeto colección. Además, la iteración es, en general, más eficiente que la indexación, particularmente cuando la colección tienen un tamaño considerable. Se puede alegar que en esta versión no podemos informar de la posición en la que se encuentra el valor buscado en caso de éxito, pero esto tiene una sencilla solución haciendo uso de la función nativa **enumerate()**:

```python
numeros = [4, 8, 15, 16, 23, 42]
buscado = int(input('Escriba el número a buscar: '))

for indice, valor in enumerate(numeros):
    if valor == buscado:
        print(f'Se ha encontrado el {buscado} en la posición {indice}')
        break
else:
    print(f'No se ha encontrado el {buscado}')
```

```
Escriba el número a buscar: 7
No se ha encontrado el 7
```

```
Escriba el número a buscar: 23
Se ha encontrado el 23 en la posición 4
```

Obsérvese que hemos utilizado dos identificadores en el bucle **for** para hacerlos corresponder con los dos ítems que componen cada una de las tuplas generadas por **enumerate()**, desempaquetándolas de esta forma.

Debemos reconocer que el uso de sentencias de salto, particularmente **break**, está más justificado en Python que en otros lenguajes de programación. El bucle **for** de C/C++ o Java, por ejemplo, permite introducir en la sentencia expresiones lógicas que pueden funcionar como acortadores del bucle, determinando su finalización antes de realizar las iteraciones inicialmente planificadas. Sin embargo, el bucle **for** de Python, que resulta tan sencillo de comprender precisamente por su simplicidad (se recorren los ítems de una colección), no permite "acortar" la iteración más que usando **break**. Veamos otro ejemplo en el que verificaremos si todos los ítems de una colección satisfacen una determinada propiedad. Una primera versión podría ser la siguiente:

```python
1   ...
2   # coleccion es una colección de enteros
3   todos_pares = True
4   for valor in coleccion:
5       if valor %2 != 0:   # Si encontramos un impar
6           todos_pares = False
7
8   if todos_pares:
9       print('Todos los valores son pares')
10  else:
11      print('No todos los valores son pares')
```

Obsérvese que si un ítem cualquiera de la colección incumple la condición (en el ejemplo, si es impar), todas las demás comprobaciones son innecesarias, por lo que la solución es mucho menos eficiente de lo que podría ser. Naturalmente, podemos usar un bucle **while** para resolverlo:

```python
1   ...
2   # lista es una secuencia de enteros
3   indice = 0
4   todos_pares = True
5   while indice < len(lista) and todos_pares:
6       if lista[indice] %2 != 0:   # Si encontramos un impar
7           todos_pares = False
8       indice += 1
9
10  if todos_pares:
11      print('Todos los valores son pares')
12  else:
13      print('No todos los valores son pares')
```

El bucle **while** nos permite usar **todos_pares** como acortador del bucle, evitando comprobaciones innecesarias. Pero no podemos negar que la solución usando **for** y **break** es clara y eficiente:

```python
1   ...
2   # lista es una secuencia de enteros
3   for valor in lista:
4       if valor %2 != 0:   # Si encontramos un impar
5           print('No todos los valores son pares')
6           break
7   else:
8       print('Todos los valores son pares')
9
```

Frente a estos ejemplos, debemos evitar el uso abusivo e innecesario de sentencias de salto. *Scripts* como el siguiente son sumamente frecuentes en libros y tutoriales sobre Python:

```python
1  while True:
2      numero = int(input('Escriba un valor positivo: '))
3      if numero > 0:
4          break
5      else:
6          print('Error. Debe ser un valor positivo')
7  print(f'El valor leído es {numero}')
```

pudiendo aportarse una solución estructurada que resulta más legible y mantenible:

```python
1  valor_valido = False
2  while not valor_valido:
3      numero = int(input('Escriba un valor positivo: '))
4      if numero > 0:
5          valor_valido = True
6      else:
7          print('Error. Debe ser un valor positivo')
8  print(f'El valor leído es {numero}')
```

En realidad, la sentencia `break` apenas es necesaria

Revisemos los ejemplos que hemos estudiado en esta sección y podremos comprobar que, en realidad, casi siempre la necesidad de usar la sentencia **break** no proviene de carencias por parte de los bucles **for**, sino de no aprovechar las herramientas que nos proporciona Python.

El primer problema que hemos analizado es el de la búsqueda de un valor en una colección. Para resolverlo, nos basta con usar el operador **in**, que es aplicable a cualquier secuencia, a conjuntos y a diccionarios:

```python
1  numeros = [4, 8, 15, 16, 23, 42]
2  buscado = int(input('Escriba el número a buscar: '))
3
4  if buscado in numeros:
5      print(f'Se ha encontrado el {buscado}')
6  else:
7      print(f'No se ha encontrado el {buscado}')
```

Podemos alegar que esta solución no proporciona la posición en la que se encuentra el valor buscado, pero podemos usar el método `.index()` si la colección es una secuencia (el problema no tiene sentido en conjuntos o diccionarios, ya que los ítems no tienen asociada una posición). Solo debemos tener en cuenta que habrá que gestionar la excepción que `.index()` puede generar si el valor no está en la secuencia, pero en la sección 6.8 veremos cómo hacerlo. En particular, si la secuencia es una cadena, disponemos también del método `.find()`, que no genera una excepción en ningún caso:

```
1  cadena = 'Esto es una prueba de texto'
2  buscado = input('Escriba la subcadena a buscar: ')
3
4  posicion = cadena.find(buscado)
5  if posicion != -1:
6      print(f'Se ha encontrado "{buscado}" en la posición {posicion}')
7  else:
8      print(f'No se ha encontrado "{buscado}" en la cadena')
```

```
Escriba la subcadena a buscar: de
Se ha encontrado "de" en la posición 19
```

```
Escriba la subcadena a buscar: unas
No se ha encontrado "unas" en la cadena
```

También hemos resuelto el problema de comprobar si todos los ítems de una colección cumplen una determinada condición. Lo hemos hecho usando **while** (con un valor lógico que actuaba como acortador del bucle) y **for** (usando **break** para interrumpir la iteración). Pero la biblioteca estándar de Python nos ofrece una alternativa mucho más simple:

```
1  ...
2  # coleccion es una colección de enteros
3  if all(valor%2==0 for valor in coleccion):
4      print('Todos los valores son pares')
5  else:
6      print('No todos los valores son pares')
```

Solo necesitamos estar familiarizados con la biblioteca estándar para usar la función nativa **all()**[16], proporcionándole como argumento un objeto iterable (en este caso, una expresión generadora). La función devolverá **True** si todos los ítems proporcionados por el generador son **True**.

Análogamente, podemos considerar la comprobación de si al menos un ítem de la colección cumple una condición haciendo uso de la función nativa **any()**[17]:

```
1  ...
2  # coleccion es una colección de enteros
3  if any(valor%2==0 for valor in coleccion):
4      print('Al menos hay un valor par')
5  else:
6      print('Ninguno de los valores es par')
```

---

[16]https://docs.python.org/3/library/functions.html#all.
[17]https://docs.python.org/3/library/functions.html#any.

6.7 Correspondencia de patrones: la sentencia `match`

Python ofrece una sentencia que permite plantear de forma concisa y legible caminos de ejecución alternativos en función del resultado de la evaluación de una expresión. Se trata de la sentencia `match`.

La idea de poder plantear distintos caminos de ejecución en función de la evaluación de una expresión está presente en otros lenguajes de programación como *C/C++* o *Java* (mediante la sentencia **switch**) y permite escribir de forma concisa y clara código que, planteado con otro tipo de sentencias condicionales (habitualmente cadenas **if-elif-else**), resultaría más complejo y menos legible. En estos casos, los distintos caminos de ejecución dependen de que la expresión tome uno de los diferentes valores posibles especificados en la sentencia.

Sin embargo, como veremos al analizar ejemplos avanzados, la sentencia **match** de Python va mucho más allá de este enfoque tradicional, añadiendo como mecanismo de selección de casos la correspondencia estructural de patrones (*structural pattern matching*), una herramienta que podemos encontrar en otros lenguajes como Haskell, Scala, Ruby o Rust.

La sintaxis de **match** es la siguiente:

```
match <expresión_m>:
    (case <patron_i> [if [<nombre_i :=] <expresión_i>] : <bloque_i)+
```

y los elementos que la componen son:

- Una cláusula que empieza con la palabra reservada **match** seguida de la expresión que gobierna la sentencia y los habituales dos puntos (:).

- Una o más cláusulas **case** seguidas de un **patrón de correspondencia**, el símbolo de dos puntos(:) y un bloque de código (sujeto a las consideraciones habituales sobre sangrado).

  Opcionalmente, el patrón puede ir seguido de una **condición centinela** (que puede asociarse a un nombre[18]) por delante del símbolo de dos puntos (:).

El comportamiento de la sentencia es el siguiente:

- Se evalúa la expresión de la cláusula **match**, obteniendo un valor de control.

- Se revisa el patrón de cada una de las cláusulas **case** en el orden en el que aparecen en la sentencia y se comprueba si es compatible con el valor de control. La compatibilidad de un patrón dependerá del tipo de patrón que utilicemos.

---

[18]La asociación de **expresión_i** con **nombre_i** se hace a través de una **expresión de asignación**, que puede usarse en este y otros contextos como se indica en https://docs.python.org/3/reference/expressions. html#assignment-expressions. El operador **:=**, llamado informalmente *walrus* por recordar los ojos y los colmillos de una morsa recostada, nos permite realizar una asignación sobre un nombre en el contexto de una expresión, y no de una sentencia, como es habitual en Python, mediante la sintaxis `<nombre>:= <expresión>`.

- Si el patrón es compatible con el valor de control, se atiende a la condición centinela:

  - Si esa cláusula **case** no tiene condición centinela o si la condición centinela se evalúa como verdadera, se ejecuta el bloque de sentencias correspondiente y termina la ejecución de la sentencia **match**.

  - Si la condición centinela se evalúa como falsa, se pasa a la siguiente cláusula **case** para repetir el proceso.

- Si el patrón no es compatible, se pasa a la siguiente cláusula **case**.

Por lo tanto, el resultado de la ejecución de la sentencia **match** puede ser la ejecución de uno de los bloques de sentencias asociado a una cláusula **case**. Si ninguno de los patrones es compatible con el valor de control (o, siéndolo, su condición centinela es falsa), no se ejecutará ningún bloque y la sentencia **match** no tendrá ningún efecto.

Como veremos más adelante, algunos tipos de patrón pueden producir un efecto adicional: la vinculación de uno o varios identificadores con el valor de control o con ítems del valor de control, si éste pertenece a una clase colección.

En esta sección pretendemos ser más ilustrativos que exhaustivos y más descriptivos que formales. Examinaremos diferentes ejemplos de uso de la sentencia **match**, explicando en cada uno de ellos el tipo de patrón o patrones (los patrones se pueden combinar para crear patrones compuestos) del que hace uso[19].

Lo más frecuente es combinar varios tipos de patrón de los que describiremos a continuación para obtener patrones compuestos realmente útiles.

Ejemplos básicos

Los patrones más sencillos que se pueden incluir en las cláusulas **case** son literales. En los **patrones literales**, la compatibilidad del patrón se realiza comparando el valor de control de la cláusula **match** con valores específicos. Veamos un ejemplo muy simple:

```
1  print('Menú de opciones')
2  print('=================')
3  print('1 - Opción A')
4  print('2 - Opción B')
5  print('3 - Opción C')
6  print('4 - Opción D')
7  opcion = int(input('Seleccione la opción deseada: '))
8  match opcion:
9      case 1: print('Procesamiento asociado a la opción A')
```

---

[19] Se puede encontrar información detallada en la referencia del lenguaje de la documentación oficial [https://docs.python.org/3/reference/compound_stmts.html#the-match-statement]. También se puede consular la PEP (*Python Enhancement Proposal*) 635 [https://peps.python.org/pep-0635/], que explica la motivación y la lógica de la sentencia, y la PEP 636 [https://peps.python.org/pep-0636/], que proporciona un tutorial de uso de la sentencia.

```
10      case 2: print('Procesamiento asociado a la opción B')
11      case 3: print('Procesamiento asociado a la opción C')
12      case 4: print('Procesamiento asociado a la opción D')
```

```
Menú de opciones
================
1 - Opción A
2 - Opción B
3 - Opción C
4 - Opción D
Seleccione la opción deseada: 2
Procesamiento asociado a la opción B
```

Obsérvese que podemos evitar la conversión a entero de la línea 7, ya que los patrones literales no tienen por qué ser numéricos; también pueden ser, por ejemplo, cadenas:

```
1 opcion = input('Seleccione la opción deseada: ')
2 match opcion:
3     case '1': print('Procesamiento asociado a la opción A')
4     case '2': print('Procesamiento asociado a la opción B')
5     case '3': print('Procesamiento asociado a la opción C')
6     case '4': print('Procesamiento asociado a la opción D')
```

```
Seleccione la opción deseada: 2
Procesamiento asociado a la opción B
```

Y podemos comprobar que la sentencia `match` no tiene por qué implicar la ejecución de un bloque de código:

```
Seleccione la opción deseada: A
```

Podríamos haber escrito un código similar utilizando una sentencia `if`:

```
1 if opcion == 1: print('Procesamiento asociado a la opción A')
2 elif opcion == 2: print('Procesamiento asociado a la opción B')
3 elif opcion == 3: print('Procesamiento asociado a la opción C')
4 elif opcion == 4: print('Procesamiento asociado a la opción D')
```

Si añadimos una condición centinela, la activación del caso la tendrá también en cuenta, siendo necesario que el patrón sea compatible con el valor de control y que la condición centinela sea cierta, como indicamos antes:

```python
activada = False
opcion = int(input('Seleccione la opción deseada: '))
match opcion:
    case 1: print('Procesamiento asociado a la opción A')
    case 2 if activada: print('Procesamiento asociado a la opción B')
    case 3: print('Procesamiento asociado a la opción C')
    case 4: print('Procesamiento asociado a la opción D')
```

```
Seleccione la opción deseada: 2
```

El siguiente *script* emplea patrones literales de la clase `bool`:

```python
valor = int(input('Introduzca un entero: '))
match valor > 0:
    case True: print('El valor es mayor que 0')
    case False: print('El valor es menor o igual que 0')
```

```
Introduzca un entero: -4
El valor es menor o igual que 0
```

Esto constituye un ejemplo claro de que `match` no siempre es la mejor alternativa frente al uso de `if`:

```python
valor = int(input('Introduzca un entero: '))
if valor > 0:
    print('El valor es mayor que 0')
else:
    print('El valor es menor o igual que 0')
```

Podemos plantear más de un patrón en un caso utilizando el símbolo |, creando lo que se conoce como **patrones OR**. El patrón compuesto será compatible con el valor de control si alguno de los subpatrones es compatible y será incompatible si ninguno de los subpatrones resulta compatible con el valor de control:

```python
opcion = int(input('Seleccione la opción deseada: '))
match opcion:
    case 1 | 2: print(f'Procesamiento asociado a 1 y 2')
    case 3: print('Procesamiento asociado a 3')
    case 4: print('Procesamiento asociado a 4')
```

```
Seleccione la opción deseada: 1
Procesamiento asociado a 1 y 2
```

```
Seleccione la opción deseada: 2
Procesamiento asociado a 1 y 2
```

```
Seleccione la opción deseada: 4
Procesamiento asociado a 4
```

En el ejemplo, el primer caso se activa cuando la evaluación de **opcion** produce un 1 o un 2.

El **patrón comodín** se construye con el carácter de guion bajo (_) y siempre es compatible con el valor de control.

```python
opcion = int(input('Seleccione la opción deseada: '))
match opcion:
    case 1 | 2: print('Procesamiento para 1 y 2')
    case 3: print('Procesamiento para 3')
    case 4: print('Procesamiento para 4')
    case _: print('Procesamiento para otros valores')
```

```
Seleccione la opción deseada: 7
Procesamiento para otros valores
```

Como podemos ver, el uso del patrón comodín correspondería a la cláusula **else** de una cadena **if-elif-else**. Solamente tiene sentido si se ubica como último patrón ya que, si no fuera así, anularía todos los siguientes.

Ejemplos avanzados

Una vez vistos estos tres patrones elementales, el patrón literal, el patrón OR y el patrón comodín, vamos a mostrar algunos ejemplos en los que explicaremos los patrones utilizados. Como veremos, lo habitual es combinar varios patrones para obtener resultados realmente útiles.

En el siguiente ejemplo usamos una lista de listas (podría ser cualquier secuencia de secuencias) para almacenar nombres y registros de asistencia:

```python
lista = [['Juan', 0], ['Ana', 4], ['Pepe', 0],
         ['Carlos', 5], ['Marta', 1]]

print('Control de asistencia:')
for item in lista:
    match item:
        case [nombre, 0]:
            print(f'{nombre} no ha asistido nunca')
```

```
 9            case [nombre, 1]:
10                print(f'{nombre} ha asistido en una ocasión')
11            case [nombre, veces]:
12                print(f'{nombre} ha asistido en {veces} ocasiones')
```

```
Control de asistencia:
Juan no ha asistido nunca
Ana ha asistido en 4 ocasiones
Pepe no ha asistido nunca
Carlos ha asistido en 5 ocasiones
Marta ha asistido en una ocasión
```

En este ejemplo estamos haciendo uso de dos patrones combinados: el patrón secuencia y el patrón de captura. El **patrón secuencia** contiene varios subpatrones entre paréntesis o corchetes (es indiferente usar unos u otros) para emparejarlos con los ítems de una secuencia. El **patrón de captura** nos permite asociar un identificador al valor de control o (más habitualmente) a uno o varios ítems del valor de control, por ser este una colección. Los nombres vinculados siguen existiendo más allá del ámbito de la sentencia `match`.

Los patrones secuencia son sumamente flexibles, pudiendo adaptarse a una secuencia en función de su longitud y contenido. Su comportamiento y sintaxis tiene similitudes con el desempaquetado de tuplas, como vemos en los siguientes ejemplos:

```
 1  puntos = [(0,0), (0,2), (2,0), (3,2), (0,0,0), (1,2,5), (1,2,3,4)]
 2  for punto in puntos:
 3      match punto:
 4          case [0, 0]:
 5              print(f'Origen de coordenadas en el plano')
 6          case [0, y]:
 7              print(f'El punto está en el eje de ordenadas. y = {y}')
 8          case [x, 0]:
 9              print(f'El punto está en el eje de abscisas. x = {x}')
10          case [x, y]:
11              print(f'Punto 2-D. x = {x}, y = {y}')
12          case [0, 0, 0]:
13              print('Origen de coordenadas 3-D')
14          case [x, y, z]:
15              print(f'Punto 3-D. x = {x}, y = {y}, z = {z}')
16          case _:
17              print('Error. No es un punto 2-D ni 3-D')
```

```
Origen de coordenadas en el plano
El punto está en el eje de ordenadas. y = 2
El punto está en el eje de abscisas. x = 2
Punto 2-D. x = 3, y = 2
```

```
Origen de coordenadas 3-D
Punto 3-D. x = 1, y = 2, z = 5
Error. No es un punto 2-D ni 3-D
```

En este ejemplo somos capaces de procesar cada tupla de coordenadas según su longitud mediante un patrón secuencia, apoyándonos también en patrones de captura y patrones literales para determinar si es el origen de coordenadas o si el punto pertenece a uno de los ejes. Es importante observar que el orden en el que se disponen los casos resulta fundamental, situando primero los más específicos.

En el siguiente ejemplo vemos de nuevo la similitud entre el patrón secuencia y el desempaquetado de tuplas:

```python
mensaje = 'Escriba una serie de valores: '
lista = [int(valor) for valor in input(mensaje).split()]
match lista:
    case []:
        print('No ha proporcionado valores')
    case [primero]:
        print(f'Solo se ha proporcionado un valor: {primero}')
    case [primero, *resto]:
        print(f'El primer valor es {primero} y el resto es {resto}')
```

```
Escriba una serie de valores: 1 2 3 4 5
El primer valor es 1 y el resto es [2, 3, 4, 5]
```

```
Escriba una serie de valores: 1
Solo se ha proporcionado un valor: 1
```

```
Escriba una serie de valores:
No ha proporcionado valores
```

Obsérvese cómo hemos usado el símbolo * para asociar el identificador **resto** a una sublista de la lista proporcionada que tiene una longitud indeterminada *a priori*. Lo que el intérprete intenta es realizar la asignación entre el valor de control y el patrón del caso.

En el siguiente ejemplo usamos, además de patrones de secuencia y patrones de captura, un **patrón de clase**, que nos permite consultar, no sobre la longitud o el contenido del valor de control o de uno de sus ítems, sino sobre la clase a la que pertenece:

```python
equipos = [('Equipo 1', ('Ana', 'Juan', 'Pepe')),
           ('Equipo 2', ('Sofía', 'Ignacio')),
           ('Equipo 3', ('Antonio', 'Lucas', 'Irene')),
```

```
4               ('Equipo 4', ('Antonio', 'Lucas', 'Juana', 'Pepe')),
5               ('Equipo 5', 'Pedro')]
6   print('Lista de equipos:')
7   for item in equipos:
8       match item:
9           case (nombre, str(a)):
10              print(f'El equipo {nombre} está integrado solo por {a}')
11          case (nombre, (a, b)):
12              print(f'El equipo {nombre} es una pareja formada por',
13                    f'{a} {"y" if b[0]!="I" else "e"} {b}')
14          case (nombre, (a, b, c)):
15              print(f'El equipo {nombre} es un trío formado por',
16                    f'{a}, {b} {"y" if c[0]!="I" else "e"} {c}')
17          case (nombre, (a, *otros, ultimo)):
18              print(f'El equipo {nombre} tiene más de tres integrantes:',
19                    f'{a} y otros (', end = '')
20              for valor in otros:
21                  print(valor, end= ', ')
22              print(f'{ultimo})')
```

```
Lista de equipos:
El equipo Equipo 1 es un trío formado por Ana, Juan y Pepe
El equipo Equipo 2 es una pareja formada por Sofía e Ignacio
El equipo Equipo 3 es un trío formado por Antonio, Lucas e Irene
El equipo Equipo 4 tiene más de tres integrantes: Antonio y otros
↪   (Lucas, Juana, Pepe)
El equipo Equipo 5 está integrado solo por Pedro
```

La flexibilidad y potencia de la correspondencia estructural de patrones que implementa la sentencia **match** queda ilustrada por los ejemplos mostrados. No profundizaremos más por tener este libro un carácter introductorio, aunque debemos dejar claro que las posibilidades que abre son enormes.

6.8 Gestión de excepciones: la sentencia `try`

Desde el inicio de nuestro estudio de Python hemos visto que durante la ejecución del código pueden producirse errores que impidan al intérprete continuar. Este tipo de errores se denominan errores en tiempo de ejecución (como vimos en la sección 2.7) y cuando se producen deben ser tratados para evitar que el usuario se encuentre con una finalización inesperada del programa, que siempre produce una mala impresión y que también puede suponer dejar el sistema en un estado inadecuado.

Como otros lenguajes de programación, Python incorpora el concepto de **excepción**, que es el mecanismo que el lenguaje ofrece al programador para enviar una señal que indica que se ha producido un error y que, de no ser tratado, provocará la interrupción de la ejecución del *script*.

Python nos permite manejar este tipo de situaciones haciendo nuestros programas más robustos frente a errores. Puesto que el lenguaje ofrece al programador herramientas para lanzar excepciones, también lo provee de una sentencia que le permitirá capturar y tratar dichas excepciones ejecutando un código apropiado para manejar la situación de error que señalan, evitando así la interrupción súbita de la ejecución del *script*. Se trata de la sentencia `try`, cuya sintaxis pasamos a describir[20]:

```
try: <bloque_t>
(except [<expresión_i> [as <nombre_i>]]: bloque_i)+
[else: <bloque_e>]
[finally: <bloque_f>]
```

Como vemos, hay distintas cláusulas:

- Una cláusula obligatoria, que empieza con la palabra reservada `try`, seguida de dos puntos y un bloque de código.

- Una o varias cláusulas que empiezan con la palabra reservada `except` y que van necesariamente acompañadas de un bloque de código precedido por los habituales dos puntos.

- Dos cláusulas opcionales, una que empieza por la palabra reservada `else` y otra con la palabra reservada `finally`, acompañadas de sus correspondientes bloques de código.

Todos los bloques de código están sujetos a las consideraciones de sangrado que hemos hecho al estudiar otras sentencias. La semántica de la sentencia es la siguiente:

- La cláusula `try` recoge en `bloque_t` el código cuya ejecución queremos monitorizar para controlar las posibles excepciones que pueda generar. Si el bloque de código no genera ninguna excepción durante su ejecución, la sentencia `try` no tiene ningún efecto y solamente se ejecutan las sentencias del `bloque_t`.

  Cuando la ejecución del `bloque_t` genere una excepción, se interrumpirá la ejecución, pero, en lugar de abortar la ejecución del *script*, comenzará un proceso de búsqueda de un **gestor de excepciones** examinando por orden las cláusulas `except` hasta encontrar una que se corresponda con la excepción producida.

- Las cláusulas `except` (debe haber al menos una) nos permiten especificar gestores de excepciones: cada cláusula `except` indica cómo gestionar una excepción o un conjunto de excepciones cuando se produzcan, aportando en su `bloque_i` asociado el código que queremos que se ejecute. Las cláusulas `except` pueden ser de dos tipos:

---

[20]Utilizamos el símbolo + combinado con los paréntesis para indicar que la parte encerrada entre ellos debe aparecer al menos una vez, en contraposición con el símbolo *, que contempla la omisión de dicha parte.

- Sin expresión asociada: en este caso, la cláusula se corresponde con cualquier excepción que pueda producirse en el `bloque_t`. De aparecer esta cláusula, debe ser la última de las cláusulas `except`.

- Con expresión asociada: en este caso, la cláusula se corresponderá con aquellas excepciones que se generen en el `bloque_t` que sean compatibles con el objeto resultante de la evaluación de la `expresión_i` correspondiente.

  Un objeto es compatible con una excepción si pertenece a la propia clase de la excepción o a una superclase de la misma[21].

- La cláusula `else`, si está presente, nos permite incorporar un código que queremos que se ejecute si no se han generado excepciones durante la ejecución del `bloque_t`.

- Por último, la cláusula `finally`, si está presente, nos permite especificar un bloque de código que queremos que se ejecute siempre al finalizar la sentencia `try`, se hayan generado o no excepciones en la ejecución del `bloque_t`.

Como hemos dicho, cuando se genera una excepción en el `bloque_t`, se revisan por orden las distintas cláusulas `except` hasta que se encuentra una que se corresponda con la excepción. Si se encuentra, se abandona el punto de ejecución donde se ha producido el error y se ejecuta el código del `bloque_i` correspondiente para gestionarla. Si ninguna cláusula se corresponde con la excepción generada, se interrumpe la ejecución del *script* (previa ejecución, en su caso, del bloque de código incluido en la cláusula `finally`).

Aunque la descripción que hemos hecho pueda resultar compleja, en realidad, el mecanismo de captura y gestión de excepciones es sencillo. Veámoslo con algunos ejemplos.

```
1  cantidad = int(input('Introduce la cantidad: '))
2  print(f'El resultado es: {100 / cantidad}')
```

```
Introduce la cantidad: hola
Traceback (most recent call last):
  File "....py", line 1, in <module>
    cantidad = int(input('Introduce la cantidad: '))
ValueError: invalid literal for int() with base 10: 'hola'
```

Al ejecutar el *script* anterior, cuando se introduce una cadena de caracteres por teclado se produce un error al intentar convertirla en un objeto de tipo entero. Ante ese error, se genera una excepción producida por un `ValueError` y se aborta la ejecución.

Podemos evitar la interrupción súbita de la ejecución del *script* haciendo uso de la recién presentada sentencia `try`. Por ejemplo, podemos hacerlo de la siguiente manera:

---

[21]La norma en realidad dice que la superclase debe ser no virtual, pero este es un concepto avanzado de diseño de clases que ahora mismo no conocemos y que no nos preocupará a estos efectos salvo que diseñemos nuevas excepciones, cuestión que claramente escapa al objetivo introductorio de este libro.

```
1  try:
2      cantidad = int(input('Introduce la cantidad: '))
3      print(f'El resultado es: {100 / cantidad}')
4  except ValueError:
5      print('Error: no ha proporcionado un valor entero')
```

```
Introduce la cantidad: hola
Error: no ha proporcionado un valor entero
```

Nótese que el código de la cláusula **try** puede generar diferentes excepciones. Así, por ejemplo, una ejecución diferente del anterior *script*, produciría la siguiente salida:

```
Introduce la cantidad: 0
Traceback (most recent call last):
  File "....py", line 3, in <module>
    print(f'El resultado es: {100 / cantidad}')
ZeroDivisionError: division by zero
```

Como podemos ver, la cláusula **except** de la sentencia **try** no se corresponde con la excepción producida (que ha sido generada por un **ZeroDivisionError**), por lo que se interrumpe la ejecución del *script*, de la misma forma que si no hubiésemos usado la sentencia **try**.

Podemos resolverlo incorporando una cláusula **except** para cada error:

```
1  try:
2      cantidad = int(input('Introduce la cantidad: '))
3      print(f'El resultado es: {100 / cantidad}')
4  except ValueError:
5      print('Error: no ha proporcionado un valor entero')
6  except ZeroDivisionError:
7      print('Error: no se puede dividir por 0')
```

```
Introduce la cantidad: 0
Error: no se puede dividir por 0
```

Una cláusula **except** sin expresión asociada nos permite proporcionar un tratamiento genérico para las excepciones que no se correspondan con ninguna cláusula **except** anterior más específica:

```
1  try:
2      cantidad = int(input('Introduce la cantidad: '))
3      print(f'El resultado es: {100 / cantidad}')
4  except ValueError:
5      print('Error: no ha proporcionado un valor entero')
```

```
6 except:
7     print('Se ha producido un error inesperado')
```

```
Introduce la cantidad: 0
Se ha producido un error inesperado
```

Podemos tener la tentación de usar siempre una sola cláusula **except** sin expresión asociada, ya que recogerá todas las excepciones que puedan producirse. Pero debemos ser conscientes de que el tratamiento que hagamos de la excepción generada solamente podrá ser genérico:

```
1 try:
2     cantidad = int(input('Introduce la cantidad: '))
3     print(f'El resultado es: {100 / cantidad}')
4 except:
5     print('Se ha producido un error inesperado')
```

```
Introduce la cantidad: 0
Se ha producido un error inesperado
```

```
Introduce la cantidad: hola
Se ha producido un error inesperado
```

Python organiza las excepciones nativas en un árbol de clases que define una jerarquía entre ellas[22]. Toda excepción en Python es un objeto de alguna subclase de **BaseException**, como refleja el siguiente esquema de la jerarquía de clases excepción nativas:

```
BaseException
    ├── BaseExceptionGroup
    ├── GeneratorExit
    ├── KeyboardInterrupt
    ├── SystemExit
    └── Exception
            ├── ArithmeticError
            │       ├── FloatingPointError
            │       ├── OverflowError
            │       └── ZeroDivisionError
            ├── AssertionError
            ├── AttributeError
            ├── BufferError
            └── EOFError
```

---

[22]Más adelante, en el capítulo 9, veremos con más detalle las jerarquías de clases en Python y lo que suponen.

```
├──── ExceptionGroup [BaseExceptionGroup]
├──── ImportError
│     └──── ModuleNotFoundError
├──── LookupError
│     ├──── IndexError
│     └──── KeyError
├──── MemoryError
├──── NameError
│     └──── UnboundLocalError
├──── OSError
│     ├──── BlockingIOError
│     ├──── ChildProcessError
│     ├──── ConnectionError
│     │     ├──── BrokenPipeError
│     │     ├──── ConnectionAbortedError
│     │     ├──── ConnectionRefusedError
│     │     └──── ConnectionResetError
│     ├──── FileExistsError
│     ├──── FileNotFoundError
│     ├──── InterruptedError
│     ├──── IsADirectoryError
│     ├──── NotADirectoryError
│     ├──── PermissionError
│     ├──── ProcessLookupError
│     └──── TimeoutError
├──── ReferenceError
├──── RuntimeError
│     ├──── NotImplementedError
│     └──── RecursionError
├──── StopAsyncIteration
├──── StopIteration
├──── SyntaxError
│     └──── IndentationError
│           └──── TabError
├──── SystemError
├──── TypeError
├──── ValueError
│     └──── UnicodeError
│           ├──── UnicodeDecodeError
│           ├──── UnicodeEncodeError
│           └──── UnicodeTranslateError
└──── Warning
      ├──── BytesWarning
      ├──── DeprecationWarning
      ├──── EncodingWarning
      ├──── FutureWarning
      └──── ImportWarning
```

```
├──── PendingDeprecationWarning
├──── ResourceWarning
├──── RuntimeWarning
├──── SyntaxWarning
├──── UnicodeWarning
└──── UserWarning
```

La jerarquía anterior representa relaciones de ascendencia y descendencia entre clases. Por ejemplo, **ArithmeticError** y **ValueError** son clases hijas de **Exception**. A su vez, **FloatingPointError** es hija de **ArithmeticError**. Una clase es superclase de todas sus descendientes. De forma simétrica, una clase es subclase de todas sus ascendientes. Es decir, **Exception** es superclase de **ArithmeticError**, **ValueError** y **FloatingPointError** que, a su vez, son subclases suyas.

Cuando planteamos cláusulas **except** con expresión asociada, podemos considerar la jerarquía anterior para hacer que una cláusula se corresponda con un mayor abanico de excepciones. Consideremos ahora el siguiente *script*:

```
1  cantidad = int(input('Introduce la cantidad: '))
2  print(f'El resultado es {10**cantidad / cantidad}')
```

```
Introduce la cantidad: 2
El resultado es 50.0
```

La ejecución de este *script* puede causar que se generen las mismas excepciones que en el ejemplo anterior y alguna situación anómala más, por ejemplo:

```
Introduce la cantidad: hola
Traceback (most recent call last):
  File "....py", line 1, in <module>
    cantidad = int(input('Introduce la cantidad: '))
ValueError: invalid literal for int() with base 10: 'hola'
```

```
Introduce la cantidad: 0
Traceback (most recent call last):
  File "....py", line 2, in <module>
    print(f'El resultado es {10**cantidad / cantidad}')
ZeroDivisionError: division by zero
```

```
Introduce la cantidad: 1000
Traceback (most recent call last):
  File "....py", line 2, in <module>
    print(f'El resultado es {10**cantidad / cantidad}')
OverflowError: integer division result too large for a float
```

Con el conocimiento que hemos adquirido sobre la relación jerárquica entre excepciones, podemos gestionarlas de la siguiente manera:

```python
try:
    cantidad = int(input('Introduce la cantidad: '))
    print(f'El resultado es {10**cantidad / cantidad}')
except ValueError:
    print('Error: no se ha proporcionado un entero')
except ZeroDivisionError:
    print('Error: no se puede dividir por 0')
except OverflowError:
    print('El valor es demasiado elevado para poder procesarlo')
```

```
Introduce la cantidad: hola
Error: no se ha proporcionado un entero
```

```
Introduce la cantidad: 0
Error: no se puede dividir por 0
```

```
Introduce la cantidad: 1000
El valor es demasiado elevado para poder procesarlo
```

Aunque también podríamos haber aprovechado la jerarquía de excepciones:

```python
try:
    cantidad = int(input('Introduce la cantidad: '))
    print(f'El resultado es {10**cantidad / cantidad}')
except ValueError:
    print('Error: no se ha proporcionado un entero')
except ArithmeticError:
    print('No se puede realizar la operación')
```

```
Introduce la cantidad: hola
Error: no se ha proporcionado un entero
```

```
Introduce la cantidad: 0
No se puede realizar la operación
```

```
Introduce la cantidad: 1000
No se puede realizar la operación
```

Como puede verse en el ejemplo, puesto que **ArithmeticError** es superclase tanto de **ZeroDivisionError** como de **OverflowError**, ambas excepciones se corresponden con la segunda cláusula **except** y se gestionan con el mismo bloque de código.

En general, cuanto más específica sea la expresión de una cláusula **except**, más preciso podrá ser el tratamiento que hagamos de la misma. A la hora de usar la sentencia **try**, debemos encontrar un equilibrio entre la cantidad de cláusulas **except** de la sentencia **try** y la especificidad del manejo de situaciones de error de ejecución.

Al escribir una cláusula **except** con expresión asociada, podemos vincular un nombre al objeto resultante de la expresión, de forma que podamos utilizarlo en el bloque de código asociado (el ámbito del nombre se limita a ese bloque de código).

```python
1  try:
2      cantidad = int(input('Introduce la cantidad: '))
3      print(f'El resultado es {10**cantidad / cantidad}')
4  except ValueError:
5      print('Error: no se ha proporcionado un entero')
6  except ArithmeticError as error:
7      print(f'No se puede realizar la operación ({error})')
```

```
Introduce la cantidad: 0
No se puede realizar la operación (division by zero)
```

```
Introduce la cantidad: 1000
No se puede realizar la operación (integer division result too large
↪  for a float)
```

Obsérvese que el identificador nos permite acceder al mensaje de error asociado a la excepción generada, no al nombre de su clase, que ya conocemos.

Como explicamos anteriormente, las cláusulas opcionales **else** y **finally** permiten incorporar código que se ejecutará cuando el bloque de la cláusula **try** se ejecute sin generar excepciones y, en cualquier caso, al finalizar la ejecución de la sentencia **try**, respectivamente.

```python
1  try:
2      cantidad = int(input('Introduce la cantidad: '))
3      print(f'El resultado es {10**cantidad / cantidad}')
4  except ValueError:
5      print('Error: no se ha proporcionado un entero')
6  except ArithmeticError as error:
7      print(f'No se puede realizar la operación ({error})')
8  else:
9      print('Se ha podido calcular el resultado sin generar errores')
10 finally:
11     print('Ha terminado la ejecución de la sentencia try')
```

```
Introduce la cantidad: 2
El resultado es 50.0
Se ha podido calcular el resultado sin generar errores
Ha terminado la ejecución de la sentencia try
```

```
Introduce la cantidad: 0
No se puede realizar la operación (division by zero)
Ha terminado la ejecución de la sentencia try
```

La cláusula **finally** se suele utilizar para incorporar un código de limpieza que garantice que el sistema queda en una situación consistente tras la ejecución del código de la cláusula **try**, independientemente de que se haya completado sin problemas o haya generado una excepción. De hecho, existe una variante específica de la sentencia **try** que incorpora solo esas cláusulas:

```
try: <bloque_t>
finally: <bloque_f>
```

En este caso, el enfoque es sustancialmente diferente: no pretendemos gestionar las excepciones que se puedan producir en la ejecución de **bloque_t** ni evitar que se aborte la ejecución del *script*, sino asegurarnos de que **bloque_f** se ejecuta aunque se generen excepciones. Puede ser necesario, por ejemplo, si hemos establecido una conexión con un recurso externo (como una base de datos en la nube): si una de las funciones de acceso al recurso externo genera una excepción, nos aseguramos mediante la cláusula **finally** de que la conexión se cierra antes de que se lance la excepción que interrumpirá la ejecución de nuestro *script*.

Aunque los ejemplos que hemos visto son bastante breves y pudiera parecer lo contrario, el manejo de excepciones no detiene la ejecución del *script*. El código que sigue a la sentencia **try** se ejecuta una vez que se ha gestionado la excepción. Por ejemplo, podríamos plantear el siguiente código para solicitar la entrada por teclado de un valor entero entre 1 y 100 y cercionarnos de que es correcta:

```python
1  entrada_valida = False
2  while not entrada_valida:
3      try:
4          mensaje = 'Introduce un valor entero (entre 1 y 100): '
5          cantidad = int(input(mensaje))
6          if 1 <= cantidad <= 100:
7              entrada_valida = True
8      except ValueError:
9          print('Error: no se ha proporcionado un entero')
10 print(f'El resultado es: {10**cantidad / cantidad}')
```

```
Introduce un valor entero (entre 1 y 100): 0
Introduce un valor entero (entre 1 y 100): 1000
Introduce un valor entero (entre 1 y 100): hola
Error: no se ha proporcionado un entero
Introduce un valor entero (entre 1 y 100): 2
El resultado es: 50.0
```

El uso combinado de las sentencias **while**, **if** y **try** nos permite hacer una captura adecuada de la cantidad, para luego realizar el procesamiento requerido. El nombre **entrada_valida** controla la iteración del bucle. Empieza siendo **False** y no cambia hasta que se introduce un dato correcto para **cantidad**. Los posibles errores de conversión se gestionan gracias a la sentencia **try**, de forma que no solo hemos diseñado un filtro de entrada, sino que, además, es un filtro robusto, que soporta cualquier error cometido por el usuario.

Resulta muy sencillo enriquecer el filtro de entrada anterior, haciéndolo más comunicativo para que resulte de ayuda al usuario, simplemente añadiendo una cláusula **else** a la sentencia **if** que comprueba la validez del dato proporcionado:

```python
 1  entrada_valida = False
 2  while not entrada_valida:
 3      try:
 4          mensaje = 'Introduce un valor entero (entre 1 y 100): '
 5          cantidad = int(input(mensaje))
 6          if 1 <= cantidad <= 100:
 7              entrada_valida = True
 8          else:
 9              print('Error: el valor debe estar entre 1 y 100')
10      except ValueError:
11          print('Error: no se ha proporcionado un entero')
12  print(f'El resultado es: {10**cantidad / cantidad}')
```

```
Introduce un valor entero (entre 1 y 100): 0
Error: el valor debe estar entre 1 y 100
Introduce un valor entero (entre 1 y 100): 1000
Error: el valor debe estar entre 1 y 100
Introduce un valor entero (entre 1 y 100): hola
Error: no se ha proporcionado un entero
Introduce un valor entero (entre 1 y 100): 2
El resultado es: 50.0
```

Si nos resulta poco intuitivo formular el filtro de entrada con una condición "negativa", podemos reescribirlo comenzando con un valor lógico **True** que se hace falso cuando el valor recibido sea válido:

```python
1  continuar = True
2  while continuar:
3      try:
4          mensaje = 'Introduce un valor entero (entre 1 y 100): '
5          cantidad = int(input(mensaje))
6          if 1 <= cantidad <= 100:
7              continuar = False
8          else:
9              print('Error: el valor debe estar entre 1 y 100')
10     except ValueError:
11         print('Error: no se ha proporcionado un entero')
12 print(f'El resultado es: {10**cantidad / cantidad}')
```

Desde el punto de vista del usuario, el comportamiento de esta variante es el mismo. Obsérvese que para que la lógica del bucle **while** sea consistente, hemos rebautizado el identificador como **continuar**.

Como hemos visto en esta sección, Python permite escribir código robusto que haga frente a errores en tiempo de ejecución, que generarán excepciones. Al gestionar excepciones, podemos averiguar qué ha pasado y actuar en consecuencia. La sentencia **try** nos permite evitar que una excepción resulte indefectiblemente fatal, abortando la ejecución del programa. Al gestionar las posibles excepciones que pueda generar un bloque de código, evitamos un final abrupto de la ejecución, diseñando estrategias para resolver el error que la ha generado y continuando la ejecución de nuestros programas.

Generación de excepciones

Si consultamos la documentación de Python, veremos que muchas funciones de la biblioteca estándar generan excepciones provocadas por diferentes errores si se producen determinadas circunstancias (por ejemplo, si los argumentos de la llamada a la función no cumplen los prerrequisitos de la función establecidos en la documentación). Así, por ejemplo:

```python
>>> max([])  # Calculamos el máximo de una lista vacía
Traceback (most recent call last):
  File "<stdin>", line 1, in <module>
ValueError: max() iterable argument is empty
>>> float(10**350)  # Excedemos el rango de float
Traceback (most recent call last):
  File "<stdin>", line 1, in <module>
OverflowError: int too large to convert to float
>>> divmod(30, 0)  # División por cero
Traceback (most recent call last):
  File "<stdin>", line 1, in <module>
ZeroDivisionError: integer division or modulo by zero
>>> round('hola')  # Tipo incorrecto
Traceback (most recent call last):
```

```
    File "<stdin>", line 1, in <module>
 TypeError: type str doesn't define __round__ method
```

Hemos aprendido a gestionar estas excepciones mediante la sentencia **try**, pero cabe preguntarse cómo se generan esas excepciones. Al fin y al cabo, el código de la biblioteca estándar no es más que software elaborado por el equipo de desarrolladores de la Python Software Foundation, que disponen de las mismas herramientas que nosotros.

Python nos ofrece la sentencia **raise** para permitir al programador la generación de excepciones en respuesta a situaciones de error. Aunque podemos generar excepciones en cualquier punto de nuestro código, el uso más típico de la sentencia **raise** es el de la generación de excepciones dentro de las funciones que desarrollemos. Puesto que el siguiente capítulo está dedicado al diseño y uso de funciones, será allí donde estudiemos la sentencia **raise** y veamos su utilidad.

7

Modularidad

Cuando un problema tiene un determinado grado de complejidad es habitual usar la técnica de diseño descendente, que permite descomponerlo en varios subproblemas que se pueden resolver por separado, de forma que la solución del problema original se construye combinando las subsoluciones obtenidas.

Para que la descomposición del problema sea correcta, el requerimiento básico que deben cumplir los subproblemas es que cada uno de ellos se pueda resolver de forma independiente. Esto nos permitirá centrarnos en el diseño del algoritmo que resuelve el subproblema ignorando (al menos temporalmente) el resto del problema original.

Pronto nos daremos cuenta de que este enfoque de diseño nos permitirá también reutilizar la implementación de estos algoritmos tantas veces como necesitemos, tanto dentro de un mismo programa como en diferentes programas, sin necesidad de reescribir el código.

Cada lenguaje de programación nos proporciona algún mecanismo para incluir en un módulo el código que resuelve uno de estos subproblemas para poder reutilizarlo en el futuro. El término general que se emplea para hacer referencia a estos segmentos de código independientes es el de **subprograma**.

Debemos tener en cuenta varias ideas clave que gobiernan el paradigma de la programación modular:

- **Reutilización del código**: el objetivo es no tener que volver a escribir ese segmento de código que resuelve una tarea, sino reutilizarlo cuando se vuelva a necesitar.

  Hay una ventaja evidente en esta estrategia: cualquier revisión de ese segmento de código (para corregirlo o mejorarlo) solo tiene que hacerse una vez, y todos los programas que lo usen se beneficiarán de ella automáticamente. Si tuviéramos varias copias del mismo segmento de código distribuidas entre nuestros programas, o incluso varias veces en el mismo programa, cualquier corrección podría dar lugar a inconsistencias por no haber revisado todas las copias del segmento de código; y, en cualquier caso, supondría un tedioso y repetitivo trabajo de revisión de cada copia del subalgoritmo presente en nuestros programas.

- **Generalización y parametrización del código**: para poder reutilizar el código es necesario generalizarlo, resolviendo un problema tipo, y parametrizarlo, para que funcione en cada uso posible, en lugar de enfocarlo a resolver un caso concreto del problema.

  La generalización del código tiene una ventaja inherente: estimula al programador para que resuelva el problema de forma genérica, no para el caso específico que necesitamos en el problema que estamos resolviendo. Esta formulación general del problema y de su solución favorece la reusabilidad del código.

  Cada **parámetro** se asociará con un dato de entrada (**argumento**) proporcionado al subprograma cuando se invoca[1]. La parametrización permite que diseñemos la solución de un problema y podamos aplicar esa solución a cualquier conjunto de

---

[1]Estos dos términos, argumento y parámetro, se utilizan en programación, algunas veces como sinónimos y otras de forma exclusiva, dependiendo del lenguaje de programación utilizado. Más adelante veremos que en Python se usan ambos términos con significados relacionados pero diferentes.

datos que se le proporcione al algoritmo. El usuario del subprograma diseñado es el que decide qué argumentos proporciona al algoritmo cada vez que lo invoca (que hace uso de él).

- **Separación de los espacios de nombres**: permitiendo definir y usar nombres dentro del subprograma de forma independiente al resto del código del programa.

  Como sabemos, un espacio de nombres es una zona del programa en la que los identificadores tienen significado. Cuando se invoca un subprograma, se crea un nuevo espacio de nombres local para el mismo, distinto de los demás espacios de nombres existentes. Esto nos permite usar nombres en el subprograma sin temor a que haya colisiones con los definidos fuera de él, reduciendo los errores en el código y favoreciendo la modularidad.

- **Abstracción**: al organizar el código en módulos, estamos favoreciendo la abstracción del programador que desarrolla el programa que resuelve el problema original, permitiendo que se olvide de los detalles de la solución de los subproblemas, de forma que pueda formular la solución del problema en términos más generales, de más alto nivel.

  Para el programador, un subprograma es una caja negra de la que solo le interesa saber cómo se relacionan los resultados obtenidos con los datos de entrada proporcionados, y no el mecanismo que permite obtener los unos a partir de los otros.

  Obsérvese que esto es lo que hemos venido haciendo hasta ahora con todas las funciones, métodos y operadores nativos del lenguaje que hemos aprendido. Conocemos su comportamiento sin necesidad de conocer su implementación, lo que nos ha permitido resolver problemas con un alto nivel de abstracción: nos interesa lo que hace la función `print()`, pero no cómo lo consigue; no nos preocupa cómo se insertan, añaden o eliminan los ítems de una lista, lo que nos permite pensar en términos de alto nivel, sin descender al detalle de estas operaciones que para nosotros en Python son elementales.

Como hemos dicho, cada lenguaje de programación puede ofrecer distintas herramientas para crear subprogramas. Python proporciona el concepto de función. Una **función** es un segmento de código independiente y reconocible por un nombre, que se puede invocar tantas veces como se desee, permitiendo proporcionar en cada llamada un conjunto diferente de argumentos.

7.1 Invocación: argumentos y devolución de valores

Antes de aprender a crear funciones, debemos entender su funcionamiento. Las hemos usado en numerosas ocasiones en los capítulos anteriores, pero lo hemos hecho de forma muy intuitiva. Ahora intentaremos comprender su comportamiento y conocer las diferentes variantes que permite Python a la hora de llamarlas.

Recordemos que, para invocar una función, es necesario usar el nombre de la función seguido de una pareja de paréntesis que encierran los argumentos que se proporcionan a la función. Incluso aunque la función no tenga argumentos, es necesario añadir la pareja de paréntesis. De hecho, si se usa el nombre de la función sin paréntesis, el intérprete de Python nos devuelve la referencia a un objeto **function** (en este caso, por ser una función nativa, el objeto es de la clase **built-in function**):

```
>>> sum
<built-in function sum>
>>>
```

Este comportamiento es lógico si tenemos en cuenta que los nombres en Python son referencias a objetos (y en Python, todo, también las funciones, son objetos). Si invocamos la función con paréntesis sí estaremos haciendo una llamada a la función:

```
>>> sum()
Traceback (most recent call last):
  File "<stdin>", line 1, in <module>
TypeError: sum() takes at least 1 positional argument (0 given)
>>>
```

En este caso se ha producido una excepción provocada por un **TypeError** porque la llamada no cumple los requerimientos de la función (como explica el mensaje de error, es obligatorio usar como mínimo un argumento en la llamada). Hay otras funciones, como todas las funciones constructoras o la función **print()**, que sí permiten una llamada sin argumentos (como hemos dicho, aunque la llamada no tenga argumentos, los paréntesis son necesarios):

```
>>> list()
[]
>>> print()

>>>
```

La función **list()** ha creado un objeto vacío de la clase **list** y ha devuelto la referencia a este, mientras que **print()** ha escrito en la consola un salto de línea. Vamos ahora a usar **sum()** correctamente:

```
>>> sum([1, 2, 3, 4])
10
>>>
```

En la llamada, el argumento se sitúa entre los paréntesis (en este caso, la lista **[1, 2, 3, 4]**) y el valor devuelto por la función es la referencia a un objeto entero que ha creado la función.

7.1.1 Devolución de valores

Hasta ahora, en más de una ocasión hemos mencionado al tratar con funciones el "objeto devuelto por la función". Si consultamos la documentación de las funciones nativas, veremos que se indica que muchas de ellas devuelven un valor (como **abs()**, **len()**, **max()**, **sum()** o cualquier función constructora) mientras que la documentación informa que otras se dedican a realizar una determinada tarea (como **print()** o **help()**), sin mencionarse ningún valor devuelto.

Pero esto no nos debe llevar a error; todas las funciones en Python devuelven un valor. Lo que ocurre es que algunas devuelven un valor especial que no tiene ninguna utilidad:

```
>>> resultado = print('Hola')
Hola
>>> resultado
>>> print(resultado)
None
>>> type(resultado)
<class 'NoneType'>
>>>
```

Como vemos, ese valor especial es **None**, que es el único objeto perteneciente a la clase nativa **NoneType** y que sirve para representar la ausencia de un valor[2]. La consola de Python tiene un comportamiento particular con **None** y es que, aunque pidamos explícitamente, como hemos hecho en el ejemplo, que muestre el valor vinculado al nombre **resultado**, no se muestra nada, teniendo que recurrir a **print()** para visualizarlo. En definitiva, lo que nos interesa de funciones como **print()** no es el valor que devuelven (**None**), sino la tarea que realizan.

Lo habitual, en cualquier caso, es que el uso de unas y otras funciones, según devuelvan un valor o devuelvan **None**, sea diferente:

```
1  valor = float(input('Introduzca un número: '))
2  resultado = abs(valor)
3  print(f'Valor absoluto: {resultado}')
4  print(f'Doble del cubo: {2 * pow(valor, 3)}')
```

---

[2]Además de indicar que una función no devuelve ningún valor, **None** también se suele usar para representar el hecho de que un parámetro opcional no recibe valor en una llamada. Por ejemplo, tanto la función nativa **sorted()** como el método **.sort()** de la clase **list** tienen un parámetro opcional, **key**, cuyo valor por defecto es **None**, lo que representa que la llamada no proporciona una función de comparación y que el algoritmo de ordenación debe hacer uso del operador **<** como criterio para ordenar los ítems.

Hay otras muchas funciones nativas que hacen uso de **None** como valor por defecto para alguno de sus parámetros, como **print()**, **max()**, **min()**, **open()** o **round()**, y constituye una práctica habitual en el diseño de funciones en Python.

```
Introduzca un número: -2.5
Valor absoluto: 2.5
Doble del cubo: -31.25
```

Este *script* hace uso de cinco funciones:

- `input()` espera la entrada de texto del usuario y devuelve un objeto `str` que la contiene.

- `float()` recibe como argumento la cadena devuelta por `input()` y la interpreta como un valor real, construyendo y devolviendo un objeto `float`. El nombre `valor` se vincula con el objeto devuelto por esta función a través de la asignación.

- `abs()` devuelve un objeto `float` que contiene el valor absoluto del argumento proporcionado. El nombre `resultado` se vincula a este objeto.

- `pow()` recibe dos argumentos y calcula la potencia resultante de usar el primer argumento como base y el segundo como exponente. En este caso, el objeto devuelto se emplea en una expresión, pero no se conserva ninguna referencia a él, por lo que no podremos volver a consultarlo (tendríamos que invocar de nuevo la función).

- Además, el *script* utiliza la función `print()`, que realiza la tarea de mostrar una representación textual del objeto pasado como argumento. La usamos de forma que no guardamos el valor (`None`) que devuelve.

Obsérvese que podemos usar la llamada a una función que devuelve un valor en cualquier punto del código en el que tenga sentido usar un objeto. Sin embargo, en otras ocasiones, como es el caso de la llamada a la función `print()`, no se utiliza en una expresión ni se asigna a un nombre: constituye en sí misma una sentencia (porque desechamos el valor `None` devuelto).

Debemos, por último, entender qué significa decir que "una función devuelve un objeto", una expresión que hemos usado repetidamente. Lo que en realidad devuelve la función es una referencia a un objeto que, en muchas ocasiones, se ha creado dentro del código de la función. Recordemos las normas de persistencia de los objetos en Python: si esa referencia se almacena, el objeto seguirá existiendo; por contra, si la referencia se usa en una expresión, pero no se vincula a un nombre, se hará uso del objeto, pero en breve será reciclado por el recolector de basura.

7.1.2 Tipos de argumento en las llamadas a función

Para entender el comportamiento de las llamadas a función también es necesario conocer las diferentes variantes que pueden permitir las funciones Python a la hora de proporcionarles argumentos.

Por defecto, los argumentos en la llamada a una función se pueden pasar **por posición** o de forma explícita **con clave**, como veremos enseguida. No obstante, como también veremos, el desarrollador de una función puede restringir la forma en que se le proporcionan los argumentos para que sean solamente posicionales, solamente con clave, o para que convivan unos y otros; además, también puede haber argumentos opcionales, que toman un valor por defecto si no se proporcionan en la llamada.

Argumentos posicionales

La posición de estos argumentos cuando hacemos la llamada a la función resulta relevante, porque determina el resultado obtenido por la función.

Así, por ejemplo, cuando llamamos a **print()**, el orden en el que proporcionamos los argumentos en la llamada determina su aparición en la consola.

```
>>> print(1, 2, 3, 4)
1 2 3 4
>>>
```

También la función **divmod()** tiene argumentos posicionales: el primer argumento proporcionado es el dividendo y el segundo, el divisor de la división entera que realiza para devolver su cociente y su resto:

```
>>> divmod(10,3)
(3, 1)
>>>
```

Podemos comprobar en la ayuda sobre **divmod()**, cómo se especifica que sus argumentos son posicionales:

```
>>> help(divmod)
Help on built-in function divmod in module builtins:

divmod(x, y, /)
    Return the tuple (x//y, x%y).  Invariant: div*y + mod == x.


>>>
```

El símbolo **/** que aparece en la lista de parámetros de la cabecera indica que los parámetros a su izquierda son solamente posicionales: los correspondientes argumentos en la llamada deben proporcionarse en el orden especificado y no pueden proporcionarse con clave. También las funciones **sum()** y **sorted()** tienen un primer argumento posicional.

Argumentos con clave

Cuando llamamos a la función, podemos proporcionar estos argumentos en el orden que deseemos, especificando su nombre. Estos argumentos con clave deben situarse siempre después de los argumentos posicionales, si los hay.

La función **print()** tiene cuatro argumentos con clave: **sep**, **end**, **file** y **flush**, que determinan su comportamiento, y que deben proporcionarse obligatoriamente con nombre si se incluyen en la llamada (usaremos solo **sep** y **end** en este ejemplo), siempre después de los argumentos (posicionales) correspondientes a los objetos a imprimir:

```
>>> print(1, 2, 3, 4, sep='//', end='FIN')
1//2//3//4FIN
>>> print(1, 2, 3, 4, end='FIN', sep='//')
1//2//3//4FIN
>>> print(sep= '-', 1, 2, 3, 4, end='FIN')
  File "<stdin>", line 1
    print(sep= '-', 1, 2, 3, 4, end='FIN')
                    ^
SyntaxError: positional argument follows keyword argument
>>>
```

Como hemos visto en el ejemplo, cuando llamamos a la función, debemos proporcionar los argumentos con clave en la forma **clave = valor**. Los argumentos con clave se pueden proporcionar en cualquier orden (no necesariamente el que se indica en la documentación de la función); la única restricción es que los argumentos con clave siempre tendrán que proporcionarse después de los posicionales, si los hay.

Otras funciones tienen argumentos que pueden ser posicionales o con clave. Por ejemplo, por defecto, la función **pow()** usa su primer argumento como base y el segundo como exponente. Para la función constructora **complex()**, el primer argumento proporcionado es la parte real y el segundo, la parte imaginaria del número complejo que construye:

```
>>> pow(2, 5)
32
>>> complex(2, 5)
(2+5j)
>>>
```

Como hemos dicho, la forma de saber si una función tiene argumentos posicionales o con clave (o permite ambas alternativas) es consultar la documentación. Así, si usamos la función **help()** para obtener información sobre **pow()**:

```
>>> help(pow)
Help on built-in function pow in module builtins:
```

```
pow(base, exp, mod=None)
    Equivalent to base**exp with 2 arguments or base**exp % mod with 3
    ↪  arguments

    Some types, such as ints, are able to use a more efficient
    ↪  algorithm when
    invoked using the three argument form.

>>>
```

Vemos que se especifican claves para los argumentos de la función. Puesto que las funciones **pow()** y **complex()** dan nombres a sus argumentos (y no aparece el símbolo / en la lista de parámetros), podemos alterar el orden en que los proporcionamos en la llamada si especificamos sus claves:

```
>>> complex(imag = 5, real = 2)
(2+5j)
>>> pow(exp = 5, base = 2)
32
>>>
```

Sin embargo, al consultar la ayuda sobre **print()**:

```
>>> help(print)
Help on built-in function print in module builtins:

print(...)
    print(value, ..., sep=' ', end='\n', file=sys.stdout, flush=False)

    Prints the values to a stream, or to sys.stdout by default.
    Optional keyword arguments:
    file:  a file-like object (stream); defaults to the current
    ↪  sys.stdout.
    sep:   string inserted between values, default a space.
    end:   string appended after the last value, default a newline.
    flush: whether to forcibly flush the stream.

>>>
```

Vemos que la documentación indica que la función admite múltiples valores, pero no les da nombre (algo normal, dado que el número de argumentos es variable). Obsérvese que también se especifica que tiene cuatro argumentos opcionales con clave (después de los argumentos posicionales).

En resumen, argumentos posicionales y con clave se combinan en las funciones dando la posibilidad de realizar distintas formas de llamar a la función. Por ejemplo, la función **sum()** tiene un argumento solamente posicional y un argumento con clave opcional. Veámoslo en la ayuda:

```
>>> help(sum)
Help on built-in function sum in module builtins:

sum(iterable, /, start=0)
    Return the sum of a 'start' value (default: 0) plus an iterable of
    ↪   numbers

    When the iterable is empty, return the start value.
    This function is intended specifically for use with numeric values
    ↪   and may reject non-numeric types.

>>>
```

Como ya indicamos, el carácter de la barra de división (/) nos indica que los argumentos que hay a su izquierda son posicionales, mientras que los que hay a su derecha son argumentos posicionales o con clave. En el caso de **sum()**, el objeto iterable cuyos ítems se quieren sumar debe ser obligatoriamente el primer argumento de la llamada. Veremos más sobre este tema al aprender a definir funciones, en la siguiente sección, incluyendo cómo especificar argumentos solamente con clave.

Ausencia de argumentos: valores por defecto en los parámetros

Los parámetros pueden tener valores por defecto definidos en la función, de forma que pueden no proporcionarse en la llamada, en cuyo caso toman ese valor por defecto. Estos valores por defecto siempre se especifican en la documentación de la función.

Por ejemplo, la función **print()**, que hemos consultado antes, tiene varios parámetros con clave que tienen valores por defecto. En concreto, si no se especifica un separador (parámetro **sep**), su valor por defecto será el espacio en blanco (' ') y si no se especifica un terminador (parámetro **end**), su valor por defecto será el salto de línea ('\n'). De la misma forma, la función **sort()** tiene un parámetro **reverse**, que permite especificar si se quieren ordenar los valores en orden decreciente (**reverse = True**). El valor por defecto es **False**, que corresponde a una ordenación creciente:

```
>>> print(1, 2, 3, 4)  # sep y end toman valores por defecto
1 2 3 4
>>> print(1, 2, 3, 4, sep= '#')
1#2#3#4
>>> sorted(range(10))  # reverse toma valor por defecto (False)
[0, 1, 2, 3, 4, 5, 6, 7, 8, 9]
>>> sorted(range(10), reverse=True)
[9, 8, 7, 6, 5, 4, 3, 2, 1, 0]
>>>
```

En esta primera sección hemos aprendido a usar funciones invocándolas. Hemos visto que las funciones en Python ofrecen una enorme flexibilidad a la hora de permitir proporcionarles los datos que necesitan para su funcionamiento.

En definitiva, para usar una función, solo tenemos que saber:

- Qué argumentos recibe.

- Qué valores devuelve.

Cuando nuestro código incluye una llamada a la función y la ejecución alcanza la llamada, el flujo de ejecución se transfiere a la función, cuyo código realiza un cálculo o desarrolla una tarea a partir de los valores proporcionados como argumentos. Cuando termina la ejecución del código de la función, devolviendo, en su caso, la referencia a un objeto, el flujo de ejecución vuelve a nuestro código, justo en el punto en el que lo dejó antes de la llamada.

En la siguiente sección aprenderemos a definir nuestras propias funciones. Tendremos que familiarizarnos con la sintaxis que rige la definición de una función, los mecanismos para especificar los argumentos con los que se puede llamar a la función y la herramienta necesaria para devolver valores, la sentencia **return**.

7.2 Definición de funciones

La estructura general de la definición de una función es la siguiente:

```
def <nombre>"("<parámetros>")": <bloque>
```

en la que podemos diferenciar dos partes:

- La **cabecera de la función**, en la que se especifica el nombre de la función y los parámetros (los datos de entrada) que espera.

- El **cuerpo de la función**, que es un bloque de código (sujeto a las habituales apreciaciones sobre sangrado) que contiene las sentencias que se ejecutarán cada vez que se haga una llamada a la función.

La cabecera de la función comienza siempre con la palabra reservada **def**, seguida del nombre que se vincula con la función y, entre paréntesis, una lista de los parámetros esperados separados por comas. La cabecera debe terminar siempre con el símbolo de dos puntos (`:`).

El cuerpo de la función está formado por una o más sentencias. Debemos destacar varias cuestiones importantes:

- El bloque correspondiente al cuerpo de la función está sujeto a las normas de sangrado habituales que ya hemos explicado para las estructuras de control en el capítulo anterior.

- En estas sentencias se hará uso de los parámetros especificados en la cabecera. Debemos ser conscientes de que estos parámetros no son sino nombres que hacen referencia a objetos y que la vinculación entre nombres y objetos, como veremos, se hace al llamar a la función.

- La ejecución de la función terminará cuando se hayan ejecutado todas las sentencias del cuerpo o cuando se ejecute una sentencia **return** (la estudiaremos a continuación). En ambos casos, la función termina y el flujo de ejecución vuelve a la sentencia que hizo la llamada.

Tal y como indicábamos al inicio del capítulo, llamamos **parámetros** a los nombres especificados en la cabecera de la función, para diferenciarlos de los **argumentos**, que son los datos proporcionados por el programador cuando la invoca. La terminología adoptada es diferente en cada lenguaje de programación[3].

Diseñemos nuestra primera función:

```python
def division(dividendo, divisor):
    resultado = dividendo / divisor
    print(resultado)
```

En este *script* estamos definiendo una función **division()** que recibe dos parámetros, calcula el resultado de aplicarles el operador **/** e imprime el valor del objeto creado. Obsérvese que podemos ser más breves, imprimiendo directamente el objeto creado por el operador, sin necesidad de crear un nombre, que, al fin y al cabo, no sirve de nada en este caso:

```python
def division(dividendo, divisor):
    print(dividendo / divisor)
```

Si ejecutamos este *script* (cualquiera de las dos versiones), observaremos que no se produce ninguna salida: la definición de una función no implica su ejecución. Para que se ejecute el código de la función es necesario que se haga una llamada a la función. Cuando el intérprete de Python ejecuta la definición de una función lo que hace es precisamente eso, definir una función: crea un objeto de la clase **function** y lo asocia a un nombre que se añade al espacio de nombres de nuestro programa. A partir de ese punto del *script* Python, el nombre estará definido en el espacio de nombres y se podrán hacer llamadas a la función, que serán las que provoquen que se ejecute el código de la función:

---

[3]La forma más general (independiente del lenguaje) de hacer referencia a ellos es llamarles parámetros formales (los que aparecen en la definición de la función) y parámetros actuales (los que se incluyen en una llamada a la función). El término parámetro actual es una pésima traducción calco del inglés *actual parameter*, que debería haberse traducido como parámetro real, pero que se ha acuñado en la comunidad informática hispanohablante con el paso de los años.

```
1  def division(dividendo, divisor):
2      print(dividendo / divisor)
3
4  division(6, 5)
5  valor1 = 6
6  valor2 = 5
7  division(valor1, valor2)
```

```
1.2
1.2
```

En este *script* hemos invocado dos veces la función, usando en la primera llamada los literales **6** y **5**, y en la segunda los nombres **valor1** y **valor2**, vinculados a los mismos valores. Obsérvese que hemos seguido la recomendación de la PEP 8 de dejar una línea en blanco después del cuerpo de la función.

Antes de continuar, recordemos que, por defecto, los argumentos de la llamada pueden ser posicionales, como en el ejemplo anterior, o con clave:

```
1  def division(dividendo, divisor):
2      print(dividendo / divisor)
3
4  division(divisor = 5, dividendo = 6)
```

```
1.2
```

lo que nos permite proporcionar los argumentos en un orden diferente al que se han especificado los parámetros en la cabecera de la función. Esta es una de las muchas razones por las que es importante adquirir el buen hábito de elegir nombres representativos para los parámetros de una función.

7.2.1 Dónde definir nuestras funciones

La ubicación de la definición de las funciones al comienzo del *script* no es casual. Debemos saber que las funciones se añaden al espacio de nombres correspondiente al segmento de código en el que se encuentra la definición de la función en el mismo momento que se definen. Así, por ejemplo, si situamos la llamada a la función por delante de su definición se produce una excepción generada por un **NameError**:

```
1  saluda('Giskard')
2
3  def saluda(nombre):
4      print(f'Hola, {nombre}')
```

```
Traceback (most recent call last):
  File "....py", line 1, in <module>
    saluda('Giskard')
NameError: name 'saluda' is not defined
```

El motivo es que cuando se ejecuta la línea 1 del *script*, en la que se hace la llamada a la función, aún no existe el nombre **saluda**. Corregimos el *script*:

```
1  def saluda(nombre):
2      print(f'Hola, {nombre}')
3
4  saluda('Giskard')
```

```
Hola, Giskard
```

7.2.2   Reglas de ámbito: espacios de nombres

Recordemos que ya en la sección 2.5.4 hablamos de los espacios de nombres nativo y global, que se crean al comenzar a ejecutar un *script*.

Cada vez que el intérprete de Python ejecuta una función, crea un **espacio de nombres local** que perdura durante la ejecución de la función. En este espacio de nombres se incorporan, además de los nombres de los parámetros, los distintos nombres que el programador cree en el bloque de código correspondiente al cuerpo de la función.

Estos espacios de nombres locales permiten definir nombres locales que coincidan con otros del espacio de nombres global, el que se crea al nivel del *script* que estamos ejecutando. Estos dos nombres serán independientes y pueden hacer referencia a objetos diferentes. Por lo tanto, podremos crear dentro de una función nombres totalmente independientes del resto del programa, que se eliminarán al finalizar la ejecución de la función.

Este comportamiento favorece la reusabilidad cuando se desarrollan funciones al no haber interdependencia entre los nombres de la función y los del programa principal. Veamos un ejemplo:

```
1  def division(dividendo, divisor):
2      resultado = dividendo / divisor
3      print(resultado)
4
5  resultado = sum(list(range(10)))
6  division(10, 3)
7  print(resultado)
```

```
3.3333333333333335
45
```

Hemos definido **resultado** dentro del espacio de nombres local de la función, cuyo uso no colisiona con el identificador homónimo del espacio de nombres global. Ambos conviven en diferentes espacios de nombres. En el programa principal, solo existe el nombre definido a ese nivel mientras que, en la función, el nombre local tiene precedencia sobre el global, evitando la colisión.

Obsérvese que esta jerarquía de espacios de nombres (nativo, global y local) implica un fenómeno de ocultamiento de información. Así, si ejecutamos el siguiente *script*:

```
1  def mi_funcion():
2      valor_local = 20
3      print(valor_local)
4
5  mi_funcion()
6  print(valor_local)
```

```
20
Traceback (most recent call last):
  File "....py", line 6, in <module>
    print(valor_local)
NameError: name 'valor_local' is not defined
```

se genera una excepción provocada por un **NameError** al intentar hacer uso del nombre **valor_local** desde el bloque principal del *script*. Puesto que se define dentro del cuerpo de la función, este nombre solamente se conoce en su espacio de nombres local. Veamos un ejemplo similar que involucra en este caso la definición de funciones:

```
1  def funcion_a():
2      print('Se ejecuta la función A')
3
4      def funcion_b():
5          print('Se ejecuta la función B')
6
7      funcion_b()
8
9  funcion_a()
10 funcion_b()
```

```
Se ejecuta la función A
Se ejecuta la función B
Traceback (most recent call last):
  File "....py", line 10, in <module>
```

```
    funcion_b()
NameError: name 'funcion_b' is not defined
```

Como en el ejemplo anterior, se genera una excepción provocada por un **NameError** porque la función **funcion_b()** se conoce únicamente en el espacio de nombres local de **funcion_a()**. Esta práctica podría tener sentido si quisiéramos ocultar la existencia de alguna función auxiliar que usemos en una función de mayor nivel pero, teniendo en cuenta que una de las grandes ventajas de las funciones es su reusabilidad, la práctica habitual es definir todas las funciones al mismo nivel y al comienzo del *script*, para que tengan la máxima visibilidad:

```python
1  def funcion_a():
2      print('Se ejecuta la función A')
3      funcion_b()
4
5  def funcion_b():
6      print('Se ejecuta la función B')
7
8
9  funcion_a()
10 funcion_b()
```

```
Se ejecuta la función A
Se ejecuta la función B
Se ejecuta la función B
```

Como vemos, ahora conocemos y podemos invocar las dos funciones desde el cuerpo principal del *script*. Nótese que en la línea 3, dentro del cuerpo de **funcion_a()**, se invoca a **funcion_b()**, aunque la definición de esta última función es posterior. Esto no plantea problema ya que la invocación de **funcion_a()** se realiza en la línea 9, cuando ya se conoce la definición de **funcion_b()**. En cualquier caso, en pro de la legibilidad del código de nuestros *scripts*, es conveniente definir las funciones antes de su primer uso.

El código de una función no se limita a usar los nombres del espacio de nombres local, sino que puede hacer referencia a cualquier identificador creado en los espacios de nombres global o nativo. Mientras que poder hacer referencia a nombres nativos de Python resulta razonable, no es el mismo caso con los nombres del espacio de nombres global. Esta última práctica conlleva unos efectos colaterales de la ejecución del código de la función que pueden resultar muy nocivos. Veamos un ejemplo muy sencillo:

```python
1  def division():
2      print(valor1 / valor2)
3
4  valor1 = 6
5  valor2 = 5
```

```
6
7  division()
```

```
1.2
```

Como podemos ver, el código de la función hace referencia a **valor1** y **valor2**, que son dos nombres definidos en el espacio de nombres global. Esta es una característica poco deseable de Python, ya que el paradigma de programación modular recomienda que cualquier transferencia de datos entre un programa y una función se haga a través de argumentos y parámetros, y no mediante mecanismos colaterales, como es la compartición de espacios de nombres. Aunque el lenguaje lo permita, debemos evitar esta práctica, ya que da lugar al desarrollo de funciones que son mucho menos reutilizables (en nuestro caso, la función requiere para su funcionamiento que en el segmento de código que la invoca se hayan definido esos dos nombres), y cuyo mantenimiento y revisión son difíciles.

7.2.3 Devolución de objetos y finalización de la ejecución con `return`

Hemos visto en la sección 7.1.1 que se pueden definir funciones que devuelven referencias a objetos. Sin embargo, los ejemplos de definición de funciones que hemos utilizado para ilustrar los conceptos que hemos visto hasta ahora no realizaban la devolución de ningún objeto. Para entender cómo hacer que una función devuelva una referencia a un objeto, debemos conocer la sentencia **return**. Aclaremos, antes de nada, que la sentencia **return** es imprescindible para hacer que una función devuelva un objeto, pero que este no es su único efecto. La sintaxis de la sentencia **return** es muy sencilla:

```
return [<expresión>]
```

La ejecución de **return** tiene dos consecuencias:

- Devuelve una referencia al objeto generado por la expresión que la sigue. Si no hay expresión, la sentencia **return** devolverá **None**.

- Hace que se devuelva el flujo de ejecución a la sentencia que hizo la llamada a la función, lo que hace que termine la ejecución de la función.

  En el caso de las funciones que no devuelven un objeto (mejor dicho, que devuelven **None**), no es necesario que se incluya una sentencia **return** al final del cuerpo de la función, ya que el flujo de ejecución vuelve a la sentencia que hizo la llamada de forma automática cuando se ejecutan todas las sentencias del cuerpo.

Así, podemos redefinir la función **division()** de manera que, en lugar de imprimir el resultado, lo devuelva, dando libertad al código que invoca la función para hacer con él lo que desee, pudiendo mostrarlo, almacenarlo, utilizarlo en una expresión compleja, etc.:

```python
1  def division(dividendo, divisor):
2      return dividendo / divisor
3
4  resultado = division(6, 5)
5  print(resultado)
6  valor1 = 6
7  valor2 = 5
8  print(division(valor1, valor2))
9  resultado = division(valor1, valor2) + division(3, 4)
10 print(resultado)
```

```
1.2
1.2
1.95
```

La sentencia **return** devuelve la referencia al objeto que ha generado el operador
/. Como podemos ver, la llamada a la función ahora es diferente: puesto que devuelve
un objeto, podemos usarla en una asignación o, en general, en cualquier expresión.

Devolución de más de un objeto

A diferencia de otros lenguajes de programación, la sentencia **return** de Python
puede devolver varias referencias de una forma muy sencilla. Por ejemplo, la función
nativa **divmod()** hace uso de esta posibilidad, devolviendo el cociente y el resto de la
división entera. Podemos hacer nuestra propia versión de **divmod**:

```python
1  def mi_divmod(dividendo, divisor):
2      cociente = dividendo // divisor
3      resto = dividendo % divisor
4      return cociente, resto
5
6  resultado = mi_divmod(26, 4)  # resultado es una tupla
7  print(f'Cociente: {resultado[0]} Resto: {resultado[1]}')
8  # Desempaquetamos la tupla devuelta
9  cociente, resto = mi_divmod(26, 4)  # cociente y resto son numéricos
10 print(f'Cociente: {cociente} Resto: {resto}')
```

```
Cociente: 6 Resto: 2
Cociente: 6 Resto: 2
```

Para devolver varios objetos, solo tenemos que separarlos con comas en la expresión
que sigue a **return**. Obsérvese que lo que estamos haciendo es construir una tupla
(recordemos que la coma es el elemento constructor de tuplas) y devolver esa tupla.
Podemos recibir las referencias devueltas por la función de dos maneras: en la primera
alternativa (línea 6), el nombre **resultado** se vincula con la tupla devuelta y podremos

acceder a sus dos ítems. En la segunda (línea 9), **cociente** recibe la referencia al primer ítem y **resto**, la referencia al segundo, ya que estamos desempaquetando la tupla en la asignación.

Veamos otro ejemplo en el que resulta útil la devolución de varios objetos por parte de una función. Vamos a diseñar una función que calcule las coordenadas polares de un punto del plano a partir de sus coordenadas cartesianas:

```python
def coordenadas_polares(x, y):
    from math import atan2
    radio = (x**2 + y**2)**(1/2)
    angulo = atan2(y, x)
    return radio, angulo

x, y = 12, 5
r, theta = coordenadas_polares(x, y)
print(f'El punto ({x}, {y}) tiene '
      f'coordenadas polares ({r:.2f}, {theta:.2f})')
```

```
El punto (12, 5) tiene coordenadas polares (13.00, 0.39)
```

Naturalmente, el número de valores devueltos no está limitado, puesto que podemos construir una tupla con el número de objetos que deseemos.

7.2.4 Documentación de funciones

Cuando la primera línea del cuerpo de una función es un literal de la clase **str**, se le denomina *docstring*. Los *docstrings* se utilizan para proporcionar la documentación de una función.

El *docstring* de una función debe incluir información sobre el objetivo de la función, los argumentos que acepta, el valor que devuelve, y cualquier otra información que consideremos relevante para el usuario de la función. Veamos un ejemplo:

```python
def max_min(coleccion):
    """Devuelve el máximo y el mínimo del iterable coleccion"""
    return max(coleccion), min(coleccion)

maximo, minimo = max_min(range(10))
print(maximo, minimo)
```

Aunque se puede usar cualquier mecanismo de construcción de *strings* (comillas simples o dobles), la PEP 8 recomienda por convención usar triples comillas dobles (**"""**) para construir los *docstrings*.

Si nuestra función requiere una documentación más extensa, podemos usar un *docstring* multilínea:

```python
def division(dividendo, divisor):
    """Devuelve la división del primer argumento entre el segundo

    Argumentos con clave:
    dividendo: dividendo de la operación
    divisor: divisor de la operación

    divisor debe ser distinto de 0.
    En otro caso, se generará un ZeroDivisionError
    """

    return dividendo / divisor
```

De esta forma que podemos usar la función **help()** en la consola para consultar información sobre ambas funciones:

```
>>> help(max_min)
Help on function max_min in module __main__:

max_min(coleccion)
    Devuelve el máximo y el mínimo de los ítems de un objeto iterable

>>> help(division)
Help on function division in module __main__:

division(dividendo, divisor)
    Devuelve la división del primer argumento entre el segundo

    Argumentos con clave:
    dividendo: dividendo de la operación
    divisor: divisor de la operación

    divisor debe ser distinto de 0.
    En otro caso, se generará un ZeroDivisionError

>>>
```

Obsérvese que los *docstrings* no tienen ningún efecto cuando se ejecuta la función. Sin embargo, al crearse el objeto **function**, el contenido del *docstring* se almacena en una propiedad del objeto, el atributo especial **.__doc__**, que es el que se consulta cuando se invoca la función **help()** y se le proporciona como argumento el nombre de la función definida, como hemos hecho en el ejemplo anterior.

7.2.5 Generación de excepciones: la sentencia `raise`

Cuando definimos una función, debemos considerar que hay múltiples circunstancias que pueden impedir la normal terminación de la función, de forma que no pueda realizar la tarea encomendada o devolver el valor o valores requeridos.

Si nuestra función se encarga de leer información de alguna fuente externa (el teclado, un archivo, una conexión de red), esa fuente puede dejar de estar disponible o la información leída puede tener un formato inadecuado. Si la función debe realizar un cálculo, puede que los argumentos proporcionados en la llamada no cumplan las precondiciones[4] establecidas en la documentación, imposibilitando la realización de las operaciones requeridas.

Para ilustrar esta cuestión podemos retomar el problema de la solución de un sistema de dos ecuaciones lineales con dos incógnitas, un problema que ya hemos resuelto en el capítulo anterior y al que ahora queremos dar forma de función para favorecer su reutilización. Lo normal es que la función devuelva dos valores, correspondientes a x e y. Pero ya sabemos que el sistema no siempre es compatible determinado. En caso de que sea compatible indeterminado o incompatible, ¿qué valores debemos devolver? ¿Cómo hacer saber al programador usuario de la función que el sistema no tiene una solución única, que tiene infinitas soluciones o que no tiene solución?

Como vimos en la sección 6.8, Python nos proporciona las excepciones como herramienta para señalizar que se ha producido un error en tiempo de ejecución. Aprendimos a gestionarlas, observando que muchas funciones de la biblioteca estándar las generan en función de los argumentos proporcionados en la llamada.

Ahora somos nosotros los que estamos diseñando funciones y podemos a aprender a generar excepciones, siguiendo la filosofía general del lenguaje, de manera que tengamos un medio de comunicación específico para indicarle al programador usuario de la función la existencia de una situación anómala. El objetivo no es resolver la situación problemática, sino notificarla para que el código que hace uso de nuestra función pueda resolverla y, eventualmente, volver a llamar a la función con argumentos adecuados.

La sintaxis de la sentencia **`raise`** es muy simple:

```
raise [<expresión>]
```

Sin embargo, su funcionamiento no lo es tanto. De hecho, nos vamos a limitar a estudiar su uso más elemental, en el que únicamente generamos una nueva excepción[5].

---

[4]Una de las formas de realizar la especificación semántica de una función es documentarla proporcionando precondiciones y postcondiciones. Las precondiciones son las condiciones que deben cumplirse antes de comenzar la ejecución de la función. Las postcondiciones son las condiciones que se garantiza que se cumplirán después de la ejecución si se cumplen las precondiciones de la función. Obsérvese que si no se cumplen las precondiciones de la función (que normalmente se refieren a los argumentos proporcionados en la llamada), el comportamiento de la función está indefinido. De esta forma, establecidas las reglas de uso de la función por parte del programador que la diseñó, es responsabilidad del programador que la use el cumplimiento de las precondiciones.

[5]Descartamos discutir en este libro, por su alcance, otros usos de **`raise`** como aquellos en los que permite el relanzamiento o el encadenamiento de excepciones. Se pueden encontrar información adicional sobre

En este caso, la palabra reservada **raise** siempre viene seguida de una expresión que hace referencia a una clase excepción (alguna subclase de **BaseException**) o a un objeto de una clase excepción.

Podemos revisar las funciones definidas en la sección anterior para que gestionen posibles errores:

```python
def max_min(coleccion):
    """Devuelve el máximo y el mínimo del iterable coleccion"""
    if len(coleccion)==0:
        raise ValueError('Llamada a max_min() con una colección vacía')
    else:
        return max(coleccion), min(coleccion)

entrada_valida = False
while not entrada_valida:
    try:
        mensaje = 'Introduzca una serie de valores enteros: '
        valores = [int(valor) for valor in input(mensaje).split()]
        entrada_valida = True
    except ValueError:
        print('Error, deben ser valores enteros')

try:
    maximo, minimo = max_min(valores)
    print(f'El máximo de la colección es {maximo} y el mínimo, {minimo}')
except ValueError as ex:
    print(f'Error: {ex}')
```

```
Introduzca una serie de valores enteros: 1 2 3 4.5
Error, deben ser valores enteros
Introduzca una serie de valores enteros: 1 2 3 4 -1
El máximo de la colección es 4 y el mínimo, -1
```

```
Introduzca una serie de valores enteros:
Error: Llamada a max_min() con una colección vacía
```

Como vemos en los ejemplos de ejecución, gestionamos excepciones en dos contextos diferentes. En primer lugar, hemos construido un filtro de entrada para garantizar que los datos proporcionados son valores enteros. Por otro lado, usamos la sentencia **try** para controlar si la función **max_min()** ha generado una excepción, lo que sucederá si le hemos proporcionado una colección vacía. Como vemos, el objeto excepción creado se ha inicializado con un mensaje personalizado que podemos capturar y gestionar en la sentencia **try**.

---

estos temas en https://docs.python.org/3/reference/simple_stmts.html#the-raise-statement y en https://docs.python.org/3/tutorial/errors.html.

```python
1  def division(dividendo, divisor):
2      """Devuelve la división del primer argumento entre el segundo
3
4      Argumentos con clave:
5      dividendo: dividendo de la operación
6      divisor: divisor de la operación
7
8      divisor debe ser distinto de 0.
9      En otro caso, se generará un ValueError
10     """
11
12     if divisor !=  0:
13         return dividendo / divisor
14     else:
15         raise ValueError
16
17 # Podemos usar la función normalmente:
18 print(division(3, 5))
19
20 # Filtro de entrada para leer los dos valores numéricos
21 entrada_valida = False
22 while not entrada_valida:
23     try:
24         mensaje = 'Escriba dos valores: '
25         a, b = [float(valor) for valor in input(mensaje).split()]
26         entrada_valida = True
27     except:
28         print('Error en la entrada de valores')
29
30 # Podemos usar la sentencia try-except para gestionar posibles errores:
31 try:
32     print(division(a, b))
33 except ValueError:
34     print('Error. El denominador no puede ser 0')
35
```

```
0.6
Escriba dos valores: 5 2
2.5
```

```
0.6
Escriba dos valores: 5 0
Error. El denominador no puede ser 0
```

En este segundo ejemplo, la función genera una excepción, pero no particulariza el objeto de la clase **ValueError** que crea. Obsérvese que, como hacíamos con cualquier función nativa de la biblioteca estándar de Python, podemos elegir entre gestionar o no las posibles excepciones generadas por la función.

Si, como propusimos antes, retomamos la solución del sistema de dos ecuaciones lineales con dos incógnitas mediante la regla de Cramer, podemos diseñar la siguiente función:

```python
def ecuacion_2_grado(a1, b1, c1, a2, b2, c2):
    """Resuelve el sistema de ecuaciones
       a1x + b1y = c1
       a2x + b2y = c2
    si es compatible determinado (tiene solución única).
    En caso contrario, lanzará una excepción generada por un ValueError.
    """

    delta = a1 * b2 - b1 * a2
    deltax = c1 * b2 - b1 * c2
    deltay = a1 * c2 - c1 * a2

    if delta != 0:
        return deltax / delta, deltay / delta
    elif deltax == 0 and deltay == 0:
        raise ValueError('Sistema compatible indeterminado')
    else:
        raise ValueError('Sistema incompatible')
```

que hemos diseñado de forma que si el sistema es compatible determinado, devuelve los valores de x e y, mientras que si es compatible indeterminado o incompatible, generará una excepción provocada por un **ValueError** que ha sido personalizado para cada caso.

En realidad, podemos lanzar una excepción en cualquier punto de código (incluso en el cuerpo principal de nuestro *script*), pero el lugar donde tiene más sentido la generación de excepciones es en el cuerpo de una función, porque siempre hay un código, el que realiza la llamada, que puede, si lo desea, gestionar las excepciones que eventualmente puedan producirse.

Debemos ser conscientes, en cualquier caso, de que tanto la sentencia **raise**, como la sentencia **return** son sentencias que, además de realizar una tarea (generar una excepción o devolver valores, respectivamente) tienen un efecto adicional: terminan la ejecución de nuestras funciones.

7.2.6 Correspondencia entre argumentos y parámetros

Hemos dejado pendiente hasta ahora una cuestión muy importante: la correspondencia entre los argumentos de la llamada a la función y los parámetros de su cabecera. Aunque somos capaces de entender de forma intuitiva su funcionamiento, es básico que comprendamos el mecanismo que establece esta correspondencia, muy especialmente cuando pasemos como argumentos referencias a objetos mutables.

Veamos un *script* en el que definimos y usamos dos funciones:

```
1  def saluda(nombre):
2      print(f'Hola, {nombre}')
3
4  def producto(valor1, valor2):
5      return valor1 * valor2
6
7  saluda('R. Giskard')
8  a = 3
9  b = 5
10 print(f'{a} * {b} = {producto(a, b)}')
```

```
Hola, R. Giskard
3 * 5 = 15
```

Python utiliza un sistema sustancialmente diferente a otros lenguajes de programación para establecer la correspondencia entre argumentos y parámetros en cada llamada a la función, que podemos denominar **paso de parámetros por asignación**. Al realizar la llamada, el nombre declarado como parámetro se vincula con el objeto pasado como argumento. El efecto es el mismo que si se hubiera hecho una asignación del argumento sobre el parámetro. Este proceso se repite para cada uno de los parámetros de la llamada. En nuestro ejemplo:

- Al hacer la llamada de la línea 7, antes de transferir el flujo de ejecución a la función, se vincula el parámetro **nombre** con el objeto que se ha creado para contener el literal **'R. Giskard'**. Así, cuando ejecutemos el cuerpo de la función y usemos **nombre**, estaremos haciendo referencia al objeto original.

- Al hacer la llamada de la línea 10, antes de ejecutar el cuerpo de la función, se vincula **valor1** con el objeto al que hace referencia el nombre **a** y **valor2** con el objeto al que hace referencia **b**.

Un parámetro, múltiples argumentos

Puesto que la vinculación entre argumentos y parámetros se realiza en cada llamada, veamos qué sucede si hacemos dos (o más) llamadas a una misma función:

```
1  def maximo(valor1, valor2):
2      return valor1 if valor1 > valor2 else valor2
3
4  a = 3
5  b = 5
6  print(f'Máximo: {maximo(a, b)}')
7  c = 4
8  d = 1
9  print(f'Máximo: {maximo(c, d)}')
```

```
Máximo: 5
Máximo: 4
```

Como vemos, cada llamada puede tener un conjunto diferente de argumentos, que se asignarán a los parámetros de la función. Puesto que el código del cuerpo de la función hace referencia a los parámetros, las referencias que estos reciban determinarán los resultados obtenidos al ejecutar la función.

Debemos tener claro que una función tendrá un único conjunto de parámetros (declarados al definir la función) y tantos conjuntos de argumentos como llamadas se hagan a la función (que se establecen en el momento de la llamada).

7.2.7 Especificación de parámetros

Hemos visto anteriormente la enorme flexibilidad de Python a la hora de invocar funciones, combinando argumentos posicionales, argumentos con clave e incluso listas de argumentos de longitud variable. Vamos a aprender ahora cómo especificar de qué tipo (posicionales, con clave, con valor por defecto o series de parámetros de longitud variable) son los parámetros de las funciones que definamos.

Recordemos que, cuando definimos los parámetros de una función, por defecto estamos permitiendo que las llamadas a la función utilicen parámetros posicionales o con clave, o incluso, combinar ambas posibilidades. Veamos un ejemplo:

```python
def precio_producto(kilos, producto, precio_por_kilo):
    print(f'{kilos} kilos de {producto} cuestan '
          f'{kilos * precio_por_kilo}€')

# Uso de argumentos posicionales
precio_producto(5, 'manzanas', 1.45)
# Uso de argumentos con clave
precio_producto(producto = 'manzanas', kilos = 5, precio_por_kilo = 1.45)
# Uso de argumentos posicionales y con clave
precio_producto(5, precio_por_kilo = 1.45, producto = 'manzanas')
```

```
5 kilos de manzanas cuestan 7.25€
5 kilos de manzanas cuestan 7.25€
5 kilos de manzanas cuestan 7.25€
```

Como vemos, las tres llamadas producen el mismo resultado, porque en todas se asignan los mismos valores a los parámetros. La única restricción que debemos respetar es que, cuando conviven en la llamada argumentos posicionales y argumentos con clave, los argumentos posicionales deben aparecer siempre antes que los argumentos con clave. Si añadimos la siguiente línea al final del *script*:

```
13  # Los argumentos posicionales no pueden estar
14  # a la derecha de un argumento con clave
15  precio_producto(5, precio_por_kilo = 1.45, 'manzanas')
```

se produce un **SyntaxError** que impide su ejecución:

```
Traceback (most recent call last):
  File "....py", line 15
    precio_producto(5, precio_por_kilo = 1.45, 'manzanas')
                                                         ^
SyntaxError: positional argument follows keyword argument
```

Parámetros solamente posicionales o solamente con clave

La cabecera de una función en Python puede tener la siguiente estructura:

```
def <nombre>"("<p1>, <p2>, /, <p_o_c1>, <p_o_c2>, *, <c1>, <c2>")":
```

donde los símbolos **/** y ***** son opcionales, y sirven para indicar la forma en la que se pueden pasar los argumentos en la llamada[6]:

- Si en la lista de parámetros no aparecen los símbolos **/** ni *****, entonces todos los argumentos se pueden pasar a la función por posición o con clave, según hemos visto anteriormente.

- Si en la lista de parámetros aparece el símbolo **/**, los parámetros a su izquierda serán solamente posicionales.

- Si en la lista de parámetros aparece el símbolo *****, todos los parámetros a su derecha permitirán el paso de argumentos solamente con clave.

- Los parámetros situados entre **/** y ***** tienen el comportamiento por defecto, permitiendo el paso de argumentos posicionales o con clave.

Veamos estas alternativas recogidas en un ejemplo. Por comodidad, definiremos la función en consola, para poder probar distintas formas (algunas erróneas) de llamar a la función:

```
>>> def funcion(a, b, /, c, d, *, e, f):
        print(f'a = {a}, b = {b}, c = {c}, d = {d}, e = {e}, f = {f}')
```

---

[6]Mientras que la especificación de parámetros solamente con clave se introdujo con Python 3 (a finales de 2008), el uso de **/** para especificar parámetros solamente posicionales no se incorporó hasta la versión 3.8 del lenguaje, en octubre de 2019.

```
>>> funcion(1, 2, 3, 4, 5, 6)  # e y f deben pasarse con clave
Traceback (most recent call last):
  File "<stdin>", line 1, in <module>
TypeError: funcion() takes 4 positional arguments but 6 were given
>>> funcion(a=1, b=2, c=3, d=4, e=5, f=6)  # a y b son solamente
↪  posicionales
Traceback (most recent call last):
  File "<stdin>", line 1, in <module>
TypeError: funcion() got some positional-only arguments passed as
↪  keyword arguments: 'a, b'
>>> funcion(1, 2, 3, 4, e=5, f=6)
a = 1, b = 2, c = 3, d = 4, e = 5, f = 6
>>> funcion(1, 2, c=3, d=4, e=5, f=6)
a = 1, b = 2, c = 3, d = 4, e = 5, f = 6
>>>
```

Como vemos, en esta función, los parámetros **a** y **b** admiten argumentos solamente posicionales, los parámetros **c** y **d** admiten tanto argumentos posicionales como con clave y los parámetros **e** y **f** admiten argumentos solamente con clave.

La siguiente función solo admite una llamada con tres argumentos pasados con clave. Podemos comprobar que el orden en el que se proporcionan los argumentos no es relevante:

```python
def volumen(*, ancho, alto, largo):
    print(f'Una caja de {ancho} de ancho, {largo} de largo y '
          f'{alto} de alto tiene un volumen de {ancho * largo * alto}')

volumen(largo = 2, ancho = 3, alto = 4)
volumen(ancho = 2, largo = 3, alto = 4)
volumen(alto = 4, ancho = 2, largo = 3)
volumen(2, 3, 4)
```

```
Una caja de 3 de ancho, 2 de largo y 4 de alto tiene un volumen de 24
Una caja de 2 de ancho, 3 de largo y 4 de alto tiene un volumen de 24
Una caja de 2 de ancho, 3 de largo y 4 de alto tiene un volumen de 24
Traceback (most recent call last):
  File "....py", line 8, in <module>
    volumen(2, 3, 4)
TypeError: volumen() takes 0 positional arguments but 3 were given
```

Vemos que el mensaje de error provocado por la última llamada nos aclara que la función no acepta parámetros posicionales.

Podemos diseñar también, por ejemplo, una función que construya una dirección web a partir de sus componentes, dando completa libertad en la llamada para proporcionar los distintos argumentos. El único requerimiento es que se proporcionen con clave:

```python
1  def construye_direccion(*, protocolo, servidor, path, página, ancla):
2      direccion = protocolo + '://' + servidor + '/' + \
3      path + '/' + página + '#' + ancla
4      # Alternativa usando f-strings
5      #direccion = f"{protocolo}://{servidor}/{path}/{página}#{ancla}"
6      return direccion
7
8  print(construye_direccion(protocolo = 'https',
9                            servidor = 'docs.python.org',
10                           path = '3/tutorial',
11                           página = 'controlflow.html',
12                           ancla = 'keyword-only-arguments'))
13 print(construye_direccion(página = 'controlflow.html',
14                           ancla = 'keyword-only-arguments',
15                           path = '3/tutorial',
16                           servidor = 'docs.python.org',
17                           protocolo = 'https'))
18 # Construimos un diccionario
19 componentes = {'protocolo': 'https',
20                'página': 'controlflow.html',
21                'servidor': 'docs.python.org',
22                'ancla': 'keyword-only-arguments',
23                'path': '3/tutorial'}
24 # y lo desempaquetamos en la llamada
25 print(construye_direccion(**componentes))
```

```
https://docs.python.org/3/tutorial/controlflow.html#keyword-only-arguments
https://docs.python.org/3/tutorial/controlflow.html#keyword-only-arguments
https://docs.python.org/3/tutorial/controlflow.html#keyword-only-arguments
```

Como vemos en la línea 25 del *script*, podemos usar el operador ****** para desempaquetar un diccionario, generando en la llamada a la función argumentos con clave a partir de las parejas ⟨clave, valor⟩ del diccionario. Nótese que las claves del diccionario deben ser cadenas de caracteres que se correspondan con los nombres de los parámetros.

Parámetros con valores por defecto

La especificación de un parámetro en la cabecera de la función puede tener la forma **parametro = valor**. En este caso, las llamadas a la función pueden omitir el argumento correspondiente y el parámetro tomará el valor especificado como valor por defecto.

En caso de convivir parámetros con y sin valor por defecto en una cabecera, los parámetros con valor por defecto deben aparecer al final de la lista de parámetros:

```python
1  def raiz(radicando, indice=2):
2      return radicando**(1/indice)
3
4  print(raiz(4))
5  print(raiz(4,2))
6  print(raiz(4,3))
```

```
2.0
2.0
1.5874010519681994
```

Podemos revisar la función **volumen()** para que permita omitir algunos de los argumentos en la llamada, de forma que si no se proporciona alguna de las dimensiones se le asigne un valor por defecto de 1:

```python
1  def volumen(*, ancho = 1, alto = 1, largo = 1):
2      print(f'Una caja de {ancho} de ancho, {largo} de largo y ' +
3             f'{alto} de alto tiene un volumen de {ancho * largo * alto}')
4
5  volumen(largo = 2, ancho = 3, alto = 4)
6  volumen(ancho = 2, largo = 3, alto = 4)
7  volumen(alto = 4, ancho = 2, largo = 3)
8  volumen(largo = 2, ancho = 3)
9  volumen(alto = 4)
10 volumen()
```

```
Una caja de 3 de ancho, 2 de largo y 4 de alto tiene un volumen de 24
Una caja de 2 de ancho, 3 de largo y 4 de alto tiene un volumen de 24
Una caja de 2 de ancho, 3 de largo y 4 de alto tiene un volumen de 24
Una caja de 3 de ancho, 2 de largo y 1 de alto tiene un volumen de 6
Una caja de 1 de ancho, 1 de largo y 4 de alto tiene un volumen de 4
Una caja de 1 de ancho, 1 de largo y 1 de alto tiene un volumen de 1
```

Listas de argumentos de longitud variable: *args y **kwargs

Si queremos, por ejemplo, definir una función que calcule la media de varios valores, nuestro primer intento podría ser el siguiente:

```python
1  def media(a, b, c):
2      return (a + b + c)/3
3
4  print(media(10, 7, 3))
```

```
6.666666666666667
```

Sin embargo, debemos darnos cuenta de que esta función solo sirve para calcular la media de tres valores. Naturalmente, podemos definir versiones para un número diferente de parámetros, pero las posibilidades son inabarcables y la repetición de código, inaceptable.

Podemos plantearnos diferentes alternativas para definir funciones que puedan trabajar con un número arbitrario de parámetros:

- La primera consiste en utilizar herramientas que ya conocemos. Podemos requerir que el usuario de la función "empaquete" los valores en una tupla o una lista y que pase ese objeto secuencia a la función como un único parámetro. En la función, recorreremos la secuencia para procesar los valores:

```python
1  # Función que devuelve la media de una secuencia numérica no vacía
2  def media(secuencia):
3      num_items = len(secuencia)
4      suma = 0
5      for valor in secuencia:
6          suma += valor
7      return suma/num_items
8  print(media((10, 7, 3)))   # Pasamos una tupla
9  print(media([10, 7, 3]))   # Pasamos una lista
```

```
6.666666666666667
6.666666666666667
```

Esta es la solución adoptada por la función nativa **sum()**.

- Otra opción, en muchos casos más elegante y cómoda para el programador usuario de la función, es la que usa el empaquetado de argumentos en una tupla que, como el lector recordará, podremos desempaquetar haciendo uso del símbolo asterisco (*), aunque en este caso precediendo al objeto que se quiere desempaquetar. Los argumentos (en un número *a priori* indeterminado) correspondientes de la llamada se empaquetan en una tupla a la que las sentencias del cuerpo de la función pueden hacer referencia mediante el nombre del parámetro:

```python
1  # Función que devuelve la media de una serie numérica no vacía
2  def media(*valores):   # valores es una tupla
3      num_items = len(valores)
4      suma = 0
5      for valor in valores:
6          suma += valor
7      return suma/num_items if num_items != 0 else 0
8  # Podemos incluir un número arbitrario de argumentos en la llamada
```

```
 9  print(media(10, 7, 3))
10  print(media(1, 2, 3, 4, 5, 6))
11  # Si los datos están en una secuencia, la desempaquetamos
12  datos = range(1, 101)   # rango
13  print(media(*datos))
14  lista = list(range(1, 101))   # lista
15  print(media(*lista))
```

```
6.666666666666667
3.5
50.5
50.5
```

Como vemos en el ejemplo, la función procesa cualquier conjunto de valores proporcionado en la llamada, sin requerir ningún procesamiento previo. Si, por el motivo que sea, los valores están almacenados en una tupla, un rango o una lista, resulta muy fácil proporcionárselos a la función desempaquetando la secuencia.

En la documentación oficial de Python y en muchos libros especializados se hace referencia a estos parámetros especiales que empaquetan los argumentos de la llamada en una tupla con el nombre genérico **`*args`**, aunque, naturalmente, es buena idea usar un nombre que resulte más representativo para el parámetro de nuestra función.

Es más, podemos combinar parámetros posicionales, series de parámetros de longitud variable y parámetros opcionales, consiguiendo así funciones sumamente flexibles, cuyo comportamiento viene determinado por cada llamada. La función **`print()`** es un ejemplo de ello, combinando una lista de parámetros de longitud variable con algunos parámetros solamente con clave que, además, son opcionales, ya que tienen valores por defecto.

Veamos un ejemplo en el que la función realiza la evaluación de un polinomio. El parámetro posicional, que debe ser el primero, permite asignar valor a x. La serie de longitud variable permite proporcionar los coeficientes de un polinomio de cualquier grado. Finalmente, el parámetro opcional sirve para indicar a la función si queremos imprimir el resultado especificando un prefijo:

```
 1  def evalua_polinomio(x, *coeficientes, prefijo=None):
 2      resultado = 0
 3      # Suponemos que los coeficientes se proporcionan
 4      # de menor a mayor grado. Por eso los invertimos,
 5      # para facilitar el cálculo
 6      for coeficiente in reversed(coeficientes):
 7          resultado = resultado * x + coeficiente
 8      # Si se proporciona prefijo en la llamada, se imprime
 9      # el resultado precedido por el prefijo proporcionado
10      if prefijo != None:
```

```
11          print(f'{prefijo}{resultado}')
12      # En cualquier caso, devuelve el resultado
13      return resultado
14
15  valor = evalua_polinomio(2, 1, -2, 3, 4)  # 1 -2x + 3x^2 + 4x^3 (x=2)
16  print(f'Valor: {valor}')
17  polinomio = (1, -2, 3, 4)  # 1 -2x + 3x^2 + 4x^3
18  print(evalua_polinomio(2, *polinomio))
19  evalua_polinomio(2, 1, -2, 3, 4, prefijo='p(2) = ')
20  evalua_polinomio(2, *polinomio, prefijo='Valor para x=2: ')
21  print(evalua_polinomio(3, 1, 0, 0 , 2))  # 1 + 2x^3 (x=3)
```

```
Valor: 41
41
p(2) = 41
Valor para x=2: 41
55
```

Cuando conviven series de argumentos de longitud variable con argumentos opcionales es obligatorio especificar en la llamada el nombre de los argumentos opcionales (si se proporcionan) para que el intérprete sepa dónde termina la serie variable de argumentos. Esto es, estos argumentos opcionales resultan ser argumentos solamente con clave, aunque, eso sí, opcionales.

Es importante observar que el mecanismo de ***args** sirve para procesar una serie de longitud indeterminada de parámetros posicionales. Si lo que queremos es procesar una serie de argumentos con clave de longitud indeterminada tendremos que usar ****kwargs**: al preceder un parámetro con dos asteriscos en la definición de la función, este se hará corresponder con una serie de argumentos con clave que se pasen en la llamada a la función. En el cuerpo de la función, el parámetro **kwargs** contendrá la referencia a un diccionario en el que las claves serán los nombres de los argumentos y cuyos valores serán los valores dados a esos argumentos en la llamada. Veamos un ejemplo muy sencillo:

```
1  def notas(**kwargs):
2      print('Calificaciones obtenidas:')
3      for nombre, nota in kwargs.items():
4          print(f'{nombre}: {nota}')
5      print(f'Nota media = {sum(kwargs.values())/len(kwargs):.2f}')
6
7  notas(Matemáticas = 7, Física = 8.5, Historia = 9, Química = 9.25)
8  notas(Programación = 6, Filosofía = 9.5, Música = 7)
9  notas(Inglés = 9.5, Lengua = 8.3)
```

```
Calificaciones obtenidas:
Matemáticas: 7
Física: 8.5
Historia: 9
Química: 9.25
Nota media = 8.44
Calificaciones obtenidas:
Programación: 6
Filosofía: 9.5
Música: 7
Nota media = 7.50
Calificaciones obtenidas:
Inglés: 9.5
Lengua: 8.3
Nota media = 8.90
```

Obsérvese que las claves del diccionario al que hace referencia **kwargs** son siempre *strings* (los nombres de los argumentos), mientras que los valores asociados pueden ser objetos de cualquier clase. Como podemos ver, el uso de ****kwargs** aporta flexibilidad a la función, ya que se puede invocar posicionando los argumentos con clave en el orden que se desee.

Podemos revisar la definición de **volumen()** usando un parámetro ****kwargs**. Naturalmente, el parámetro puede tener el nombre que deseemos; ****kwargs** (acrónimo de *keyword arguments*) no es más que el término usado en la literatura y en la documentación oficial de Python para referirse a estos parámetros especiales:

```python
def volumen(**dimensiones):
    ancho = dimensiones['ancho']
    alto = dimensiones['alto']
    largo = dimensiones['largo']
    print(f'Una caja de {ancho} de ancho, {largo} de largo y ' +
            f'{alto} de alto tiene un volumen de {ancho * largo * alto}')

volumen(largo = 2, ancho = 3, alto = 4)
volumen(ancho = 2, largo = 3, alto = 4)
volumen(alto = 4, ancho = 2, largo = 3)
volumen(ancho = 4)
```

```
Una caja de 3 de ancho, 2 de largo y 4 de alto tiene un volumen de 24
Una caja de 2 de ancho, 3 de largo y 4 de alto tiene un volumen de 24
Una caja de 2 de ancho, 3 de largo y 4 de alto tiene un volumen de 24
```

La función **volumen()** que hemos diseñado no hace ninguna comprobación de los argumentos proporcionados. Si el usuario proporciona menos (o más) de tres argumentos, o si los argumentos proporcionados no tienen las claves esperadas, el *script* puede no tener el funcionamiento deseado. Podemos incorporar una comprobación de errores fácilmente:

```python
def volumen(**dimensiones):
    parametros = ('alto', 'largo', 'ancho')
    if len(dimensiones) != 3:  # Deben proporcionarse 3 argumentos
        raise TypeError('Se requieren 3 parámetros con clave')
    else:
        for clave in dimensiones:  # Comprobamos los argumentos
            if clave not in parametros:
                raise TypeError(f'\'{clave}\' es un argumento '
                                'con clave inválido')

    ancho = dimensiones['ancho']
    alto = dimensiones['alto']
    largo = dimensiones['largo']
    print(f'Una caja de {ancho} de ancho, {largo} de largo y ' +
          f'{alto} de alto tiene un volumen de {ancho * largo * alto}')

try:
    volumen(largo = 2, ancho = 3, alto = 4)
except Exception as e:
    print(f'Error: {e}')

try:
    volumen(ancho = 2, largo = 3, alto = 4)
except Exception as e:
    print(f'Error: {e}')

try:
    volumen(alto = 4, ancho = 2, largo = 3)
except Exception as e:
    print(f'Error: {e}')

try:
    volumen(algo = 4, ancho = 2, largo = 3)
except Exception as e:
    print(f'Error: {e}')

try:
    volumen(alto = 4, ancho = 2)
except Exception as e:
    print(f'Error: {e}')
```

```
Una caja de 3 de ancho, 2 de largo y 4 de alto tiene un volumen de 24
Una caja de 2 de ancho, 3 de largo y 4 de alto tiene un volumen de 24
Una caja de 2 de ancho, 3 de largo y 4 de alto tiene un volumen de 24
Error: 'algo' es un argumento con clave inválido
Error: Se requieren 3 parámetros con clave
```

Como vemos, esta variante de **volumen()** controla las posibles situaciones de error en la llamada y genera , en su caso, una excepción acorde a ellas, de forma que el código usuario pueda gestionar la excepción generada.

Podemos diseñar otra variante de la función en la que los parámetros tengan valores por defecto (por concisión, en el código usuario de la función solo hemos procesado la excepción generada por la llamada final, que es la única errónea):

```python
def volumen(**dimensiones):
    parametros = {'ancho':1, 'largo':1, 'alto':1}  # Valores por defecto
    # Iteramos sobre los argumentos proporcionados en la llamada
    for clave in dimensiones:
        if clave not in parametros:  # Argumento no esperado
            mensaje = f'\'{clave}\' es un argumento con clave inválido'
            raise TypeError(mensaje)
        else:  # Argumento esperado
            parametros[clave] = dimensiones[clave]
    ancho = parametros['ancho']
    alto = parametros['alto']
    largo = parametros['largo']
    print(f'Una caja de {ancho} de ancho, {largo} de largo y ' +
        f'{alto} de alto tiene un volumen de {ancho * largo * alto}')

volumen(largo = 2, ancho = 3, alto = 4)
volumen(ancho = 2, largo = 3, alto = 4)
volumen(alto = 4, ancho = 2, largo = 3)
volumen(alto = 4, ancho = 2)
volumen()
volumen(ancho = 2)
volumen(alto = 2)
try:
    volumen(algo = 4, ancho = 2, largo = 3)
except Exception as e:
    print(f'Error: {e}')
```

```
Una caja de 3 de ancho, 2 de largo y 4 de alto tiene un volumen de 24
Una caja de 2 de ancho, 3 de largo y 4 de alto tiene un volumen de 24
Una caja de 2 de ancho, 3 de largo y 4 de alto tiene un volumen de 24
Una caja de 2 de ancho, 1 de largo y 4 de alto tiene un volumen de 8
Una caja de 1 de ancho, 1 de largo y 1 de alto tiene un volumen de 1
Una caja de 2 de ancho, 1 de largo y 1 de alto tiene un volumen de 2
Una caja de 1 de ancho, 1 de largo y 2 de alto tiene un volumen de 2
Error: 'algo' es un argumento con clave inválido
```

Y también vamos a rediseñar la función **construye_direccion()** para que recoja los argumentos con clave proporcionados en un diccionario tipo ****kwargs**:

```python
def construye_direccion(**kwargs):
    direccion = kwargs['protocolo'] + '://' + \
    kwargs['servidor'] + '/' + \
    kwargs['path'] + '/' + \
    kwargs['página'] + '#' + kwargs['ancla']
    # Alternativa usando f-strings
    #direccion = f"{kwargs['protocolo']}://{kwargs['servidor']}/" + \
    #            f"{kwargs['path']}/{kwargs['página']}#{kwargs['ancla']}"
    return direccion

print(construye_direccion(protocolo = 'https',
                          servidor = 'docs.python.org',
                          path = '3/tutorial',
                          página = 'controlflow.html',
                          ancla = 'keyword-only-arguments'))
print(construye_direccion(página = 'controlflow.html',
                          ancla = 'keyword-only-arguments',
                          path = '3/tutorial',
                          servidor = 'docs.python.org',
                          protocolo = 'https'))
# Construimos un diccionario
componentes = {'protocolo': 'https',
               'página': 'controlflow.html',
               'servidor': 'docs.python.org',
               'ancla': 'keyword-only-arguments',
               'path': '3/tutorial'}
# y lo desempaquetamos en la llamada
print(construye_direccion(**componentes))
```

```
https://docs.python.org/3/tutorial/controlflow.html#keyword-only-arguments
https://docs.python.org/3/tutorial/controlflow.html#keyword-only-arguments
https://docs.python.org/3/tutorial/controlflow.html#keyword-only-arguments
```

De forma análoga al caso de ***args**, podemos construir un diccionario y pasarlo como argumento a la función desempaquetándolo.

La biblioteca estándar de Python proporciona un amplio muestrario de variantes en la especificación de parámetros por parte de las funciones. Así, hay funciones como **sum()** o funciones constructoras de clases colección, como **tuple()** o **list()**, cuyo primer parámetro debe ser un objeto iterable. Otras funciones como **max()** y **min()** admiten un primer parámetro iterable que contenga los valores a analizar, pero también permiten, mediante el uso de un parámetro ***args**, proporcionar un número indeterminado de argumentos en la llamada. También la función **print()** merece atención, ya que combina una serie de longitud variable de parámetros posicionales (mediante un parámetro ***args**) con cuatro parámetros con clave y valores por defecto que permiten especificar opciones de funcionamiento.

7.3 Efectos de la mutabilidad de los argumentos

Ninguna de las funciones vistas hasta ahora intentan modificar los objetos proporcionados a través de los parámetros: simplemente los consultan para realizar la tarea deseada.

Pero debemos plantearnos también qué ocurre cuando el cuerpo de la función realiza una modificación del parámetro. Al fin y al cabo, no lo olvidemos, el parámetro es una referencia al objeto original pasado como argumento en la llamada.

Debemos observar que hay una importante diferencia dependiendo de si los argumentos pasados son referencias a objetos mutables o inmutables.

7.3.1 Paso de objetos inmutables como argumentos

Si el parámetro recibe la referencia a un objeto inmutable, precisamente por ser inmutable, el objeto no puede ser modificado. Consideremos el siguiente ejemplo:

```python
def cuadrado(valor):
    valor *= valor

x = 7
cuadrado(x)
print(x)
```

```
7
```

Vemos que la función, aunque se ejecuta sin problemas, no modifica el valor de **x**. Esto es lógico si tenemos en cuenta que los objetos de la clase **int** son inmutables, y que en la línea 2 lo que estamos haciendo es crear un nuevo objeto entero y vincular el nombre local **valor** a ese nuevo objeto. Pero en ningún momento hemos modificado **x**, que sigue haciendo referencia al objeto original. Teniendo esto en cuenta, debemos darnos cuenta de que el mecanismo adecuado para devolver un valor diferente es la sentencia **return**:

```python
def cuadrado(valor):
    valor *= valor
    return valor

x = 7
# Podemos mostrar el valor devuelto por la función
print(cuadrado(x))
# También podemos asignar el objeto devuelto
resultado = cuadrado(x)
print(resultado)
```

```
11  # O, incluso, podemos reasignar el identificador
12  x = cuadrado(x)
13  print(x)
```

```
49
49
49
```

Como vemos, la función devuelve la referencia al nuevo objeto creado. En el módulo principal del *script* podemos realizar diferentes acciones con la referencia devuelta:

- Usarla simplemente en una expresión (línea 7). Nótese que, al no asignarla a un nombre, perderemos la referencia al objeto creado en la función.

- Asignarla a un nombre (líneas 9 y 12), en cuyo caso podremos volver a utilizar el objeto devuelto por la función.

De hecho, ninguna de las dos versiones anteriores de la función **cuadrado()** tiene mucho sentido; ni siquiera la segunda, aunque funcione correctamente. Si lo que queremos es calcular el cuadrado del argumento proporcionado, no es necesario modificar el parámetro:

```
1  def cuadrado(valor):
2      return valor * valor
```

7.3.2 Paso de objetos mutables como argumentos

Cuando el objeto que se pasa como argumento a una función es mutable, la situación es muy diferente a la descrita en la sección anterior. Observemos el efecto de una misma función, dependiendo del tipo de objeto que se le pasa como argumento:

```
1   def doble(x):
2       x *= 2
3
4   entero = 5
5   print(entero, id(entero))
6   print(doble(entero))
7   print(entero, id(entero))
8   lista = list(range(5))
9   print(lista, id(lista))
10  print(doble(lista))
11  print(lista, id(lista))
```

```
5 140725082389048
None
5 140725082389048
[0, 1, 2, 3, 4] 2739633709312
None
[0, 1, 2, 3, 4, 0, 1, 2, 3, 4] 2739633709312
```

Como vemos, el operador de asignación aumentada `*=` tiene un comportamiento diferente con un objeto `int` (inmutable) que con un objeto `list` (mutable). En el primer caso, crea un nuevo objeto y reasigna el nombre. En el segundo, replica el contenido de la lista *in situ*, sin que esto suponga la creación de un nuevo objeto. Las consecuencias son evidentes: en un caso, el objeto original, referenciado por el nombre `entero`, no se ha visto alterado, mientras que en el otro, el objeto referenciado por `lista` se ha modificado. En los dos casos, como no hay una sentencia `return`, la función devuelve `None`.

Si queremos un comportamiento diferente por parte de la función resulta muy sencillo conseguirlo:

```
 1  def doble(x):
 2      return x * 2
 3
 4  entero = 5
 5  print(entero, id(entero))
 6  print(doble(entero))
 7  print(entero, id(entero))
 8  lista = list(range(5))
 9  print(lista, id(lista))
10  print(doble(lista))
11  print(lista, id(lista))
```

```
5 140725082389048
10
5 140725082389048
[0, 1, 2, 3, 4] 1683084337280
[0, 1, 2, 3, 4, 0, 1, 2, 3, 4]
[0, 1, 2, 3, 4] 1683084337280
```

Como vemos, ahora la función no modifica en ningún caso el objeto pasado como parámetro, sino que construye un nuevo objeto y lo devuelve.

Esta es la estrategia seguida habitualmente por los programadores de Python: que las funciones no modifiquen los parámetros, sino que devuelvan nuevos objetos que reflejen las modificaciones deseadas. Un ejemplo de esto es la función `sorted()`, que recibe un objeto iterable y devuelve una lista con los ítems del argumento ordenados. Al utilizar este enfoque, la función puede recibir tanto objetos mutables (listas, conjuntos, etc.) como inmutables (*strings*, tuplas), ya que no intenta modificar el parámetro, sino que genera un nuevo objeto, en este caso una lista, y lo devuelve.

7.4 Programación estructurada y funciones

Recordemos que la sentencia **return**, además de devolver la referencia a un objeto, tiene un segundo efecto: provoca que la función termine su ejecución.

En los ejemplos de las secciones anteriores (con la única excepción de la sección 7.2.5), hemos ubicado **return** como última sentencia de la función. Sin embargo, es habitual encontrar en tutoriales en Internet y en la propia documentación oficial de Python *scripts* en los que **return** se usa dentro de una estructura de control (un condicional o un bucle) para forzar la salida de esa estructura de control y, eventualmente, devolver la referencia a un objeto. Por ejemplo, el *Tutorial de Python* muestra el siguiente código[7] para ilustrar la sentencia **match**:

```python
def http_error(status):
    match status:
        case 400:
            return "Bad request"
        case 404:
            return "Not found"
        case 418:
            return "I'm a teapot"
        case _:
            return "Something's wrong with the internet"
```

para el que resulta muy fácil formular una alternativa estructurada:

```python
def http_error(status):
    match status:
        case 400:
            message = "Bad request"
        case 404:
            message = "Not found"
        case 418:
            message = "I'm a teapot"
        case _:
            message = "Something's wrong with the internet"
    return message
```

La cuestión es si debemos aferrarnos a los principios más estrictos de la programación estructurada o podemos emplear libremente sentencias como **return** o **raise**, que, además de realizar una tarea (devolver un valor o generar una excepción), tienen

---

[7]https://docs.python.org/3/tutorial/controlflow.html#match-statements.

un efecto adicional: la interrupción del flujo de ejecución de una estructura de control y/o del código de la función.

Como ya explicamos en la sección 6.6, ningún extremo es deseable. No debemos abusar de sentencias que interrumpan el flujo de ejecución de las estructuras de control o del cuerpo de las funciones; pero debemos ser conscientes de que su uso en ocasiones puede generar un código que es a la vez eficiente y legible. Veamos dos funciones que ilustran esta idea y cuyo comportamiento es similar al del operador **in** y al del método `.index()`, respectivamente:

```python
1  def esta_valor(secuencia, buscado):
2      for valor in secuencia:
3          if valor == buscado:
4              return True
5      return False
```

Como vemos, la función **esta_valor()** devuelve un valor lógico, **True** o **False**, dependiendo de si el valor buscado se encuentra en la secuencia o no. Hemos incluido una sentencia **return** en el cuerpo del bucle (supeditada a la evaluación de una condición) para provocar la terminación del bucle (y, por ende, de la función) tan pronto como encontremos el valor buscado. Si el bucle termina de forma natural (se recorren todos los ítems de la secuencia y no se ha encontrado el valor buscado), usamos **return** para devolver **False**.

```python
1  def indice_valor(secuencia, buscado):
2      for indice, valor in enumerate(secuencia):
3          if valor == buscado:
4              return indice
5      raise ValueError(f'{buscado} is not in {type(secuencia).__name__}')
```

La función **indice_valor()** tiene el mismo comportamiento que `.index()`: si el valor se encuentra en la secuencia, se devuelve el índice de su primera aparición; si no se encuentra, se genera una excepción provocada por un **ValueError**. De nuevo, hemos recurrido al uso de **return** dentro de un bucle para detener el proceso de búsqueda tan pronto como se encuentre el valor. Si el bucle termina por agotamiento de los ítems de la secuencia, usamos **raise** para generar la excepción correspondiente.

Veamos las versiones alternativas de estas dos funciones que podemos desarrollar si seguimos de forma estricta los principios de la programación estructurada:

```python
1  def esta_valor(secuencia, buscado):
2      encontrado = False
3      pos = 0
4      while pos < len(secuencia) and not encontrado:
5          if secuencia[pos] == buscado:
6              encontrado = True
7          else:
8              pos += 1
```

```
9        return encontrado
```

```
1   def indice_valor(secuencia, buscado):
2       encontrado = False
3       pos = 0
4       while pos < len(secuencia) and not encontrado:
5           if secuencia[pos] == buscado:
6               encontrado = True
7           else:
8               pos += 1
9       if not encontrado:
10          pos = -1
11      return pos
```

Estas variantes son sustancialmente menos eficientes (por utilizar indexación en lugar de iteración). Además, cargamos a las espaldas del programador trabajo del que antes se encargaba el bucle **for** y que ahora debemos programar (usando un valor lógico y un índice). Por último, en el caso de **indice_valor()** hemos tenido que cambiar el comportamiento de la función (esta variante devuelve -1 si el valor no se encuentra). No existe ninguna fórmula para lanzar una excepción en caso de no encontrar el valor, ya que siempre supondría incluir una sentencia **raise** dentro de una sentencia condicional.

De esta discusión podemos concluir que debemos intentar ser más pragmáticos que dogmáticos. sin abusar de las sentencias que provocan saltos y siendo conscientes de las características que tienen las estructuras de control en Python, debemos tratar de alcanzar un equilibrio entre eficiencia, legibilidad y mantenibilidad del código.

7.5 Estructura modular del código

Conforme resolvemos problemas de mayor tamaño y recurrimos con más frecuencia al desarrollo de funciones, se genera la necesidad de buscar mecanismos que nos permitan reutilizar esas funciones en diferentes programas sin realizar copias de su código. Tener diferentes copias de una función nos obligará a un metódico y tedioso trabajo de revisión del código y dará lugar, tarde o temprano, a inconsistencias cuando realicemos cualquier modificación.

Python ofrece el mecanismo de los módulos para agrupar y reutilizar funciones. Un **módulo** no es más que un archivo de código Python organizado (de una forma extremadamente simple) para poder reutilizarlo (mediante su importación) en otros archivos de código. Habitualmente, un módulo contendrá típicamente definiciones de funciones, aunque puede incluir cualquier tipo de código. Así, por ejemplo, el módulo nativo **math**, además de proporcionar una amplia gama de funciones matemáticas incluye la definición de varios nombres para hacer referencia a constantes como **math.pi** (la constante π) o **math.e** (el número de Euler); el módulo **numpy** (que no es nativo, pero sí de amplio uso en cualquier área científica o de ingeniería) proporciona una nueva clase, **numpy.ndarray**, que permite modelizar matrices multidimensionales y aporta una enorme funcionalidad sobre estas.

La organización modular del código aporta varias importantes ventajas:

- **Reusabilidad**: la utilización de módulos ayuda a reducir en gran medida o eliminar totalmente la duplicación de código.

- **Mantenibilidad**: los archivos de código pequeños son más fáciles de revisar y mantener actualizados que los archivos de gran tamaño.

- **Cohesión**: los módulos se suelen centrar en resolver un problema o proporcionar una serie de funciones relacionadas entre sí (matemáticas, de manipulación de archivos, de compresión de archivos, de gestión de datos de hora y fecha, etc.).

Es importante señalar que los módulos podrán tener sus propios espacios de nombres[8], evitando así que haya conflictos entre las definiciones del módulo y las del código que lo usa.

7.5.1 Creación e importación de módulos: la sentencia `import`

Como hemos dicho antes, un módulo es un archivo de código que contiene una serie de definiciones (de funciones, de nombres y/o de clases). Así, podemos crear un módulo **aritmetica.py** que contenga varias operaciones básicas definidas como funciones:

```python
def suma(valor1, valor2):
    return valor1 + valor2

def producto(valor1, valor2):
    return valor1 * valor2

def resta(valor1, valor2):
    return valor1 - valor2

def division(valor1, valor2):
    return valor1 / valor2
```

Para poder usar estas funciones en nuestros *scripts* usamos la sentencia **import**:

```python
import aritmetica

dato1 = 4
dato2 = 7

print(aritmetica.suma(dato1, dato2))
```

---

[8]En realidad, la creación de un espacio de nombres propio para el módulo dependerá de cómo se haga la importación de este. Es el programador usuario del módulo el que lo decide.

```
7  print(aritmetica.resta(dato1, dato2))
8  print(aritmetica.producto(dato1, dato2))
9  print(aritmetica.division(dato1, dato2))
```

```
11
-3
28
0.5714285714285714
```

Obsérvese que para invocar las funciones del módulo es necesario hacer referencia a su espacio de nombres. Por ello, en general, para referenciar cualquier nombre definido dentro del módulo debemos usar la sintaxis

```
<módulo>.<nombre>
```

Puesto que el nombre del archivo que contiene el módulo se usa como identificador de su espacio de nombres, es importante tener en cuenta que debe cumplir las normas que Python establece para los nombres, más restrictivas que las que los sistemas operativos establecen hoy día para los nombres de archivo.

Cuando utilizamos un módulo, típicamente se pueden producir dos errores comunes: el primero, olvidar hacer la importación del módulo (no incluir la sentencia **import**), lo que generará un **NameError** al invocar cualquier nombre del módulo; el otro, que el nombre del módulo sea incorrecto o no se encuentre, en cuyo caso se generará un **ModuleNotFoundError**.

Localización de los módulos a importar

La sentencia **import** buscará el módulo en una serie de carpetas almacenadas en la lista de *strings* **sys.path**. Si queremos consultarla, solamente tenemos que importar el módulo **sys**:

```
1  import sys
2  print(sys.path)
```

```
['D:\\libro', 'C:\\Program Files (x86)\\Thonny\\python310.zip',
↪   'C:\\Program Files (x86)\\Thonny\\DLLs', 'C:\\Program Files
↪   (x86)\\Thonny\\lib', 'C:\\Program Files (x86)\\Thonny',
↪   'C:\\Users\\user\\AppData\\Roaming\\Python\\Python310\\site-packages',
↪   'C:\\Program Files (x86)\\Thonny\\lib\\site-packages']
>>>
```

Obsérvese que la primera carpeta de esta lista es la carpeta de trabajo del intérprete de Python, por lo que podremos importar cualquier módulo de esta carpeta.

Podemos añadir nuevas carpetas en las que la sentencia **import** buscará módulos simplemente añadiendo un *string* que contenga el path (absoluto o relativo) de la carpeta a la lista **sys.path**:

```
1  import sys
2  sys.path.append('../mis_modulos')
3  print(sys.path)
```

```
['D:\\libro', 'C:\\Program Files (x86)\\Thonny\\python310.zip',
↪   'C:\\Program Files (x86)\\Thonny\\DLLs', 'C:\\Program Files
↪   (x86)\\Thonny\\lib', 'C:\\Program Files (x86)\\Thonny',
↪   'C:\\Users\\user\\AppData\\Roaming\\Python\\Python310\\site-packages',
↪   'C:\\Program Files (x86)\\Thonny\\lib\\site-packages',
↪   '../mis_modulos']
```

En este ejemplo, hemos añadido una carpeta **mis_modulos** que se encuentra al mismo nivel que la carpeta en la que estamos trabajando actualmente, hija de la misma carpeta madre. A partir de este momento, **import** encontrará los módulos ubicados en esa carpeta. Esta modificación tiene un carácter temporal y se perderá cuando se cierre la sesión del intérprete.

Variantes de uso de la sentencia import. Creación (o no) de un espacio de nombres propio

En el ejemplo anterior hemos usado la forma más simple de la sentencia **import**:

```
import <módulo>
```

que realiza la importación de todo el contenido del módulo. Sin embargo, podemos ser más selectivos, importando solo los nombres que nos interese usar en nuestro *script* o permitiendo una sintaxis diferente. La forma general de la sentencia **import** puede ser una de las siguientes:

```
import <módulo1> [as <alias1>] (, <móduloi> as <aliasi>)*
```

```
from <módulo> import <nombre1> [as <alias1>] (,<nombrei> [as <aliasi>])*
```

En la primera alternativa estamos importando un módulo completo, pero estamos cambiando su nombre a efectos de espacios de nombres, por lo que se podrá acceder a cada nombre definido en el módulo como **<alias>.<nombre>**. En nuestro ejemplo del módulo **aritmética**, podemos hacer:

```python
1  import aritmetica as a
2
3  dato1 = 4
4  dato2 = 7
5
6  print(a.suma(dato1, dato2))
7  print(a.resta(dato1, dato2))
8  print(a.producto(dato1, dato2))
9  print(a.division(dato1, dato2))
```

Como vemos, las referencias a nombres del módulo ahora usan como prefijo el alias, en lugar del nombre del módulo.

La segunda alternativa permite al programador no importar el módulo completo, sino solo aquellos nombres de los que va a hacer uso. Esto resulta particularmente interesante en el caso de módulos que incluyen una gran cantidad de definiciones, como puede ser el caso de varios módulos nativos como **math** o paquetes externos como **numpy** o **pandas**, ya que la importación será más rápida:

```python
1  from math import factorial, gcd
2
3  print(factorial(5))
4  print(gcd(20, 30))
```

```
120
10
```

Cuando hacemos una importación parcial usando esta variante de **import** no es necesario utilizar el prefijo correspondiente al nombre del módulo porque, de hecho, no se crea un nuevo espacio de nombres, sino que los nombres importados se añaden al espacio de nombres global de nuestro *script*.

Podemos también utilizar alias para los nombres importados:

```python
1  from math import factorial as fact, gcd as comun_divisor
2
3  print(fact(5))
4  print(comun_divisor(20, 30))
```

```
120
10
```

En cualquier caso, la primera variante de **import** es claramente preferible por dos razones: en primer lugar, se evitan los conflictos de nombres, ya que los nombres del módulo se definen en su espacio de nombres específico, pudiendo coexistir con los mismos nombres definidos en nuestro *script*; en segundo lugar, el código de nuestros *scripts* es más claro, ya que cada vez que usa un nombre externo, definido en un módulo, se prefija con el nombre del módulo.

De hecho, Python permite también la siguiente variante de la sentencia **import**:

```
from <módulo> import "*"
```

Sin embargo, la PEP 8 recomienda no utilizarla, ya que los nombres se incorporan al espacio de nombres global y pueden generar colisiones.

Lo que sí es relativamente frecuente es utilizar alias. Por ejemplo, si hacemos uso del módulo nativo **datetime**:

```python
import datetime
import locale

locale.setlocale(locale.LC_TIME, 'es_ES')
fecha_actual = datetime.date.today()
print(f'Hoy es {fecha_actual.strftime("%d de %B de %Y")}')
```

```
Hoy es 24 de agosto de 2024
```

Como vemos en el ejemplo, puede resultar tedioso usar un nombre de módulo continuamente en nuestro código, por lo que es habitual que los programadores de Python usen alias para abreviar:

```python
import datetime as dt
import locale as loc

loc.setlocale(loc.LC_TIME, 'es_ES')
fecha_actual = dt.date.today()
print(f'Hoy es {fecha_actual.strftime("%d de %B de %Y")}')
```

Esta práctica puede parecer poco relevante en un *script* simple como este, pero resultará muy agradecida cuando estemos desarrollando programas con cierta entidad.

7.5.2 Un paso más en la organización modular: creación de paquetes

Como hemos visto, los módulos nos permiten estructurar nuestro código en archivos que pueden ser reutilizados. Los paquetes llevan esta estructuración un paso más allá, permitiendo agrupar módulos relacionados bajo un único espacio de nombres.

Un **paquete** es una carpeta que contiene uno o más módulos. Además, debe contener un módulo especial con nombre **__init__.py**. En su variante más simple, no es necesario que este archivo tenga ningún contenido: Python reconocerá la carpeta como un paquete tan pronto como contenga, al menos, un módulo adicional. Después veremos que podemos almacenar en `__init__.py` información importante sobre el paquete para facilitar la importación de sus módulos.

Vamos a crear un paquete que contendrá las mismas funciones que contenía el módulo `aritmetica.py` de la sección anterior, organizadas ahora en dos módulos. La estructura resultante será la siguiente:

```
aritmetica/
├── __init__.py
├── suma_resta.py
└── producto_division.py
```

Como hemos dicho, el archivo `__init__.py` no tendrá contenido; solamente tiene que existir en la carpeta `aritmetica`. El contenido de `suma_resta.py` será el siguiente:

```python
1  def suma(valor1, valor2):
2      return valor1 + valor2
3
4  def resta(valor1, valor2):
5      return valor1 - valor2
```

Y el de `producto_division.py`:

```python
1  def producto(valor1, valor2):
2      return valor1 * valor2
3
4  def division(valor1, valor2):
5      return valor1 / valor2
```

De forma que el *script* que hace uso del paquete sería el siguiente:

```python
1  import aritmetica.suma_resta
2  import aritmetica.producto_division
3  # import aritmetica.suma_resta, aritmetica.producto_division
4
5  dato1 = 4
6  dato2 = 7
7
8  print(aritmetica.suma_resta.suma(dato1, dato2))
9  print(aritmetica.suma_resta.resta(dato1, dato2))
10 print(aritmetica.producto_division.producto(dato1, dato2))
11 print(aritmetica.producto_division.division(dato1, dato2))
```

En el caso de los paquetes, las variantes de la sentencia `import` también son aplicables:

```python
import <paquete>

import <paquete> as <alias>
```

```
from <paquete> import <módulo>

from <paquete> import <módulo> as <alias>
```

Así que podemos importar los dos módulos del paquete **aritmetica** en nuestro *script* sin crear un espacio de nombres para el paquete:

```
1  from aritmetica import suma_resta, producto_division
2
3  dato1 = 4
4  dato2 = 7
5
6  print(suma_resta.suma(dato1, dato2))
7  print(suma_resta.resta(dato1, dato2))
8  print(producto_division.producto(dato1, dato2))
9  print(producto_division.division(dato1, dato2))
```

O también podríamos haberlos renombrado:

```
1  from aritmetica import suma_resta as s_r, producto_division as p_d
2
3  dato1 = 4
4  dato2 = 7
5
6  print(s_r.suma(dato1, dato2))
7  print(s_r.resta(dato1, dato2))
8  print(p_d.producto(dato1, dato2))
9  print(p_d.division(dato1, dato2))
```

Importando todos los módulos de un paquete

Si en el archivo `__init__.py` se define un nombre `__all__` haciendo referencia a una lista de cadenas correspondientes a los módulos del paquete, podremos usar la siguiente fórmula:

```
from <paquete> import "*"
```

Así, si el archivo `__init__.py` de nuestro paquete **aritmetica** es el siguiente:

```
1  __all__ = ['suma_resta', 'producto_division']
```

el *script* que hace uso del paquete puede ser:

```
1  from aritmetica import *
2
3  dato1 = 4
4  dato2 = 7
5
6  print(suma_resta.suma(dato1, dato2))
7  print(suma_resta.resta(dato1, dato2))
8  print(producto_division.producto(dato1, dato2))
9  print(producto_division.division(dato1, dato2))
```

Podemos ver que hemos creado espacios de nombres para cada módulo, pero que son independientes, no estando supeditados a un espacio de nombres correspondiente al paquete `aritmetica`.

Con la misma filosofía que cuando importábamos módulos, resulta más recomendable que la importación de paquetes (y de los módulos que los componen) sea lo más explícita posible, aportando a nuestro código mayor contexto. El archivo `__init__.py` puede contener cualquier código de inicialización del paquete, que se ejecutará cuando se realice la importación. Aprovechando esto, podemos incluir el siguiente archivo `__init__.py` en nuestro paquete `aritmetica`:

```
1  from . import suma_resta, producto_division
```

de forma que simplificamos la importación del paquete, pero conservamos la jerarquía de espacios de nombres:

```
1  import aritmetica
2
3  dato1 = 4
4  dato2 = 7
5
6  print(aritmetica.suma_resta.suma(dato1, dato2))
7  print(aritmetica.suma_resta.resta(dato1, dato2))
8  print(aritmetica.producto_division.producto(dato1, dato2))
9  print(aritmetica.producto_division.division(dato1, dato2))
```

En https://docs.python.org/3/tutorial/modules.html podemos encontrar más información sobre la creación de módulos y paquetes.

8
Archivos

Un programa, desde un punto de vista muy general, recibe unos datos de entrada y produce unos datos de salida fruto de un cierto procesamiento. Hasta ahora, en nuestros *scripts*, los datos de entrada necesarios se han obtenido gracias al uso de la función `input()` que permite que el usuario los introduzca a través del teclado. Los datos de salida los hemos presentado por pantalla, gracias a un uso de la función `print()` que permite visualizarlos en la consola.

Sin embargo, en muchas ocasiones, esta forma de gestionar la entrada/salida en nuestros programas resulta insuficiente porque, o bien el usuario no puede proporcionar los datos de entrada de forma interactiva (por ejemplo, porque son muchos), o bien no basta con visualizar los datos de salida en consola y conviene almacenarlos de forma permanente.

Los lenguajes de programación ofrecen la posibilidad de trabajar con archivos como forma alternativa de obtener datos de entrada y proporcionar datos de salida que nos ayuda a superar las anteriores limitaciones.

Cualquiera que haya manejado un ordenador, una tableta o un teléfono inteligente está familiarizado con el concepto de archivo[1]. Los usamos para almacenar documentos, imágenes, audios, vídeos, programas, etc. Los sistemas operativos de nuestros dispositivos nos proporcionan esta abstracción para representar un conjunto de *bytes* en los que se almacena información relacionada que se guarda bajo un nombre. Esta información se conserva de forma permanente en los dispositivos de almacenamiento. Para poder organizar los archivos, un componente del sistema operativo, el sistema de archivos, los estructura en una jerarquía de carpetas, que funcionan a modo de contenedores de archivos y de otras carpetas.

En este capítulo estudiaremos cómo operar con archivos en nuestros programas Python. Como veremos, el uso de archivos permitirá a nuestros *scripts*:

- Obtener datos necesarios para llevar a cabo el procesamiento, sin necesidad de que dichos datos los proporcione el usuario de forma interactiva a través de un dispositivo de entrada como el teclado.

- Almacenar de forma persistente datos generados fruto de dicho procesamiento para que puedan ser utilizados en el futuro por el mismo *script* o por otra aplicación.

8.1 Gestión de rutas: el módulo `pathlib`

Dicho de una manera simple, la mayoría de sistemas operativos utilizan un sistema de archivos para organizarlos en carpetas, que a su vez están estructuradas en un sistema jerárquico al que se suele denominar árbol de carpetas. Dependiendo del sistema

---

[1]El término inglés *file* se ha traducido en castellano como **fichero** o **archivo**. Ambos términos son sinónimos y su uso ha dependido de la época y del sistema operativo instalado en nuestro ordenador. De la misma forma, **carpeta** y **directorio** también son traducciones de los términos sinónimos *folder* y *directory*.

operativo que use, las carpetas pertenecerán a una unidad (*Windows*) o serán todas descendientes de una carpeta raíz del sistema (*Linux* o *macOS*).

Cualquier archivo de nuestro ordenador está situado en una carpeta. De hecho, cada archivo tiene asociada una ruta (en inglés, *path*) que especifica su ubicación en el sistema de archivos. Una **ruta** es una cadena de caracteres que se compone de los nombres de las carpetas por las que hay que pasar hasta llegar a la carpeta que contiene el archivo. Las rutas pueden ser absolutas o relativas, dependiendo de si especifican la sucesión de carpetas que parte de la carpeta raíz o hacen referencia al camino de carpetas que hay que seguir desde la carpeta actual[2].

Antes de poder trabajar con archivos, debemos ser capaces de localizarlos en el sistema de archivos. En Python, el módulo **pathlib**[3] nos proporciona diferentes clases para representar el concepto de ruta. En particular, nos ofrece la clase **Path**[4], con la que podremos crear objetos que representarán rutas de archivos.

8.1.1 Creación de objetos `Path`

La clase **Path** nos ofrece distintas formas de crear objetos que representen una ruta.

Creación de objetos `Path` a partir de una cadena

Podemos usar la función constructora de la clase para crear un objeto a partir de un *string* proporcionado como argumento, que contendrá la ruta:

```
1  import pahtlib
2  ruta = pathlib.Path('/Users/usuario/Documents/prueba.txt')
```

El objeto **Path** del ejemplo representa la ruta de un archivo en un ordenador con *macOS*. En el caso de *Windows* sería similar, aunque se plantea un problema: como sabemos la barra inversa (\) que se usa en las rutas de *Windows* se interpreta como el comienzo de una secuencia de escape. Para resolver este inconveniente, tenemos tres soluciones, como se aprecia en el siguiente ejemplo:

```
1  import pathlib
2  #Para rutas en Windows tenemos tres alternativas:
3  #Usar / en lugar del habitual \
4  ruta = pathlib.Path('C:/Usuarios/usuario/Mis Documentos/prueba.txt')
5  #Usar un raw string
6  ruta = pathlib.Path(r'C:\Usuarios\usuario\Mis Documentos\prueba.txt')
```

---

[2]Cuando interactuamos con el sistema operativo, ya sea a través de una *shell* o de un explorador de archivos, estamos en todo momento situados en una carpeta, que se denomina carpeta actual o carpeta de trabajo.

[3]https://docs.python.org/3/library/pathlib.html?highlight=pathlib#module-pathlib.

[4]https://docs.python.org/3/library/pathlib.html?highlight=pathlib#concrete-paths.

```
7  #Usar \\ (secuencia de escape correspondiente a \)
8  ruta = pathlib.Path('C:\\Usuarios\\usuario\\Mis Documentos\\prueba.txt')
```

En la línea 4, usamos el carácter `'/'` en lugar de `'\'`; Python automáticamente lo sustituirá si estamos en un ordenador con *Windows*. En la línea 6, se usa el especificador de *raw strings* (el prefijo **r**), que le indica a Python que, en ese *string*, las barras inversas no deben interpretarse como caracteres de escape. Finalmente, en la línea 8 aparece una tercera alternativa que consiste en usar precisamente una secuencia de escape `'\\'` que se sustituye por una sola barra inversa.

Creación de objetos `Path` usando `Path.home()` y `Path.cwd()`

La clase **Path** también ofrece dos métodos que devuelven objetos **Path** correspondientes a dos carpetas especiales.

Cada sistema operativo establece una carpeta especial para almacenar (por defecto) los archivos de un usuario identificado. A esta carpeta se le suele llamar carpeta *home* (en *Windows*, la carpeta de usuario) y su ubicación dependerá del sistema operativo:

- *Windows*: C:\Usuarios\<nombre de usuario>

- *macOS*: /Users/<nombre de usuario>

- *Linux*: /home/<nombre de usuario>

El método **Path.home()** crea un objeto **Path** correspondiente a la carpeta *home* del usuario que ejecuta el *script* y devuelve su referencia.

```
>>> import pathlib
>>> home = pathlib.Path.home()
>>> home
PosixPath('/Users/usuario')
>>>
```

Nótese que la sintaxis de llamada al método incluye el nombre de la clase, y no un objeto. Esto es así porque **Path.home()** es un método de clase. Más adelante, en el capítulo 9 analizaremos con detalle esta cuestión.

El resultado anterior se ha obtenido en un ordenador con *macOS*. Si lo ejecutamos en *Windows* obtendremos un **WindowsPath** en lugar de un **PosixPath**. Ambas son especializaciones de **Path**. En nuestros *scripts* podemos trabajar con la clase **Path** y Python sabrá qué especialización usar dependiendo de nuestro sistema operativo.

El método **Path.cwd()** hace lo mismo pero con la ruta de la carpeta actual, en la que se está ejecutando el *script* (*cwd* son las siglas de *current work directory*: carpeta de trabajo actual):

```
>>> import pathlib
>>> actual = pathlib.Path.cwd()
>>> actual
PosixPath('/Users/usuario/Documents')
>>>
```

Creación de objetos `Path` usando el operador /

Si ya disponemos de un objeto **Path**, podemos usar el operador **/** para componer un nuevo objeto. El operador **/** requiere que el operando de la izquierda sea un objeto **Path**, mientras que el operando de la derecha puede ser un *string* u otro objeto **Path**:

```
>>> import pathlib
>>> home = pathlib.Path.home()
>>> prueba = home / 'Documents/prueba.txt'
>>> prueba
PosixPath('/Users/usuario/Documents/prueba.txt')
>>>
```

Obsérvese cómo el operador **/** ha insertado en la cadena de la ruta el separador necesario para que el resultado sea una ruta válida.

8.1.2   Rutas relativas y absolutas

La clase **Path** puede trabajar con rutas relativas, además de las rutas absolutas (todas las de los ejemplos anteriores). En una ruta relativa no aparece la barra correspondiente a la carpeta raíz (en *Windows*, por ejemplo, C:\, que corresponde a la carpeta raíz de la unidad C:):

```
>>> import pathlib
>>> ruta_fotos = pathlib.Path('Documents/Photos/')
>>> ruta_fotos_absoluta = pathlib.Path.home() / ruta_fotos
>>> ruta_fotos_absoluta
PosixPath('/Users/usuario/Documents/Photos')
>>> ruta_fotos.is_absolute()
False
>>> ruta_fotos_absoluta.is_absolute()
True
>>>
```

En el ejemplo podemos ver que **ruta_fotos** es un objeto **Path** correspondiente a una ruta relativa. Usando esta y la ruta a la carpeta *home*, construimos la ruta absoluta correspondiente. Podemos comprobarlo usando el método **.is_absolute()** de la clase `Path`, que nos devolverá un valor `bool`. Podemos usar también rutas relativas a la carpeta actual.

8.1.3 Acceso a los componentes de una ruta

Una ruta contiene una serie de componentes encadenados por el separador **/** (o **** en Windows).

El atributo `.parents` de un objeto `Path` nos proporciona un objeto iterable con las rutas completas de las distintas carpetas que hay que explorar para alcanzar la ruta del objeto cuestión (es decir, sus ancestros). Podemos recorrer este objeto con un bucle `for` o construir una lista a partir de él.

El atributo `.parent` del objeto `Path` nos proporciona la primera de las rutas proporcionadas por `.parents`, es decir, es una forma más breve de consultar `.parents[0]`:

```
>>> import pathlib
>>> ruta = pathlib.Path.home() / 'Documents/prueba.txt'
>>> ruta
PosixPath('/Users/usuario/Documents/prueba.txt')
>>> for ancestro in ruta.parents:
        ancestro

PosixPath('/Users/usuario/Documents')
PosixPath('/Users/usuario')
PosixPath('/Users')
PosixPath('/')
>>> lista_ancestros = list(ruta.parents)
>>> lista_ancestros
[PosixPath('/Users/usuario/Documents'), PosixPath('/Users/usuario'),
 ↪ PosixPath('/Users'), PosixPath('/')]
>>> ruta.parent
PosixPath('/Users/usuario/Documents')
>>>
```

Los objetos `Path` también tienen otros atributos que puede resultar útil consultar. El atributo `.name` proporciona un *string* que contiene el componente final de la ruta del objeto `Path`. El atributo `.anchor` proporciona un *string* que contiene la carpeta raíz de la ruta (en *Windows*, incluye el nombre de la unidad). Si la ruta es relativa, `.anchor` devuelve un *string* vacío. El atributo `.stem` nos proporciona un *string* con el nombre del último componente de la ruta (sin extensión), mientras que el atributo `.suffix` proporciona la extensión.

```
>>> import pathlib
>>> ruta = pathlib.Path.home() / 'Documents/prueba.txt'
>>> ruta.name
'prueba.txt'
```

```
>>> ruta.anchor
'/'
>>> ruta.stem
'prueba'
>>> ruta.suffix
'.txt'
>>> ruta = pathlib.Path.home()
>>> ruta
PosixPath('/Users/usuario')
>>> ruta.name
'usuario'
>>> ruta.anchor
'/'
>>> ruta.stem
'usuario'
>>> ruta.suffix
''
>>>
```

Obsérvese la diferencia entre las rutas que terminan con el nombre de un archivo o de las que terminan con el nombre de una carpeta.

8.1.4 Comprobación de la existencia de archivos y carpetas

Podemos crear un objeto **Path** correspondiente a una ruta que no existe en nuestro ordenador, por ejemplo, para crear una nueva carpeta o archivo usando los métodos `.mkdir()` y `.touch()`, respectivamente.

La clase **Path** dispone de un método `.exists()` que nos devuelve un valor lógico indicando si la ruta existe en el ordenador en el que se ejecuta el *script*. También podemos usar los métodos `.is_file()` y `.is_dir()` para comprobar si la ruta corresponde a un archivo o a una carpeta.

```
>>> import pathlib
>>> ruta = pathlib.Path.home() / 'Documents/prueba.txt'
>>> ruta.exists()
True
>>> ruta.is_file()
True
>>> ruta.is_dir()
False
>>> # Probamos con un archivo inexistente
>>> ruta = pathlib.Path.home() / 'Documents/prueba2.txt'
>>> ruta.exists()
False
>>> ruta.is_file()
False
```

```
>>> ruta.is_dir()
False
>>> # Carpeta
>>> ruta = pathlib.Path.home()
>>> ruta.exists()
True
>>> ruta.is_file()
False
>>> ruta.is_dir()
True
>>> # Carpeta inexistente
>>> ruta = ruta / 'CARPETA_NO_EXISTENTE'
>>> ruta.exists()
False
>>> ruta.is_file()
False
>>> ruta.is_dir()
False
>>>
```

Obsérvese que tanto `.is_file()` como `.is_dir()` devuelven **False** si el archivo o la carpeta no existe.

8.2 Gestión de archivos

Python ofrece una abstracción para la gestión de archivos: los objetos `file`, pertenecientes a una clase específicamente diseñada para operar con archivos. Un objeto `file` es un gestor de archivos que nos proporciona una cómoda interfaz mediante diferentes funciones y métodos para trabajar con ellos.

La metodología general cuando se opera con archivos es muy simple, aunque, como veremos, habrá distintas formas de llevarla a cabo:

- Apertura del archivo, que supondrá la creación un objeto `file` que actuará como gestor del archivo.

- Uso del objeto `file` para operar (leer/escribir) en el archivo.

- Cierre del archivo, que disocia el objeto `file` del archivo físico y termina el cauce de comunicación con él.

8.2.1 Apertura de archivos

Cuando abrimos un archivo, solicitamos al sistema operativo acceso a él y asociamos la gestión de dicho acceso a un objeto `file`. Si ha tenido éxito la operación de apertura, a partir de ese momento, cada operación que realicemos sobre el objeto `file` se traducirá en las correspondientes acciones sobre el archivo físico de disco.

Al solicitar la apertura de un archivo, debemos especificar (mediante un *string*) el modo de apertura, que será uno de los descritos en la tabla 8.1 (o una combinación de ellos).

Tabla 8.1: Modos de apertura	
Modo	**Descripción**
`'r'`	Apertura para lectura (modo por defecto).
`'w'`	Apertura para escritura, eliminando su anterior contenido si el archivo ya existía.
`'a'`	Apertura para escritura, añadiendo al final del archivo si ya existía.
`'x'`	Apertura para creación exclusiva, generando un error si el archivo ya existía.
`'+'`	Apertura para actualización, permitiendo leer y escribir.
`'t'`	Modo texto (modo por defecto).
`'b'`	Modo binario.

Esencialmente, cuando se abre un archivo, se puede solicitar su procesamiento en dos modos básicos[5], que determinan la forma en la que se codifica la información en el archivo: el modo texto (`'t'`), que es el modo por defecto, y el modo binario (`'b'`)[6].

Un objeto `file` abierto en **modo texto** produce (en las operaciones de lectura) o espera recibir (en las de escritura) cadenas de caracteres, esto es, objetos `str` que por defecto se almacenarán e interpretarán según la codificación local del sistema[7]. Además, realiza también de forma transparente la conversión de los saltos de línea[8].

En cambio, un objeto `file` abierto en **modo binario** produce y espera recibir *bytes*. Las operaciones de lectura y escritura no suponen ningún tipo de codificación o decodificación del contenido de los *bytes* escritos o leídos. Tampoco se realizan adaptaciones de los saltos de línea.

Dejando aparte la especificación del modo básico (mediante los caracteres `'t'` y `'b'`), los demás caracteres de la tabla 8.1 se pueden combinar para configurar diferentes variantes, aunque hay combinaciones que no tendrán sentido. El modo `'rt'`, sinónimo

---

[5]Desde el punto de vista del programador, en ambos modos, texto y binario, se trabaja con un objeto `file`, aunque internamente se operará con clases diferentes: `TextIOWrapper` para el modo texto y las clases `BufferedWriter` o `BufferedReader` para el modo binario. Estas clases están definidas en el módulo `io`, que proporciona todas las herramientas básicas para realizar entradas y salidas.

[6]En realidad existe también un tercer modo, el modo *raw*, que es un modo binario sin *buffer*, de muy bajo nivel y que prácticamente nunca necesitaremos usar. Se puede encontrar información detallada en https://docs.python.org/3/library/io.html#module-io.

[7]Desde la versión 3.11 de Python podemos averiguar la codificación local mediante la función `getencoding()` del módulo `locale`. La información de referencia de esta función se puede localizar en https://docs.python.org/3/library/locale.html#locale.getencoding.

[8]*Windows* se distingue de *Unix* en que codifica un salto de línea mediante dos caracteres, `\r\n` (códigos ASCII 13 y 10, respectivamente), mientras que *Unix* usa solamente el carácter `\n`. Esto podría generar problemas al procesar archivos de texto creados en un ordenador con un sistema operativo diferente.

La conversión automática de los saltos de línea supone que si trabajamos en *Windows*, al escribir una cadena de caracteres que contenga saltos de línea, estos se escribirán en el archivo como parejas `\r\n` para que el archivo generado sea compatible con *Windows*. En los procesos de lectura, cada pareja `\r\n` encontrada en el archivo se almacena en el *string* resultante como un único carácter `\n`.

de `'r'`, es el modo por defecto (apertura para lectura en modo texto). El modo `'+'`
solamente se puede usar como modificador de uno de los modos básicos (`'r'`, `'w'` y
`'a'`), implicando diferentes comportamientos. Así, `'r+'` abre el archivo conservando su
contenido, permitiendo leer y escribir en él, mientras que `'w+'` vacía el contenido del
archivo, permitiendo después realizar operaciones de escritura y lectura.

Una vez que tenemos claro el modo de apertura, Python pone a nuestra disposición
dos formas de abrir el archivo: usando el método `.open()` de la clase `Path` o usando
la función nativa `open()`. Cuando hayamos visto ejemplos de su uso profundizaremos
algo más en algunos parámetros de apertura adicionales.

Apertura usando el método `Path.open()`

Crearemos en primer lugar un objeto `Path` para que contenga la ruta del archivo
que queremos abrir, y después invocaremos el método `.open()`[9] sobre el objeto:

```python
import pathlib

# Creamos un objeto Path
ruta = pathlib.Path.home() / 'Documents/prueba.txt'
# Abrimos el archivo. Vinculamos el objeto file
# devuelto al identificador archivo
archivo = ruta.open(mode='w')

#Comprobamos que el archivo está abierto
print('Archivo cerrado' if archivo.closed else 'Archivo abierto')

#Aquí haríamos la escritura en el archivo

# Cerramos el archivo
archivo.close()
#Comprobamos que el archivo está cerrado
print('Archivo cerrado' if archivo.closed else 'Archivo abierto')
```

```
Archivo abierto
Archivo cerrado
```

En este ejemplo hemos abierto el archivo para escritura (sin llegar a escribir nada
aún). Si el archivo ya existía, su contenido se elimina, de forma que queda preparado
para escribir nuevos contenidos en él. Para mostrar que efectivamente el archivo se
ha abierto, hemos comprobado el valor del atributo `.closed` del objeto `file`. Hemos
terminado cerrando el archivo usando el método `.close()` del objeto `file`, que estudiaremos en breve.

---

[9]En https://docs.python.org/3/library/pathlib.html#pathlib.Path.open se puede encontrar la referencia
completa del método.

Apertura usando la función nativa `open()`

El módulo **pathlib** que hemos estudiado en las secciones anteriores se incorporó a Python en la versión 3.4 para proporcionar soporte orientado a objetos al concepto de ruta, modernizando lo que hasta entonces era una interfaz de programación bastante básica, muy inspirada en el lenguaje C, y que no terminaba de encajar con el enfoque de alto nivel de abstracción de Python.

Por eso es frecuente que muchos programadores usen todavía la función nativa `open()`[10], que, al igual que el método `.open()` de la clase **Path**, devuelve la referencia a un objeto **file**. La única diferencia es que la función nativa tiene un primer argumento posicional que permite especificar la ruta del archivo que queremos abrir. Veamos el ejemplo anterior usando la función nativa `open()`:

```python
# Abrimos el archivo. Vinculamos el objeto file
# devuelto al identificador archivo
archivo = open('/Users/usuario/Documents/prueba.txt', mode='w')

#Comprobamos que el archivo está abierto
print('Archivo cerrado' if archivo.closed else 'Archivo abierto')

#Aquí haríamos la escritura en el archivo

# Cerramos el archivo
archivo.close()
#Comprobamos que el archivo está cerrado
print('Archivo cerrado' if archivo.closed else 'Archivo abierto')
```

```
Archivo abierto
Archivo cerrado
```

La función nativa `open()` también permite que el primer argumento sea un objeto `Path`:

```python
import pathlib

# Creamos un objeto Path
ruta = pathlib.Path.home() / 'Documents/prueba.txt'
# Abrimos el archivo. Vinculamos el objeto file
# devuelto al identificador archivo
archivo = open(ruta, mode = 'w')

#Comprobamos que el archivo está abierto
print('Archivo cerrado' if archivo.closed else 'Archivo abierto')
```

---

[10]https://docs.python.org/3/library/functions.html#open.

```
12   #Aquí haríamos la escritura en el archivo
13
14   # Cerramos el archivo
15   archivo.close()
16   #Comprobamos que el archivo está cerrado
17   print('Archivo cerrado' if archivo.closed else 'Archivo abierto')
```

```
Archivo abierto
Archivo cerrado
```

Otras opciones de apertura de archivos

Tanto el método `.open()` de la clase `Path` como la función nativa `open()` tienen varios parámetros (que pueden ser posicionales o con clave, aunque lo más frecuente es usarlos como argumentos con clave por comodidad):

```
open(file, mode='r', buffering=-1, encoding=None, errors=None,
     newline=None, closefd=True, opener=None)
```

```
Path.open(mode='r', buffering=-1, encoding=None, errors=None, newline=None)
```

Ya hemos descrito al comienzo de esta sección el papel fundamental que juega el parámetro `mode`. Debemos mencionar también el parámetro `encoding` para los archivos abiertos en modo texto, que nos permite especificar la codificación empleada para leer o escribir los caracteres del archivo. Como hemos indicado, el valor por defecto depende de la máquina y sistema operativo en los que se ejecute el *script*. Es necesario, para evitar problemas de compatibilidad en la codificación de los caracteres, recordar que en *Linux* y *macOS* se usa UTF-8, mientras que varias versiones de *Windows* se apoyan en UTF-16.

También en modo texto debemos destacar el papel del parámetro `newline` para especificar el comportamiento del flujo respecto a los saltos de línea que puede contener el archivo. Puede tomar los valores `None`, `''`, `'\n'`, `'\r'` o `'\r\n'`. El valor por defecto, `None` activa un "modo universal" de tratamiento de los caracteres de fin de línea: las líneas del archivo pueden terminar en `'\n'`, `'\r'` o `'\r\n'`. En cualquier caso, el *string* generado por la operación de lectura contendrá un carácter `'\n'` por cada fin de línea leído. Lo otros modos se pueden usar para especificar otros comportamientos en casos avanzados.

El resto de parámetros pueden consultarse en la documentación oficial y solo será necesario especificarlos (como hemos dicho, tienen valores por defecto) en caso de un uso relativamente avanzado de los archivos.

8.2.2 Cierre de archivos

Como hemos indicado en varias ocasiones a lo largo del libro, todo objeto en Python tiene un ciclo de vida y, cuando este termina, el recolector de basura se encarga de liberar sus recursos. En el caso de los objetos `file`, esta liberación incluye desvincular el objeto `file` del archivo físico al que hace referencia indicándole al sistema operativo que se ha terminado de trabajar con él, es decir, cerrar el archivo.

Sabiendo esto, podemos pensar que no tenemos que preocuparnos de cerrar los archivos abiertos, pero no es una buena práctica dejar abierto un recurso que ya no estamos utilizando, delegando en el recolector de basura dicha tarea. En cambio, se recomienda cerrar de forma explícita el archivo tan pronto como terminemos de operar con él. Por eso, en los ejemplos anteriores hacemos uso del método `.close()`, que se encarga de llevar a cabo esta tarea.

Como hemos visto, `.close()` no tiene argumentos. Se encarga de informar al sistema operativo de que hemos terminado de operar con el archivo y, como hemos dicho, desvincula el objeto `file` del archivo físico.

Apertura y cierre de archivos con la sentencia with

Python proporciona una fórmula muy cómoda para abrir archivos, cerrándolos de forma automática tan pronto como se termina de trabajar con ellos. Es una buena alternativa frente a las más tradicionales que hemos visto en los ejemplos anteriores.

La sentencia `with`[11] se puede utilizar tanto con la función `open()` como con el método `.open()` de la clase `Path`. Además en dicha sentencia se define un nombre que se asocia con el objeto file creado. Finalmente, la sentencia `with` se completa con el bloque de código donde se opera con el archivo. Veamos el ejemplo anterior de apertura y cierre de un archivo usando la sentencia `with` con la función `open()`:

```python
import pathlib

# Creamos un objeto Path
ruta = pathlib.Path.home() / 'Documents/prueba.txt'
# Abrimos el archivo. Vinculamos el objeto file
# devuelto al identificador archivo
with open(ruta, mode='w') as archivo:

    #Comprobamos que el archivo está abierto
```

---

[11]En realidad, la sentencia `with` se puede usar en muchas otras situaciones, ya que hay varias clases de la biblioteca estándar y de bibliotecas de terceros que soportan el **protocolo de gestión de contexto**. De la misma forma que vimos en la sección 6.4 que la sentencia `for` se apoya en el protocolo de iteración, la sentencia `with` se apoya en el protocolo de gestión de contexto.

Típicamente, los gestores de contexto son objetos que se usan para gestionar recursos externos, como puede ser un archivo, una conexión de red o el acceso a una base de datos. El gestor de contexto se encarga de encapsular en métodos especiales el código correspondiente a la fase de configuración y conexión, y a la de desconexión y liberación de recursos.

```python
10      print('Archivo cerrado' if archivo.closed else 'Archivo abierto')
11
12      #Aquí haríamos la escritura en el archivo
13
14  # El archivo se cierra cuando salimos de la sentencia with
15  # sin necesidad de invocar el método .close()
16  #Comprobamos que el archivo está cerrado
17  print('Archivo cerrado' if archivo.closed else 'Archivo abierto')
```

También lo podemos hacer con el método `.open()` de la clase `Path`:

```python
1  import pathlib
2
3  # Creamos un objeto Path
4  ruta = pathlib.Path.home() / 'Documents/prueba.txt'
5  # Abrimos el archivo. Vinculamos el objeto file
6  # devuelto al identificador archivo
7  with ruta.open(mode='w') as archivo:
8
9      #Comprobamos que el archivo está abierto
10      print('Archivo cerrado' if archivo.closed else 'Archivo abierto')
11
12      #Aquí haríamos la escritura en el archivo
13
14  # El archivo se cierra cuando salimos de la sentencia with
15  # sin necesidad de invocar el método .close()
16  #Comprobamos que el archivo está cerrado
17  print('Archivo cerrado' if archivo.closed else 'Archivo abierto')
```

Como vemos en los ejemplos, el bloque de código asociado con la sentencia `with` está sujeto a las normas de sangrado habituales.

El uso de la sentencia `with` produce como resultado un código más estructurado y legible, unido a la garantía de que el archivo se cierra tan pronto como se termina de procesar.

8.2.3   Gestión de errores al operar con archivos

Cuando abrimos un archivo estamos haciendo una petición al sistema operativo para acceder a un recurso. Por diferentes razones (falta de permisos, inexistencia del archivo, para evitar que dos programas accedan de forma concurrente al mismo archivo...), el sistema operativo puede denegar nuestra petición.

Naturalmente, si no hemos podido abrir un archivo, no tiene ningún sentido intentar operar con él, y menos aún cerrarlo. Python lo evita lanzando una excepción generada por un `OSError` (o algún error que sea subclase de `OSError`, como `FileNotFoundError`,

`PermissionError`, u otros[12]), que supone la interrupción de la ejecución de nuestro *script*.

Incluso aunque la apertura haya tenido éxito, también puede generarse una excepción en cualquiera de las operaciones de lectura o escritura por distintas causas (el dispositivo puede quedarse sin espacio libre, o si estamos trabajando con un archivo situado en una unidad extraíble, el usuario puede desconectarla, por mencionar dos posibilidades).

En cualquiera de estos casos, nos puede interesar gestionar dichas excepciones, evitando que el *script* interrumpa su ejecución de forma abrupta (por ejemplo, pedir al usuario que proporcione otro nombre de archivo).

Por ejemplo, si queremos asegurar que el archivo se cierra si se produce un error en el procesamiento, podemos combinar `try` con `with`[13]:

```python
nombre = 'mi_archivo.txt'
try:
    with open(nombre, 'r') as f:
        # Procesamiento del archivo
        pass # Por ahora, no hacemos nada
except:
    print(f"Se ha producido un error al procesar {nombre}")
```

En caso de producirse un error en la apertura o el procesamiento del archivo, la salida de este *script* sería:

```
Se ha producido un error al procesar mi_archivo.txt
```

Esta fórmula es, en general, muy recomendable, ya que aporta robustez a nuestros *scripts* y nos da una herramienta para gestionar los posibles errores que se produzcan al trabajar con archivos. Así, por ejemplo, es muy fácil diseñar un filtro de entrada que solicite al usuario un nombre de archivo mientras la apertura no tenga éxito:

```python
abierto = False
while not abierto:
    nombre = input('Nombre del archivo:  ')
    try:
        with open(nombre, 'r') as archivo:
            abierto = True
```

---

[12] En https://docs.python.org/3/library/exceptions.html#os-exceptions puede encontrarse la lista completa de excepciones que son subclases de OSError.

[13] En este ejemplo no se concretan la lectura ni el procesamiento que se realizan con los datos del archivo para que el lector pueda observar la estructura que combina el uso de las sentencias `try` y `with`.

Las reglas sintácticas de Python exigen que el cuerpo de la cláusula `with` incluya al menos una sentencia. Por ello hacemos uso de la sentencia `pass` que no tienen ningún efecto, pero juega el mismo papel sintáctico que cualquier otra sentencia, resultando útil así en zonas de nuestro código donde las normas sintácticas exigen incluir al menos una sentencia.

```
7              #Aquí procesaríamos el archivo
8
9     except Exception as ex:
10         print(f'Error. No se ha podido procesar el archivo {nombre}')
11         print(f'Excepción: {ex}')
```

Un ejemplo de ejecución de este filtro sería el siguiente:

```
Nombre del archivo:  pepe
Error. No se ha podido procesar el archivo pepe
Excepción: [Errno 2] No such file or directory: 'pepe'
Nombre del archivo:  Path
Error. No se ha podido procesar el archivo Path
Excepción: [Errno 21] Is a directory: 'Path'
Nombre del archivo:  mi_archivo.txt
```

8.3 Lectura y escritura en modo texto

La clase `file` ofrece una serie de métodos que nos permitirán leer o escribir en un archivo previamente abierto y al que hayamos vinculado un objeto `file` como hemos visto en la sección anterior. La tabla 8.2 describe el comportamiento de algunos métodos de especial interés cuando hemos realizado la apertura del archivo en modo texto (`f` es un objeto `file`).

Tabla 8.2: Algunos métodos de la clase `file` (modo texto)	
Método	**Descripción**
`f.read(size)`	Lee caracteres y los devuelve como un *string*. `size` es un argumento opcional. Si se omite, es **None** o negativo, se lee el archivo entero. En otro caso, se leen como máximo `size` caracteres. Si se ha llegado al final del archivo, devuelve la cadena vacía (`''`).
`f.readlines()`	Devuelve una lista con las líneas del archivo (lista de *strings*). El carácter `\n` (salto de línea) se deja al final de la cadena correspondiente a cada línea leída. Se obtiene la misma lista de líneas usando `list(f)`, la función constructora de la clase **list**, pasando el objeto `file` como argumento.
`f.readline()`	Lee una única línea del archivo. El carácter `\n` se deja al final de la cadena. Si se ha llegado al final del archivo, devuelve un *string* vacío.
`f.write(cadena)`	Escribe la cadena en el archivo. Devuelve el número de caracteres escritos.
`f.writelines(lista)`	Escribe una lista de cadenas en el archivo. No añade `\n` al final de cada línea.

Vamos a ilustrar el uso de estos métodos mediante una serie de *scripts* de ejemplo. En cada uno de ellos ofreceremos un *script* robusto (resistente a errores) y completo (incluye apertura, procesamiento y cierre del archivo).

Escritura de un archivo de texto simple

```python
nombre = 'el_archivo.txt'
try:
    with open(nombre, 'w') as archivo:
        archivo.write('It was many and many a year ago,\n')
        archivo.write('   In a kingdom by the sea,\n')
        archivo.write('That a maiden there lived whom you may know\n')
        archivo.write('   By the name of Annabel Lee;\n')
        archivo.write('And this maiden she lived with no other thought\n')
        archivo.write('   Than to love and be loved by me.\n')
except Exception as ex:
    print(f'Error. No se ha podido procesar el archivo {nombre}')
    print(f'Excepción: {ex}')
```

Este *script* crea el archivo **el_archivo.txt** con el siguiente contenido:

```
It was many and many a year ago,
   In a kingdom by the sea,
That a maiden there lived whom you may know
   By the name of Annabel Lee;
And this maiden she lived with no other thought
   Than to love and be loved by me.
```

Como podemos ver, la estructuración en líneas de un archivo de texto se logra insertando el carácter **\n** al final de cada línea. De esa forma, al visualizar el archivo o abrirlo con un editor de textos, el contenido se muestra estructurado en líneas.

Podemos usar la función nativa **print()** para escribir en un archivo, en lugar de usar el método **.write()**. Si consultamos la documentación de **print()**, veremos que hay un parámetro opcional con clave, **file**, cuyo valor por defecto es **sys.stdout** (acrónimo de *standard output*, la consola desde la que se está ejecutando el *script*). Veamos una versión alternativa del *script* anterior que usa **print()** y que produce el mismo resultado:

```python
nombre = 'el_archivo.txt'
try:
    with open(nombre, 'w') as archivo:
        print('It was many and many a year ago,', file = archivo)
        print('   In a kingdom by the sea,', file = archivo)
        print('That a maiden there lived whom you may know',
              file = archivo)
```

```python
 8          print('   By the name of Annabel Lee;', file = archivo)
 9          print('And this maiden she lived with no other thought',
10                  file = archivo)
11          print('    Than to love and be loved by me.', file = archivo)
12  except Exception as ex:
13      print(f'Error. No se ha podido procesar el archivo {nombre}')
14      print(f'Excepción: {ex}')
```

Obsérvese que la sintaxis de llamada es diferente (**print()** es una función, mientras que **.write()** es un método). Además, hemos omitido la secuencia de escape **\n** del final de las cadenas porque **print()** por defecto ya añade un salto de línea cuando termina de escribir los argumentos posicionales que se pasan en la llamada (recuerde la existencia del parámetro opcional con clave **end**, cuyo valor por defecto es **'\n'**).

Debemos recordar que el método **.write()** siempre debe recibir como argumento una cadena de caracteres. Cuando nuestro objetivo es escribir un mensaje como el del ejemplo, resulta algo muy natural, pero en próximos ejemplos veremos cómo trabajar con valores numéricos.

Lectura de un archivo de texto simple

El siguiente *script* lee el contenido de un archivo de texto y lo muestra en consola. Su funcionamiento es similar a *type* en el intérprete de órdenes de *Windows* o a *cat* en el intérprete de *Unix/macOS*, con la única salvedad de que nuestro *script* solicita al usuario el nombre del archivo de forma interactiva:

```python
 1  import pathlib
 2  import os.path
 3  import time
 4
 5  abierto = False
 6  while not abierto:
 7      try:
 8          nombre = input('Escriba el nombre del archivo: ')
 9          ruta = pathlib.Path(nombre)
10          with open(ruta, 'r') as archivo:
11              abierto = True
12              print(f'Nombre del archivo: {archivo.name}')
13              print(f'Última modificación: {time.ctime(os.path.
14              getmtime(ruta))}')
15              print(f'Tamaño: {os.path.getsize(ruta)} bytes')
16              texto = archivo.read()
17              print('===========')
18              # Para no incluir un salto de línea adicional
19              # usamos el argumento end=''
20              print(texto, end = '')
21              print('===========')
```

```
22      except Exception as ex:
23          print(f'Error. No se ha podido procesar el archivo {nombre}')
24          print(f'Excepción: {ex}')
```

Un ejemplo de ejecución de este *script* sería el siguiente:

```
Escriba el nombre del archivo: el_archivo
Error. No se ha podido procesar el archivo archivo.txt
Excepción: [Errno 2] No such file or directory: 'archivo.txt'
Escriba el nombre del archivo: el_archivo.txt
Nombre del archivo: el_archivo.txt
Última modificación: Tue Aug  6 11:22:21 2024
Tamaño: 220 bytes
============
It was many and many a year ago,
   In a kingdom by the sea,
That a maiden there lived whom you may know
   By the name of Annabel Lee;
And this maiden she lived with no other thought
   Than to love and be loved by me.
============
```

En este *script* hemos desarrollado un filtro de entrada, de manera que si el usuario comete un error al escribir el nombre del archivo (en el ejemplo de ejecución, ha olvidado la extensión `.txt`), el programa vuelve a solicitar un nombre de archivo. Obsérvese que el atributo `.name` del objeto `file` nos proporciona el nombre del archivo asociado.

Veamos ahora cómo desarrollar un *script* que haga la misma tarea, pero usando el método `.readlines()`:

```
1   import pathlib
2   import os.path
3   import time
4
5   abierto = False
6   while not abierto:
7       try:
8           nombre = input('Escriba el nombre del archivo: ')
9           ruta = pathlib.Path(nombre)
10          with open(ruta, 'r') as archivo:
11              abierto = True
12              print(f'Nombre del archivo: {archivo.name}')
13              print(f'Última modificación: {time.ctime(os.path.
14              getmtime(ruta))}')
15              print(f'Tamaño: {os.path.getsize(ruta)} bytes')
16              lista_lineas = archivo.readlines()
17              print('============')
18              for linea in lista_lineas:
```

```
19                  # Para no mostrar dos saltos de línea usamos end=''
20                  print(linea, end='')
21              print('===========')
22      except Exception as ex:
23          print(f'Error. No se ha podido procesar el archivo {nombre}')
24          print(f'Excepción: {ex}')
```

Como vemos, y a diferencia del *script* anterior, en el que recibíamos una cadena con el contenido de todo el archivo, ahora `.readlines()` devuelve una lista de cadenas correspondientes a cada una de las líneas del archivo. Este método puede ser preferible a `.read()` si vamos a procesar por separado las líneas leídas.

Crearemos un tercer *script* que hace la misma tarea que los anteriores, pero usando el método `.readline()`:

```
1   import pathlib
2   import os.path
3   import time
4
5   abierto = False
6   while not abierto:
7       try:
8           nombre = input('Escriba el nombre del archivo: ')
9           ruta = pathlib.Path(nombre)
10          with open(ruta, 'r') as archivo:
11              abierto = True
12              print(f'Nombre del archivo: {archivo.name}')
13              print(f'Última modificación: {time.ctime(os.path.
14              getmtime(ruta))}')
15              print(f'Tamaño: {os.path.getsize(ruta)} bytes')
16              print('===========')
17              # Lectura adelantada
18              linea = archivo.readline()
19              while linea:
20                  # Para no mostrar dos saltos de línea usamos end=''
21                  print(linea, end='')
22                  linea = archivo.readline()
23              print('===========')
24      except Exception as ex:
25          print(f'Error. No se ha podido procesar el archivo {nombre}')
26          print(f'Excepción: {ex}')
```

Aunque esta versión alternativa pueda parecer más compleja, tiene una importante ventaja respecto a las otras dos: tiene menos requerimientos de memoria. Debemos ser conscientes de que el tamaño de un archivo puede ser enorme y que cargar todo el archivo en memoria supone un innecesario consumo de recursos del ordenador.

El método `.readline()` solamente lee una línea del archivo, a diferencia de `.read()` o `.readlines()`, que leen el contenido íntegro del archivo. Esto permite diseñar un algoritmo iterativo que lee una línea del archivo y la procesa (en nuestro caso, la muestra en consola), lee después la siguiente, y así sucesivamente. El consumo de memoria de esta versión es mínimo. puesto que solo hay en memoria una línea del archivo en cada momento. En la mayoría de los problemas que tengamos que resolver, no necesitaremos disponer de todas las líneas en memoria simultáneamente.

Es interesante observar que el algoritmo de lectura es un bucle con lectura adelantada. Antes de entrar en el bucle **while**, realizamos una primera lectura, lo que permite que el proceso iterativo siga la secuencia lectura-comprobación-procesamiento, que se repite mientras queden líneas por leer en el archivo. De esa forma, cuando el método **.readline()** ya no pueda leer más por haber llegado al final del archivo, devolverá la cadena vacía (**''**), lo que se evaluará como **False** en el bucle[14], provocando su terminación. En general, todos los procesos iterativos que van a procesar un número de datos no determinado a priori deben diseñarse mediante un bucle con lectura adelantada[15] .

Podemos diseñar una cuarta alternativa del mismo *script* que se basa en una interesante propiedad de los objetos file: son iterables. Podemos recorrer un archivo línea a línea con un bucle **for** de forma muy simple e intuitiva:

```python
import pathlib
import os.path
import time

abierto = False
while not abierto:
    try:
        nombre = input('Escriba el nombre del archivo: ')
        ruta = pathlib.Path(nombre)
        with open(ruta, 'r') as archivo:
            abierto = True
            print(f'Nombre del archivo: {archivo.name}')
            print(f'Última modificación: {time.ctime(os.path.
getmtime(ruta))}')
            print(f'Tamaño: {os.path.getsize(ruta)} bytes')
            print('============')
            for linea in archivo:
                # Para no mostrar dos saltos de línea usamos end=''
                print(linea, end='')
            print('============')
    except Exception as ex:
        print(f'Error. No se ha podido procesar el archivo {nombre}')
        print(f'Excepción: {ex}')
```

Como vemos, el bucle **for** es el que se encarga de iterar sobre el archivo, igual que haríamos para recorrer cualquier otro objeto iterable, como una tupla o una lista. Para un procesamiento línea a línea del archivo, esta es una solución muy adecuada

---

[14]Recordemos que, en Python, cualquier cadena de caracteres no vacía se interpreta como **True** y solo la cadena vacía (**''**) es **False**.

[15]Existen soluciones no estructuradas que recurren a sentencias de salto como **break** o **return**, pero como ya hemos explicado, nosotros las evitaremos cuando su uso no aporte una ventaja evidente.

por eficiencia y por claridad del código que no requiere diseñar un bucle con lectura adelantada.

Escritura en modo texto de un conjunto de datos numéricos

Nos planteamos ahora el problema de escribir una serie de valores numéricos en un archivo de texto, separados por espacios en blanco. Nótese que en un archivo de texto todos los datos almacenados se representan mediante caracteres Unicode. Si, por ejemplo, queremos almacenar en el archivo el dato numérico **32** contenido en un objeto **int**, tendremos que escribir los caracteres Unicode **3** y **2**.

Es decir, para escribir en un archivo valores de tipos numéricos tendremos que convertirlos a *string*. Para ello, tenemos varias alternativas, entre ellas:

- Realizar de forma explícita la conversión mediante la función constructora **str()** o un literal *string* con formato, e invocar el método **.write()**.

- Usar la función **print()**, que se encargará de convertir el dato numérico a *string* y llamará al método **.write()** del objeto **file** correspondiente.

En nuestro *script* escribiremos en el archivo **datos.txt** cien números enteros aleatorios[16] pertenecientes al intervalo $[1, 1000]$:

```python
# Escritura de un archivo de datos simple
# en una sola línea separados por espacios
import random
nombre = 'datos.txt'
# Inicializamos el generador de números pseudoaleatorios
random.seed()

try:
    with open(nombre, 'w') as archivo:
        # Generamos 100 valores aleatorios entre 1 y 1000
        # y los escribimos en el archivo
        for i in range(100):
            # Usamos una cadena literal con formato
            archivo.write(f'{random.randint(1, 999)} ')
            # Podemos usar la función constructora str()
            # archivo.write(str(random.randint(1, 999)) + ' ')
            # Podemos usar la función nativa print()
            # print(random.randint(1, 999), end = ' ', file = archivo)
except Exception as ex:
    print(f'Error escribiendo en {nombre}. Excepción: {ex}')
```

---

[16]Python proporciona el módulo estándar **random**, que ofrece varios generadores de números pseudoaleatorios según diferentes distribuciones de probabilidad. En el *script* hemos hecho uso de la función **randint()**, que genera valores uniformemente distribuidos en el intervalo definido por sus dos argumentos. Podemos encontrar más información en https://docs.python.org/3/library/random.html.

El archivo **datos.txt** generado por una ejecución de este *script* sería el siguiente:

```
  564 652 232 466 884 856 504 832 331 67 895 51 984 792 745 9 121 330 851
↪   821 591 985 294 888 74 656 587 409 519 609 420 529 822 727 568 326
↪   685 848 207 133 291 573 423 662 293 16 377 462 49 289 375 709 416
↪   839 154 35 264 529 552 961 874 187 993 382 11 238 600 281 593 433
↪   692 589 280 462 369 604 474 830 899 590 543 71 64 677 343 454 494
↪   546 688 264 696 255 655 804 296 434 344 681 893 871
```

Como vemos, se ofrecen tres alternativas para escribir los valores numéricos en el archivo de texto. En la primera (línea 14), usamos un literal *string* con formato. También podemos usar (línea 16) la conversión a *string* del número mediante la función constructora **str()**. Y, por último (línea 18), podemos invocar la función **print()**, que se encarga automáticamente de convertir a *string* cualquier argumento proporcionado e invocar el método **.write()** del objeto referenciado por el argumento **file**.

Obsérvese que el uso de literales *string* con formato tiene la ventaja de que nos permite, si lo necesitamos, especificar el formato de los números escritos (ancho, base, visualización del signo, número de decimales en el caso de números reales, etc.). Es, por tanto, una alternativa muy versátil.

Lectura en modo texto de un conjunto de datos numéricos

Abordamos ahora el problema de leer un archivo que contiene un número indeterminado de datos numéricos separados por espacios en blanco, como el generado en el ejemplo anterior. La primera alternativa que podemos plantear si tenemos poca experiencia programando en Python sería la siguiente:

```python
1  # Lectura de un archivo de datos simple
2  # El archivo contiene un número indeterminado de enteros
3  # en una sola línea separados por espacios
4  import pathlib
5  import os.path
6  import time
7  nombre = 'datos.txt'
8  try:
9      ruta = pathlib.Path(nombre)
10     with open(ruta, 'r') as archivo:
11         print(f'Nombre del archivo: {archivo.name}')
12         print(f'Última modificación: {time.ctime(os.path.
13         getmtime(ruta))}')
14         print(f'Tamaño: {os.path.getsize(ruta)} bytes')
15         texto = archivo.read()
16     datos = list()
17     for cadena in texto.split():
18         datos.append(int(cadena))
19     # Procesamos como convenga los enteros obtenidos
```

```python
20      # En este caso, mostramos las dos últimas cifras
21      print('Salida:')
22      for entero in datos:
23          print(f'{entero%100:02d}', end=' ')
24      print()
25  except Exception as ex:
26      print(f'Error. No se ha podido procesar el archivo {nombre}')
27      print(f'Excepción: {ex}')
```

Este *script* genera la siguiente salida para el archivo **datos.txt** mostrado anteriormente:

```
Nombre del archivo: datos.txt
Última modificación: Tue Jul 23 18:01:00 2024
Tamaño: 389 bytes
Salida:
64 52 32 66 84 56 04 32 31 67 95 51 84 92 45 09 21 30 51 21 91 85 94 88
↪   74 56 87 09 19 09 20 29 22 27 68 26 85 48 07 33 91 73 23 62 93 16
↪   77 62 49 89 75 09 16 39 54 35 64 29 52 61 74 87 93 82 11 38 00 81
↪   93 33 92 89 80 62 69 04 74 30 99 90 43 71 64 77 43 54 94 46 88 64
↪   96 55 55 04 96 34 44 81 93 71
```

En esta solución usamos el método **.read()** para leer todos los valores y almacenarlos en una cadena (obsérvese que siempre obtenemos cadenas de caracteres, sea
cual sea el método de lectura que usemos). Posteriormente dividimos esta cadena haciendo uso del método **.split()** de la clase **str**, generando una lista de subcadenas
(obtenidas usando como separador el espacio en blanco). Por último, recorremos esta
lista de cadenas para obtener los enteros que representan (usamos la función constructora **int()**), almacenándolos en una lista de enteros. Una vez construida esta lista de
enteros se puede llevar a cabo el procesamiento deseado.

Siendo correcta, esta solución dista mucho de ser óptima. En primer lugar, puede
tener un alto consumo de memoria, ya que volcamos el contenido del archivo en una
cadena, Además, creamos una lista de subcadenas, lo que duplica el espacio de memoria consumido. Si el archivo tiene un gran tamaño (cientos de miles o millones de
valores), el consumo de memoria de nuestro *script* es innecesariamente alto. Además,
el procesamiento ítem a ítem de la lista no es la alternativa más eficiente en cuanto al
tiempo.

Veamos una solución que obtiene el mismo resultado con un consumo de memoria
mucho menor. Además, será más eficiente también en tiempo, ya que construye la lista
resultante mediante comprensión:

```python
1  # Lectura de un archivo de datos simple
2  # El archivo contiene un número indeterminado de enteros
3  # en una sola línea separados por espacios
4  # Alternativa más compacta y eficiente
```

```python
5  import pathlib
6  import os.path
7  import time
8  nombre = 'datos.txt'
9  try:
10     ruta = pathlib.Path(nombre)
11     with open(ruta, 'r') as archivo:
12         print(f'Nombre del archivo: {archivo.name}')
13         print(f'Última modificación: {time.ctime(os.path.
14         getmtime(ruta))}')
15         print(f'Tamaño: {os.path.getsize(ruta)} bytes')
16         datos = [int(cadena) for cadena in archivo.read().split()]
17     # Procesamos como convenga los enteros obtenidos
18     # En este caso, mostramos las dos últimas cifras
19     print('Salida:')
20     for entero in datos:
21         print(f'{entero%100:02d}', end=' ')
22     print()
23 except Exception as ex:
24     print(f'Error. No se ha podido procesar el archivo {nombre}')
25     print(f'Excepción: {ex}')
```

Obsérvese que en esta variante también hemos usado `.read()` y `.split()`, pero los resultados obtenidos por ambos métodos (una cadena y una lista de cadenas, respectivamente) son susceptibles de ser eliminados por el recolector de basura tan pronto como dejan de usarse, ya que no se vinculan a ningún nombre.

De hecho, podemos ir un paso más allá y no llegar a construir la lista de valores enteros, sino obtenerlos uno a uno mediante una expresión generadora (en la línea 16 construimos el generador y en la línea 20 iteramos sobre él), con el consiguiente ahorro de memoria:

```python
1  # Lectura de un archivo de datos simple
2  # El archivo contiene un número indeterminado de enteros
3  # en una sola línea separados por espacios
4  # Alternativa especialmente eficiente en espacio
5  import pathlib
6  import os.path
7  import time
8  nombre = 'datos.txt'
9  try:
10     ruta = pathlib.Path(nombre)
11     with open(ruta, 'r') as archivo:
12         print(f'Nombre del archivo: {archivo.name}')
13         print(f'Última modificación: {time.ctime(os.path.
14         getmtime(ruta))}')
15         print(f'Tamaño: {os.path.getsize(ruta)} bytes')
16         datos = (int(cadena) for cadena in archivo.read().split())
17     # Procesamos como convenga los enteros obtenidos
```

```python
18       # En este caso, mostramos las dos últimas cifras
19       print('Salida:')
20       for entero in datos:
21           print(f'{entero%100:02d}', end=' ')
22       print()
23   except Exception as ex:
24       print(f'Error. No se ha podido procesar el archivo {nombre}')
25       print(f'Excepción: {ex}')
```

Escritura en modo texto de un conjunto de datos numéricos organizándolos en líneas

Si queremos darle cierta estructura al archivo de valores numéricos (porque cada línea corresponde a datos relacionados entre sí, por ejemplo, los datos correspondientes a una hora o día diferente), solo tenemos que escribir saltos de línea para iniciar nuevas líneas:

```python
1    # Escritura de un archivo de datos simple
2    # de números aleatorios de 4 dígitos
3    # en varias líneas de 10 números
4    import random
5
6    # Inicializamos el generador de números pseudoaleatorios
7    random.seed()
8
9    # Construimos una lista de listas. Cada sublista tiene 10 valores
10   lista2D = [[random.randint(1, 9999) for j in range(10)] for i in range(5)]
11   nombre = 'datos2.txt'
12   try:
13       with open(nombre, 'w') as archivo:
14           for lista in lista2D:
15               for entero in lista:
16                   # Usamos una cadena literal con formato
17                   archivo.write(f'{entero:04d} ')
18                   # Podemos usar la función nativa print()
19                   # print(f'{entero:04d}', end = ' ', file=archivo)
20               archivo.write('\n')
21               # print(file=archivo)
22   except Exception as ex:
23       print(f'Error escribiendo en {nombre}. Excepción: {ex}')
```

Y el archivo **datos2.txt** generado por el *script* sería el siguiente:

```
1913 4860 9614 8916 0296 5749 3660 9889 5129 6065
3912 5916 1348 8883 3277 3573 4008 2584 7259 9993
1529 8795 3801 1702 9607 7304 8069 8931 6914 3988
9588 4097 5240 2497 3519 7282 2911 0383 0675 4823
```

```
5078 2973 7997 6669 7390 7969 1782 8574 2825 7843
```

Obsérvese que hemos conseguido alinear los valores de cada columna simplemente fijando el ancho con el que se escriben. El coste de tener un archivo visualmente organizado es un mayor consumo de espacio (por los espacios de relleno adicionales).

Lectura en modo texto de datos numéricos organizados en líneas

Podríamos leer este archivo de datos con el *script* de lectura que hemos diseñado anteriormente, pero este los trataría como datos unidimensionales, sin distinguir los datos de una línea de los de otra. Si queremos procesar y almacenar las líneas del archivo, hemos de modificar el *script*:

```python
1   # Lectura de un archivo de datos simple
2   # Un número indeterminado de líneas con un número
3   # indeterminado de enteros separados por espacios
4   import pathlib
5   import os.path
6   import time
7   nombre = 'datos2.txt'
8   try:
9       ruta = pathlib.Path(nombre)
10      with open(ruta, 'r') as archivo:
11          print(f'Nombre del archivo: {archivo.name}')
12          print(f'Última modificación: {time.ctime(os.path.
13          getmtime(ruta))}')
14          print(f'Tamaño: {os.path.getsize(ruta)} bytes')
15          lista_lineas = archivo.readlines()
16          datos = []
17          for linea in lista_lineas:
18              datos_linea = []
19              for cadena in linea.split():
20                  datos_linea.append(int(cadena))
21              datos.append(datos_linea)
22
23      print('Salida:')
24      for lista in datos:
25          for entero in lista:
26              print(f'{entero%100:02d}', end=' ')
27          print()
28      print()
29  except Exception as ex:
30      print(f'Error. No se ha podido procesar el archivo {nombre}')
31      print(f'Excepción: {ex}')
```

```
Nombre del archivo: datos2.txt
Última modificación: Tue Aug  6 12:34:48 2024
Tamaño: 255 bytes
Salida:
13 60 14 16 96 49 60 89 29 65
12 16 48 83 77 73 08 84 59 93
29 95 01 02 07 04 69 31 14 88
88 97 40 97 19 82 11 83 75 23
78 73 97 69 90 69 82 74 25 43
```

Obsérvese que estamos usando el método `.readlines()`, que lee el archivo completo y construye una lista de *strings* correspondientes a cada una de las líneas del archivo. Posteriormente procesamos esas cadenas, dividiéndolas con `.split()` y convirtiendo los valores obtenidos a enteros.

Podemos diseñar una versión más concisa y eficiente si usamos comprensión de listas. Podemos sustituir las líneas 15-20 del *script* anterior por la siguiente lectura más compacta (aunque produce el mismo resultado):

```python
15      datos = [[int(cadena) for cadena in linea.split()]
16              for linea in lista_lineas]
```

Aunque ambas soluciones adolecen del mismo problema: cargan el contenido completo del archivo en memoria (en forma de lista de cadenas, pero se carga completo en memoria), lo que supone un requerimiento de recursos que en la mayoría de los casos es innecesario, ya que son muy pocos los algoritmos que requieren disponer simultáneamente de todos los datos.

Debemos plantearnos una alternativa que no cargue inicialmente todo el archivo en memoria de forma innecesaria, para lo que podemos usar el método `.readline()`:

```python
1  # Lectura de un archivo de datos simple
2  # Un número indeterminado de líneas con un número
3  # indeterminado de enteros separados por espacios
4  # Lectura línea a línea, con menos requerimientos de memoria
5  import pathlib
6  import os.path
7  import time
8  nombre = 'datos2.txt'
9  try:
10     ruta = pathlib.Path(nombre)
11     with open(ruta, 'r') as archivo:
12         print(f'Nombre del archivo: {archivo.name}')
13         print(f'Última modificación: {time.ctime(os.path.
14         getmtime(ruta))}')
15         print(f'Tamaño: {os.path.getsize(ruta)} bytes')
16         datos = []
17         # Lectura adelantada
```

```python
18              linea = archivo.readline()
19              while linea:
20                  datos_linea = [int(cadena) for cadena in linea.split()]
21                  datos.append(datos_linea)
22                  linea = archivo.readline()
23
24          print('Salida:')
25          for lista in datos:
26              for entero in lista:
27                  print(f'{entero%100:02d}', end=' ')
28              print()
29          print()
30  except Exception as ex:
31          print(f'Error. No se ha podido procesar el archivo {nombre}')
32          print(f'Excepción: {ex}')
```

Como vemos, al usar **readline**, hemos diseñado un bucle con lectura adelantada, como ya hicimos en un ejemplo anterior, para evitar realizar el procesamiento si la línea no se ha podido leer del archivo (es decir, ya no quedan más líneas por leer).

Este mismo enfoque se utiliza en la siguiente variante, que es la más *pythonic*, iterando sobre el archivo, lo que nos evita tener que hacer una lectura adelantada. Sustituimos las líneas 15-21 por las siguientes:

```python
15          datos = []
16          for linea in archivo:
17              datos_linea = [int(cadena) for cadena in linea.split()]
18              datos.append(datos_linea)
```

Incluso podemos llevar un poco más allá el planteamiento iterativo, utilizando el anidamiento de comprensiones para construir la lista de listas, sustituyendo estas cuatro líneas de código por una comprensión:

```python
15          datos = [[int(cadena) for cadena in linea.split()]
16                   for linea in archivo]
```

Obsérvese que estamos tratando el archivo igual que lo hacemos con una lista, una tupla, un conjunto o, en general, cualquier objeto iterable. Aprovechar el hecho de que los archivos son objetos iterables simplifica notablemente los algoritmos de lectura de archivos y produce un código con un alto nivel de abstracción y fácilmente comprensible.

Operación en modo texto con datos mixtos

En los ejemplos anteriores nos hemos centrado en la lectura y escritura de archivos en los que únicamente había valores numéricos y utilizábamos espacios en blanco y/o saltos de línea para separar unos de otros. Sin embargo, es posible que sea necesario almacenar en un archivo datos de distintos tipos, esencialmente, cadenas de caracteres y numéricos. En este caso, la escritura del archivo no resulta compleja, pero hay que plantearla correctamente para que después se puedan recuperar los datos en un proceso de lectura.

Si mezclamos en un archivo cadenas con valores numéricos tenemos un importante problema que resolver: ¿dónde termina la cadena y dónde comienza el valor numérico? Utilizar espacios en blanco como separadores ya no es una solución, porque las cadenas de caracteres pueden perfectamente contener espacios (por ejemplo, si almacenamos una dirección postal o los apellidos de una persona).

Una primera solución es asignar a las cadenas una longitud fija, de forma que sepamos, cuando leamos el archivo, qué parte de cada línea contiene la/s cadena/s y qué parte contiene el/los valor/es numérico/s. Pensemos en un archivo que contiene en cada línea el nombre de un edificio de una ciudad (60 caracteres) y sus correspondientes coordenadas de latitud y longitud:

```
ETS de Ingenierías Informática y de Telecomunicación
↪    37.19752158401367 -3.6244884054151654
ETS de Ingeniería de Caminos Canales y Puertos
↪    37.18144279906895 -3.6083217600684896
Alhambra
↪    37.17642203789565 -3.5881696675875974
```

Podemos leer este archivo con el siguiente fragmento de código:

```python
nombre_archivo = 'edificios.txt'
edificios = dict()
try:
    with open(nombre_archivo, 'r') as archivo:
        for linea in archivo:
            nombre = linea[0:59].rstrip()
            coords = tuple(float(valor) for valor in linea[60:].split())
            edificios[coords] = nombre
    for coordenadas, nombre in edificios.items():
        print(f'Edificio: {nombre}')
        print(f'Coordenadas: {coordenadas}')
except OSError as ex:
    print('Error al operar con el archivo', nombre_archivo)
    print('Excepción:', ex)
```

obteniendo la siguiente salida:

```
Edificio: ETS de Ingenierías Informática y de Telecomunicación
Coordenadas: (37.19752158401367, -3.6244884054151654)
Edificio: ETS de Ingeniería de Caminos Canales y Puertos
Coordenadas: (37.18144279906895, -3.6083217600684896)
Edificio: Alhambra
```

```
Coordenadas: (37.17642203789565, -3.5881696675875974)
```

Como vemos, esta práctica puede suponer un considerable desperdicio de espacio
en el archivo, ya que los nombres cortos tendrán que rellenarse con blancos por la
derecha hasta alcanzar la longitud establecida. Además, la gestión no resulta cómoda,
y lo sería mucho menos si en cada línea estuvieran mezcladas diferentes cadenas y
valores numéricos, lo que sería una situación mucho más realista. Y no podemos olvidar
que la longitud establecida (en nuestro ejemplo, 60 caracteres) es totalmente arbitraria
y puede resultar insuficiente para albergar nuevos datos (en el ejemplo, un edificio que
tenga un nombre que ocupe más de 60 caracteres).

8.4 Gestión de archivos CSV

Los archivos CSV (*comma-separated values*, valores separados por comas) son una
forma muy extendida y simple de almacenar datos y compartirlos entre aplicaciones.
Se utilizan con gran frecuencia en ámbitos como la economía, la ingeniería, las distintas
ramas de la ciencia, y se han convertido en la principal forma en la que todo tipo de
entidades gubernamentales hacen pública información, por lo que saber trabajar con
ellos supone un conocimiento interesante para cualquier persona que se introduzca en
la programación de ordenadores.

Estos archivos tienen un formato muy simple y su uso se ha extendido en los últimos años para almacenar grandes series de valores. Habitualmente se estructuran en
líneas, de forma que los valores de una misma línea tienen alguna relación entre sí y
las diferentes líneas del archivo, todas con el mismo número de valores, constituyen
una serie. Normalmente se utilizan para representar tablas de valores. En lugar de espacios en blanco, se utiliza (habitualmente) una coma para separar los distintos valores
del archivo.

La sencillez del formato CSV hace que cualquier persona sin demasiada experiencia
en programación pueda operar con estos archivos. Además, tienen una ventaja añadida:
pueden examinarse o modificarse directamente mostrándolos en consola o abriéndolos
en cualquier editor de textos. Sus principales inconvenientes son la ineficiencia en cuanto a consumo de espacio en disco y la inexistencia de un estándar internacional[17]. Hoy
en día, el formato CSV se ha convertido en el formato más común en el que gobiernos y
organismos publican datos tabulares en crudo (*raw data*), esto es, datos sin ningún tipo
de procesamiento, para que medios de comunicación, investigadores o cualquier otro
puedan acceder a ellos, evitando así usar formatos privativos de alguna hoja de cálculo
comercial.

Aunque el nombre de estos archivos haga referencia a la coma como elemento separador, en realidad puede utilizarse otro carácter –por ejemplo, el punto y coma (;) o el

---

[17]Solo existe la RFC (Request For Comments) 4180 (https://www.rfc-editor.org/rfc/rfc4180), un documento creado por The Internet Society que recopila los usos habituales del formato e incluye comentarios y
recomendaciones para favorecer un mejor uso de este tipo de archivos.

tabulador (`\t`)– para realizar esta función. Normalmente estos archivos vienen acompañados de una descripción que especifica estos detalles. También pueden tener cabecera, que es una primera fila que no contiene valores, sino las denominaciones de cada una de las columnas en las que se organizan los datos.

Es relativamente fácil desarrollar un *script* en Python que escriba o lea un archivo CSV. La única diferencia esencial con los que ya hemos desarrollado es el uso de un separador u otro (espacio en blanco, coma, punto y coma o cualquier otro). Así, por ejemplo, el siguiente *script* crea un archivo CSV con los 100 primeros números naturales estructurados en líneas de 10 en 10:

```python
# Escritura de un archivo de datos simple
# (números del 1 al 100) en varias líneas
# Formato CSV

# Construimos una lista de listas. Cada sublista tiene 10 valores
lista2D = [[d*10+u for u in range(1,11)] for d in range(0,10)]
nombre = 'datos2.csv'
try:
    with open(nombre, 'w') as archivo:
        for lista in lista2D:
            archivo.write(f'{lista[0]}')
            for valor in lista[1:]:
                # Usamos una cadena literal con formato
                archivo.write(f',{valor}')
                # Podemos usar la función nativa print()
                # print(f',{valor}', end = '', file=archivo)
            archivo.write('\n')
except Exception as ex:
    print(f'Error escribiendo en {nombre}. Excepción: {ex}')
```

Hemos hecho una escritura adelantada del primer valor de cada línea porque es el único que no va precedido por una coma. El archivo CSV generado por este *script* sería el siguiente:

```
1,2,3,4,5,6,7,8,9,10
11,12,13,14,15,16,17,18,19,20
21,22,23,24,25,26,27,28,29,30
31,32,33,34,35,36,37,38,39,40
41,42,43,44,45,46,47,48,49,50
51,52,53,54,55,56,57,58,59,60
61,62,63,64,65,66,67,68,69,70
71,72,73,74,75,76,77,78,79,80
81,82,83,84,85,86,87,88,89,90
91,92,93,94,95,96,97,98,99,100
```

8.4.1 El módulo CSV

Aunque, como hemos visto, la escritura de archivos CSV no es en absoluto compleja, la biblioteca estándar de Python nos proporciona un módulo que simplifica mucho la tarea y permite trabajar con archivos CSV con un alto nivel de abstracción. Esto nos resultará particularmente útil cuando leamos archivos CSV con cabecera, en los que la primera fila suele estar formada por cadenas de texto que especifican el concepto al que corresponde cada columna de datos.

El módulo **csv** nos proporciona clases que nos permitirán leer y escribir archivos CSV. Para trabajar con un archivo CSV solamente tendremos que abrirlo, crear un objeto **reader** o **writer**, darle la orden de lectura o escritura y cerrar el archivo.

Disponemos de dos funciones constructoras para crear objetos **reader** y **writer**:

```
csv.writer(csvfile, dialect='excel', **fmtparams)
```

```
csv.reader(csvfile, dialect='excel', **fmtparams)
```

En ambas funciones el parámetro posicional **csvfile** es un objeto file (que habremos obtenido abriendo el archivo), el segundo parámetro permite especificar el dialecto CSV que se desea usar (uno de los proporcionados por la función **csv.list_dialects()**[18]) y se pueden incluir en la llamada argumentos con clave de forma opcional para modificar algunos aspectos del dialecto usado, como el delimitador, el terminador de líneas, etc.

La documentación oficial del módulo **csv** recomienda abrir siempre el archivo con el argumento opcional **newline=''**, puesto que los métodos de escritura y lectura del módulo ya se encargan de la gestión de los saltos de línea. Esto resulta especialmente importante si se trabaja en *Windows*.

En resumen, el esquema de escritura de un archivo CSV podría ser el siguiente:

```
1  import csv
2  nombre = 'datos.csv'
3  try:
4      with open(nombre, mode='w', newline='') as archivo:
5          writer = csv.writer(archivo)
6
7          #Escritura en el archivo
8
9  except Exception as ex:
10      print(f'Error trabajando con {nombre}. Excepción: {ex}')
```

---

[18]https://docs.python.org/3/library/csv.html#csv.list_dialects. La versión 3.12 de Python ofrece tres dialectos sustancialmente diferentes: **excel**, que separa con comas los valores e inserta dos caracteres al final de cada línea (un retorno de carro, **'\r'** y un salto de línea, **'\n'**, al estilo Windows); **excel-tab**, que en lugar de comas, usa el carácter de tabulación horizontal; y **unix**, que encierra cada valor entre comillas dobles, separa con comas y sólo usa un carácter **'\n'** al final de cada línea. Aunque no lo trataremos en este libro, el módulo **csv** proporciona las herramientas necesarias para crear nuevos dialectos y hacer uso de ellos.

Análogamente, para lectura:

```python
import csv
nombre = 'datos.csv'
try:
    with open(nombre, mode='r', newline='') as archivo:
        reader = csv.reader(archivo)

        #Lectura del archivo

except Exception as ex:
    print(f'Error trabajando con {nombre}. Excepción: {ex}')
```

8.4.2   Lectura y escritura de archivos CSV

El módulo csv nos proporciona `.writerow()` y `.writerows()`, dos métodos de escritura para la clase **writer**, que aceptan como argumento, respectivamente, un objeto iterable unidimensional (por ejemplo, una lista) y un objeto iterable bidimensional (por ejemplo, una lista de listas) cuyos ítems deben ser *strings* o números.

Así, si queremos generar el mismo archivo **datos.csv** que el ejemplo anterior, diseñaríamos el siguiente *script*:

```python
import csv
# Construimos una lista de listas
#datos2D = [[d*10+u for u in range(1,11)] for d in range(0,10)]
# Construimos un generador
datos2D = ((d*10+u for u in range(1,11)) for d in range(0,10))

nombre = 'datos.csv'
try:
    with open(nombre, mode='w', newline='') as archivo:
        writer = csv.writer(archivo)

        #Escritura en el archivo usando .writerow()
        for fila in datos2D:
            writer.writerow(fila)

        #Alternativa usando .writerows()
        # writer.writerows(datos2D)

except Exception as ex:
    print(f'Error escribiendo en {nombre}. Excepción: {ex}')
```

Obsérvese que podemos almacenar los datos en una lista de listas u obtenerlos a partir de un generador.

Si consultamos la documentación de los métodos `.writerow()` y `.writerows()` veremos que ambos devuelven el número de caracteres escritos en el archivo. En nuestro *script* estamos descartando el valor devuelto, ya que no nos es de utilidad.

Obsérvese que ambos métodos se encargan de hacer la conversión de valores a cadena si es necesario (porque sean numéricos), de forma similar a como lo hace la función `print()`.

Leer un archivo CSV usando el módulo `csv` es tan sencillo como escribirlo. El objeto `reader` es iterable, por lo que podemos recorrerlo con un bucle `for`, avanzando línea a línea:

```python
import csv

lista = []
nombre = 'datos.csv'
try:
    with open(nombre, mode='r', newline='') as archivo:
        reader = csv.reader(archivo)

        #Lectura del archivo
        for linea in reader:
            linea_enteros = [int(valor) for valor in linea]
            lista.append(linea_enteros)

except Exception as ex:
    print(f'Error al operar con el archivo {nombre}. Excepción: {ex}')
```

Como vemos, al iterar sobre el objeto `reader` obtenemos listas con los valores de la correspondiente línea del archivo. Podemos compactar y hacer más eficiente el proceso de lectura y construcción de la lista de listas que contendrá los datos:

```python
import csv

nombre = 'datos.csv'
try:
    with open(nombre, mode='r', newline='') as archivo:
        reader = csv.reader(archivo)

        #Lectura del archivo
        lista = [[int(valor) for valor in linea] for linea in reader]

except Exception as ex:
    print(f'Error al operar con el archivo {nombre}. Excepción: {ex}')
```

Obsérvese que `reader` no hace conversiones, devolviendo siempre cadenas de caracteres, por lo que será necesario hacer la conversión correspondiente si son valores numéricos.

Como vemos, los objetos **writer** y **reader** proporcionan una interfaz asimétrica: mientras que para escribir con un objeto **writer** no tenemos que convertir a cadena, la lectura con **reader** siempre devuelve cadenas que tendremos que convertir a un tipo numérico si corresponde.

8.4.3 Gestión de archivos CSV con cabecera

Con frecuencia, los archivos CSV intentan ser autocontenidos, para lo que incluyen una primera línea con tantos datos como el resto de líneas del archivo pero que, a diferencia de las líneas de datos, contiene los nombres de cada una de las columnas. Un ejemplo sería el siguiente:

```
Nombre,Género,Nacimiento
Isaac Asimov,Ciencia Ficción,1920
John Ronald Reuel Tolkien,Literatura Fantástica,1892
Ursula Kroeber Le Guin,Literatura Fantástica,1929
Kenneth Martin Follett,Novela Histórica,1949
```

Podemos leer un archivo CSV con cabecera usando un objeto **reader** como hemos hecho en los ejemplos anteriores, pero teniendo en cuenta que la primera línea no es de datos, sino de nombres (lo que requerirá un tratamiento específico). No obstante, el módulo **csv** ofrece otras dos clases, **DictReader** y **DictWriter**, que operan como sus homólogos, **reader** y **writer**, pero que asumen que la primera línea del archivo CSV es una línea de cabecera.

Mientras que **reader** construía una lista con los valores de cada línea del archivo CSV, **DictReader** construye un diccionario para cada una de las restantes líneas (a partir de la segunda) del archivo, utilizando como claves del diccionario los valores de la línea de cabecera:

```python
import csv

lista = []
nombre = 'escritores.csv'
try:
    with open(nombre, mode='r', newline='') as archivo:
        dictreader = csv.DictReader(archivo)
        #Lectura del archivo, iterando sobre cada línea
        # for escritor in dictreader:
            # Convertimos a int la fecha de nacimiento
            # escritor['Nacimiento'] = int(escritor['Nacimiento'])
            # lista.append(escritor)

        #Alternativa construyendo la lista mediante comprensión
        lista = [escritor for escritor in dictreader]
        for escritor in lista:
            # Convertimos a int la fecha de nacimiento
```

```python
18          escritor['Nacimiento'] = int(escritor['Nacimiento'])
19
20      #Nombres de los campos
21      print(dictreader.fieldnames)
22
23      #Mostramos cada dicccionario construido
24      for escritor in lista:
25          print(escritor)
26
27      #Mostramos los valores individuales
28      for escritor in lista:
29          #for clave in dictreader.fieldnames:
30          for clave in escritor:
31              print(f'{clave}: {escritor[clave]}')
32  except Exception as ex:
33      print(f'Error trabajando con {nombre}. Excepción: {ex}')
```

```
['Nombre', 'Género', 'Nacimiento']
{'Nombre': 'Isaac Asimov', 'Género': 'Ciencia Ficción', 'Nacimiento':
↪    1920}
{'Nombre': 'John Ronald Reuel Tolkien', 'Género': 'Literatura
↪    Fantástica', 'Nacimiento': 1892}
{'Nombre': 'Ursula Kroeber Le Guin', 'Género': 'Literatura Fantástica',
↪    'Nacimiento': 1929}
{'Nombre': 'Kenneth Martin Follett', 'Género': 'Novela Histórica',
↪    'Nacimiento': 1949}
Nombre: Isaac Asimov
Género: Ciencia Ficción
Nacimiento: 1920
Nombre: John Ronald Reuel Tolkien
Género: Literatura Fantástica
Nacimiento: 1892
Nombre: Ursula Kroeber Le Guin
Género: Literatura Fantástica
Nacimiento: 1929
Nombre: Kenneth Martin Follett
Género: Novela Histórica
Nacimiento: 1949
```

Como vemos, podemos iterar sobre el objeto `DictReader` para leer el archivo CSV como hacíamos con los objetos `reader`. Este objeto tiene un atributo `.fieldnames` que es una lista con los nombres de la línea de cabecera del archivo. En el ejemplo hemos mostrado cada uno de los diccionarios construidos (que nosotros hemos añadido a una lista) y también hemos mostrado que podemos aprovechar el atributo `.fieldnames` para recorrer estos diccionarios (aunque hemos elegido usar el método `.keys()` del diccionario), mostrando los valores de cada uno de sus ítems.

Obsérvese que la columna correspondiente a la cabecera Nacimiento, que es un dato entero, se ha leído como una cadena de caracteres, pero podemos convertirla a entero o a alguna clase Fecha si lo necesitamos (como hemos hecho en la línea 11 del *script*). El comportamiento de **DictReader**, como vemos, es similar a **reader**: devuelve siempre cadenas de caracteres.

El hecho de que **DictReader** devuelva diccionarios, asociando valores a claves, hace que los datos queden mucho más estructurados y contextualizados. Podemos usar un segundo argumento opcional del método constructor para establecer nosotros mismos los nombres de cada columna y leer así un archivo CSV sin cabecera, pero obteniendo diccionarios y dándole una semántica a los datos. Así, podemos guardar la información de escritores en un archivo CSV sin cabecera como el siguiente:

```
Isaac Asimov,Ciencia Ficción,1920
John Ronald Reuel Tolkien,Literatura Fantástica,1892
Ursula Kroeber Le Guin,Literatura Fantástica,1929
Kenneth Martin Follett,Novela Histórica,1949
```

Podemos aun así construir diccionarios en los que asociamos los datos a las claves que nosotros mismos decidamos:

```python
import csv

lista = []
campos = ['Nombre', 'Género', 'Nacimiento']
nombre = 'escritores_sin_cabecera.csv'
try:
    with open(nombre, mode='r', newline='') as archivo:
        dictreader = csv.DictReader(archivo, fieldnames=campos)

        #Lectura del archivo, iterando sobre cada línea
#           for escritor in dictreader:
#               escritor['Nacimiento'] = int(escritor['Nacimiento'])
#               lista.append(escritor)

        #Alternativa construyendo la lista mediante comprensión
        lista = [escritor for escritor in dictreader]
        for escritor in lista:
            # Convertimos a int la fecha de nacimiento
            escritor['Nacimiento'] = int(escritor['Nacimiento'])

    #Nombres de los campos
    print(dictreader.fieldnames)

    #Mostramos cada dicccionario construido
    for escritor in lista:
        print(escritor)

    #Mostramos los valores individuales
    for escritor in lista:
        #for clave in dictreader.fieldnames:
```

```python
31          for clave in escritor:
32              print(f'{clave}: {escritor[clave]}')
33
34  except Exception as ex:
35      print(f'Error trabajando con {nombre}. Excepción: {ex}')
```

De esta forma generamos la misma salida que la versión con cabecera que hemos visto anteriormente. Como podemos comprobar, los nombres proporcionados se incorporan al objeto DictReader como si se hubieran leído de la cabecera del archivo CSV.

Para crear un archivo CSV con cabecera, usaremos un objeto de la clase `DictWriter`, que ofrece los métodos `.writerow()` y `.writerows()` y opera de forma muy parecida a `writer`. Pero, además, `DictWriter` nos ofrece un método adicional, `.writeheader()`, que se encarga de escribir la fila de cabecera en el archivo CSV:

```python
1  import csv
2
3  provincias = [
4      {'Provincia': 'Almería', 'CP': '04', 'Población': 731_792},
5      {'Provincia': 'Cádiz', 'CP': '11', 'Población': 1_245_960},
6      {'Provincia': 'Córdoba', 'CP': '14', 'Población': 776_789},
7      {'Provincia': 'Granada', 'CP': '18', 'Población': 921_338},
8      {'Provincia': 'Huelva', 'CP': '21', 'Población': 525_835},
9      {'Provincia': 'Jaén', 'CP': '23', 'Población': 627_190},
10     {'Provincia': 'Málaga', 'CP': '29', 'Población': 1_695_651},
11     {'Provincia': 'Sevilla', 'CP': '41', 'Población': 1_947_852}]
12 nombres  = list(provincias[0].keys())
13
14 nombre = 'andalucia.csv'
15 try:
16     with open(nombre, mode='w', newline='') as archivo:
17         dictwriter = csv.DictWriter(archivo, fieldnames=nombres,
18                                     quoting=csv.QUOTE_NONNUMERIC)
19
20         #Escribimos la cabecera
21         dictwriter.writeheader()
22
23         #Escritura en el archivo usando .writerow()
24         for provincia in provincias:
25             dictwriter.writerow(provincia)
26
27         #Alternativa usando .writerows()
28         # dictwriter.writerows(provincias)
29
30 except Exception as ex:
31     print(f'Error escribiendo en {nombre}. Excepción: {ex}')
```

El archivo CSV generado por este *script* tendrá el siguiente contenido:

```
"Provincia","CP","Población"
"Almería","04",731792
"Cádiz","11",1245960
"Córdoba","14",776789
"Granada","18",921338
"Huelva","21",525835
"Jaén","23",627190
"Málaga","29",1695651
"Sevilla","41",1947852
```

Obsérvese que los métodos `.writerow()` y `.writerows()` esperan, respectivamente un diccionario y una lista de diccionarios. Además, hemos utilizado un argumento opcional, `quoting`, para indicar al objeto `DictWriter` que queremos utilizar comillas para los datos de tipo cadena (así evitamos que los códigos postales se traten como números en otras aplicaciones que importen el archivo CSV).

8.5 Lectura y escritura en modo binario

Como explicamos en la sección 8.2.1, cuando un archivo se abre en modo binario, las operaciones de entrada y salida consisten en la transmisión de *bytes* desde y hacia el archivo sin que se produzca ningún tipo de codificación o decodificación del contenido transferido. Los datos, tal y como se almacenan internamente en memoria, se vuelcan desde esta hacia el archivo y viceversa.

Obviaremos, por innecesaria, la escritura de cadenas de caracteres en modo binario: en el archivo se almacenan los códigos correspondientes a cada uno de los caracteres que componen el *string*, por lo que el resultado es el mismo que cuando se opera en modo texto. Además, la operación en binario requiere que el programador realice operaciones de codificación y decodificación de las que ya se encargan los métodos de lectura y escritura en modo texto que hemos aprendido en la sección 8.3. Nos concentraremos, por lo tanto, en cómo leer y escribir en binario datos numéricos.

Normalmente el procesamiento de datos en modo binario tiene lugar con cantidades de datos moderadas o grandes. Si queremos almacenar pocos datos, probablemente hacerlo en modo texto sea la forma más cómoda de hacerlo, y el ahorro de tiempo y espacio que en general supone operar en binario no compense.

Como veremos a continuación, la escritura en binario de datos numéricos resulta más eficiente en tiempo y espacio, ya que ahorra los procesos de codificación y decodificación necesarios para gestionar la representación textual de los datos y requiere, en general, menos bytes para representar valores numéricos que su representación en modo texto. Como contrapartida, el contenido de un archivo que contenga datos escritos en binario no se puede visualizar directamente en consola ni abrirse en un editor de textos, como ocurre con un archivo de texto.

Para poder gestionar esas secuencias de *bytes* que se transmitirán desde o hacia el archivo precisaremos hacer uso de clases especializadas que nos permitirán organizar de forma compacta (contigua en memoria) los *bytes* correspondientes a la representación interna de nuestros datos.

Escritura en modo binario de un conjunto de datos numéricos

Como hemos dicho, cuando operamos en modo texto y queremos almacenar datos numéricos, tenemos que escribir en el archivo los caracteres correspondientes a la representación del número como *string*. Al operar en modo binario, sin embargo, lo que haremos será volcar en el archivo, sin conversión, el conjunto de *bytes* que representan el número en memoria.

El siguiente *script* escribe en binario cien valores enteros aleatorios entre 1 y 1000 en el archivo **datos.dat**. Obsérvese que no hemos usado la extensión **.txt** en el nombre del archivo, puesto que la información almacenada no será textual.

```python
# Escritura de un archivo de datos simple
# (números del 1 al 100) en binario
import array, random
nombre = 'datos.dat'
# Inicializamos el generador de números pseudoaleatorios
random.seed()
# Generamos 100 valores aleatorios entre 1 y 1000
datos = [random.randint(1, 1000) for i in range(100)]
try:
    with open(nombre, 'wb') as archivo:
        # Usamos un array de enteros con signo de 8 bytes
        array_datos = array.array('q', datos)
        # Podemos construir el array a partir de una
        # expresión generadora, ahorrando memoria
        # array_datos = array.array('q',
        #                (random.randint(1, 1000) for i in range(100)))
        archivo.write(array_datos)
        #Podemos usar el método .tofile() de array.array
        # array_datos.tofile(archivo)
except Exception as ex:
    print(f'Error escribiendo en {nombre}. Excepción: {ex}')
```

Al operar en modo binario, el método **.write()** espera recibir como argumento un objeto capaz de albergar *bytes*. La clase **array**[19] (proporcionada por el módulo estándar **array**) resulta muy adecuada para este fin, ya que garantiza que los valores que contiene se ubican de forma contigua en memoria, por lo que en una sola llamada a **.write()** podemos escribir un conjunto de valores numéricos.

Un **array** es un tipo secuencia mutable con restricciones: es homogéneo (todos sus ítems son del mismo tipo) y su tipo debe establecerse en el momento de su creación. Además, la clase **array** garantiza que todos sus ítems se ubican de forma contigua en

---

[19]https://docs.python.org/3/library/array.html#module-array.

memoria, lo que permite que podamos usarlo en operaciones de lectura y escritura en binario de grandes cantidades de datos numéricos.

En el *script* hemos creado un **array** de enteros de 8 *bytes* con signo (usando el especificador de tipo `'q'`)[20] a partir de la lista que contenía los datos, y lo usamos como argumento en la llamada a `.write()`. Obsérvese que podemos construir el **array** de datos sin necesidad de construir una lista, tal y como hemos hecho en la alternativa comentada de las líneas 15-16, que obtiene los datos a partir de una expresión generadora, con el consiguiente ahorro de memoria.

La clase **array** también ofrece el método `.tofile()` (podemos observar su uso en la línea 19 del *script*), que realiza la misma tarea que `.write()`.

Lectura en modo binario de un conjunto de datos numéricos

Podemos desarrollar este *script* para leer los datos del archivo generado antes:

```python
# Lectura de un archivo de datos simple
# El archivo contiene un número indeterminado de enteros
# con signo de 8 bytes
import array
nombre = 'datos.dat'
num_valores = 100
try:
    with open(nombre,'rb') as archivo:
        # Leemos el archivo y guardamos su contenido en un objeto bytes
        contenido = archivo.read()
        # Creamos un objeto array para alojar enteros con signo de 8 bytes
        array_datos = array.array('q')
        # Interpretamos los contenidos de contenido
        # de acuerdo al tipo base de array_datos
        array_datos.frombytes(contenido)
        # Escrito de forma más compacta:
        # array_datos.frombytes(archivo.read())

        # El método .fromfile() realiza la tarea
        # correspondiente a .read() y .frombytes()
        # array_datos.fromfile(archivo, num_valores)

    # Procesamos como convenga los enteros obtenidos
    for entero in array_datos:
        print(entero, end=' ')
    print()
    # Podemos crear una lista a partir del array
    lista_datos = array_datos.tolist()

```

---

[20]En la referencia de la clase **array** se detallan todos los tipos que soporta esta clase para sus ítems, desde enteros cortos de 1 solo *byte* hasta números reales de 8 *bytes*, con y sin signo.

```python
30    except Exception as ex:
31        print(f'Error leyendo {nombre}: {ex}')
```

Como en el *script* anterior, podemos proceder de forma genérica, leyendo del archivo con `.read()` y decodificando los *bytes* leídos con el método `.frombytes()` de la clase `array` (líneas 10-15), o aprovechar el método `.fromfile()` de la clase `array` (línea 21), que realiza la lectura y decodificación en una sola llamada. En cualquier caso, una vez obtenido el **array** de valores, podemos operar con él o transferirlos a una lista con `.tolist()`, como vemos en la línea 28. La salida generada por una ejecución del *script* es la siguiente, que depende de los valores almacenados en el archivo por el *script* de escritura:

```
65 30 966 919 591 332 625 264 852 449 471 121 255 725 471 702 896 342
↪    25 9 266 651 514 780 184 352 738 659 636 890 104 223 453 500 890
↪    891 19 647 107 421 314 619 559 209 607 231 261 923 402 925 818 826
↪    638 292 852 318 977 704 137 449 143 115 740 7 369 984 171 196 687 1
↪    717 659 877 276 190 16 836 269 407 261 149 230 161 256 217 190 381
↪    405 601 754 853 12 593 819 287 98 81 326 523 442
```

Modificación de un archivo de datos numéricos escritos en modo binario

Como ya explicamos antes, si escribimos datos numéricos en modo texto, resulta imprescindible usar separadores ya que cada dato se representará mediante un número de caracteres que depende de su valor. Sin embargo, al escribir esos mismos datos en modo binario los separadores no son necesarios, puesto que todos los valores escritos ocupan el mismo número de *bytes* en el archivo.

Esta sustancial diferencia hace que mientras que en los archivos escritos en modo texto sea necesario un procesamiento secuencial (para procesar un dato es imprescindible haber leído todos los anteriores en el archivo ya que no conocemos la ubicación en el archivo de un dato), en modo binario podamos trabajar mediante acceso directo: si queremos leer o modificar un dato del archivo, podemos ubicarnos en su posición y proceder con la operación deseada, sin necesidad de leer o procesar los datos anteriores, tal y como muestra el siguiente *script*, que permite modificar un dato del archivo:

```python
1    # Modificación de un archivo de datos simple
2    # El archivo contiene un número indeterminado de enteros
3    # con signo de 8 bytes
4    import array
5    import os
6    nombre = 'datos.dat'
7    num_bytes = 8
8    array_dato = array.array('q')
9    try:
10       with open(nombre,'r+b') as archivo:
```

```python
11      # Calculamos el número de datos del archivo
12      contenido = archivo.seek(0, os.SEEK_END)
13      num_datos = archivo.tell() // num_bytes
14      entrada_valida = False
15      while not entrada_valida:
16          try:
17              pos_dato = int(input('Posición del dato a modificar: '))
18              if 0 <= pos_dato <= num_datos:
19                  entrada_valida = True
20              else:
21                  print('Error. Posición inválida')
22          except:
23              print('Error. No es un valor entero')
24
25      # Posicionamiento en el dato a modificar
26      archivo.seek(pos_dato*num_bytes, os.SEEK_SET)
27      array_dato.fromfile(archivo, 1) # Leemos el dato
28      print(f'Valor actual: {array_dato[0]}')
29      entrada_valida = False
30      while not entrada_valida:
31          try:
32              nuevo_valor = int(input('Nuevo valor del dato: '))
33              entrada_valida = True
34          except:
35              print('Error. No es un valor entero')
36      # Creamos un array con el nuevo valor
37      array_dato = array.array('q', [nuevo_valor])
38      # Posicionamiento en el dato a modificar
39      archivo.seek(pos_dato*num_bytes, os.SEEK_SET)
40      # archivo.seek(-num_bytes, os.SEEK_CUR)
41
42      archivo.write(array_dato)
43      # array_dato.tofile(archivo)
44
45      # Mostramos el archivo modificado
46      print('Contenido:')
47      archivo.seek(0, os.SEEK_SET)
48      array_datos = array.array('q')
49      array_datos.fromfile(archivo, num_datos)
50      for dato in array_datos:
51          print(f'{dato} ', end='')
52      print()
53
54  except Exception as ex:
55      print(f'Error operando con {nombre}: {ex}')
```

Como vemos, tras abrir el archivo en modo `'r+b'` (para permitir lectura y escritura en binario conservando el contenido previamente existente), el *script* calcula el número de datos que alberga el archivo. Para ello utiliza los métodos `.seek()`[21] y `.tell()`[22], que permiten el posicionamiento en el archivo y consultar la posición actual. Obsérvese que al realizar un desplazamiento de 0 *bytes* con respecto a la posición predefinida `os.SEEK_END` nos estamos posicionando al final del archivo.

Cuando el usuario indica la posición del dato a modificar, este se muestra en consola para su información y se le facilitar especificar un nuevo valor que lo sustituya.

Aunque hay otras formas de preparar los datos para la escritura (recordemos que al operar en modo binario el método `.write()` reclama que su argumento sea una secuencia de *bytes*), probablemente lo más sencillo sea recurrir, como hicimos en el *script* de escritura de valores, al uso de un objeto **array**, aunque en esta ocasión el **array** solamente vaya a contener un valor.

A continuación, el *script* realiza un nuevo posicionamiento, ahora con respecto a la posición predefinida `os.SEEK_SET`, que representa el comienzo del archivo. Nótese que también podemos ubicarnos en la misma posición realizando un desplazamiento negativo con respecto a la posición resultante de la lectura del dato. En cualquier caso, la siguiente escritura sobreescribirá el correspondiente dato, como muestra la siguiente ejecución:

```
Posición del dato a modificar: 4
Valor actual: 591
Nuevo valor del dato: 1000
Contenido:
65 30 966 919 1000 332 625 264 852 449 471 121 255 725 471 702 896 342
 ↪    25 9 266 651 514 780 184 352 738 659 636 890 104 223 453 500 890
 ↪    891 19 647 107 421 314 619 559 209 607 231 261 923 402 925 818 826
 ↪    638 292 852 318 977 704 137 449 143 115 740 7 369 984 171 196 687 1
 ↪    717 659 877 276 190 16 836 269 407 261 149 230 161 256 217 190 381
 ↪    405 601 754 853 12 593 819 287 98 81 326 523 442
```

---

[21] https://docs.python.org/3/library/io.html#io.IOBase.seek.
[22] https://docs.python.org/3/library/io.html#io.IOBase.tell.

9

Orientación a objetos

Aunque Python es un lenguaje de programación multiparadigma que nos ha permitido crear código siguiendo distintos enfoques de programación como la programación estructurada (capítulo 6) y la programación modular (capítulo 7), la programación orientada a objetos en este lenguaje resulta muy natural. De hecho, la propia concepción del lenguaje está basada en la orientación a objetos, como hemos visto frecuentemente en los ejemplos que hemos ido desarrollado, en los que hemos creado objetos de diferentes clases y trabajado con ellos mediante la invocación de diferentes funciones, operadores y métodos. Obsérvese que los paradigmas estructurado, modular y orientado a objetos no son excluyentes, sino complementarios, pudiendo usar en nuestros programas herramientas derivadas de todos ellos, como hemos hecho en los capítulos anteriores con funciones, módulos, paquetes y las diferentes estructuras de control proporcionadas por Python.

La buena acogida por parte de los programadores a la programación orientada a objetos se debe a que es un paradigma de programación basado en una idea muy sencilla e intuitiva: diseñar los programas como conjuntos de objetos que interaccionan entre sí mediante mensajes. Además, este enfoque se corresponde con diferentes procesos mentales que los seres humanos desarrollamos para comprender el funcionamiento de un sistema en el mundo real. La orientación a objetos permite la modelización de esos sistemas complejos constituidos por entidades que tienen un estado que las describe y son capaces de exhibir un determinado comportamiento.

Otro factor que favorece la adopción de este paradigma por parte de los programadores es que el mecanismo constructivo que nos ofrece, el de las clases, nos permite definir nuevos tipos personalizados, adaptados a las necesidades del ámbito en el que estamos resolviendo problemas. En un lenguaje orientado a objetos como Python, el programador dispone de herramientas que le permiten definir estos tipos de manera que, una vez desarrollados, los objetos creados se manipulan con la misma facilidad que los tipos nativos del lenguaje.

La historia de la orientación a objetos en el mundo de la metodología de la programación arranca en los años sesenta con algunas características del lenguaje de programación *Simula 67*, se desarrolla a lo largo de los años ochenta gracias a *C++* y toma un impulso definitivo con la consolidación del lenguaje *Java* a finales de los noventa. Hoy en día es un paradigma fundamental de programación que permite el desarrollo de aplicaciones de todo tipo. Como hemos dicho, el paradigma de programación orientada a objetos complementa a la programación estructurada y modular, aportando una capacidad adicional para construir programas sólidos, legibles y depurables, favoreciendo además la reusabilidad del código.

Ya hemos hecho uso, sin ser conscientes de ello, de varias características de Python derivadas de su concepción como lenguaje orientado a objetos. Características que nos han resultado tan naturales como que la función `print()` pueda recibir argumentos de cualquier clase, teniendo un comportamiento personalizado para cada una de ellas, o que las clases secuencia compartan características y operaciones sin que se produzcan ambigüedades ni conflictos de nombres, son posibles gracias a la programación orientada a objetos, como aprenderemos en las siguientes secciones.

En este capítulo vamos a poner en orden los conceptos básicos sobre orientación a objetos en Python, incluyendo la capacidad de crear nuestras propias clases.

9.1 Clases y objetos

Ya sabemos que el paradigma de la programación orientada a objetos, como su nombre indica, gira en torno al concepto fundamental de objeto. Un **objeto** es una entidad que agrupa tanto datos como capacidad de procesamiento. Cada objeto:

- Tiene una **identidad** que lo distingue de los demás.

- Tiene un **estado** que está constituido por un conjunto de atributos con su valor correspondiente. Un **atributo**[1] es un identificador que hace referencia a un objeto.

- Es capaz de realizar una serie de acciones que definen su **comportamiento** y que se denominan métodos. Un **método** es una función definida en el ámbito de la clase a la que pertenece el objeto. Como ya sabemos, la sintaxis para llamar a un método es diferente a la empleada para invocar una función.

Podemos ver los objetos como cápsulas que integran todos los elementos que caracterizan una entidad de nuestro programa. Estas cápsulas permiten reunir en nuestros programas datos y funcionalidad asociada a dichos datos.

Todo objeto pertenece a una clase. A través de un proceso de abstracción se identifican conjuntos de objetos que son semejantes en el sentido de que se caracterizan por el mismo conjunto de atributos y por el mismo comportamiento. El resultado de este proceso de abstracción recibe el nombre de **clase** en orientación a objetos.

Así pues, una clase hace el papel de molde o patrón a partir del cual se crean los objetos. Para diseñar un programa orientado a objetos, primero se definen distintas clases que luego se usan como patrón para crear diferentes objetos que interaccionarán entre sí y llevarán a cabo el procesamiento deseado. El proceso de creación de un objeto nuevo a partir de una clase dada se denomina **instanciación**. Por este motivo, a los objetos de una clase se les suele denominar **instancias** de dicha clase[2].

Antes de avanzar, debemos reflexionar sobre el nuevo papel que nos va a otorgar la capacidad de definir nuevas clases. Al crear una clase, estamos enriqueciendo Python con un nuevo tipo de datos, que ofrece capacidad para modelizar y representar entidades del mundo real, y soporta una serie de operaciones en forma de operadores o métodos. Hasta el momento hemos sido usuarios de clases nativas, proporcionadas por

---

[1]No es infrecuente encontrar bibliografía que usa el término atributo de forma más genérica, haciendo referencia a cualquier miembro vinculado a un objeto de la clase, ya sea un atributo o un método.

Incluso, por ejemplo, en el tutorial que contiene la documentación oficial de Python [https://docs.python.org/3/tutorial/classes.html] se aclara que se hace uso del término atributo para hacer referencia a cualquier nombre que siga a un punto, como puede ser el atributo `.real` de un objeto `complex` o el atributo `.name` de un objeto `file`; pero también el método `.append()` de un objeto `list` o incluso la constante `math.pi`, que es un identificador definido en el módulo `math`.

Nosotros, en favor de la claridad, distinguiremos entre atributos y métodos, y cuando queramos hacer referencia a unos y otros de forma indistinta, hablaremos de los miembros de la clase.

[2]Este uso del término "instancia" no existe en español. Es un calco lingüístico del vocablo *instance* que se utiliza en la lengua inglesa para referirse a los casos u ocurrencias de cualquier cosa. El verbo "instanciar" o el sustantivo "instanciación" no existen en español, aunque se usan con normalidad en los textos técnicos de programación, calcados del inglés *instantiate* e *instantiation*, respectivamente.

el lenguaje, o creadas y proporcionadas por otros, como puede ser el caso de la clase **ndarray** proporcionada por la biblioteca **numpy** o la clase **date** proporcionada por el módulo nativo **datetime**. Hemos creado cuantos objetos hemos necesitado de las clases disponibles de forma nativa o proporcionadas por los módulos que importábamos en nuestros *scripts* y hemos operado con ellos. En este capítulo aprenderemos a definir clases y debemos acostumbrarnos a interpretar un doble papel como programadores: el de desarrolladores de una clase y el de usuarios de esta. Son dos roles que pueden pero no tienen por qué coincidir en la misma persona ni en el mismo *script*, por lo que debemos pensar en el desarrollador y en el usuario de la clase como personas diferentes.

9.2 Definición de clases e instanciación de objetos

En Python, las clases se definen usando la palabra reservada **class** con la siguiente sintaxis básica:

```
class <nombre>: <bloque>
```

En esta descripción sintáctica, **bloque** está sujeto a las consideraciones habituales sobre sangrado y constituye lo que se suele denominar el **cuerpo de la clase**. En él definiremos los atributos y métodos que necesitemos para moldear su estado y su comportamiento. El cuerpo de la clase actúa como un espacio de nombres en el que podremos encontrar atributos y métodos. Solamente podremos acceder a esos atributos y métodos a través de la clase o de sus objetos.

Podemos crear una clase de prueba vacía de la siguiente manera, haciendo uso de la sentencia **pass** que, como sabemos, no hace nada, pero satisface la necesidad sintáctica de que haya al menos una sentencia en el cuerpo de la clase:

```
1  class Punto:
2      pass
```

A diferencia de los nombres de objetos, para los que la PEP 8 recomienda usar **minusculas_con_subrayados**, en el caso de los nombres de clase por convención se usa el estilo **CamelCase**, en el que se escribe en mayúscula la primera letra de cada una de las palabras que componen el identificador.

De forma análoga al caso de las funciones, cuya definición no implica su ejecución, la definición de una clase no implica la creación de ningún objeto de la misma[3]. Una vez definida la clase, podemos instanciar objetos (crear nuevas instancias de la clase) mediante una llamada a función que se construye a partir del nombre de la clase y que, de forma automática, ya tenemos disponible desde su definición:

---

[3]En la sección 9.3 hablaremos de las consecuencias, no evidentes de forma inmediata pero sí muy relevantes, de la creación de una clase.

```
1  class Punto:
2      pass
3
4  p = Punto()  # p hace referencia a un objeto Punto
```

Es frecuente hacer referencia a `Punto()` como la **función constructora** de la clase. Como vemos, por defecto, la función constructora no tiene parámetros.

Los objetos creados tienen su propia identidad que, como ya sabemos, podemos consultar gracias a la función `id()`. Cada vez que realizamos una instanciación, mediante una llamada a la función constructora, se crea un nuevo objeto de la clase, cuya referencia podemos vincular a un nombre:

```
1  class Punto:
2      pass
3
4  p1 = Punto()  # p1 hace referencia a un objeto Punto
5  p2 = Punto()  # p2 hace referencia a otro objeto Punto
6  print(f'Identidad de p1: {id(p1)}')
7  print(f'Identidad de p2: {id(p2)}')
```

```
Identidad de p1: 2070812886896
Identidad de p2: 2070818464224
```

Recordemos que estas identidades pueden variar entre ejecuciones. Lo importante es ver que son únicas para cada objeto creado.

Además, cada instancia de la clase, cada objeto creado, supone también la creación de un espacio de nombres asociado a la instancia. En este ejemplo, el espacio de nombres está vacío, pero en la próxima sección veremos cómo podemos alojar en él atributos.

9.2.1 Inicialización del estado: atributos de instancia

De poco nos sirven objetos que no tienen un estado (no contienen atributos) ni un comportamiento (no tienen métodos). Para ser capaces de proporcionar a los objetos de la clase un estado inicial, dando valores a una serie de atributos, debemos entender cómo funciona la instanciación de objetos.

La función constructora internamente resulta ser un proceso más complejo que la simple llamada a una función. Al hacer una llamada a la función constructora se desencadena un proceso de instanciación de un nuevo objeto de la clase que se realiza en dos pasos:

1. La creación de la nueva instancia (el nuevo objeto).

2. La inicialización de esa nueva instancia, dotándola de un estado inicial.

Para desarrollar estas dos etapas, las clases disponen de dos **métodos especiales**[4]: un **método constructor**, encargado de crear y devolver un nuevo objeto vacío (y el espacio de nombres asociado); y un **método inicializador**, responsable de tomar ese objeto vacío y asignarle un estado válido proporcionándole atributos y valores para ellos (que se alojan en el espacio de nombres del objeto).

Salvo en casos muy avanzados, la implementación por defecto del método constructor proporcionada por Python servirá al propósito de creación de nuevos objetos, por lo que no tendremos que preocuparnos de redefinirlo proporcionando una implementación específica.

Sin embargo, la implementación por defecto del método inicializador, como ya hemos apuntado, no realiza ninguna tarea. El objeto existe, pero tiene un estado inicial vacío, con un espacio de nombres sin atributos. Por lo tanto, es necesario redefinir este método especial.

En Python, los métodos se definen con la misma sintaxis que hemos visto para las funciones en el capítulo 7, con la única salvedad de que su definición se sitúa dentro del bloque de código que constituye el cuerpo de la clase.

Por ser un método especial, el método inicializador debe tener nombre `.__init__` y, por ser un método de instancia[5], debe tener un primer parámetro con nombre `self`[6]. Atendiendo a esto, podríamos revisar nuestra clase de ejemplo de la siguiente manera:

```python
class Punto:
    def __init__(self, x_inicial, y_inicial):
        self.x = x_inicial
        self.y = y_inicial

p1 = Punto(1, 0)   # p1 hace referencia a un objeto Punto
p2 = Punto(2, 3)   # p2 hace referencia a otro objeto Punto
```

Prestemos atención a varias cuestiones importantes sobre el código anterior:

- El método inicializador tiene tres parámetros. `x_inicial` e `y_inicial`, nos permiten aportar un valor de inicio a los atributos del objeto. El parámetro `self` contiene

---

[4]Hablaremos de los métodos especiales más adelante, en la sección 9.8. Estos métodos se distinguen del resto de métodos de la clase porque su nombre comienza y acaba con dos caracteres de guión bajo (_). Precisamente por esa razón es común llamarlos también métodos *dunder*, un acrónimo que proviene de la expresión inglesa **double** *under**score*.

Como veremos, los métodos especiales se caracterizan por que se invocan mediante una sintaxis especial, diferente de la de un método normal, como pueden ser `.append()` de la clase `list` o `.lower()` de la clase `str`. En particular, los métodos `.__new__()` (el método constructor) y `.__init__()` (el método inicializador) se invocan cuando el usuario de la clase llama a la función constructora. Otros métodos especiales son los que definen el comportamiento de los diferentes operadores que podemos sobrecargar para que acepten operandos de la clase que estamos definiendo.

[5]Más adelante veremos que podemos definir tres tipos de métodos en una clase: los métodos de instancia, los de clase y los estáticos. Los métodos de instancia, la mayoría de los que desarrollaremos, tienen un primer parámetro `self`.

[6]En realidad, usar el nombre `self` para este primer parámetro responde a una convención; podría usarse cualquier otro nombre aunque nuestro código sería menos legible para otros programadores.

una referencia al objeto actual que nos permite acceder a él dentro del código del método.

- Como se puede apreciar en las líneas 3 y 4, en el cuerpo de la función constructora añadimos dos atributos para caracterizar el estado del objeto; a saber, **x** e **y**. Para referirnos a estos atributos utilizamos el operador punto, que nos permite acceder al espacio de nombres del objeto. Puesto que **self** es una referencia al objeto, **self.x** y **self.y** son nombres de su espacio de nombres local.

- Al crear cada punto aportamos los valores de **x** e **y** iniciales pasándolos como argumentos al invocar la función constructora. El argumento correspondiente al parámetro **self** no se proporciona en la llamada y es añadido de forma automática.

Los atributos creados en **.__init__()** se llaman **atributos de instancia**. El valor de un atributo de instancia es específico de esa instancia particular, de ese objeto específico. En nuestro ejemplo, todos los objetos **Punto** tendrán un atributo **x** y un atributo **y**, pero sus valores podrán ser diferentes para cada instancia, para cada objeto **Punto**.

Puesto que el método inicializador se invoca automáticamente cada vez que se crea un objeto de la clase (mediante una llamada a la función constructora), todos los objetos creados tendrán un mismo estado inicial, compuesto por el mismo número de atributos y con los mismos nombres, aunque, como hemos visto, podemos asociarles objetos diferentes en distintas llamadas a la función constructora.

Como usuarios de la nueva clase, podemos acceder al estado de los objetos como hemos hecho siempre con los de cualquier clase nativa: **objeto.atributo**. Ahora sabemos que lo que hacemos con la notación del punto (.) es acceder al espacio de nombres local del objeto. Avanzando en nuestro ejemplo, podemos hacer lo siguiente:

```python
1  class Punto:
2      def __init__(self, x_inicial, y_inicial):
3          self.x = x_inicial
4          self.y = y_inicial
5
6  p1 = Punto(1, 0)   # p1 hace referencia a un objeto Punto
7  print(f'El punto 1 es ({p1.x}, {p1.y})')
8  p2 = Punto(2, 3)   # p2 hace referencia a otro objeto Punto
9  print(f'El punto 2 es ({p2.x}, {p2.y})')
10 p1.x = 2   # Modificamos el atributo x de p1
11 print(f'El punto 1 es ({p1.x}, {p1.y})')
```

```
El punto 1 es (1, 0)
El punto 2 es (2, 3)
El punto 1 es (2, 0)
```

Obsérvese que el acceso a los atributos es el mismo en el cuerpo del método inicializador (líneas 3 y 4) que en el código que hace uso de la clase (líneas 7 a 11). La única diferencia es el nombre que alberga la referencia al objeto (**self**, **p1** o **p2**).

Es importante ver que la cabecera del método `.__init__()` determina la forma en la que se debe llamar a la función constructora. Veamos lo que sucede si la invocamos con un número de argumentos diferente al del ejemplo anterior:

```
>>> class Punto:
    def __init__(self, x_inicial, y_inicial):
        self.x = x_inicial
        self.y = y_inicial

>>> p = Punto()
Traceback (most recent call last):
  File "<stdin>", line 1, in <module>
TypeError: Punto.__init__() missing 2 required positional arguments:
↪ 'x_inicial' and 'y_inicial'
>>> p = Punto(0, 0, 0)
Traceback (most recent call last):
  File "<stdin>", line 1, in <module>
TypeError: Punto.__init__() takes 3 positional arguments but 4 were
↪ given
>>>
```

En la primera llamada se ha producido un error porque el método inicializador requiere dos argumentos (obsérvese, dos, a pesar de que en la cabecera aparecen tres parámetros). El segundo error generado nos revela algo interesante: aunque hemos proporcionado tres argumentos en la llamada, el intérprete de Python entiende que hemos proporcionado cuatro. Esto se debe a que el intérprete inserta de forma automática como primer argumento de la llamada al método inicializador la referencia al objeto creado, que tendremos disponible a través del parámetro `self`.

9.2.2 Definición del comportamiento: métodos de instancia

Como hemos dicho antes, los objetos son cápsulas que integran datos y un comportamiento asociado. De la misma forma que los objetos que no tienen un estado (no contienen atributos) no nos resultan útiles, tampoco nos servirán de mucho esos objetos si no pueden desarrollar un comportamiento. El comportamiento de los objetos se establece mediante la definición de métodos dentro de su clase.

En esta sección nos centraremos en los **métodos de instancia**, que son funciones definidas en el ámbito de la clase que reciben como primer parámetro (`self`) la referencia a la instancia de la clase sobre la que deben operar. En la sección 9.7 estudiaremos los menos frecuentes métodos de clase y métodos estáticos.

Podemos añadir a nuestra clase **Punto** un método que le permita desplazarse en los ejes cartesianos. Para poder utilizar con facilidad la clase **Punto** creada y con la intención de que los bloques de código ejemplo no resulten muy extensos, vamos a definirla en un módulo **mpunto.py** con el siguiente contenido:

```
1  class Punto:
2      def __init__(self, x_inicial, y_inicial):
3          self.x = x_inicial
4          self.y = y_inicial
5
6      def desplazate(self, desplazamiento_x, desplazamiento_y):
7          self.x += desplazamiento_x
8          self.y += desplazamiento_y
```

Y haremos uso de él en nuestros *scripts*, como el siguiente, que invoca el método definido en la clase:

```
1   import mpunto as mp
2
3   p1 = mp.Punto(1, 0)  # p1 hace referencia a un objeto Punto
4   print(f'El punto 1 es ({p1.x}, {p1.y})')
5   p2 = mp.Punto(2, 3)  # p2 hace referencia a otro objeto Punto
6   print(f'El punto 2 es ({p2.x}, {p2.y})')
7
8   print('Desplazamos los puntos')
9   p1.desplazate(-2,1)
10  print(f'El punto 1 es ({p1.x}, {p1.y})')
11  p2.desplazate(1, 0)
12  print(f'El punto 2 es ({p2.x}, {p2.y})')
```

```
El punto 1 es (1, 0)
El punto 2 es (2, 3)
Desplazamos los puntos
El punto 1 es (-1, 1)
El punto 2 es (3, 3)
```

Como podemos ver en las líneas 9 y 11 del *script*, a los objetos se les pueden enviar mensajes para que lleven a cabo las acciones correspondientes a sus métodos. La sintaxis de nuevo utiliza el punto para enlazar la invocación del método con el objeto al que se le solicita la acción, cuya referencia se proporciona al método a través del parámetro `self`. Esto lo hemos estado haciendo con numerosos objetos de distintas clases en los capítulos anteriores; ahora lo hacemos con objetos de clases creadas por nosotros. Como puede verse, no se aprecia diferencia entre el uso de clase nativas y clases definidas por el programador.

Obsérvese que, como en el caso de los atributos, podemos acceder al método a través del objeto porque, al incluir la definición del método en el cuerpo de la clase, lo hemos añadido al espacio de nombres de la clase, disponible para todos los objetos.

El método `.desplazate()` modifica el estado del objeto en cuestión. Podemos añadir otro método `.desplaza()` que, en lugar de cambiar el objeto receptor, genere un nuevo objeto con el desplazamiento deseado. Aprovechamos también para añadir un método que permita obtener la distancia entre dos puntos:

```python
1  class Punto:
2      def __init__(self, x_inicial, y_inicial):
3          self.x = x_inicial
4          self.y = y_inicial
5
6      def desplazate(self, desplazamiento_x, desplazamiento_y):
7          self.x += desplazamiento_x
8          self.y += desplazamiento_y
9
10     def desplaza(self, desplazamiento_x, desplazamiento_y):
11         return Punto(self.x + desplazamiento_x, self.y + desplazamiento_y)
12
13     def distancia(self, otro):
14         return ((self.x-otro.x)**2 + (self.y-otro.y)**2)**(1/2)
```

Hecho lo anterior, podemos utilizarlos en nuestros *scripts*:

```python
1  import mpunto as mp
2
3  p1 = mp.Punto(1, 0)  # p1 hace referencia a un objeto Punto
4  print(f'El punto 1 es ({p1.x}, {p1.y})')
5  p2 = mp.Punto(2, 3)  # p2 hace referencia a otro objeto Punto
6  print(f'El punto 2 es ({p2.x}, {p2.y})')
7
8  print('Desplazamos los puntos')
9  p1.desplazate(-2,1)
10 print(f'El punto 1 es ({p1.x}, {p1.y})')
11 p3 = p2.desplaza(1,0)  # p3 referencia al objeto creado por .desplaza()
12 print(f'El punto 2 es ({p2.x}, {p2.y})')
13 print(f'El punto 3 es ({p3.x}, {p3.y})')
14 print(f'La distancia entre el punto 2 y el punto 3 es {p2.distancia(p3)}')
```

```
El punto 1 es (1, 0)
El punto 2 es (2, 3)
Desplazamos los puntos
El punto 1 es (-1, 1)
El punto 2 es (2, 3)
El punto 3 es (3, 3)
La distancia entre el punto 2 y el punto 3 es 1.0
```

Como podemos ver, la invocación del método `.desplaza()` no tiene ningún efecto sobre el estado del objeto receptor (en este caso, **p2**), ya que se limita a consultar su estado (sus atributos), pero sí genera un nuevo objeto que vinculamos al nombre **p3**. El método `.distancia()` tampoco modifica el objeto **Punto**, generando como resultado un objeto **float**. Mientras que `.desplaza()` y `.distancia()` son métodos consultores, `.desplazate()` es un método modificador. Obsérvese que `.desplazate()` no devuelve nada (dicho con más propiedad, devuelve **None**), mientras que los otros dos métodos sí devuelven un objeto.

Antes de terminar de hablar de los métodos de instancia, debemos hacer una reflexión sobre el método `.__init__()`. Recordemos que es un método especial (tiene un nombre *dunder* y una invocación especial mediante la llamada a la función constructora), pero también es un método de instancia: su primer parámetro es **self**, a través del cual recibe una referencia a la instancia creada inmediatamente antes por el método constructor. De hecho, el método inicializador es el único método que sabemos que se ejecutará en todos los objetos de la clase que se instancien (además del método constructor, que, como hemos dicho, casi nunca redefiniremos). Precisamente por eso se utiliza para establecer los atributos que tendrán las instancias, porque de esa forma garantizaremos que todas las instancias de la clase tienen los mismos atributos, lo que facilitará su procesamiento, permitiendo sistematizarlo.

Sin embargo, Python permite que cualquier método de instancia añada, modifique o elimine un atributo de la instancia. Mientras que la modificación de un atributo en un método de instancia es una práctica habitual, es importante resaltar que cualquier alteración solamente tiene efecto sobre la instancia que recibe la invocación del método, y que el resto de objetos de la clase no se verán afectados. Por ese motivo, la adición o eliminación de atributos es una práctica muy limitada, ya que puede complicar enormemente el procesamiento de los objetos de la clase, puesto que no todos tendrán los mismos atributos, y solo es posible gracias a la capacidad de introspección de las clases en Python. Se trata de una técnica de programación avanzada que escapa de los objetivos de este libro.

9.3 Objetos clase. Atributos de clase

En Python, la definición de una clase tiene dos importantes consecuencias:

- Se crea un espacio de nombres que funciona como un espacio de nombres local, de la misma forma que ocurría al definir módulos y funciones (como vimos en el capítulo 7).

- Se crea un **objeto clase**, que se asocia con la definición de la clase y el espacio de nombres anterior, actuando como un envoltorio (*wrapper*[7]) que unifica y facilita el acceso a todos los elementos definidos en el ámbito de la clase.

```python
1  class MiClase:
2      pass
3
4  print(f'Identidad de MiClase: {id(MiClase)}')
5  print(f'Clase de MiClase: {type(MiClase)}')
6  objeto = MiClase()
7  print(f'Identidad de la instancia de MiClase: {id(objeto)}')
```

---

[7]El término *wrapper* se usa en diferentes ámbitos de la ingeniería del software para hacer referencia a algún tipo de encapsulamiento que aísla un segmento de código, mostrando una interfaz de usuario más fácil de utilizar.

```
8  print(f'Tipo de la instancia de MiClase: {type(objeto)}')
```

```
Identidad de MiClase: 2313290304048
Clase de MiClase: <class 'type'>
Identidad de la instancia de MiClase: 2313285535600
Tipo de la instancia de MiClase: <class '__main__.MiClase'>
```

Como vemos, al definir la clase, el intérprete ha creado el objeto **MiClase**, que pertenece a la clase **type**.

El hecho de que las clases en Python sean también objetos permite que interactuemos con ellas en tiempo de ejecución e incluso su modificación de forma dinámica, a lo largo de su existencia. También permite que podamos agregar atributos, que funcionarán a un nivel diferente al de los atributos de instancia que ya conocemos, ya que estos atributos están definidos a nivel de clase.

Podemos incorporar en el cuerpo de la clase atributos que pertenecen a la clase, siendo sus valores comunes a la clase y, por lo tanto, a todas sus instancias. Estos atributos se denominan **atributos de clase**. Veámoslo con algunos ejemplos ilustrativos.

```
1  class MiClase:
2      atributo_de_clase = 3.2
3
4      def __init__(self, valor):
5          self.atributo_de_instancia = valor
6
7  print('Desde el objeto mi_objeto')
8  mi_objeto = MiClase(2)
9  print(mi_objeto.atributo_de_clase)
10 print(mi_objeto.atributo_de_instancia)
11
12 print('Desde el objeto MiClase')
13 print(MiClase.atributo_de_clase)
14 print(MiClase.atributo_de_instancia)
```

```
Desde el objeto mi_objeto
3.2
2
Desde el objeto MiClase
3.2
Traceback (most recent call last):
  File "....py", line 14, in <module>
    print(MiClase.atributo_de_instancia)
AttributeError: type object 'MiClase' has no attribute
↪ 'atributo_de_instancia'
```

A la vista del ejemplo, es importante señalar las siguientes cuestiones:

- Al crear una instancia de la clase (un objeto), también se crea un espacio de nombres local para el objeto, diferente al espacio de nombres de la clase.

- Mediante asignaciones podemos añadir nombres a este espacio de nombres asociado al objeto. En el ejemplo, al inicializar el objeto `mi_objeto`, la asignación del método inicializador, `.__init__()` (línea 5), añade al espacio de nombres del objeto el nombre `atributo_de_instancia`.

- Para añadir un nombre al espacio de nombres de la clase, la correspondiente sentencia de asignación debe aparecer en el cuerpo de la clase, pero fuera del cuerpo de cualquiera de sus métodos, como vemos en la línea 2 del *script*. Obsérvese que esto implica que el atributo de clase se crea en el momento de la definición de la clase, previo a la instanciación de cualquier objeto.

- Los nombres del espacio de nombres asociado a la clase son visibles desde todos los objetos de la clase. Por eso, tanto el objeto `mi_objeto` como el objeto `MiClase` pueden acceder al nombre `atributo_de_clase`.

- No pasa lo mismo con los nombres del espacio de nombres de cada objeto, que solo son visibles por el objeto en cuestión. El nombre `atributo_de_instancia` solamente está disponible para el objeto `mi_objeto`. Por eso, al tratar de acceder a dicho atributo desde el objeto `MiClase` se produce una excepción generada por un `AttributeError`.

Veamos un segundo ejemplo:

```python
1   class MiClase:
2       atributo_de_clase = 3.2
3
4       def __init__(self, valor):
5           self.atributo_de_instancia = valor
6
7   objeto_1 = MiClase(2)
8   print('Desde el objeto objeto_1:')
9   print(objeto_1.atributo_de_clase)
10  print(objeto_1.atributo_de_instancia)
11
12  objeto_2 = MiClase(3)
13  print('Desde el objeto objeto_2:')
14  print(objeto_2.atributo_de_clase)
15  print(objeto_2.atributo_de_instancia)
16
17  print('Cambiamos atributo_de_clase desde objeto_1:')
18  objeto_1.atributo_de_clase = 7   # ¡Ojo! no es un atributo de clase
19  print(objeto_1.atributo_de_clase)
20  print(objeto_2.atributo_de_clase)
21  print(MiClase.atributo_de_clase)
22
23  print('Cambiamos atributo_de_clase desde el objeto clase:')
24  MiClase.atributo_de_clase = 11
```

```python
25  print(objeto_1.atributo_de_clase)
26  print(objeto_2.atributo_de_clase)
27  print(MiClase.atributo_de_clase)
```

```
Desde el objeto objeto_1:
3.2
2
Desde el objeto objeto_2:
3.2
3
Cambiamos atributo_de_clase desde objeto_1:
7
3.2
3.2
Cambiamos atributo_de_clase desde el objeto clase:
7
11
11
```

Este ejemplo nos sirve para observar la sustancial diferencia que hay entre el acceso a los atributos de clase, dependiendo de si es para su consulta o su modificación. Mientras que la consulta de un atributo de clase se puede realizar tanto desde una instancia de la clase como desde el propio objeto clase, si pretendemos modificar un atributo de clase resulta imprescindible hacerlo desde el objeto clase. Si intentamos hacerlo desde una instancia, lo que conseguimos, como puede verse en la línea 18 del *script* anterior, es crear un nuevo nombre **atributo_de_clase** en el espacio de nombres del objeto **objeto_1**, vinculándolo con el objeto entero 7. Pero no nos dejemos engañar por su nombre: se trata de un atributo de instancia. Por eso, al acceder al nombre **atributo_de_clase** desde **objeto_1** el resultado es diferente al que se obtiene al acceder a dicho nombre desde el objeto **MiClase** o desde el otro objeto, **objeto_2**. Posteriormente, la asignación de la línea 24 sí opera sobre el nombre **atributo_de_clase** disponible en el espacio de nombres de la clase , pero el cambio ya no es visible desde el objeto **objeto_1**.

En comparación con los atributos de instancia, el uso de los atributos de clase es más limitado. No obstante, hay casos típicos en los que se puede recurrir a ellos:

- Para almacenar constantes: si tenemos que guardar un valor constante que conceptualmente tiene relación con la clase, probablemente sea una buena idea almacenarlo como atributo de la clase, y no como un nombre independiente en nuestro programa. Así, por ejemplo, cualquier clase que represente una figura geométrica relacionada con el círculo (el propio círculo, la circunferencia, la esfera, el cilindro, etc.) puede almacenar como atributo de clase el valor de π; también, si diseñamos una clase triángulo es razonable crear un atributo de clase **numero_lados = 3**.

- Para definir valores por defecto que caractericen el estado de los objetos de la clase en el momento de su creación. Si debemos establecer un valor inicial o un valor límite común para todos los objetos de la clase, es buena idea almacenarlo como atributo de clase.

- Para hacer un seguimiento de los objetos de la clase creados o de algunos de sus atributos. Si asignamos un número identificador único a cada cliente de una empresa, podemos hacer uso de un atributo de clase para mantener actualizado el siguiente identificador a asignar (entendiendo que vamos a usar números enteros consecutivos o valores que siguen una secuencia). Si tenemos una flota de vehículos, cada uno con una matrícula o un número de bastidor, es muy sencillo mantener a nivel de clase una lista que recoja las matrículas o números de bastidor de todos los vehículos instanciados hasta el momento.

Estos son algunos de los usos que se pueden dar a los atributos de clase. Es cierto que todos ellos podrían gestionarse con nombres que se crearan en nuestros *scripts* de forma independiente, pero debemos reconocer que la vinculación semántica con una clase hace que gestionar estos datos como atributos de clase le aporte coherencia al código desarrollado.

Veamos dos ejemplos muy sencillos para ilustrar el uso de atributos de clase. En uno de ellos, el atributo de clase será un dato inmutable (un objeto `int`) y en el otro, mutable (un objeto `list`). Observaremos que hay diferencias sustanciales en su gestión.

```python
class MiClase:
    contador_de_objetos = 0  # Atributo de clase

    def __init__(self, valor):
        self.atributo_de_instancia = valor
        # MiClase.contador_de_objetos += 1
        type(self).contador_de_objetos += 1

objeto = MiClase(5.3)
print(type(objeto), id(objeto), objeto.atributo_de_instancia)
otro_objeto = MiClase(4.2)
print(type(objeto), id(otro_objeto), otro_objeto.atributo_de_instancia)
print(MiClase.contador_de_objetos,
      objeto.contador_de_objetos,
      otro_objeto.contador_de_objetos)
```

```
<class '__main__.MiClase'> 2099856672624 5.3
<class '__main__.MiClase'> 2099865856736 4.2
2 2 2
```

Como vemos, hemos creado el atributo de clase **contador_de_objetos** y lo hemos inicializado a 0. Al haber incluido una sentencia de incremento en el método inicializador conseguimos que el atributo actúe como un contador que registra el número de instancias de la clase creadas[8].

Obsérvese que, como hemos dicho antes, el acceso para consultar el atributo de clase se puede hacer desde el objeto clase o desde cualquiera de las instancias creadas. Sin embargo, el acceso para modificar el atributo debe realizarse a través de la clase. En nuestro *script* hemos evitado la codificación rígida (*hard coding*[9]) que supone hacer referencia a la clase mediante su nombre. En su lugar, hemos hecho uso de la función `type()`, lo que hace que nuestro código no tenga que revisarse si cambiamos el nombre de la clase.

```python
class MiClase:
    lista_de_objetos = []   # Atributo de clase

    def __init__(self, valor):
        self.atributo_de_instancia = valor
        # self.lista_de_objetos.append(self)
        # MiClase.lista_de_objetos.append(self)
        type(self).lista_de_objetos.append(self)

objeto = MiClase(5.3)
print(type(objeto), id(objeto), objeto.atributo_de_instancia)
otro_objeto = MiClase(4.2)
print(type(objeto), id(otro_objeto), otro_objeto.atributo_de_instancia)
print(MiClase.lista_de_objetos)
print(objeto.lista_de_objetos)
print(otro_objeto.lista_de_objetos)

for instancia in MiClase.lista_de_objetos:
    print(id(instancia), instancia.atributo_de_instancia)
```

```
<class '__main__.MiClase'> 2314804397936 5.3
<class '__main__.MiClase'> 2314809387696 4.2
[<__main__.MiClase object at 0x0000021AF5180770>, <__main__.MiClase
↪   object at 0x0000021AF5642AB0>]
[<__main__.MiClase object at 0x0000021AF5180770>, <__main__.MiClase
↪   object at 0x0000021AF5642AB0>]
```

---

[8]Seguramente el lector se preguntará qué pasa si se destruye un objeto de la clase. Es muy sencillo redefinir el método especial finalizador, que se invoca de forma automática cuando el objeto está a punto de ser destruido, para que decremente el contador. No lo incluimos en este ejemplo por simplicidad y porque todavía no hemos estudiado en detalle los métodos especiales.

[9]La codificación rígida o *hard coding* consiste en insertar en el código datos de forma literal (en lugar de leerlos de una fuente externa) o menciones directas a elementos de programación (nombres de módulos, clases, recursos externos, etc.). En general, resulta una mala práctica de programación, ya que cualquier cambio externo supone tener que revisar todo el programa en busca de estas referencias directas para corregirlas, lo que supone un gran trabajo de mantenimiento y el riesgo de no ser exhaustivo en estas revisiones, dando lugar a errores.

```
[<__main__.MiClase object at 0x0000021AF5180770>, <__main__.MiClase
 ↪   object at 0x0000021AF5642AB0>]
2314804397936 5.3
2314809387696 4.2
```

En este segundo ejemplo, en lugar de mantener un contador de instancias, hemos creado una lista de referencias a las instancias de la clase creadas. Al tratarse de un objeto mutable, disponemos de más alternativas para modificar su estado, pudiéndolo hacer también a través de cualquier instancia de la clase. No obstante, desde un punto de vista conceptual, lo más correcto es hacerlo a través del objeto clase.

Retomemos la definición de nuestra clase `Punto` tal y como la hicimos con anterioridad y consideremos el siguiente ejemplo.

```python
1   import mpunto as mp
2
3   p1 = mp.Punto(1, 0)
4   print(f'El punto es ({p1.x}, {p1.y})')
5
6   #Desde p1
7   p1.desplazate(2, 1)
8   print(f'El punto es ({p1.x}, {p1.y})')
9
10  #Desde el objeto clase
11  mp.Punto.desplazate(p1, 3, 4)
12  print(f'El punto es ({p1.x}, {p1.y})')
```

```
El punto es (1, 0)
El punto es (3, 1)
El punto es (6, 5)
```

En este ejemplo, vemos que el objeto clase `Punto` no solo incorpora las propiedades de clase en caso de existir, sino también los métodos definidos en la clase. Por tanto, también es capaz de ejecutarlos. Es lo que ocurre en la línea 11. En los dos casos (líneas 7 y 11), el resultado es la aplicación del método `.desplazate()` sobre el objeto `p1`. Nótese la diferencia en la invocación del método que aparece en el mensaje al objeto clase: el primer argumento es el objeto sobre el que se quiere aplicar el método, es decir, el parámetro `self` que aparece en la definición del método `.desplazate()` del módulo `mpunto` y que no tenemos que especificar cuando el mensaje se envía directamente al objeto `p1`, como ocurre en la línea 7.

9.4 Atributos privados y alteración de nombres

Existen varias convenciones de nomenclatura que Python usa en el ámbito de las clases. Ya sabemos que Python no suele exigir ni prohibir nada, sino que prefiere hacer recomendaciones.

Ya hemos hablado de la primera de estas recomendaciones relativas a la nomenclatura, por la que la mayoría de los programadores de Python usa el estilo `CamelCase` para los nombres de las clases que diseñan.

En el ámbito de la orientación a objetos, un **miembro privado** es un atributo o un método que no es accesible desde fuera de la clase donde está definido. Muchos lenguajes de programación implementan este concepto, de forma que, al definir una clase, se puede indicar qué miembros serán visibles para los programadores usuarios de la clase. Lenguajes como Java desarrollan aún más esta idea y permiten definir miembros privados (*private*) –solo visibles en el código de definición de la clase, protegidos (*protected*) –visibles en el código de la clase y sus subclases– y públicos (*public*) –visibles desde cualquier parte.

En Python, en cambio, se puede acceder a todos los miembros de una forma u otra. A pesar de esto, Python tiene una consolidada convención de nomenclatura para indicar que no se debe hacer uso de un atributo desde fuera del objeto o de la clase que lo contiene. Lo que haremos será preceder los nombres del miembro de la clase cuyo acceso queramos que se considere restringido con un guión bajo (_).

Los miembros públicos de una clase forman parte de lo que se denomina la **API**[10] de la clase. En cambio, los miembros no públicos[11] no forman parte de la API, por lo que no deberían usarse fuera de la clase. Obsérvese que esta convención, como casi todas, es solo una recomendación, por lo que es posible acceder como usuarios de la clase a un miembro no público mediante una expresión del tipo `objeto._nombre`, aunque se trata de una mala práctica de programación que debemos evitar.

El objetivo de los miembros no públicos de una clase es servir en la implementación interna de la clase. El desarrollador de la clase puede modificarlos o suprimirlos en cualquier revisión del código que implementa la clase, puesto que no forman parte de la API de la clase, de su interfaz pública. Por eso, el programador usuario de la clase nunca debe apoyarse en ellos para usar la clase, aunque tenga conocimiento de su existencia.

Otra convención de nomenclatura que se utiliza con frecuencia en las clases Python es preceder con dos guiones bajos (__) el nombre de un atributo o un método de la clase. Esta práctica desencadena lo que se denomina *name mangling* y que podemos traducir como **alteración de nombres**. La alteración de nombres es una transformación automática que antepone el nombre de la clase al del miembro. Así, el nom-

---

[10]*API: Application Programming Interface*: interfaz de programación de aplicaciones. En general, en el ámbito de la informática este término hace referencia a una interfaz entre sistemas diferentes. En el ámbito de las clases, la API de la clase es el conjunto de mecanismos que proporciona la propia clase para que un programador haga uso de ella. Es, por lo tanto, la parte visible de la clase que percibe el programador usuario de la clase.

[11]Evitamos intencionadamente usar el término privado para hacer referencia a estos miembros para no confundir al lector con el calificador de acceso `private` usado en lenguajes como Java o C++.

bre de un miembro llamado `__atributo` o `__metodo` de la clase `MiClase` se transformará como `_MiClase__atributo` o `_MiClase__metodo`[12], generando una excepción provocada por un `AttributeError` si intentamos acceder a `MiClase.__atributo` o `MiClase.__metodo`. El objetivo de la alteración de nombres no es otro que el de dificultar el acceso a miembros de la clase que se entienden como no públicos.

9.5 Atributos especiales

Python añade algunos atributos especiales[13] a los distintos objetos que se crean, según su tipo. Como ocurre con los métodos especiales, los atributos especiales son nombres definidos por la implementación del intérprete de Python y no están pensados para que el programador los modifique.

Los más destacados y útiles para un programador son los siguientes:

- `__name__`: disponible para módulos y clases, es una cadena de caracteres que contiene el nombre del módulo o clase. Este atributo nos permite comprobar si un módulo se está ejecutando directamente o si ha sido importado. En el caso de las clases, nos permite disponer de su nombre en una cadena de caracteres.

- `__doc__`: cadena de caracteres que contiene el *docstring* de la clase (si la clase se ha documentado). Si la clase no tiene documentación, el atributo `__doc__` tiene valor `None`.

- `__class__`: permite acceder a la clase de un objeto. Obsérvese que si el objeto es una clase, devuelve `<class 'type'>` y si es un método o una función, devuelve `<class 'function'>`.

- `__module__`: cadena de caracteres que contiene el módulo en el que se ha definido la clase. Ayuda a identificar el módulo que ha dado origen a un objeto.

- `__dict__`: diccionario que contiene el espacio de nombres de la clase, el módulo o el objeto. Como objeto mutable que es, permite la consulta y la modificación de sus ítems[14].

- `__bases__`: tupla que contiene las clases base de la clase creada. Debemos tener en cuenta, como veremos en la sección 9.9, que todas las clases son al menos subclases de la clase `object`.

Veamos un ejemplo ilustrativo:

---

[12]Esta transformación solamente se aplica si el nombre del miembro comienza con dos o más guiones bajos y no termina con dos o más guiones bajos.

[13]Como los métodos especiales, los atributos especiales también tienen nombres *dunder* (comienzan y acaban con un doble subrayado).

[14]En general, no se recomienda modificar el diccionario `__dict__`, ya que tendrá consecuencias directas en el objeto. Solamente tiene sentido en usos muy avanzados de las clases Python en los que se contempla la introspección y la modificación dinámica de la clase.

```python
if __name__ == '__main__':
    print('Este código se está ejecutando directamente, '
          'no a través de una sentencia import')
else:
    print('Este código se está ejecutando a través de '
          'una sentencia import')


class Persona:
    """Clase para representar personas"""
    def __init__(self, nombre):
        self.nombre = nombre
    def metodo(self):
        """Un método vacío de la clase Persona"""
        pass
    pass

# Trabajamos con el objeto clase
print('Objeto clase:')
print(Persona.__name__)
print(Persona.__doc__)
print(Persona.__class__)
print(Persona.__module__)
print(Persona.__dict__)
print(Persona.__bases__)

# Trabajamos con una instancia de la clase
print('Instancia de la clase:')
yo = Persona('Javier')
print(yo.__doc__)
print(yo.__class__)
print(yo.__module__)
print(yo.__dict__)

# Trabajamos con un objeto function,
# en concreto, un método de la clase

print(Persona.metodo.__name__)
print(Persona.metodo.__doc__)
print(Persona.metodo.__module__)
print(Persona.metodo.__dict__)
```

```
Este código se está ejecutando directamente, no a través de una
↪ sentencia import
Objeto clase:
Persona
Clase para representar personas
<class 'type'>
```

```
__main__
{'__module__': '__main__', '__doc__': 'Clase para representar
↪    personas', '__init__': <function Persona.__init__ at
↪    0x0000021BBBE98E00>, 'metodo': <function Persona.metodo at
↪    0x0000021BBBE98EA0>, '__dict__': <attribute '__dict__' of 'Persona'
↪    objects>, '__weakref__': <attribute '__weakref__' of 'Persona'
↪    objects>}
(<class 'object'>,)
Instancia de la clase:
Clase para representar personas
<class '__main__.Persona'>
__main__
{'nombre': 'Javier'}
metodo
Un método vacío de la clase Persona
__main__
{}
```

Todos estos atributos especiales son necesarios para el funcionamiento interno de los objetos. Algunos de ellos también se consultan cuando se invocan funciones nativas como `type()`, `vars()` o `help()`.

9.6 Atributos gestionados: la función `property()`

Muchos programadores de otros lenguajes orientados a objetos se sorprenden al acercarse a Python y tener la impresión de que el usuario de una clase puede acceder libremente a los atributos de un objeto de la clase. Esto podría suponer que si creamos, por ejemplo, un objeto de una clase **Persona** y en cualquier momento podamos asignarle una edad negativa, cosa que, naturalmente, estaría en contra de la semántica de la clase y podría generar un mal funcionamiento del código de la propia clase.

Para evitar estos peligros, lenguajes como Java o C++ animan a sus programadores a no exponer nunca los atributos. En su lugar, habitualmente se desarrollan métodos *getters* y *setters*, esto es, métodos consultores y modificadores, de manera que la consulta y, particularmente, la modificación de atributos sea explícita y evidente en el código del usuario de la clase. Resulta muy sencillo, y no hay nada que nos lo impida, desarrollar métodos *getters* y *setters* en nuestra clase (obsérvese que hemos omitido los métodos `.desplazate()`, `.desplaza()` y `.distancia()` para concentrarnos en la discusión sobre el acceso a los atributos de la clase):

```
1  class Punto:
2      def __init__(self, x, y):
3          self._x = x
4          self._y = y
5
```

```python
6       def get_x(self):
7           return self._x
8
9       def set_x(self, valor):
10          self._x = valor
11
12      def get_y(self):
13          return self._y
14
15      def set_y(self, valor):
16          self._y = valor
```

y hacer uso de ellos:

```python
1  import mpunto as mp
2
3  p = mp.Punto(1, 0)
4  print(f'El punto es ({p.get_x()}, {p.get_y()})')
5  p.set_x(4)
6  print(f'El punto es ({p.get_x()}, {p.get_y()})')
7  p.set_y(5)
8  print(f'El punto es ({p.get_x()}, {p.get_y()})')
9  # Seguimos pudiendo acceder a los atributos
10 print(f'El punto es ({p._x}, {p._y})')
```

```
El punto es (1, 0)
El punto es (4, 0)
El punto es (4, 5)
El punto es (4, 5)
```

Podemos ver que hemos creado en nuestra clase **Punto** dos atributos no públicos, `._x` y `._y`, para albergar sus coordenadas. Como dijimos en la sección 9.4, anteponer el guión bajo a los nombres de los atributos indica que estos no son públicos y que el usuario de la clase no debería acceder a ellos. Pero se trata de una convención y nada se lo impide. A pesar de que hemos desarrollado métodos de consulta y modificación de los atributos, seguimos pudiendo acceder a los atributos para consultarlos o modificarlos.

Sin embargo, el enfoque de Python no es este. Lo habitual es exponer los atributos al usuario de la clase y que el usuario respete los atributos cuyos nombres indican que no son públicos. Pero aún hay dos cuestiones pendientes de resolver:

- No conocemos herramientas para implementar código que garantice que los atributos reciben valores apropiados, arriesgando la seguridad de la clase.

- Si en el futuro deseamos hacer una modificación en la API de la clase (la interfaz que percibe el usuario) los *scripts* desarrollados para usar la antigua versión de la clase puede que no funcionen con la nueva. Al exponer muchos de los detalles internos de la clase, los *scripts* desarrollados son muy dependientes de la implementación de la clase.

Las **propiedades** suponen una funcionalidad intermedia entre los atributos y los métodos: nos permiten crear métodos que se percibirán como atributos; o, dicho de otra manera, atributos que estarán controlados mediante métodos de forma transparente. En nuestro ejemplo de la clase `Punto`, podemos convertir `.x` y `.y` en propiedades. Seguiremos pudiendo acceder a ellas como atributos, pero tendremos métodos subyacentes que sustentarán la integridad de sus valores. Las propiedades no son exclusivas de Python; podemos encontrarlas en otros lenguajes como JavaScript, Kotlin o C#.

La función nativa `property()`[15] es la forma más popular de evitar que el usuario de la clase tenga que interactuar a través de métodos *getters* y *setters*, permitiéndonos convertir nuestros atributos en propiedades o atributos gestionados. Usando `property()` podemos vincular métodos *getters* y *setters* a atributos de nuestra clase, pero sin que formen parte de su API. El usuario de la clase percibe un atributo normal. De hecho, como vemos a continuación, también podemos vincular a la propiedad un *docstring* y un método *deleter*, que se invocará cuando se intente eliminar el atributo.

La función `property()` tiene cuatro parámetros:

```
property(fget = None, fset = None, fdel = None, doc = None)
```

donde `fget` permite proporcionar un método *getter*, `fset` permite proporcionar un método *setter* y `fdel` permite proporcionar un método *deleter*[16]. El último parámetro nos permite proporcionar una cadena que contenga el *docstring* de la propiedad. El objeto devuelto por `property()` es el propio atributo gestionado.

Así, si consultamos `objeto.atributo`, el intérprete invocará automáticamente `fget`. Si asignamos un valor al atributo, como en `objeto.atributo = valor`, Python llamará a `fset`. Por último, si ejecutamos `del objeto.atributo`, Python invocará `fdel`.

9.6.1 Uso de la función `property()`

La primera forma que tenemos de crear una propiedad es hacer una llamada a la función `property()`, proporcionando los argumentos adecuados en la llamada y asignando el objeto devuelto a un atributo de la clase. Como hemos visto, todos los parámetros de la función tienen un valor por defecto `None` que sirve para indicar que ese argumento no se proporciona. Veamos su uso para la clase `Punto`:

---

[15]https://docs.python.org/3/library/functions.html#property. Aunque en muchas fuentes encontraremos referencias a `property()` como una función, se trata de una clase diseñada para operar más como una función que como una clase normal. Teniendo en cuenta su uso, nosotros también seguiremos esta convención.

[16]Recordemos que en Python todo son objetos, incluidas las funciones. Como objetos que son, las funciones y métodos se pueden pasar como argumentos en una llamada.

```python
class Punto:
    def __init__(self, x, y):
        self._x = x
        self._y = y

    def _get_x(self):
        return self._x

    def _set_x(self, valor):
        self._x = valor

    def _get_y(self):
        return self._y

    def _set_y(self, valor):
        self._y = valor

    x = property(fget = _get_x, fset = _set_x,
                 doc = """Coordenada x del punto""")
    y = property(fget = _get_y, fset = _set_y,
                 doc = """Coordenada y del punto""")
```

Como vemos, hemos creado, como antes, dos atributos no públicos, `._x` y `._y`. Pero, a diferencia de la implementación anterior, también hemos creado `.x` y `.y`, que forman parte de la interfaz de la clase y, pese a la forma y el lugar de su definición, se perciben como atributos de instancia públicos, siendo en realidad atributos de clase ligados a los nombres `._x` y `._y`. Para crearlos hemos realizado sendas llamadas a la función **property()**, proporcionando los *getters* y *setters* de cada uno. Además, también les hemos proporcionado un *docstring* a cada uno.

El *script* usuario de la clase debe cambiar, ya que ahora accede a lo que se perciben como atributos públicos, y no necesita hacerlo mediante *getters* y *setters*, sino de una forma mucho más natural para un programador de Python. Veamos el *script* y el resultado de su ejecución:

```python
import mpunto as mp

p = mp.Punto(1, 0)
print(f'El punto es ({p.x}, {p.y})')
p.x = 4
print(f'El punto es ({p.x}, {p.y})')
p.y = 5
print(f'El punto es ({p.x}, {p.y})')
# Seguimos pudiendo acceder a los atributos
print(f'El punto es ({p._x}, {p._y})')
help(p)   # También help(Punto)
del p.x
```

```
El punto es (1, 0)
El punto es (4, 0)
El punto es (4, 5)
El punto es (4, 5)
Help on Punto in module mpunto object:

class Punto(builtins.object)
 |  Punto(x, y)
 |
 |  Methods defined here:
 |
 |  __init__(self, x, y)
 |      Initialize self.  See help(type(self)) for accurate signature.
 |
 |  ----------------------------------------------------------------
 |  Data descriptors defined here:
 |
 |  __dict__
 |      dictionary for instance variables
 |
 |  __weakref__
 |      list of weak references to the object
 |
 |  x
 |      Coordenada x del punto
 |
 |  y
 |      Coordenada y del punto

Traceback (most recent call last):
  File "....py", line 12, in <module>
    del p.x
AttributeError: property 'x' of 'Punto' object has no deleter
```

Las consultas y modificaciones de las propiedades funcionan de la forma esperada: son, para el usuario de la clase, atributos de lectura/escritura con los que se puede operar normalmente aunque tras bambalinas se ejecutan los métodos adecuados de la clase. Los *docstrings* proporcionados son empleados por la función `help()`.

Nótese que el intento de eliminación del atributo `.x` (línea 12) genera una excepción provocada por un **AttributeError**: el hecho de no haber proporcionado un método *deleter* implica que la operación de eliminación no se puede realizar, lo cual tiene mucho sentido desde un punto de vista semántico, ya que no tiene lógica que un objeto **Punto** pueda perder una de sus coordenadas una vez creado.

Este comportamiento, la generación de una excepción, se produce siempre que se opera con una propiedad de la clase para consultarla, modificarla o eliminarla y el método correspondiente no se ha definido. Obsérvese que se puede utilizar para limitar el acceso a la propiedad: por ejemplo, si no proporcionamos el argumento **fset** a `property()`, el atributo no se podrá modificar, resultando ser un atributo de solo lectura.

El resultado final es que las propiedades `.x` y `.y` ocultan los atributos no públicos `._x` y `._y`, que se han convertido en atributos gestionados.

9.6.2 Uso del decorador `@property`

Un **decorador** es una función que recibe otra función como parámetro y extiende o amplía su comportamiento sin modificarla de forma explícita.

Así como el diseño de decoradores es una capacidad relativamente avanzada en Python, apropiada para programadores con cierto nivel de formación, el uso de decoradores ya creados resulta muy sencillo para un programador principiante. Es el caso del decorador **@property**, que viene a proporcionar una sintaxis más cómoda y natural para hacer esencialmente lo mismo que hemos hecho en la sección anterior mediante la función **property()**[17].

La sintaxis de los decoradores consiste en situar el nombre de la función decoradora, precedida del carácter **@**, por delante de la función que queremos decorar. Podemos usar **property()** como un decorador, obteniendo un código equivalente al anterior:

```
1   class Punto:
2       def __init__(self, x, y):
3           self._x = x
4           self._y = y
5
6       @property
7       def x(self):
8           """Coordenada x del punto"""
9           return self._x
10
11      @x.setter
12      def x(self, valor):
13          self._x = valor
14
15  #       @x.deleter
16  #       def x(self):
17  #           del self._x
18
19      @property
20      def y(self):
21          """Coordenada y del punto"""
22          return self._y
23
```

---

[17]Cuando la función **property()** se introdujo en la versión 2.2 de Python, la sintaxis de los decoradores no estaba disponible y esta era la única forma de crear atributos gestionados. Los decoradores se introdujeron en la versión 2.4 y probablemente hoy día sean la forma más frecuente de crear propiedades.

```
24        @y.setter
25        def y(self, valor):
26            self._y = valor
27
28  #       @y.deleter
29  #       def y(self):
30  #           del self._y
```

Vemos que el aspecto del código de la clase es sustancialmente distinto al anterior que usaba la función **property()** y aún más al código que hacía uso de *getters* y *setters*. Ya no es necesario idear nombres para los métodos del tipo `._get_x` o `._set_x`. Ahora tenemos tres métodos con el nombre del atributo precedidos del correspondiente decorador: **@property**, **@atributo.setter** y **@atributo.deleter**. Como resultado final, obtenemos una nueva propiedad que tiene asociados métodos *getter*, *setter* y *deleter*. Obsérvese que también hemos añadido un *docstring*, incluyéndolo ahora de forma explícita en el método decorado con **@property**, que hace la función de *getter*. El funcionamiento de la clase es el mismo (obsérvese que hemos dejado los *deleters* en comentario para evitar que los atributos se puedan eliminar):

```python
1   import mpunto as mp
2
3   p = mp.Punto(1, 0)
4   print(f'El punto es ({p.x}, {p.y})')
5   p.x = 4
6   print(f'El punto es ({p.x}, {p.y})')
7   p.y = 5
8   print(f'El punto es ({p.x}, {p.y})')
9   # Seguimos pudiendo acceder a los atributos
10  print(f'El punto es ({p._x}, {p._y})')
11  help(p)   # También help(Punto)
12  del p.x
```

```
El punto es (1, 0)
El punto es (4, 0)
El punto es (4, 5)
El punto es (4, 5)
Help on Punto in module mpunto object:

class Punto(builtins.object)
 |  Punto(x, y)
 |
 |  Methods defined here:
 |
 |  __init__(self, x, y)
 |      Initialize self.  See help(type(self)) for accurate signature.
 |
 |  ----------------------------------------------------------------
```

```
 |  Data descriptors defined here:
 |
 |  __dict__
 |      dictionary for instance variables
 |
 |  __weakref__
 |      list of weak references to the object
 |
 |  x
 |      Coordenada x del punto
 |
 |  y
 |      Coordenada y del punto

Traceback (most recent call last):
  File "....py", line 12, in <module>
    del p.x
AttributeError: property 'x' of 'Punto' object has no deleter
```

En general, debemos ser prudentes usando propiedades. Si un atributo no requiere
código adicional que lo procese (que lo valide, que tenga que revisar el estado del objeto
en función del nuevo valor recibido, etc.), no es buena idea convertirlo en un atributo
gestionado. El código resultante será innecesariamente menos eficiente y más prolijo.
De hecho, la clase **Punto** ha resultado un ejemplo sencillo, pero no es muy representativo, puesto que cualquier valor asignado a las coordenadas del punto será válido. No
obstante, sí puede ser muy útil para, por ejemplo, evitar la asignación de valores que no
sean números reales. Basta con redefinir el método *setter*:

```python
11      @x.setter
12      def x(self, valor):
13          if not isinstance(valor, (int, float)):
14              raise TypeError('La coordenada debe ser un valor real')
15          else:
16              self._x = valor
```

Pensemos, sin embargo, en otra clase, como podría ser **Persona**, con un atributo
edad, o una clase **Circulo**, con un atributo **radio**. En el primer caso, el atributo únicamente debería tomar valores enteros positivos, mientras que en el segundo caso, el
radio puede ser real, pero no negativo. Veamos, por ejemplo, cómo podríamos implementar la edad de una persona mediante el decorador **@property**:

```python
1   class Persona:
2       def __init__(self, edad):
3           self.edad = edad
4           # Inicialización de otros atributos de instancia
5
6       @property
```

```python
 7      def edad(self):
 8          """Edad de la persona"""
 9          return self._edad
10
11      @edad.setter
12      def edad(self, valor):
13          if not isinstance(valor, int) or valor < 0:
14              raise AttributeError('La edad no debe ser negativa')
15          else:
16              self._edad = valor
17
18      @edad.deleter
19      def edad(self):
20          if hasattr(self, 'edad'):
21              del self._edad
22
23  try:
24      yo = Persona(-36)
25  except Exception as e:
26      print(f'No puedo crear persona con edad negativa: {e}')
27
28  yo = Persona(10)
29  print(yo.edad)
30
31  try:
32      yo.edad = -30
33  except Exception as e:
34      print(f'No puedo poner edad a -30: {e}')
35
36  yo.edad = 20
37  print(yo.edad)
38  del yo.edad
39
40  # Los objetos tienen capacidad de introspección
41  if hasattr(yo, 'edad'):
42      print(yo.edad)
43  else:
44      print('No tenemos información de la edad')
45
46  # Alternativa más pythonic
47  try:
48      print(yo.edad)
49  except AttributeError:
50      print('No tenemos información de la edad')
51
52  help(yo)
```

```
No puedo crear persona con edad negativa: La edad no debe ser negativa
10
No puedo poner edad a -30: La edad no debe ser negativa
20
No tenemos información de la edad
No tenemos información de la edad
Help on Persona in module __main__ object:

class Persona(builtins.object)
 |  Persona(edad)
 |
 |  Methods defined here:
 |
 |  __init__(self, edad)
 |      Initialize self.  See help(type(self)) for accurate signature.
 |
 |  ----------------------------------------------------------------
 |  Data descriptors defined here:
 |
 |  __dict__
 |      dictionary for instance variables
 |
 |  __weakref__
 |      list of weak references to the object
 |
 |  edad
 |      Edad de la persona
```

Hemos implementado en esta clase un *deleter* para contemplar la posibilidad de que no dispongamos de información sobre la edad de una persona. La capacidad de introspección que proporciona Python nos permite consultar la existencia o no de un atributo en un objeto. Para ello, hemos seguido dos enfoques diferentes. En el primero (líneas 40-44), hemos hecho uso de la función nativa **hasattr()**[18], mientras que en el segundo (líneas 46-50) hemos intentado consultar la edad, encerrando la operación en una sentencia **try**, con un enfoque más *pythonic* basado en el principio *EAFP* (*Easier Ask for Forgiveness Than Permission*, es más fácil pedir perdón que permiso)[19]: intentamos la consulta y si falla, procesamos la excepción.

En el método inicializador (línea 3) hemos hecho la asignación sobre la propiedad, y no sobre el atributo no público **._edad**. De esa forma conseguimos que la validación que realiza el *setter* también tenga lugar cuando intentamos crear un objeto, como podemos comprobar en la ejecución de las líneas 23-26 del *script*.

Cuando el *setter* incluye algún proceso de validación, no hacer la/s asignación/es del método inicializador sobre las propiedades supone un grave error, ya que la creación de objetos no estaría supervisada por el método *setter*:

---

[18]https://docs.python.org/3/library/functions.html#hasattr.
[19]https://docs.python.org/3/glossary.html#term-EAFP.

```python
class Persona:
    def __init__(self, edad):
        self._edad = edad
        # Inicialización de otros atributos de instancia

    @property
    def edad(self):
        """Edad de la persona"""
        return self._edad

    @edad.setter
    def edad(self, valor):
        if not isinstance(valor, int) or valor < 0:
            raise AttributeError('La edad no debe ser negativa')
        else:
            self._edad = valor

    @edad.deleter
    def edad(self):
        if hasattr(self, 'edad'):
            del self._edad

try:
    yo = Persona(-36)
except Exception as e:
    print(f'No puedo crear persona con edad negativa: {e}')
print('Hemos conseguido una persona con edad negativa: '
      f'{yo.edad}. Muy peligroso')

try:
    yo.edad = -20
except Exception as e:
    print(f'La asignación sí está controlada: {e}')
```

```
Hemos conseguido una persona con edad negativa: -36. Muy peligroso
La asignación sí está controlada: La edad debe ser entera positiva
```

Como muestran los ejemplos anteriores, las posibilidades de las propiedades para
proporcionar atributos gestionados a nuestra clase son enormes. Así, podemos proporcionar a la clase atributos de solo lectura (simplemente no definiendo método *setter*
para la propiedad), atributos de lectura/escritura (definiendo *getter* y *setter*) o validación
de valores (incluyendo el código de validación en el *setter*), por mencionar solo algunas
posibilidades.

Las propiedades también nos permiten crear **atributos calculados**, que son atributos cuyo valor se evalúa de forma dinámica, cada vez que los consultemos. Podemos
añadir a la clase **Punto** dos métodos que nos proporcionen las coordenadas cartesianas
y polares del punto, respectivamente. Mientras que el primer método resultará trivial
(devolverá una tupla con las propiedades `.x` y `.y`), el método que devuelve las coorde-

nadas polares devuelve una tupla formada por dos atributos calculados, `.radio_vector` y `.angulo`:

```python
import math

class Punto:
    def __init__(self, x, y):
        self.x = x
        self.y = y

    @property
    def x(self):
        """Coordenada x del punto"""
        return self._x

    @x.setter
    def x(self, valor):
        if not isinstance(valor, (int, float)):
            raise TypeError('La coordenada debe ser un valor real')
        else:
            self._x = valor

    @property
    def y(self):
        """Coordenada y del punto"""
        return self._y

    @y.setter
    def y(self, valor):
        if not isinstance(valor, (int, float)):
            raise TypeError('La coordenada debe ser un valor real')
        else:
            self._y = valor

    @property
    def radio_vector(self):
        return math.dist((0, 0), (self._x, self._y))

    @property
    def angulo(self):
        return math.degrees(math.atan2(self._y, self._x))

    def cartesianas(self):
        return (self._x, self._y)

    def polares(self):
        return (self.radio_vector, self.angulo)
```

```
1  import mpunto as mp
2
3  p = mp.Punto(3, 2)
4  print(f'El punto es ({p.x}, {p.y})')
5  print(f'Coordenadas cartesianas: {p.cartesianas()}')
6  print(f'Coordenadas polares: {p.polares()}')
7  print(f'Distancia: {p.radio_vector:.02f}')
8  print(f'Ángulo: {p.angulo:.02f}°')
```

```
El punto es (3, 2)
Coordenadas cartesianas: (3, 2)
Coordenadas polares: (3.605551275463989, 33.690067525979785)
Distancia: 3.61
Ángulo: 33.69°
```

Obsérvese que, tanto dentro como fuera de la clase, las propiedades se utilizan como si fueran atributos normales, aunque con las limitaciones que se hayan definido en su implementación. En nuestro ejemplo, las propiedades `.x` y `.y` son de lectura/escritura, pero no se pueden eliminar de la instancia. Las propiedades `.radio_vector` y `.angulo` se perciben como atributos calculados de solo lectura.

Obsérvese que los atributos calculados creados mediante propiedades se calcularán cuando se acceda a ellos, no cuando cambien los atributos `._x` y `._y`, de los que dependen. Por contra, usar un atributo almacenado o una propiedad en lugar de un atributo calculado implica revisar *setters* y *getters* para que actualicen `.radio_vector` y `.angulo` cada vez que se modifiquen `.x` y `.y` y viceversa. Optar por una alternativa u otra depende de la frecuencia con que se modifiquen y consulten los atributos.

9.7 Métodos de clase y métodos estáticos

Hemos estudiado en la sección 9.2.2 los métodos de instancia, que reciben como primer parámetro (`self`, por convención) una referencia a la instancia actual. Los métodos de instancia encajan perfectamente con la idea de que los métodos son mensajes enviados a los objetos, ya que la propia sintaxis de llamada (`objeto.metodo(argumentos)`) se ajusta a esta concepción, además de proveer el objeto cuya referencia se asigna a `self`.

Como hemos visto, los métodos de instancia deberían actuar sobre los atributos de instancia, consultándolos o cambiando sus valores. Si hemos escrito un método que no usa `self` en su código, entonces puede que no deba ser un método de instancia. En este caso, probablemente deberíamos crear un método de clase o un método estático, dependiendo de nuestras necesidades.

Un **método de clase** está pensado para caracterizar el comportamiento de la clase como tal y no para implementar el comportamiento que llevarán a cabo de manera particular cada uno de sus objetos. Un método de clase recibe como primer parámetro una referencia al objeto clase, en lugar de recibir una referencia a una de sus instancias. La convención nos dice que debemos usar el nombre **cls** para ese primer parámetro.

Consideremos en nuestra clase **Punto** la creación de un método que reciba como argumento una secuencia de dos ítems (en el caso de un punto 3-D sería una secuencia con tres ítems) y la utilice para proporcionar valores a los atributos **.x** y **.y**, devolviendo un nuevo objeto **Punto**. Obsérvese que varias funciones constructoras de clases nativas tienen un comportamiento similar, como las funciones **list()** o **tuple()**, que aceptan como argumento un objeto iterable que proporciona los ítems con los que inicializar el objeto que se va a crear. Añadimos a la implementación de la clase **Punto** del anterior *script* el nuevo método:

```
46      @classmethod
47      def desde_secuencia(cls, secuencia):
48          return cls(*secuencia)
```

Y podremos invocar el método usando la clase o cualquiera de sus instancias:

```
>>> coordenadas = [1, 5.2]
>>> otro_punto = Punto.desde_secuencia(coordenadas)
>>> otro_punto.cartesianas()
(1, 5.2)
>>> otro_punto_mas = otro_punto.desde_secuencia((3.7, 0.25))
>>> otro_punto_mas.cartesianas()
(3.7, 0.25)
>>>
```

En cualquier caso, por coherencia semántica y claridad la mejor práctica es llamar siempre a los métodos de clase usando el nombre de la clase.

En Python, las clases también pueden tener métodos estáticos. Un **método estático** no es más que una función normal definida dentro del ámbito de la clase, y no recibe como parámetro referencias a ninguna instancia ni a la clase. Podría definirse perfectamente fuera de la clase como una función convencional, pero normalmente por cuestiones de semántica, por ser una función estrechamente relacionada con nuestra clase, se empaqueta con la clase. Puede ser el caso de un método **area_circulo(radio)**, que calculará el área del círculo a partir de su radio, como vemos en la siguiente clase[20]:

```
1   from math import pi
2   import Punto
3
4   class Circulo:
5       def __init__(self, centro, radio):
6           if not isinstance(centro, Punto.Punto):
7               raise AttributeError('El centro debe ser un objeto Punto')
8           else:
```

---

[20]Hemos incluido un atributo de la clase **Punto** para albergar el centro del círculo.

```python
 9              self.centro = centro
10              self.radio = radio
11
12      @property
13      def radio(self):
14          return self._radio
15
16      @radio.setter
17      def radio(self, valor):
18          if not isinstance(valor, (int, float)) or valor <= 0:
19              raise ValueError('El radio del círculo debe ser '
20                               'un valor real positivo')
21          else:
22              self._radio = valor
23
24      def area(self):
25          return type(self).area_circulo(self.radio)
26
27      @staticmethod
28      def area_circulo(radio):
29          return pi * radio ** 2
```

```
>>> c = Circulo(Punto.Punto(3,4), 5)
>>> c.area()
78.53981633974483
>>> Circulo.area_circulo(2)
12.566370614359172
>>> c.area_circulo(2)
12.566370614359172
>>>
```

Hemos desarrollado un método de instancia, `.area()` que permite consultar el área del objeto círculo, que hace uso de un método estático `.area_circulo()`, que está convenientemente parametrizado y que se puede usar independientemente de la existencia de una instancia de la clase `Circulo`. Como en el caso de los métodos de clase, también se recomienda invocar los métodos estáticos a través del nombre de la clase, aunque también se pueda usar el nombre de una instancia.

La sintaxis `clase.metodo(argumentos)` que usamos para llamar a los métodos estáticos se asemeja mucho más a la de una función normal que a la de un método de instancia, con la salvedad de que estamos especificando que el método se ha definido en el espacio de nombres de la clase.

En general, los métodos de clase y los métodos estáticos tienen un uso mucho más limitado que los métodos de instancia, con gran diferencia los más empleados cuando diseñemos clases. Los decoradores `@classmethod` y `@staticmethod` no son la única forma de declarar estos métodos, pero sin duda sí resultan ser la más cómoda.

9.8 Métodos especiales

Ya mencionamos en la sección 9.2 que Python permite lo que se denominan **métodos especiales**, también llamados **métodos** *dunder* o **métodos mágicos**. Estos métodos son normalmente métodos de instancia y constituyen una parte fundamental del mecanismo interno de las clases en Python. Los métodos especiales tienen dos características en común: su nomenclatura especial y que el intérprete los invoca de forma automática en respuesta a operaciones específicas.

Como hemos dicho, los métodos especiales se distinguen rápidamente por su nomenclatura ya que sus nombres comienzan y terminan con un doble guión bajo (*dunder:* **d**ouble **under**score). El método especial más conocido y de uso más común en las clases Python es el método inicializador, `.__init__()`, que ya conocemos y que se invoca automáticamente tras el método constructor, `.__new__()`, cuando se llama a la función constructora de la clase.

Pero son muchos los métodos especiales que podemos definir en nuestras clases y que se invocarán en diferentes situaciones: al usar determinados operadores[21], al usarlos como argumentos en la llamada a funciones nativas como `len()` o `print()`, al iterar sobre un objeto, etc. Veamos los de uso más frecuente.

Muchos de los operadores y funciones nativos de Python están diseñados y se han implementado para que puedan ser utilizados también con objetos de clases no nativas. Para ello es necesario que implementemos los correspondientes métodos especiales en nuestra clase. Cada función u operador tiene asociado un método especial que implementa su funcionamiento. Así, por ejemplo, el método `.__len__()` se corresponde con la función nativa `len()`; el método `.__add__()` se corresponde con el operador `+`; o el método `.__getitem__()` se corresponde con el operador `[]`. Por supuesto, no todos los operadores se pueden asociar a la semántica de la clase que se está definiendo. Por ejemplo, para una clase que sea de tipo numérico (por ejemplo, una clase número natural) tiene pleno sentido definir operadores como los aritméticos (`+`, `-`, `*`, `/`, `//`, `%`) o los de asignación aumentada (`+=`, `-=`, `*=`, `/=`...), pero probablemente no tenga lógica definir el operador `[]`, que normalmente se utiliza para acceder a un ítem de una colección. Sin embargo, para una clase colección (por ejemplo, un carrito de la compra, la lista de ingredientes de una receta o de componentes de un producto químico, o un polinomio, que podemos representar como una secuencia de coeficientes) no solo tiene sentido definir el operador `[]`, sino otros como los que dan soporte al protocolo iterador, de manera que podamos utilizar un bucle `for` para iterar sobre los ítems de un objeto de nuestra clase. Otros operadores del lenguaje podrán definirse para ambos tipos de clase, como pueden ser los operadores relacionales de comparación (`==`, `!=`, `<`, `>`, `<=`, `>=`), aunque, naturalmente la comparación que realicen en cada caso implique un proceso sustancialmente diferente.

---

[21]En otros lenguajes orientados a objetos se considera el uso de un operador del lenguaje para que pueda aplicarse a objetos de las clases que hemos diseñado, a lo que se le suele llamar **sobrecarga de operadores**. Sin embargo, en Python, este mecanismo de sobrecarga no solo se aplica a operadores, sino a otras situaciones, como la llamada a varias funciones nativas o en protocolos como el de iteración, el descriptor, el de gestión de contextos, por mencionar algunos.

En general, si hay una función nativa **funcion()** y el método especial asociado es
.__funcion__(), Python interpreta la llamada a la función, **funcion(objeto)**, como
obj.__funcion__(). De foma análoga, si en Python existe un operador **oper** y el método especial correspondiente es **.__nombre_oper__()**, el lenguaje interpretará la expresión **obj1 oper obj2** (estamos considerando el caso más frecuente, un operador
binario) como **obj1.__nombre_oper__(obj2)**.

Si la llamada a la función o al operador incluye más argumentos, estos se pasan
también al método especial asociado tras el parámetro **self**.

Así, considerando, por ejemplo, los operadores y funciones mencionados antes,
cuando llamemos a la función **len(obj)**, Python gestionará la llamada mediante una
invocación al método **obj.__len__()**. Cuando usemos la expresión **obj[indice]**, el
intérprete lo gestionará como **obj.__getitem__(indice)**. Y cuando evalúe la expresión **obj1 + obj2**, el intérprete realizará la llamada **obj1.__add__(obj2)**. Es muy fácil
comprobarlo de forma práctica:

```
>>> cadena = 'Me gusta Python'
>>> len(cadena)
15
>>> cadena.__len__()
15
>>> lista = ['Me', 'gusta', 'Python']
>>> lista[2]
'Python'
>>> lista.__getitem__(2)
'Python'
>>> 'Me gusta ' + 'Python'
'Me gusta Python'
>>> 'Me gusta '.__add__('Python')
'Me gusta Python'
>>>
```

Podríamos hacer un repaso exhaustivo de los métodos especiales que podemos personalizar en nuestras clases, pero la lista sería enorme, como podemos comprobar en la
correspondiente sección del modelo de datos de la referencia de Python[22]. En su lugar,
vamos a implementar como ejemplo la clase **Polinomio**, que recoge características de
una típica clase numérica y también de una clase colección, por lo que nos servirá para
ilustrar ampliamente la personalización de los métodos especiales de uso más común.

Si pensamos en cómo modelizar un polinomio, observaremos que podemos conce-
birlo como un conjunto de coeficientes, cada uno de ellos asociado a un grado o posición
(no negativa), desde el término independiente (asociado al grado 0) hasta el coeficiente
no nulo de mayor grado, que determina el grado del polinomio. Por simplicidad, nos
restringiremos a los polinomios de una única variable con coeficientes reales. Las dos
soluciones más simples y directas que se nos pueden ocurrir para representar los coeficientes de un polinomio en Python serían una lista y un diccionario, cada una con sus

---

[22]Véase https://docs.python.org/3/reference/datamodel.html#special-method-names.

ventajas e inconvenientes. En un diccionario incluiríamos parejas <grado, coeficiente>, obteniendo una representación no densa del polinomio, de forma que solo tendríamos que almacenar los monomios cuyos coeficientes fueran distintos de 0. Usando una lista estaríamos obligados a una representación densa del polinomio, almacenando los coeficientes de todos los monomios, desde el de grado 0 hasta el del grado del polinomio, ya que sería la posición en la lista la que nos indicaría el grado del monomio al que corresponde un determinado coeficiente.

Así, las representaciones alternativas del polinomio $8x^5 + 4x^3 - 3{,}5x^2 + x - 7$ serían el diccionario `{5: 8, 3: 4, 2: -3.5, 1: 1, 0: -7}` y la lista `[-7, 1, -3.5, 4, 0, 8]`. Hemos elegido la implementación basada en un diccionario por la simplicidad que aporta a los algoritmos que implementan las diferentes operaciones. En cualquier caso, lo que nos interesa es observar cómo hemos implementado diferentes operadores y funciones nativas, sobrecargándolas para que admitan operandos o argumentos de nuestra clase **Polinomio**.

Vamos a proporcionar el código del siguiente *script* dividido en segmentos. De esta forma podremos incluir explicaciones sobre cada método desarrollado con una estructura más inmediata y ágil, para facilitar el seguimiento del lector. En cualquier caso, la numeración de las líneas del código nos ayudará a identificar los distintos segmentos del *script* **Polinomio.py**, que implementa la clase.

```python
 1  from collections.abc import Sequence
 2
 3  class Polinomio:
 4    """Clase Polinomio.
 5
 6    Si no se proporciona argumento, la función constructora crea
 7    el polinomio nulo.
 8
 9    Si se proporciona argumento, puede ser:
10    -Un objeto polinomio: la función constructora creará una copia.
11    -Una secuencia de valores reales: la función constructora creará
12    un polinomio a partir de los coeficientes, considerados
13    desde el mayor grado al término independiente.
14    -Un diccionario de parejas <grado: coeficiente> que especifica los
15    coeficientes del polinomio distintos de 0.
16    """
17
18    def _revisar(self, /):
19      """Método auxiliar privado. Purga los ítems del diccionario
20          en los que el coeficiente tiene valor 0. Al completar la
21          revisión, comprueba si el diccionario está vacío para
22          dejarlo en un estado válido"""
23      self._coefs = {g:c for g, c in self._coefs.items() if c != 0}
24      if self._coefs == {}:
25        self._coefs = {0:0.0}
26
27    def __init__(self, iterable=(), /):
```

```python
28      error = False
29      # Podemos proporcionar los coeficientes del polinomio
30      if isinstance(iterable, Sequence):  # Si es una secuencia
31        if len(iterable) == 0:  # Si está vacía
32          self._coefs = {0:0.0}  #Polinomio nulo
33        elif all(isinstance(valor, (int, float)) for valor in iterable):
34            # Por homogeneidad, hacemos que los coeficientes sean float
35            self._coefs = {g: float(c) for g, c in enumerate(iterable[::-1])}
36            self._revisar()
37        else:
38            error = True
39      # También permitimos que el argumento sea un polinomio
40      elif isinstance(iterable, Polinomio):
41        self._coefs = {}
42        for g, c in iterable._coefs.items():
43          self._coefs[g] = float(c)
44        self._revisar()
45      elif isinstance(iterable, dict):
46        # Comprobamos que los grados son enteros y los coeficientes, reales
47        if all(isinstance(grado, int) for grado in iterable.keys()) and \
48           all(isinstance(coef, (int,float)) for coef in iterable.values()):
49          #Por homogenieidad, hacemos que los coeficientes sean float
50          self._coefs = {}
51          for g, c in iterable.items():
52            self._coefs[g] = float(c)
53          self._revisar()
54        else:
55          error = True
56      else:
57        error = True
58
59      if error:
60        raise TypeError(f'argumento inválido para {type(self).__name__}(): '
61                        f'{repr(iterable)}')
```

Como ya hemos explicado anteriormente, el método `.__init__()` implementa la inicialización de las instancias de la clase y se invoca de forma automática al llamar a la función constructora de la clase, en nuestro caso, `Polinomio()`. Obsérvese que permitimos invocar a la función constructora sin argumento, lo que implicará la creación del polinomio nulo, o con un argumento que puede ser una secuencia de coeficientes o un diccionario de parejas `<grado: coeficiente>`. Además, el argumento proporcionado puede ser un objeto `Polinomio`, lo que hará que la nueva instancia creada sea una copia del polinomio proporcionado.

```python
63      @property
64    def grado(self, /):
65      """Devuelve el grado del polinomio"""
66      self._revisar()
```

```python
67        return max(self._coefs)
```

Hemos definido un atributo calculado, **grado**, que permite consultar cómodamente el grado del polinomio y que aporta dinamismo, ya que se revisa cada vez que se consulta.

```python
69    def __repr__(self, /):
70      """Devuelve repr(self)"""
71      self._revisar()
72      # Construimos una lista de coeficientes
73      lista_coefs = []
74      for g in range(self.grado, -1, -1):
75        try:
76          lista_coefs.append(self._coefs[g])
77        except KeyError:
78          lista_coefs.append(0.0)
79      return f'{type(self).__name__}({str(lista_coefs)})'
```

El método `.__repr__()` se implementa para proporcionar una representación *string* "oficial" del objeto. Como veremos, es sustancialmente distinta de la proporcionada por `.__str__()` porque está orientada a que podamos usarla para volver a producir el objeto. Para ello, necesita hacer un análisis sintáctico de la expresión contenida en el *string*, tarea de la que se puede encargar la función nativa `eval()`[23]. Si queremos que la función `repr()` pueda aceptar como argumento un objeto de nuestra clase, tendremos que definir el método especial `.__repr__()`[24]. Este método también se invoca cuando evaluamos el objeto en modo interactivo en la consola de Python.

```python
81    def __str__(self, /):
82      """Devuelve str(self)"""
83
84      def superindice(grado):
85        """Función auxiliar privada que se encarga de mostrar
86           el grado con formato de superíndice"""
87        exponentes = {'0':'⁰', '1':'¹', '2':'²', '3':'³', '4':'⁴',
88                      '5':'⁵', '6':'⁶', '7':'⁷', '8':'⁸', '9':'⁹'}
89        resultado = ''
90        for digito in str(grado):
91          resultado = resultado + exponentes[digito]
92        return resultado
93
94      def muestra_x(grado):
95        """Función auxiliar privada que se encarga de mostrar
96           x con el exponente correspondiente
97        """
```

---

[23]https://docs.python.org/3/library/functions.html#eval.
[24]https://docs.python.org/3/library/functions.html#repr.

```python
 98          if grado == 0:
 99            resultado = ''
100          elif grado == 1:
101            resultado = 'x'
102          else:
103            resultado = f'x{superindice(grado)}'
104          return resultado
105
106      def signo(numero):
107        """Devuelve el símbolo del signo del argumento"""
108        return ' + ' if numero>=0 else ' - '
109
110      self._revisar()
111      resultado = ''
112      for g in self:  # Visitamos los términos con coeficientes no nulos
113        coef = self._coefs[g]
114        # Si el coeficiente es 1 y no es el término independiente,
115        # no queremos mostrar el 1
116        if abs(coef) == 1 and g != 0:
117          # Pero sí necesitamos el signo
118          resultado = f'{resultado}{signo(coef)}{muestra_x(g)}'
119        else: # Caso general
120          resultado = f'{resultado}{signo(coef)}{abs(coef):g}{muestra_x(g)}'
121      # Si el string resultante comienza con ' + ', lo eliminamos
122      resultado = resultado.removeprefix(' + ')
123      # Si el primer término es negativo, lo retocamos
124      if resultado.startswith(' - '):
125          resultado = resultado.replace(' - ', '-', 1)
126      # Si la cadena resultante es vacía, se trata del polinomio nulo
127      return resultado if resultado != '' else '0'
```

El método `.__str__()` de una clase debe proporcionar lo que se conoce como representación *string* informal del objeto: debe devolver un objeto **str** que represente el objeto de forma amigable para un lector humano. Este método se invoca automáticamente cuando pasamos el objeto como argumento a las funciones nativas **print()** o **str()**, así como cuando un objeto de la clase aparece en una expresión interpolada en un *f-string*[25].

Ahora que podemos mostrar un objeto **Polinomio**, vamos a comprobar lo descrito anteriormente en modo intérprete interactivo:

```python
>>> import Polinomio as pol
>>> p = pol.Polinomio()  # Polinomio nulo
>>> print(p)
0
```

---

[25]También cuando el objeto se pasa como argumento al método `.format()` de la clase **str**, pero no lo hemos estudiado porque hemos seguido la recomendación de usar la alternativa de los *f-strings* a partir de la versión 3.6 de Python.

```
>>> print(f'El polinomio es {p}')
El polinomio es 0
>>> p
Polinomio([0.0])
>>> print(repr(p))
Polinomio([0.0])
>>> p.grado
0
>>> p = pol.Polinomio([1, 0, -4, 3, 0])
>>> print(p)
x^4 - 4x^2 + 3x
>>> p
Polinomio([1.0, 0.0, -4.0, 3.0, 0.0])
>>> p2 = eval(f'pol.{repr(p)}')
>>> print(p2)
x^4 - 4x^2 + 3x
>>> p3 = pol.Polinomio({4:1, 2:-4, 1:3})
>>> print(p3)
x^4 - 4x^2 + 3x
>>> p4 = pol.Polinomio(p3)
>>> p4
Polinomio([1.0, 0.0, -4.0, 3.0, 0.0])
>>> p4.grado
4
>>>
```

Obsérvese que Python proporciona una implementación por defecto para los métodos especiales `.__str__()` y `.__repr__()`. Para mostrarlo, usamos la clase **Punto**, definida anteriormente:

```
>>> import mpunto as mp
>>> p = mp.Punto(3, 2)
>>> print(p)
<mpunto.Punto object at 0x000002409C16FB00>
>>> p
<mpunto.Punto object at 0x000002409C16FB00>
>>> repr(p)
'<mpunto.Punto object at 0x000002409C16FB00>'
>>>
```

Así se genera información básica sobre el objeto pero en ningún caso se cubre la tarea que debería cumplir. Podemos definir estos dos métodos especiales para la clase **Punto** de forma muy sencilla. Nótese que usamos los paréntesis angulares para delimitar las coordenadas del punto para distinguirlo de tuplas o listas, aunque podríamos haber usado cualquier símbolo:

```python
50      def __str__(self):
51          return f'<{self.x}, {self.y}>'
52
53      def __repr__(self):
54          return f'Punto({self.x}, {self.y})'
```

Observemos ahora la diferencia al hacer uso de un objeto de la clase:

```python
>>> import Punto
>>> p = Punto.Punto(3, 2)
>>> print(p)
<3, 2>
>>> p
Punto(3, 2)
>>> repr(p)
'Punto(3, 2)'
>>> p2 = eval(repr(p))
>>> p2
Punto(3, 2)
>>> print(p2 is p)  # Son objetos diferentes
False
>>>
```

Es frecuente sobrecargar para nuestras clases un grupo de métodos relacionados, los que implementan los diferentes operadores relacionales de comparación: `<`, `<=`, `>`, `>=`, `==` y `!=`, que desencadenan la ejecución de los métodos especiales `.__lt__()`, `.__le__()`, `.__gt__()`, `.__ge__()`, `.__eq__()` y `.__ne__()`, respectivamente. No es necesario implementar todos ellos si el tipo que estamos implementando no define una ordenación natural de sus posibles valores; bastará con implementar los operadores de comparación de igualdad y desigualdad (`==` y `!=`). Dado que la función nativa **sorted**(), que nos proporciona una lista ordenada de los ítems de un objeto iterable, hace uso del operador `<`, de la misma forma que el método `.sort()` de la clase **list**, que realiza una ordenación *in situ* de los ítems de la lista, la sobrecarga del operador `<` nos permite adaptar el comportamiento de dichas funciones para aplicarlas en nuestra clase.

```python
129     def __lt__(self, otro, /):
130         """Devuelve self < otro"""
131         if isinstance(otro, (int, float)):
132             return self < Polinomio(otro)
133         elif isinstance(otro, Polinomio): # Caso general
134             mayor_grado = max(self.grado, otro.grado)
135             for g in range(mayor_grado,-1,-1):
136                 diferencia = self[g] - otro[g]
137                 if diferencia > 0:
138                     return False
139                 elif diferencia < 0:
140                     return True
```

```python
141            else:
142                return False
143        else:
144            raise TypeError(f"'<' no soportado entre instancias de "
145                            f"'{type(self).__name__}' y "
146                            f"'{type(otro).__name__}'")
147
148    def __eq__(self, otro, /):
149        """Devuelve self == otro"""
150        if isinstance(otro, (int, float)):
151            return self == Polinomio((otro,))
152        elif isinstance(otro, Polinomio): # Caso general
153            if self.grado != otro.grado:
154                return False
155            else:
156                maximo_grado = max(self.grado, otro.grado)
157                for g in range(maximo_grado, -1, -1):
158                    if self[g] != otro[g]:
159                        return False
160                    else:
161                        return True
162        else:
163            raise TypeError(f"'==' no soportado entre instancias de "
164                            f"'{type(self).__name__}' y "
165                            f"'{type(otro).__name__}'")
166
167    def __ne__(self, otro, /):
168        """Devuelve self != otro"""
169        return not self == otro
170
171    def __ge__(self, otro, /):
172        """Devuelve self >= otro"""
173        return not self < otro
174
175    def __le__(self, otro, /):
176        """Devuelve self <= otro"""
177        return self < otro or self == otro
178
179    def __gt__(self, otro, /):
180        """Devuelve self > otro"""
181        return not (self < otro or self == otro)
```

Siendo conscientes de que no existe un orden natural para los polinomios, y con fines ilustrativos, hemos realizado en nuestra clase **Polinomio** una comparación lexicográfica de los polinomios involucrados en la operación, comparando desde el mayor grado hasta el término independiente, coeficiente a coeficiente. Obsérvese que basta con implementar dos de los operadores (típicamente `.__lt__()`, que implementa `<`, y `.__eq__()`, que implementa `==`) y definir los otros cuatro métodos especiales en función de ellos.

```
>>> import Polinomio as pol
>>> p = pol.Polinomio([1, 0, -4, 3, 0])
>>> print(p)
x^4 - 4x^2 + 3x
>>> p2 = pol.Polinomio((3, 0, -5, 2, 1))
>>> print(p2)
3x^4 - 5x^2 + 2x + 1
>>> p < p2
True
>>> p2 > p
True
>>> p >= p2
False
>>> p == p
True
>>> # Creamos una lista de polinomios
>>> polinomios = [pol.Polinomio([1, 0, -4, 3, 0]),
        pol.Polinomio([2, 0]),
        pol.Polinomio([4, 1, -1]),
        pol.Polinomio((3, 0, -5, 2, 7)),
        pol.Polinomio([-42])]

>>> for polinomio in polinomios:
    print(polinomio)

x^4 - 4x^2 + 3x
2x
4x^2 + x - 1
3x^4 - 5x^2 + 2x + 7
-42
>>> # Podemos ordenarla
>>> polinomios.sort()
>>> for polinomio in polinomios:
    print(polinomio)

-42
2x
4x^2 + x - 1
x^4 - 4x^2 + 3x
3x^4 - 5x^2 + 2x + 7
>>>
```

Debemos saber que nuestra clase soportará por defecto los operadores de igualdad y desigualdad, pero es probable que su comportamiento nos resulte antintuitivo: puesto que se trata de una implementación por defecto que no conoce ningún detalle sobre la clase, el operador `==` (y su negación, `!=`) hace uso de **is**, por lo que solamente devolverá **True** si los nombres comparados hacen referencia al mismo objeto, y no si los objetos comparados son iguales. El resto de operadores de comparación no estarán definidos para la clase, por lo que su uso generará una excepción provocada por un **TypeError**.

Podemos hacer que los objetos de nuestra clase sean "invocables", permitiéndonos una sintaxis similar a la de las funciones, para lo cual definimos el método especial `.__call__()`[26].

```python
181    def __call__(self, x, /):
182        """Evalúa el polinomio para un valor de x"""
183        return sum([self[g] * x**g for g in self])
```

Esto no es algo que tenga sentido en todas las clases, pero precisamente en la clase `Polinomio` resulta muy interesante para evaluar la función polinómica en un valor de x con una sintaxis muy cómoda y fácil de entender para el programador:

```python
>>> p = pol.Polinomio({4:1, 2:-4, 1:3})
>>> print(p)
x^4 - 4x^2 + 3x
>>> p(3)
54.0
>>> p(1.5)
0.5625
>>>
```

Como dijimos anteriormente, la clase Polinomio es al fin y al cabo una clase numérica, por lo que tiene sentido sobrecargar operadores aritméticos binarios de Python como `+`, `-`, `*`, `/`, etc., y funciones con dos argumentos como `divmod()` o `pow()`, así como operadores y funciones unarios como `-` o la función `abs()`[27]. Obsérvese que podemos definir el comportamiento de estos operadores con dos operandos de la clase, pero también permitir operandos mixtos; optaremos por un camino u otro dependiendo de cómo programemos el método especial correspondiente, como de hecho hacemos en nuestra implementación de `.__add__()`, permitiendo que el segundo operando sea un objeto `int` o `float`.

```python
185    def __add__(self, otro, /):
186        """Devuelve self + otro"""
187        # Si el segundo operando es un número
188        if isinstance(otro, (int, float)):
189            resultado = self + Polinomio((otro,))
190        # Caso general, los dos operandos son polinomios
191        elif isinstance(otro, Polinomio):
192            resultado = Polinomio(self)
193            for g in otro:
194                resultado[g] += otro[g]
195            resultado._revisar()
```

---

[26]https://docs.python.org/3/reference/datamodel.html#emulating-callable-objects.

[27]En https://docs.python.org/3/reference/datamodel.html#emulating-numeric-types podemos encontrar la referencia completa de los métodos especiales que podemos definir en nuestras clases para emular el comportamiento de los tipos numéricos.

```python
196        else:
197          raise TypeError(f"tipo de operando(s) no soportado para +: "
198                          f"'{type(self).__name__}' y "
199                          f"'{type(otro).__name__}'")
200      return resultado
201
202    def __radd__(self, otro, /):
203      """Devuelve otro + self"""
204      if isinstance(otro, (int, float)):
205        return self + Polinomio((otro,))
206      # El caso contrario no se alcanza, porque se invocaría .__add__()
207
208    def __iadd__(self, otro, /):
209      """Implementa self += otro"""
210      # Si se suma un número
211      if isinstance(otro, (int, float)):
212        self._coefs[0] += otro
213      # Caso general, los dos operandos son polinomios
214      elif isinstance(otro, Polinomio):
215        for g in otro:
216          self[g] += otro[g]
217      else:
218        raise TypeError("tipo de operando(s) no soportado para  +=: "
219                        f"'{type(self).__name__}' y "
220                        f"'{type(otro).__name__}'")
221      return self
222
223    def __neg__(self, /):
224      """Implementa -self"""
225      return Polinomio({g:-self[g] for g in self})
```

Debemos darnos cuenta de que el operador **+** solamente desencadena la ejecución del método especial **.__add__()** si el primer operando (el situado a la izquierda del operador, por tratarse de un operador infijo) es un objeto de la clase **Polinomio**[28]. Sin embargo, si la expresión utilizada es, por ejemplo, **5 + p**, siendo **p** una instancia de **Polinomio**, entonces el método especial invocado es **.__radd__()** (si está definido en nuestra clase; en caso contrario, se intentaría invocar el operador **+** de la clase **int**, que generará una excepción provocada por un **TypeError**). Podemos ver que la implementación de **.__radd__()** simplemente hace referencia al operador **+**, que generará una llamada al método **.__add__()**.

Como ya sabemos, estrechamente relacionados con los operadores aritméticos están los operadores de asignación aumentada (**+=**, **-=**, ***=**, etc.). Recordemos que para una clase inmutable, como las clases numéricas nativas de Python, la expresión **a += b** equivale casi totalmente a **a = a + b**; pero en el caso de las colecciones mutables implica una modificación *in situ* de la colección, sin que suponga la creación de un nuevo

---

[28]Esto debe resultar claro si nos damos cuenta de que la expresión **p1 + p2** provoca la llamada **p1.__add__(p2)**. Esto muestra que se está invocando un método de instancia de la clase de **p1** y que, de hecho, el mensaje se envía al objeto **p1**.

objeto. Utilizaremos este mismo enfoque en la clase polinomio, permitiendo expresiones del tipo **p1 += p2**, con **p1** y **p2** objetos de la clase **Polinomio**, que pueden resultar muy cómodas para el usuario de la clase y aportan claridad y legibilidad al código. Como podemos ver, la implementación del operador **+=** se realiza en el método especial **.__iadd__()**.

Hemos implementado también el método **.__neg__()**, que se invocará cuando se haga uso del operador **-** unario para obtener el polinomio opuesto.

Veamos el uso de todos estos operadores y observemos cómo su sobrecarga hace que la clase Polinomio que estamos diseñando tenga un uso muy natural, prácticamente como si fuera una clase nativa Python:

```
>>> import Polinomio as pol
>>> pol1 = pol.Polinomio((3, -2, 8, 8, -3, 7, 1))
>>> print(pol1)
3x^6 - 2x^5 + 8x^4 + 8x^3 - 3x^2 + 7x + 1
>>> pol2 = pol.Polinomio((4, 1, 9, -12, 6, -5))
>>> print(pol2)
4x^5 + x^4 + 9x^3 - 12x^2 + 6x - 5
>>> print(pol1 + pol2)
3x^6 + 2x^5 + 9x^4 + 17x^3 - 15x^2 + 13x - 4
>>> suma = pol1 + pol2
>>> print(suma)
3x^6 + 2x^5 + 9x^4 + 17x^3 - 15x^2 + 13x - 4
>>> type(suma)
<class '__main__.Polinomio'>
>>> pol1 += pol2
>>> print(pol1)
3x^6 + 2x^5 + 9x^4 + 17x^3 - 15x^2 + 13x - 4
>>> print(pol1 + 5)
3x^6 + 2x^5 + 9x^4 + 17x^3 - 15x^2 + 13x + 1
>>> print(5 + pol1)
3x^6 + 2x^5 + 9x^4 + 17x^3 - 15x^2 + 13x + 1
>>> pol1 += 5
>>> print(pol1)
3x^6 + 2x^5 + 9x^4 + 17x^3 - 15x^2 + 13x + 1
>>> print(-pol1)
-3x^6 - 2x^5 - 9x^4 - 17x^3 + 15x^2 - 13x - 1
>>>
```

En condiciones normales habríamos incluido los métodos **.__sub__()**, **.__rsub__()** y **.__isub__()** para dar soporte a la resta de polinomios, **.__mul__()**, **.__rmul__()**, **.__imul__()**, para el producto, etc. Aquí, por brevedad, hemos incluido únicamente un representante de cada tipo de método especial, a modo ilustrativo.

Pero la clase **Polinomio** también es una clase colección, ya que alberga los coeficientes del polinomio debidamente organizados, asociados al grado correspondiente. Por lo tanto, tiene sentido que implementemos operadores típicos de clases colección.

Si queremos sobrecargar el operador `[]` para nuestra clase `Polinomio`, debemos definir los métodos `.__getitem__()`, `.__setitem__()` y `.__delitem__()`, que dan soporte al acceso para consulta, modificación y eliminación mediante este operador.

```python
def __getitem__(self, g, /):
    """x.__getitem__(y) <==> x[y]"""
    # Si el parámetro es una sección
    if isinstance(g, slice):
        start = 0 if g.start is None else g.start
        stop = self.grado+1 if g.stop is None else g.stop
        step = 1 if g.step is None else g.step
        if start < 0 or stop < 0 or step <= 0:
            raise IndexError('los índices de la sección deben ser positivos')
        else:
            resultado = Polinomio()
            for grado in range(start, stop, step):
                try:
                    resultado._coefs[grado] = self._coefs[grado]
                except IndexError:
                    pass
    # Si se pasa solo un índice
    elif isinstance(g, int):
        if g < 0:
            raise IndexError('el índice no puede ser negativo')
        else:
            try:  # Si término está en el diccionario, se obtiene
                resultado = self._coefs[g]
            except KeyError:  # Si no, devolvemos un 0
                resultado = 0
    else:
        raise TypeError(f'los índices de {type(self).__name__} deben '
                        f'ser enteros o secciones, no {type(g).__name__}')
    return resultado

def __setitem__(self, g, valor, /):
    """Pone self[g] a valor"""
    if not isinstance(g, int):
        raise IndexError('el índice debe ser entero')
    elif g < 0:
        raise IndexError('el índice no puede ser negativo')
    else:
        self._coefs[g] = float(valor)
        if valor == 0:
            self._revisar()

def __delitem__(self, g, /):
    """Elimina self[g]"""
    if not isinstance(g, int):
        raise IndexError('el índice debe ser entero')
    elif g < 0:
```

```python
271         raise IndexError('el índice no puede ser negativo')
272     else:  # Elimina el coeficiente correspondiente
273       try:
274         del self._coefs[g]
275         self._revisar()
276       except:
277         pass
```

Obsérvese que en el acceso de consulta permitimos proporcionar una sección o un índice, devolviendo en el primer caso como resultado un nuevo polinomio y en el segundo, un valor real. En los tres métodos hemos impuesto limitaciones a secciones e índices, ya que en un polinomio no podemos darles la misma interpretación que habitualmente se hace en Python con listas o tuplas:

```python
>>> p = pol.Polinomio((1, 2, 3, 4, 5, 6,7 ,8, 9, 10))
>>> print(p)
x^9 + 2x^8 + 3x^7 + 4x^6 + 5x^5 + 6x^4 + 7x^3 + 8x^2 + 9x + 10
>>> print(p[3:])
x^9 + 2x^8 + 3x^7 + 4x^6 + 5x^5 + 6x^4 + 7x^3
>>> print(p[:8])
3x^7 + 4x^6 + 5x^5 + 6x^4 + 7x^3 + 8x^2 + 9x + 10
>>> print(p[:8:2])
4x^6 + 6x^4 + 8x^2 + 10
>>> del p[5]
>>> print(p)
x^9 + 2x^8 + 3x^7 + 4x^6 + 6x^4 + 7x^3 + 8x^2 + 9x + 10
>>> p[3] = 5.25
>>> print(p)
x^9 + 2x^8 + 3x^7 + 4x^6 + 6x^4 + 5.25x^3 + 8x^2 + 9x + 10
>>> p[2] = 0  # Equivale a del p[2]
>>> print(p)
x^9 + 2x^8 + 3x^7 + 4x^6 + 6x^4 + 5.25x^3 + 9x + 10
>>>
```

Nos puede resultar muy interesante hacer que la clase **Polinomio**, como colección de coeficientes, sea iterable. De esta manera permitiremos al programador usuario de la clase visitar los coeficientes no nulos del polinomio de una forma muy cómoda. Para ello, implementamos el método especial `.__iter__()` (y `.__reversed__()` si queremos ofrecer un iterador inverso).

```python
279   def __iter__(self, /):
280     """Implementa iter(self)"""
281     for g in sorted(self._coefs.keys(), reverse=True):
282       yield g
```

```python
284    def __reversed__(self, /):
285        """Devuelve un iterador inverso sobre el polinomio"""
286        for g in sorted(self._coefs.keys()):
287            yield g
```

Nuestra solución resulta muy sencilla, ya que hemos recurrido a un generador. Al hacer que estos dos métodos especiales sean funciones generadoras mediante el uso de `yield` no tenemos que preocuparnos de crear una clase iteradora ni de implementar en esta el método `.__next__()` para dar soporte a la función nativa `next()`. La sentencia `yield` ya se encarga de ir proporcionando, bajo demanda (cada vez que se invoque `next()`) aquellos grados correspondientes a los coeficientes no nulos del polinomio. Hemos seguido la recomendación de la referencia de Python de proporcionar las claves en clases tipo diccionario. Esta decisión tiene sentido, ya que teniendo la clave (en nuestro caso, el grado de cada uno de los coeficientes no nulos), podemos acceder fácilmente al coeficiente usando el operador `[]`:

```python
>>> import Polinomio as pol
>>> p = pol.Polinomio([1, 0, -4, 3, 0])
>>> print(p)
x^4 - 4x^2 + 3x
>>> for g in p:
        print(f'Grado {g}: {p[g]}')

Grado 4: 1.0
Grado 2: -4.0
Grado 1: 3.0
>>> for g in reversed(p):
        print(f'Grado {g}: {p[g]}')

Grado 1: 3.0
Grado 2: -4.0
Grado 4: 1.0
>>>
```

Obsérvese que hemos aprovechado que la clase es iterable en la implementación de varios métodos especiales de la clase, como `.__str__()`, `.__call__()`, `.__add__()`, `.__iadd__()` o `.__neg__()`, lo que ha simplificado y aportado legibilidad a sus implementaciones.

Como explicamos en la sección 6.3, es frecuente usar como condiciones expresiones que no generan un valor lógico (un objeto de la clase `bool`). Si queremos poder usar un objeto `Polinomio` en este contexto, debemos definir el método especial `.__bool__()`.

```python
289    def __bool__(self, /):
290        """Devuelve False si self es el polinomio nulo.
291        True en caso contrario"""
292        return self != Polinomio()
```

Como puede comprobarse, y en consonancia con la práctica habitual de Python para las clases colección, hacemos que solamente el polinomio nulo sea interpretado como falso:

```
>>> import Polinomio as pol
>>> p = pol.Polinomio([1, 0, -4, 3, 0])
>>> if p:
    print(f'El polinomio {p} no es el polinomio nulo')

El polinomio x^4 - 4x^2 + 3x no es el polinomio nulo
>>> p = pol.Polinomio()
>>> print(f'El polinomio {p} {"no" if p else "sí"} es el polinomio
    nulo')
El polinomio 0 sí es el polinomio nulo
>>>
```

Para proporcionar la implementación completa de la clase **Polinomio** incluimos un método adicional que nos permite calcular la derivada del polinomio, muy fácil de calcular gracias a su representación como un diccionario. Obsérvese que hemos seguido el enfoque *pythonic* de diseñar el método de forma que no modifica el objeto **self**, generando el resultado como un nuevo objeto de la clase.

```
294    def derivada(self, /):
295        """Devuelve la derivada del polinomio"""
296        resultado = Polinomio()
297        resultado._coefs = {g: self[g+1]*(g+1) for g in range(self.grado)}
298        return resultado
```

De esta forma resulta muy sencillo elegir entre vincular la derivada a un nuevo nombre o al que referenciaba el polinomio que se deriva:

```
>>> import Polinomio as pol
>>> p = pol.Polinomio({4:1, 2:-4, 1:3})
>>> print(p)
x^4 - 4x^2 + 3x
>>> derivada = p.derivada()
>>> print(derivada)
4x^3 - 8x + 3
>>> derivada = derivada.derivada() # Derivada segunda
>>> print(derivada)
12x^2 - 8
>>>
```

Como dijimos al principio de esta sección, el catálogo de métodos especiales que podemos definir en nuestras clases es enorme, dando soporte a múltiples operadores y funciones nativas. Esta ha pretendido ser una muestra práctica de las posibilidades que se abren a la hora de personalizar nuestras clases y, sobre todo, de cómo Python permite que las clases que definamos se manejen prácticamente como clases nativas del lenguaje. Esto favorece la legibilidad del código y la abstracción del programador que hace uso de las nuevas clases.

9.9 Herencia

Una de las grandes cualidades del paradigma de programación orientado a objetos es que potencia sobremanera la reutilización de código. La propia definición de clases y su uso como patrón o modelo para instanciar objetos es ya una herramienta de reutilización, aunque la capacidad de reutilización que nos ofrecen los lenguajes de programación orientados a objetos no se queda ahí.

Uno de los instrumentos de reutilización más potentes que ponen a nuestra disposición estos lenguajes es el mecanismo de **herencia**. Para ilustrar su necesidad, pensemos un caso concreto. Consideremos tres clases nativas que estudiamos con detalle en el capítulo 4, como son las tuplas, las listas y las cadenas de caracteres, las clases **tuple**, **list** y **str**. Las tres clases soportan, por mencionar tres ejemplos, la función **len()** (implementada mediante el método especial **.__len__()**), que nos devuelve el número de ítems de la secuencia, el operador **+** (implementado mediante el método especial **.__add__()**), que permite la concatenación, y el método **.count()**, que devuelve el número de apariciones del argumento en la secuencia. Si lo consideramos, nos daremos cuenta de que la implementación de estas tres operaciones es esencialmente idéntica en las tres clases: **.__len__()** iterará sobre la secuencia usando un contador; **.__add__()** creará una nueva secuencia iterando sobre sus dos operandos para recorrerlos y copiar sus ítems en el nuevo objeto; y **.count()** recorrerá la secuencia, comparando sus ítems con el argumento proporcionado, usando un contador para registrar las coincidencias. Por concretar con un caso específico, el código de **.count()** que encontramos en la implementación de la biblioteca estándar de Python es el siguiente:

```
...
    def count(self, value):
        return sum(1 for v in self if v is value or v == value)
...
```

Como vemos, no es necesario modificarlo de ninguna forma para aplicarlo a listas, tuplas o cadenas; es válido para las tres clases. Incluirlo en la implementación de cada una de estas clases (y de cualquier otra clase secuencia) implicaría, no solo tener que reescribirlo, sino considerables costes de mantenimiento del software y, lo que es más importante, un alto riesgo de aparición de inconsistencias en la biblioteca estándar de Python con el paso del tiempo.

Para evitar la repetición de software o, dicho de otra manera, fomentar su reutilización, la programación orientada a objetos ofrece una herramienta, la herencia, que ofrece esta y otras ventajas al programador. Volviendo a nuestro ejemplo, vemos que el mecanismo básico es muy simple: se define una clase genérica **Sequence** que recoge todas aquellas operaciones (operadores, funciones y métodos) que son comunes a las clases secuencia. Cuando se definen las clases **tuple**, **list** y **str** (y cualquier otra clase secuencia), se indica que son secuencias (en la terminología de orientación a objetos, son subclases de **Sequence**), por lo que "heredarán" todo lo definido en esa clase general sin tener que reescribirlo para cada una de ellas.

Mediante la herencia podemos construir estructuras de clases de tipo jerárquico en las que las clases se organizan mediante relaciones de ascendencia/descendencia. Las clases ascendientes de una clase dada son **superclases** o **clases base** de esta, mientras que las clases descendientes de una dada son sus **subclases** o **clases derivadas**. Gracias al mecanismo de herencia, las subclases heredan atributos y métodos de sus superclases.

Es muy importante observar que cuando una subclase hereda de su superclase hereda su implementación, pero también hereda la interfaz de la superclase, convirtiéndose en un subtipo especializado de su ascendiente.

9.9.1 Herencia simple

La modalidad más sencilla de herencia es la **herencia simple**, en la que una clase hereda de una única superclase. Para hacer que una clase herede de otra, es necesario que listemos el nombre de la superclase entre paréntesis tras el nombre de la clase hija que estamos definiendo:

```python
class SuperClase:
    # Definición de la superclase
    ...
    # Fin definición de la superclase

class SubClase(SuperClase):
    # Definición de la subclase
    ...
    # Fin definición de la subclase
```

En este segmento de código, **SuperClase** es la clase base de la que queremos heredar. **SubClase** es la clase derivada que heredará atributos y métodos de **SuperClase**. Las superclases típicamente proporcionan funcionalidad genérica y común que reutilizaremos en diferentes subclases.

Un ejemplo de herencia simple

Para ilustrar cómo funciona el mecanismo de herencia simple, primero vamos a crear un módulo **mfigura.py** con la definición de una clase **FiguraPlana**. Se trata de una clase muy genérica en la que tienen cabida figuras planas como, por ejemplo, un círculo o cualquier polígono. Como veremos al examinar su definición, solamente dispone de dos propiedades, **color** y **relleno**, que permiten especificar el color con el que se dibujará la figura y si queremos que la figura esté rellena o no. Eso sí, gracias a la herencia, una vez definidas estas dos propiedades de forma adecuada (usamos el decorador **@property**, validando los valores recibidos y permitiendo la consulta y modificación de la propiedad, pero no su eliminación), todas las subclases las heredarán, pudiendo aprovechar su interfaz y su implementación.

```python
from matplotlib import colors as mcolors

class FiguraPlana:
    def __init__(self, color = 'black', relleno = False, /):
        self.color = color
        self.relleno = relleno

    @property
    def color(self):
        return self._color

    @color.setter
    def color(self, valor):
        # Aceptamos cualquier color reconocido por matplotlib
        if mcolors.is_color_like(valor):
            self._color = valor
        else:
            raise ValueError(valor)

    @property
    def relleno(self):
        return self._relleno

    @relleno.setter
    def relleno(self, valor):
        if isinstance(valor, bool):
            self._relleno = valor
        else:
            raise ValueError(valor)
```

Poligono es una subclase de **FiguraPlana** que podemos encontrar implementada en el módulo **mpoligono.py**. Para que funcione debidamente, puesto que hace uso de la clase **Punto**, que definimos en secciones anteriores y almacenamos en el módulo **mpunto.py**, vamos a crear un paquete **pfiguras** con la siguiente organización:

```
pfiguras/
├── __init__.py
├── mfigura.py
├── mpunto.py
└── mpoligono.py
```

El módulo **mpoligono.py** tiene el siguiente contenido:

```python
import matplotlib.pyplot as plt
import numpy as np
from . import mfigura

```

```python
5   class Poligono(mfigura.FiguraPlana):
6       def __init__(self, color, relleno, vertices):
7           mfigura.FiguraPlana.__init__(self, color, relleno)
8           self.vertices = vertices
9
10      def muestrate(self):
11          xy = np.zeros((len(self.vertices), 2))
12          xy[:,0] = [v.x for v in self.vertices]
13          xy[:,1] = [v.y for v in self.vertices]
14          polygon = plt.Polygon(xy, fill = self.relleno, color=self.color,
15                                closed=True)
16          fig, ax = plt.subplots()
17          ax.add_patch(polygon)
18          ax.axis('equal')
19          plt.show(block=False)
20
21      def num_lados(self):
22          return len(self.vertices)
23
24      def long_lado(self, pos):
25          return self.vertices[pos-1].distancia(
26              self.vertices[pos % self.num_lados()])
27
28      def long_lados(self):
29          return tuple(self.long_lado(i)
30                       for i in range(1, self.num_lados()+1))
31
32      def perimetro(self):
33          return sum(self.long_lados())
34
35      def long_max(self):
36          return max(self.long_lados())
```

Como podemos ver, cada objeto de esta clase `Poligono` tendrá un estado caracterizado por su color, el indicador de relleno (propiedades heredadas de `FiguraPlana`) y una lista de vértices, que serán objetos de la clase `Punto`, y en su interfaz proporciona la capacidad de mostrarse (método `.muestrate()` —que utiliza las capacidades de trazado de la biblioteca `matplotlib`[29]) y de darnos su número de lados (método `.num_lados()`), la longitud de uno de sus lados (método `.long_lado()`), una lista con las longitudes de sus lados (método `.long_lados()`), su perímetro (método `.perimetro()`) y la longitud máxima de sus lados (método `.long_max()`).

Podemos hacer uso de la clase `Poligono` de la siguiente manera:

---

[29] La biblioteca `matplotlib` contiene un extraordinario repositorio de herramientas para la creación de gráficos de todo tipo en Python. El lector interesado encontrará información adicional en https://matplotlib.org/.

```python
import pfiguras as pf

mi_poligono = pf.mpoligono.Poligono([pf.mpunto.Punto(1,1),
                                      pf.mpunto.Punto(1,2),
                                      pf.mpunto.Punto(2,2),
                                      pf.mpunto.Punto(2,1)],
                                      'green', False)
print(f'Número de lados: {mi_poligono.num_lados()}')
print(f'Longitud del primer lado: {mi_poligono.long_lado(1)}')
print(f'Tupla con longitudes de lados: {(mi_poligono.long_lados())}')
print(f'Perímetro: {mi_poligono.perimetro()}')
print(f'Longitud máxima de lado: {mi_poligono.long_max()}')
mi_poligono.muestrate()
```

```
Número de lados: 4
Longitud del primer lado: 1.0
Tupla con longitudes de lados: (1.0, 1.0, 1.0, 1.0)
Perímetro: 4.0
Longitud máxima de lado: 1.0
```

La anterior salida de consola se completa con el trazado del polígono producido por la biblioteca **matplotlib**, que se muestra en la figura 9.1.

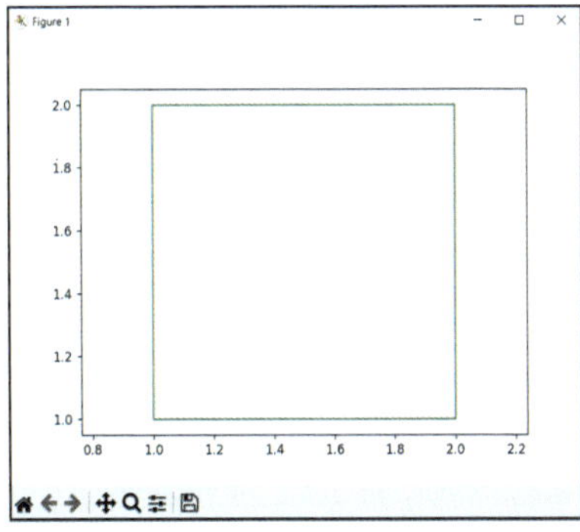

Figura 9.1: Trazado de `mi_poligono`

La función `super()`

Si observamos la definición del método inicializador de **Poligono** nos daremos cuenta de que en realidad se trata de una redefinición, específicamente, una ampliación. La clase **Poligono** hereda de su superclase, **FiguraPlana**, todos sus atributos y métodos. Antes hemos hecho énfasis en la herencia de las propiedades **color** y **relleno**, pero no hemos mencionado que **Poligono** también hereda el método `.__init__()`. Ahora bien, si la subclase no redefiniera el método inicializador, solo se distinguiría de la superclase en los métodos que pudiéramos añadir, pero mantendría sin adaptar el comportamiento heredado de la superclase. Con mucha frecuencia añadiremos atributos a los objetos de la subclase, para lo que tendremos que ampliar `.__init__()`. Para no perder los atributos de instancia definidos en la superclase (lo que vulneraría el espíritu mismo de la herencia), incluimos una llamada a su método inicializador, como hemos hecho en la línea 7 del módulo `mpoligono.py`.

Obsérvese que hemos recurrido al *hard coding* para referenciar la superclase, utilizando su nombre e incluso el módulo en el que está definida (`mfigura.FiguraPlana`).

Python ofrece la función nativa `super()`[30], que nos da acceso a los miembros de la superclase desde el código de la subclase sin tener que referenciar la superclase mediante su nombre, evitando así el *hard coding*. Poder llamar a los métodos previamente construidos en la superclase usando `super()` nos evita reescribir esos métodos en la subclase y nos permite ampliar o modificar los métodos heredados de la superclase con cambios de código mínimos.

Por lo tanto, es recomendable reescribir el método inicializador de `Poligono` de la siguiente forma:

```
6      def __init__(self, color, relleno, vertices):
7          super().__init__(color, relleno)
8          self.vertices = vertices
```

Es muy importante observar una diferencia sustancial en la llamada al método inicializador de la línea 7. Al hacer uso de `super()` no es necesario pasar `self` como primer argumento de la llamada, como ocurría cuando hacíamos referencia de forma explícita a la superclase `FiguraPlana`, realizando una llamada al método que resulta más natural para el programador.

Redefinición de métodos

Aunque acabamos de ver la **redefinición** del método `.__init__()` de `Poligono`, lo que hemos hecho realmente ha sido una ampliación del método inicializador de la superclase (por eso hemos hecho la llamada a `super().__init__()`, para conservar el trabajo realizado en él, la definición de las propiedades `color` y `relleno`).

Cuando hablamos de redefinición de métodos también podemos estar haciendo referencia a abandonar por completo el código heredado de la superclase, sustituyéndolo por una variante especializada u optimizada específicamente para la subclase. Veámoslo añadiendo dos nuevas subclases en nuestra jerarquía.

Una vez definida la clase `Poligono`, que es una subclase de `FiguraPlana`, podemos derivar subclases de ella de forma muy sencilla. Por ejemplo, vamos a añadir a nues-

---

[30]Aunque esta función se puede invocar con diferentes argumentos, involucrando en algunos casos conceptos bastante avanzados sobre jerarquías de clases, la llamáda básica a `super()`, sin argumentos, devuelve un objeto temporal que actúa como *proxy*, como delegado o representante, para poder acceder a todos los miembros definidos a nivel de clase, como atributos de clase y métodos.

tro paquete dos módulos con sendas definiciones para dos subclases `Cuadrilatero` y `Triangulo`:

```python
from . import mpoligono as mp

class Cuadrilatero(mp.Poligono):
    def __init__(self, v1, v2, v3, v4, color, relleno, /):
        super().__init__([v1, v2, v3, v4], color, relleno)

    def num_lados(self):
        return 4
```

```python
from . import mpoligono as mp

class Triangulo(mp.Poligono):
    def __init__(self, v1, v2, v3, color, relleno, /):
        super().__init__([v1, v2, v3], color, relleno)

    def num_lados(self):
        return 3
```

Como podemos ver, al definir `Cuadrilatero` y `Triangulo` hemos indicado que son subclases de `Poligono`. Por la transitividad que implica el propio concepto de herencia, `Cuadrilatero` y `Triangulo` también heredan de `FiguraPlana`.

Al definir las clases `Cuadrilatero` y `Triangulo` hemos redefinido el método inicializador, que se limita a invocar el método de la superclase `Poligono` de forma apropiada. Nótese que el método inicializador de `Cuadrilatero` incorpora los cuatro vértices como parámetros independientes, mientras que `Poligono.__init__()` espera una lista con los vértices. Algo similar ocurre con el método inicializador de `Triangulo`. Esta resulta ser una forma muy sencilla de exigir el número de argumentos adecuado en las llamadas a las funciones constructoras de `Cuadrilatero` y `Triangulo`.

Sin embargo, en la definición de las dos clases `Cuadrilatero` y `Triangulo` hemos incorporado una redefinición que supone la anulación del método `.num_lados()` heredado y que permite su cálculo directo a la vista de que los objetos de la clase `Cuadrilatero` siempre tendrán cuatro lados y los de la clase `Triangulo` siempre tendrán tres. Cuando se le pida a un objeto de la clase `Cuadrilatero` o de la clase `Triangulo` que nos facilite su número de lados, lo hará tomando la definición (en este caso, más sencilla) de `.num_lados()` incorporada en su propia clase, que se superpondrá a la versión (más genérica y costosa) de la superclase `Poligono`, anulándola.

Jerarquías de clases

Obsérvese que hemos definido de forma muy natural una estructura jerárquica con dos niveles de herencia. Esencialmente, estamos diciendo que un cuadrilátero (o un triángulo) es un polígono, que a su vez es una figura plana.

Mediante herencia podemos diseñar y construir **jerarquías de clases**, también llamadas **árboles de herencia**, que constituyen un conjunto de clases con una relación semántica fuerte que están vinculadas por herencia y organizadas en una estructura tipo árbol. No existe una limitación en cuanto al número de niveles que puede tener esta jerarquía, que establece una relación del tipo "es un" entre cada superclase y sus subclases, ni en el número de subclases que se pueden derivar de una superclase.

De hecho, vamos a incluir una nueva clase en la jerarquía, `Circulo`, que será, como `Poligono`, subclase de `FiguraPlana`:

```python
import matplotlib.pyplot as plt
from math import pi
from . import mfigura
from . import mpunto
class Circulo(mfigura.FiguraPlana):
    def __init__(self, centro, radio, color, relleno, /):
        super().__init__(color, relleno)
        self.centro = centro
        self.radio = radio

    @property
    def centro(self):
        return self._centro

    @centro.setter
    def centro(self, punto):
        if isinstance(punto, mpunto.Punto):
            self._centro = punto
        else:
            ValueError(punto)

    @property
    def radio(self):
        return self._radio

    @radio.setter
    def radio(self, valor):
        if isinstance(valor, (int, float)) and valor > 0:
            self._radio = valor
        else:
            raise ValueError(valor)

    def muestrate(self):
        circle = plt.Circle((self.centro.x, self.centro.y), self.radio,
                            color = self.color, fill = self.relleno)
        fig, ax = plt.subplots()
        ax.add_patch(circle)
        ax.axis('equal')
        plt.show(block = False)
```

```
41      def perimetro(self):
42          return 2 * pi * self.radio
```

La clase hereda las propiedades **color** y **relleno** de **FiguraPlana**, y añade otras dos: **radio** y **centro**. Los métodos que ofrece en su interfaz, homólogos a los definidos en **Poligono**, son **.muestrate()** y **.perimetro()**, .

Como podemos observar, cada nivel de la jerarquía hereda atributos y métodos de los niveles superiores. Las clases de la parte alta de la jerarquía serán clases genéricas con funcionalidad común, mientras que conforme descendemos por la jerarquía las clases son más específicas, añadiendo nuevos atributos y funcionalidad adicional sobre los proporcionados por sus ancestros en el árbol.

El paquete tiene ahora la siguiente estructura:

```
pfiguras/
├── __init__.py
├── mfigura.py
├── mpunto.py
├── mpoligono.py
├── mcuadrilatero.py
├── mtriangulo.py
└── mcirculo.py
```

y construye una jerarquía de clases que podemos representar mediante el diagrama de clases UML[31] de la figura 9.2.

Como podemos ver en el diagrama, las clases se representan mediante cajas con el nombre de la clase en la parte superior, los atributos en la sección central y los métodos de la clase en la sección inferior. Para especificar la visibilidad de un miembro de la clase, se antepone un símbolo a su nombre; en nuestro diagrama, el signo + que precede a atributos y métodos indica que son de acceso público. Las relaciones de herencia se representan mediante una flecha que parte desde la subclase y apunta a la superclase.

Para ilustrar el uso de las clases anteriores, podemos considerar el siguiente *script*:

```
1   import pfiguras as pf
2
3   poligonos = list()
4   poligonos.append(pf.mpoligono.Poligono([pf.mpunto.Punto(1,1),
5                                            pf.mpunto.Punto(1,2),
6                                            pf.mpunto.Punto(2,2),
7                                            pf.mpunto.Punto(2,1)],
8                                            'green', True))
9   poligonos.append(pf.mcuadrilatero.Cuadrilatero(pf.mpunto.Punto(1,1),
10                                           pf.mpunto.Punto(1,2),
```

---

[31]El **UML** (*Unified Modeling Language*: Lenguaje Unificado de Modelado) es un lenguaje gráfico de modelización que permite representar, describir y documentar un sistema software, y está estandarizado por la ISO desde 2004.

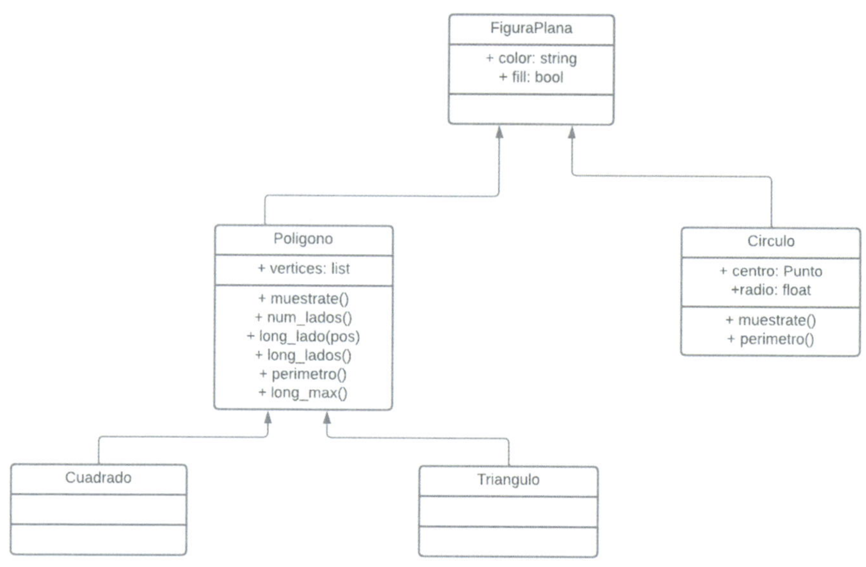

Figura 9.2: Diagrama UML de la jerarquía de clases

```
11                                        pf.mpunto.Punto(2,2),
12                                        pf.mpunto.Punto(2,1),
13                                        'red', False))
14  poligonos.append(pf.mtriangulo.Triangulo(pf.mpunto.Punto(1,1),
15                                        pf.mpunto.Punto(1,2),
16                                        pf.mpunto.Punto(2,2),
17                                        'blue', True))
18  for poligono in poligonos:
19      print(type(poligono).__name__)
20      print(f'Número de lados: {poligono.num_lados()}')
21      print(f'Longitud del primer lado: {poligono.long_lado(1)}')
22      print(f'Tupla con longitudes de lados: {poligono.long_lados()}')
23      print(f'Perímetro: {poligono.perimetro()}')
24      print(f'Longitud máxima de lado: {poligono.long_max()}')
25      poligono.muestrate()
26      print('----------------')
27
28  centro = pf.mpunto.Punto(2,3)
29  circulo = pf.mcirculo.Circulo(centro, 2, 'red', False)
30  print(type(circulo).__name__)
31  print(f'Centro: {circulo.centro}')
32  print(f'Radio: {circulo.radio}')
33  print(f'Longitud de la circunferencia: {circulo.perimetro()}')
34  circulo.muestrate()
```

```
Poligono
Número de lados: 4
Longitud del primer lado: 1.0
Tupla con longitudes de lados: (1.0, 1.0, 1.0, 1.0)
Perímetro: 4.0
Longitud máxima de lado: 1.0
-----------------
Cuadrilatero
Número de lados: 4
Longitud del primer lado: 1.0
Tupla con longitudes de lados: (1.0, 1.0, 1.0, 1.0)
Perímetro: 4.0
Longitud máxima de lado: 1.0
-----------------
Triangulo
Número de lados: 3
Longitud del primer lado: 1.0
Tupla con longitudes de lados: (1.0, 1.0, 1.4142135623730951)
Perímetro: 3.414213562373095
Longitud máxima de lado: 1.4142135623730951
-----------------
Circulo
Centro: <2, 3>
Radio: 2
Longitud de la circunferencia: 12.566370614359172
```

La anterior salida de consola se completa con el trazado de las cuatro figuras planas, como se muestra en la figura 9.3.

9.9.2 La superclase `object`

Antes de estudiar la herencia con más detalle, debemos aclarar una cuestión que explica el funcionamiento básico de cualquier clase que creemos en Python: todas las clases son subclases de la clase genérica **object**.

Para comprobarlo, podemos trabajar en modo intérprete interactivo y crear una clase mínima, como ya hicimos en la sección 9.2, haciendo uso de la función nativa **dir()** que, cuando recibe un objeto como argumento, devuelve una lista con los nombres de los miembros del objeto (atributos y métodos):

```
>>> class MiClase:
    pass

>>> mi_objeto = MiClase()
>>> dir(mi_objeto)
```

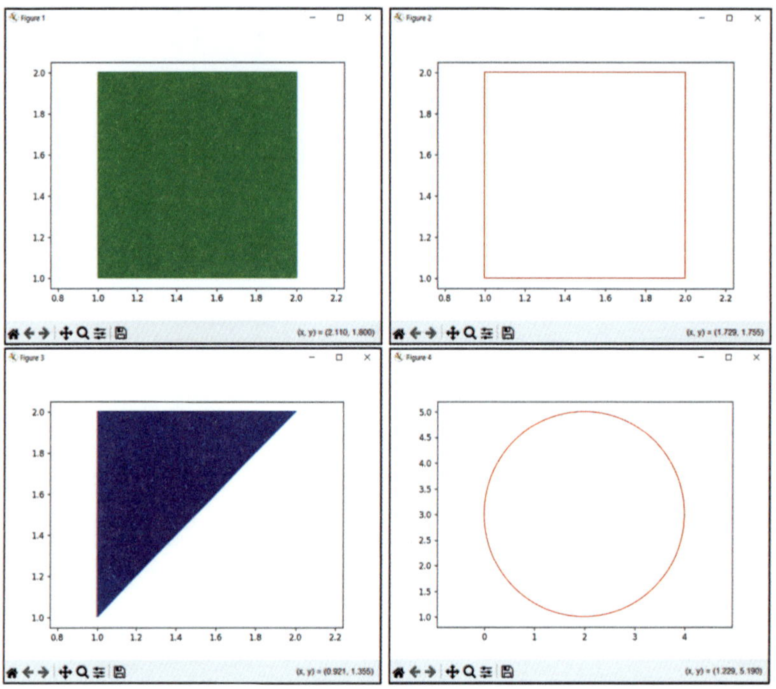

Figura 9.3: Trazado de las cuatro figuras planas

```
['__class__', '__delattr__', '__dict__', '__dir__', '__doc__',
 ↪ '__eq__', '__format__', '__ge__', '__getattribute__', '__gt__',
 ↪ '__hash__', '__init__', '__init_subclass__', '__le__', '__lt__',
 ↪ '__module__', '__ne__', '__new__', '__reduce__', '__reduce_ex__',
 ↪ '__repr__', '__setattr__', '__sizeof__', '__str__',
 ↪ '__subclasshook__', '__weakref__']
>>>
```

Si nuestra clase está "vacía", cabe preguntarse cómo puede tener estos atributos y métodos. En Python, todas las clases heredan implícitamente de `object`, que les proporciona una funcionalidad básica. Cuando creamos una clase, podríamos escribir `MiClase(object)`, pero resultaría innecesario y redundante.

Hemos insistido en varias ocasiones a lo largo de este libro en que todo en Python son objetos. Pues bien, esos objetos pertenecen a clases que, en última instancia, heredan de la clase `object`. La única excepción a esta regla son las clases declaradas para indicar errores mediante el lanzamiento de una excepción. Todas estas clases deben derivar de `BaseException`, aunque la referencia de Python recomienda a los programadores derivar sus clases excepción personalizadas de la clase `Exception`, que es una clase hija de `BaseException` y es superclase de todas las clases nativas empleadas para indicar errores (recordemos la jerarquía de clases excepción que vimos en la sección 6.8).

9.9.3   Clases base abstractas

En ocasiones nos interesará crear una jerarquía de clases en la que podamos establecer el conjunto de métodos y atributos que queremos que implementen todas las subclases, esto es, que las subclases tengan que desarrollar una interfaz preestablecida. En Python podremos hacerlo usando lo que se denominan **clases base abstractas** (*ABC: Abstract Base Classes*).

El módulo **abc** de la biblioteca estándar nos proporciona las clases y herramientas necesarias para definir clases base abstractas personalizadas con las que determinar las interfaces específicas que tendrán que implementar sus subclases.

Las clases base abstractas son clases especiales, en el sentido de que actúan más como plantillas que como clases normales. De hecho, no podremos crear objetos de una clase base abstracta; solo podremos declarar subclases derivadas de ella.

Podemos convertir la clase **FiguraPlana** que hemos desarrollado en la sección 9.9.1 en una clase base abstracta declarándola como derivada de la clase **ABC** del módulo **abc**. De esta forma podemos establecer que toda clase declarada como figura plana (toda subclase de **FiguraPlana**) debe implementar los métodos **.muestrate()** y **.perimetro()**, para lo que haremos uso del decorador **@abstractmethod**:

```python
from matplotlib import colors as mcolors
from abc import ABC, abstractmethod


class FiguraPlana(ABC):
    def __init__(self, color = 'black', relleno = False, /):
        self.color = color
        self.relleno = relleno

    @property
    def color(self):
        return self._color


    @color.setter
    def color(self, valor):
        # Aceptamos cualquier color reconocido por matplotlib
        if mcolors.is_color_like(valor):
            self._color = valor
        else:
            raise ValueError(valor)


    @property
    def relleno(self):
        return self._relleno


    @relleno.setter
    def relleno(self, valor):
        if isinstance(valor, bool):
            self._relleno = valor
```

```python
29          else:
30              raise ValueError(valor)
31
32      @abstractmethod
33      def muestrate(self):
34          pass
35
36      @abstractmethod
37      def perimetro(self):
38          pass
39
```

Si en alguna de las subclases de **FiguraPlana** dejamos de implementar alguno de los métodos especificados en la interfaz de la clase abstracta, obtendremos un error. Por ejemplo, si omitimos del archivo **mcirculo.py** sus dos últimas líneas, en las que se definía el método **perimetro**:

```python
 1  import pfiguras as pf
 2
 3  mi_poligono = pf.mpoligono.Poligono([pf.mpunto.Punto(1,1),
 4                                        pf.mpunto.Punto(1,2),
 5                                        pf.mpunto.Punto(2,2),
 6                                        pf.mpunto.Punto(2,1)],
 7                                       'green', False)
 8  ...
 9
10  centro = pf.mpunto.Punto(2,3)
11  circulo = pf.mcirculo.Circulo(centro, 2, 'red', False)
12  print(type(circulo).__name__)
13  print(f'Centro: {circulo.centro}')
14  print(f'Radio: {circulo.radio}')
15  print(f'Longitud de la circunferencia: {circulo.perimetro()}')
16  circulo.muestrate()
```

```
...
Traceback (most recent call last):
  File "....py", line 11, in <module>
    circulo = pf.mcirculo.Circulo(centro, 2, 'red', False)
TypeError: Can't instantiate abstract class Circulo without an
↪   implementation for abstract method 'perimetro'
>>>
```

Como vemos, el mensaje de error nos indica que no podemos instanciar la clase **Circulo** porque el intérprete de Python no ha encontrado en su código una definición del método **.perimetro()** y no puede obtenerlo por herencia de **FiguraPlana**.

Obsérvese que el objetivo principal del uso de una clase base abstracta es garantizar que sus subclases implementan todos los métodos de la interfaz declarada. Así pues, las clases base abstractas nos permiten definir una interfaz común para un grupo de clases relacionadas y garantizar que todas esas clases implementan la interfaz. Esto tiene mucho que ver con el polimorfismo, concepto de la programación orientada a objetos que estudiaremos en la sección 9.10.

9.9.4 Herencia múltiple

Al crear una clase, podemos especificar más de una superclase de la que heredar atributos y métodos. Esto se conoce en el ámbito de la orientación a objetos como **herencia múltiple**. Para ello, basta con incluir más de una clase base en la definición de nuestra clase derivada:

```python
class SuperClase1:
    # Definición de la superclase
    ...
    # Fin definición de la superclase

class SuperClase2:
    # Definición de la superclase
    ...
    # Fin definición de la superclase

class SubClase(SuperClase1, SuperClase2):
    # Definición de la subclase
    ...
    # Fin definición de la subclase
```

Aunque diferentes lenguajes orientados a objetos, entre los que se encuentran C++ o Python, soportan este modelo de herencia, las dificultades de diseño y los problemas de implementación que puede generar la herencia múltiple han hecho que otros lenguajes como Swift, Java o C# hayan elegido dar soporte solo a la herencia simple y utilizar otros mecanismos, como el desarrollo de interfaces o protocolos, para lograr, al menos parcialmente, la funcionalidad que conseguiremos mediante la herencia múltiple.

Nótese de que si declaramos una clase como derivada de varias superclases, la subclase heredará atributos y métodos de todas sus clases base. Es cierto que la herencia múltiple nos permitirá reutilizar código de varias clases existentes, pero tendremos que gestionar las complejidades que entraña con particular cuidado.

Aunque la herencia múltiple se declara con una sintaxis similar y sigue las mismas reglas de la herencia simple, es necesario observar que el propio concepto de heredar de varias clases genera situaciones que no se podían plantear en la herencia simple. Así, pueden producirse colisiones de nombres entre los métodos definidos en las superclases, por lo que Python ha tenido que establecer un **orden de resolución de métodos**[32], que determina qué camino se sigue por el árbol de herencia para encontrar el método

---

[32]MRO: *Method Resolution Order*, mencionado con frecuencia por sus siglas en inglés también en textos en español.

buscado, que podría estar definido (más de una vez) en cualquiera de los ascendientes de nuestra clase.

Mientras que en la herencia simple el camino en el que buscamos un método es lineal, partiendo de la superclase y subiendo por el árbol de clases hasta la clase `object`, en la herencia múltiple hemos de recorrer una serie de caminos que están estructurados en forma de árbol cuya raíz es, claro, la clase `object`[33].

9.9.5 Composición, agregación y asociación

Sin duda alguna, la herencia es una potente herramienta para modelizar y resolver muchos problemas del mundo real. La herencia promueve la reusabilidad del código; también favorece su modularidad al organizar nuestro código en jerarquías de clases vinculadas; y facilita su mantenibilidad y extensibilidad, ya que cualquier corrección o ampliación que hagamos de una clase tendrá efecto inmediato en sus subclases.

La herencia también nos permite definir una interfaz uniforme para las clases que pertenecen a una jerarquía, fomentando así la consistencia de nuestro código y aprovechando el polimorfismo, concepto que estudiaremos en la siguiente sección.

Sin embargo, la herencia, y muy especialmente la herencia múltiple, puede resultar difícil de entender y de utilizar. En cualquier caso, el principal problema que supone la herencia es de modelización: la herencia define una vinculación fuerte entre clases, lo que hace que unas dependan mucho de las otras (la subclase depende fuertemente de sus superclases), de forma que cualquier cambio en unas afecta en gran medida a las otras. Esto se puede traducir en elevados costes de mantenimiento cuando hay que revisar o corregir el diseño de una clase de la jerarquía diseñada para modelizar el problema.

Existen otras herramientas en la programación orientada a objetos que permiten modelizar el mundo real de forma que la vinculación entre clases sea diferente a la establecida mediante herencia.

Así, por ejemplo, podemos usar la **composición** para modelizar una relación "tiene un" entre clases. Es decir, podemos crear clases complejas combinando otras clases que actúan como componentes. En general, la composición da lugar a diseños más flexibles porque, aunque establece una vinculación fuerte entre clases, es posible modificar la composición en tiempo de ejecución. Así, por ejemplo, un ordenador tiene una cámara que permite hacer videollamadas, pero es posible cambiar esa cámara incorporada por otra conectada por USB. Podemos cambiar el componente, pero también debemos ob-

---

[33]En realidad, la cuestión que se plantea con las colisiones en casos de herencia múltiple es aún más compleja. Nótese que al enlazar una clase a una jerarquía a través de varias clases madre, podemos encontrarnos con que algunas de las superclases se puedan alcanzar por más de un recorrido en la citada jerarquía. Python incorpora un algoritmo dinámico que, cuando se necesita localizar un atributo de clase o un método para un objeto de la nueva clase, determina el orden en que deben repasarse las distintas superclases, respetando la prioridad de izquierda a derecha que hemos comentado y evitando que se acceda a la misma superclase más de una vez. Este algoritmo, en los casos más simples, podemos considerar que funciona con la prioridad de primero en profundidad de izquierda a derecha.

servar que si reciclamos el ordenador, la cámara incorporada tendrá el mismo destino, porque tienen una vinculación fuerte.

También podemos usar la **agregación** para modelizar una relación "tiene un" más débil. Por ejemplo, una universidad contrata a un profesor, por lo que el profesor se incorpora a su plantilla. Si la universidad cierra, el profesor seguirá existiendo gracias a esa vinculación débil.

Podemos modelizar una relación "usa un" mediante **asociación**. Por ejemplo, un paciente acude a la consulta de un médico especialista. Los ciclos de vida de ambos objetos son totalmente independientes aunque temporalmente se establezca una relación entre médico y paciente.

Estos no son más que tres ejemplos de los muchos tipos de modelización que se pueden realizar del mundo que nos rodea cuando intentamos resolver un problema en el marco del paradigma de la orientación a objetos. Como ya hemos dicho, el estudio del diseño orientado a objetos no es uno de los objetivos de este libro, pero sí queremos dejar claro que la herencia, siendo una herramienta potente e interesante, no es el único modelo teórico que podemos usar para definir relaciones entre las entidades que conforman los problemas que intentamos resolver.

9.10 Polimorfismo

El polimorfismo es una característica básica de la programación orientada a objetos que resulta tan natural para el programador que nos hemos permitido el lujo de relegarlo hasta el final de este capítulo dedicado a la orientación a objetos. En realidad, llevamos usando el polimorfismo desde casi el primer momento que comenzamos a programar en Python.

El **polimorfismo** hace referencia a la capacidad que tenemos de enviar mensajes que son sintácticamente idénticos a objetos de clases diferentes. Es decir, de invocar "el mismo" método[34] sobre objetos que son instancias de distintas clases.

Ya hemos explicado en varias ocasiones a lo largo de este libro que Python es un lenguaje con asignación dinámica de tipos, esto es, que realiza las comprobaciones de tipos necesarias (como lenguaje con control fuerte de tipos que es) en el momento de la ejecución del código.

La asignación dinámica de tipos de Python se complementa con un principio que tiene un nombre peculiar de difícil traducción: el *duck typing*. El término proviene del dicho: "si anda como un pato y grazna como un pato, debe de ser un pato". Es un proceso inductivo por el que la clase de un objeto tiene menor importancia que el contenido de su espacio de nombres. Cuando se intenta acceder a un miembro de un objeto (consultando un atributo o invocando un método), Python en realidad no comprueba el tipo del objeto, sino si ese miembro se encuentra en el espacio de nombres del objeto.

---

[34]Como veremos, en realidad no se trata del mismo método, sino de métodos diferentes, definidos en distintos espacios de nombres, que tienen la misma sintaxis, o de operadores distintos que utilizan el mismo símbolo y que se implementan mediante el mismo método especial en diferentes clases.

La consecuencia de la combinación de la asignación dinámica de tipos con el *duck typing* es la **sustitución polimórfica**: es posible cambiar el argumento de una función, el objeto sobre el que se invoca un método o el operando de un operador en cualquier expresión o sentencia por un objeto de otra clase. Lo único necesario es que el nuevo objeto soporte esa función, ese método o ese operador.

Esto solamente es posible en un lenguaje orientado a objetos. El hecho de que cada clase cree un espacio de nombres diferente y que cada objeto tenga un espacio de nombres propio posibilita que definamos métodos con nombres que, de otro modo, colisionarían con los definidos para otros tipos.

El ejemplo de la sección 9.9.1 ilustra perfectamente cómo es posible definir métodos con el mismo nombre en diferentes clases sin generar un conflicto de nombres. La clase `Circulo`, por ejemplo, define dos métodos, `.muestrate()` y `.perimetro()` que coinciden con los definidos en la clase `Poligono`. La sintaxis de invocación de métodos, `objeto.metodo(argumentos)`, nos permite especificar el espacio de nombres al que pertenece el método que estamos llamando.

Podemos observar que en las líneas de código que muestran la información de cada objeto (20-25) del *script* que ilustra el uso de la jerarquía de clases que hemos definido son exactamente las mismas, independientemente de la clase a la que pertenezca el objeto. Se pone así de manifiesto la capacidad de reutilización de código del paradigma de programación orientada a objetos a través del polimorfismo. Por ejemplo, las invocaciones al método `.num_lados()` que aparecen en el código son referencias polimórficas; en tiempo de ejecución, cuando se envía el mensaje al objeto, se establece el método concreto que se debe ejecutar en cada caso. Esta adaptación automática del comportamiento de los objetos también ocurre de forma menos visible al invocar sobre objetos de las clases `Cuadrilatero` o `Triangulo` métodos que solo están definidos en la clase `Polígono` (como `.long_lado()` y siguientes) y que necesitan usar el método `.num_lados()`. En cada caso, al ejecutar dichos métodos, se utilizará la versión adecuada de `.num_lados()`.

Obsérvese que esta característica también es la que permite la sobrecarga de operadores (estudiada en la sección 9.8), que nos permite reutilizar en nuestras clases operadores definidos de forma nativa en el lenguaje, lo que conseguimos en Python mediante la definición de métodos especiales.

FT-2